Nachhaltig Lernen

<=>

aktivierende Lernprozesse

Klaus de Jong

Autor: Klaus de Jong

Coverdesign: lehrer-online; Bild: Klaus de Jong

ISBN: 9789463675369

Vorwort

Aus den neurobiologischen Forschungen konnten in den letzten Jahren zahlreiche Erkenntnisse darüber gewonnen werden, wie das menschliche Gehirn arbeitet. Vor allem die für das Lernen bedeutsame Funktion des Hippocampus in seiner Regelfunktion für Sinneseindrücke ist entscheidend für den Übergang von Inhalten des Arbeitsgedächtnisses ins Langzeitgedächtnis. Mehrere Dinge sind dabei steuernd: Die Informationen, die über verschiedene Sinne wahrgenommen werden, die Intensität der Sinneseindrücke und die emotionale Seite der Sinneseindrücke. Emotional positiv konnotierte Sinneseindrücke haben eine wesentlich größere Chance über den Hippocampus ins Langzeitgedächtnis zu gelangen. Ebenfalls haben Signale / Informationen eine höhere Chance, wenn diese Inhalte mit längerfristigem, emotional positiv geprägtem Tun verbunden sind: Denken und Handeln sind zwei Seiten derselben Medaille. Auch über das ′Vergessen′ hat die Neurobiologie wichtige Erkenntnisse gewonnen, was vor allem für die Art und Weise und Häufigkeit von Wiederholungen sowie das Sichern von Lernergebnissen große Bedeutung hat. Für ein nachhaltiges Lernen bedeutet dies, dass möglichst viele, vor allem die besonders bedeutsamen Inhalte in aktiver, individueller und konkreter Art und Weise be- und erarbeitet und geübt werden sollten.

Im Buch werden auf dem konstruktivistischen Ansatz aufbauend verschiedenste didaktische Modelle vorgestellt, die, im Unterricht eingesetzt, ein aktives Lernen ermöglichen können. Auch deren Grenzen werden benannt. Für ein konkretes Umsetzen der didaktischen Modelle finden sich zahlreiche konkrete Anregungen im jeweiligen Kapitel. Das Lernen betrifft jedoch sowohl die Lernenden, als auch vor allem die Lehrenden selbst, insbesondere was deren Haltungen zum je eigenen Lernen betrifft. Ganz konkret wird dies am Beispiel der Vorbereitung auf Lehr- und Lernprozesse im Buch angesprochen und eine mögliche Idee für das Steigern der Effizienz aus Erfahrungen des Autors vorgestellt, die zunächst einen etwas höheren Zeiteinsatz erfordert, danach jedoch sehr flexibel und zeitschonend ist.

Die einzelnen Kapitel des Buches sind in sich abgeschlossen, sodass sie je nach Ihrer Intention getrennt voneinander gelesen werden können.

Im Text wird so weit als möglich auf eine geschlechtergerechte Sprache geachtet, an einigen Stellen oder in Zitaten, muss aus Lesbarkeitsgründen jedoch die weibliche Form mit gedacht werden.

Inhaltsverzeichnis

1. Gehirn und Lernen

„In dir selbst ist die ganze Welt verborgen, und wenn du weißt, wie man schaut und lernt, dann ist die Tür da und der Schlüssel ist in deiner Hand. Niemand kann dir diesen Schlüssel geben oder die Tür zeigen, nur du bist dazu in der Lage.“ *Jiddu Krishnamurt*

1.1 Gehirnstrukturen - Bedeutung der Sinneskanäle und Gefühle

Unser wahres Zuhause ist der gegenwärtige Augenblick. Wenn wir wirklich im gegenwärtigen Augenblick leben, verschwinden unsere Sorgen und Nöte und wir entdecken das Leben mit all seinen Wundern. *(Thich Nhat Hanh)*

Wer nur zurückschaut, kann nicht sehen, was auf ihn zukommt. *(Konfuzius)*

Der landläufig oft ungewohnte Ausspruch, dass insbesondere jedes Säugetier, so auch der Mensch, mit dem Gehirn sieht, soll im Folgenden genauer betrachtet werden. Der Mensch ist stark durch die Anregung seiner Sinneskanäle geprägt. So benötigt insbesondere die allgemeine schulische Ausbildung ein funktionierendes visuelles und akustisches System mit deren Sinnesorganen. Jede Lehrkraft sollte daher ein grundlegendes Wissen darüber haben.

Anatomie des Gehirns

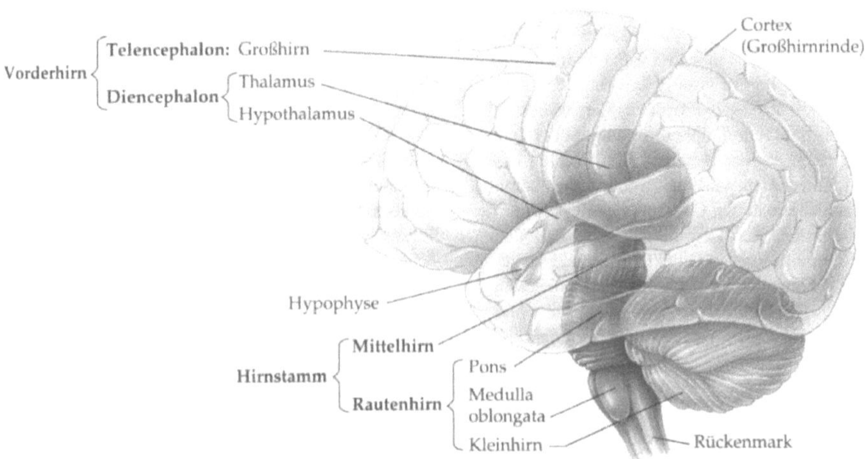

(http://www.uni-heidelberg.de/institute/fak14/ipmb/phazb/VL-Skripte/Sinnesorgane.pdf)

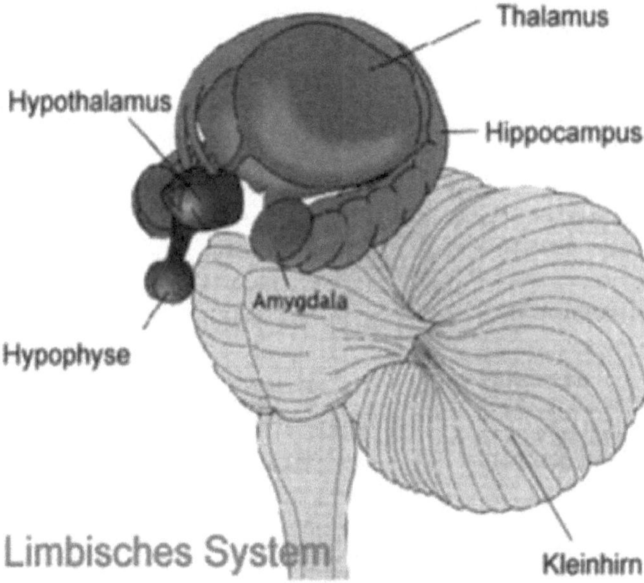

(http://www.gehirnlernen.de/lernen/grundlagen-des-lernens/ebenen-des-ged%C3%A4chtnisses/)

Das Lymbische System steuert unser Lernen bzw. ermöglicht erst ein solches.

Beim Lernen schieben sich zwischen Reiz und Reaktion interne, neuronale Faktoren, die bewirken, dass eine bloße Instruktion bzw. „Reizdarbietung allein nicht“ (Hille,K. / ZNL) ausreichen. So speichert das menschliche Gehirn Informationen erst nach einer Verarbeitung ab, in die auch subjektive Gefühle (Bedürfnisse, Wünsche, Interessen) einfließen ebenso wie das individuelle Vor-Wissen und die Vor-Erfahrungen. Erst danach werden die Informationen im Gehirn in die verschiedenen Langzeitgedächtnissysteme ein- und zugeordnet. Jedes Gehirn generiert Wissen jeweils neu; denn die individuellen Voraussetzungen in Form von neuronalen Strukturen (z.B. die Verarbeitungs- und Abrufgeschwindigkeit des Arbeitsgedächtnisses), Wissensnetze, Begabungen, Wahrnehmungen, motivationalen Strukturen, Kompetenzen, Erfahrungen, Lerntempi und Lernstrategien sind je Person sehr verschieden. (nach Egle, J.)

Im Folgenden soll beispielhaft das visuelle System und seine Bedeutung genauer betrachtet werden. Entsprechendes gilt auch für das akustische System und die anderen Sinneskanäle.

1.1.1 Lernen - visuelles System

Am nachfolgenden Beispiel können Sie selbst erkennen, wie Ihr visuelles System arbeitet. Vordergründig sehen Sie einen aus unsinnigen Buchstabenfolgen zusammengesetzten „Buchstabensalat“. Versuchen Sie ihn trotzdem zu lesen. Sie werden überrascht sein, zu was ihr ausgebildetes visuelles System fähig ist.

D1353 M1TT31LUNG Z31GT D1R, ZU W3LCH3N GRO554RT1G3N L315TUNG3N UN53R G3H1RN F43H1G 15T! 4M 4NF4NG W4R 35 51CH3R NOCH 5CHW3R, D45 ZU L353N, 483R M1TTL3W31L3 K4NN5T DU D45 W4HR5CH31NL1ICH 5CHON G4NZ GUT L353N, OHN3 D455 35 D1CH W1RKL1CH 4N5TR3NGT. D45 L315T3T D31N G3H1RN M1T 531N3R 3NORM3N L3RNF43HIGKEIT. 8331NDRUCK3ND, OD3R? DU D4RF5T D45 G3RN3 KOP13R3N, W3NN DU 4UCH 4ND3R3 D4M1T 83G315T3RN W1LL5T. (Stangl, 2018).

Die Fähigkeit zum Entschlüsseln dieses „Buchstabensalats“ zeigt die vielfältige Verschaltung innerhalb Ihres visuellen Systems in Ihrem Gehirn und zugleich die Bedeutung des Sehenkönnens für dessen solcherart Ausbildung durch Lernen, das sich grundlegend schon in Ihrer Säuglings- und Kleinkindzeit ausbildete. Kinder, vor allem Schulkinder mit Sehfehlern oder Sehschwächen hätten diesen „Text“ als unlesbar erfahren.

Lernvorgänge verändern die Grundstruktur der Sehrinde Die Nervenzellen sind zum Zeitpunkt der Geburt im Wesentlichen alle angelegt, aber in bestimmten Bereichen des Gehirns noch nicht miteinander verbunden. Dies gilt vor allem für die Großhirnrinde. Viele Verbindungen wachsen erst jetzt aus. Ein erheblicher Anteil davon wird jedoch nach kurzer Zeit, da nicht angeregt, wieder vernichtet. In der frühen Kindheit vollzieht sich ein stetiger Umbau von Nervenverbindungen, wobei nur etwa ein Drittel der einmal angelegten erhalten wird. Die Nervenverbindungen, die bleiben sind diejenigen, die eine Anregung durch Aktivitäten erfahren haben. Wobei die Anregungen von den Sinnessignalen aus der Umwelt des Kleinkinds und seinen gemachten Erfahrungen herrühren. Genetische und epigenetische Faktoren kooperieren in untrennbarer Wechselwirkung, weshalb eine strenge Unterscheidung zwischen Angeborenem und Erworbenem unmöglich ist.

Die Anregungen und Erfahrungen, die ein Säugling macht bewirken also die Art der Nervenverbindungen bzw. deren Ausleseprozess. Zum Zeitpunkt der Geburt werden Kontakte im Überschuss angelegt. Solche, die funktionell angeregt werden im Sinne eines erfahrungsabhängigen Selektionsprozesses, bleiben und werden sogar stärker.

Dies zeigen klinische Erfahrungen bei Kindern, die bei der Geburt eine Infektion von Hornhaut oder Linse der Augen erlitten hatten. Ihnen konnte geholfen werden durch eine rasche Operation in Form einer Transplantation. Wurde diese Operation erst Jahre später durchgeführt, konnte die Sehfähigkeit leider nicht mehr hergestellt werden, obwohl die Augen funktionstüchtig waren. In der Zeit als Säugling fehlten schlicht die optischen, visuellen Signale an die entsprechenden Areale des Gehirns. Das Gehirn hatte sich in den ursprünglich für visuelle Eindrücke vorhandenen Arealen anders verschaltet bzw. dortige Nervenverbindungen aufgelöst, da diese in der entscheidenden Phase für die Entwicklung der Sehrinde zwischen Geburt und während des ersten Lebensjahres keine Anregungen durch visuelle Signale erhielten. Bei den später Operierten wurden visuelle Eindrücke oft als Geräusche oder sogar als schmerzhaft empfunden. Auch bei Säuglingen, die eine Sehbeeinträchtigung, z.B. durch Fehlstellungen der Augen (Schielen) oder im Kleinkindalter eine Sehschwäche z.B. an einem Auge aufweisen, sowie bei Augenerkrankungen ist eine möglichst frühe Diagnose und Therapie erforderlich. Sonst ist oft kein Stereosehen oder ein scharfes Sehen mit beiden Augen mehr möglich. Die für visuelle Eindrücke zuständigen Gehirnareale entwickeln sich in den ersten Lebensjahren komplett aus. Es gibt also gewisse Zeitfenster, in dem das Gehirn für das Sehen prägbar ist. Erhält das Gehirn in dieser Zeit keinen ausreichend scharfen Seheindruck, kann es das vollwertige Sehen nicht mehr erlernen, auch wenn später eine Behandlung erfolgt. Ben Godde (Institut für Medizinische Psychologie der Universität Tübingen) und Hubert Dinse (Institut für Neuroinformatik der Ruhr-Universität Bochum) haben durch Experimente nachgewiesen, dass sich unser Gehirn im visuellen System durch Selbstorganisationsprozesse vor allem in der Hirnrinde in seiner strukturellen Organisation und Funktion lebenslang an äußere oder krankheitsbedingte Veränderungen anpasst. (nach Stangl, W.)

1.1.2 Lernen und Emotionen

„Neugier ist – rein neuroanatomisch betrachtet, sehr eng verwandt mit anderen positiven Emotionen wie Freude und Glück sowie mit Bewegung und sie hat besseres Lernen zur Folge. Wenn ich neugierig bin, freue ich mich, etwas zu lernen und lerne es nachhaltiger. Und was ich mag, da will ich hin – eigentlich alles ganz einfach!“ (Spitzer, M.)

Das Gehirn verändert sich beim Lernen durch das Neuanlegen oder Verstärken von Nervenverbindungen. Dies zeigt allein sein Gewicht: Schon zwei Jahre nach unserer Geburt ist das Gehirn etwa doppelt so schwer – obwohl sich im Laufe unseres ganzen Lebens die Anzahl der Nervenzellen kaum verändert. Unser Gehirn wird dadurch schwerer, dass wir es vielfältig gebrauchen; dies sowohl in der Jugend, als Erwachsene und vor allem auch noch im Alter. Neu ist die Erkenntnis, dass Sie und ich beim Lernen auch den positiven oder negativen Kontext der Lernsituation mitlernen und wieder erinnern (siehe Spitzer, M. (2002, S.165/166), Roth, G (Roth, u.a. in Herrmann, U. 2006 S. 58)). Das Gehirn ist ein phantastisches Organ. Haben wir die Haltung einer Lernlust auch bei widrigen Umständen aufgebaut (intrinsische Motivation), so ist es in der Lage, sich den Herausforderungen flexibel anzupassen.

Jeder Lernprozess kommt fürs Gehirn einem Besuch im Fitnessstudio gleich: Wie ein Muskel durch Training stärker wird, stärkt das regelmässige Lernen und Üben unser Gehirn. Das Ergebnis ist, dass unsere Hirnleistung steigt, unsere Gedächtnisleistungen besser werden. Dieser Effekt kann einige Sekunden anhalten, einige Minuten – oder nach dem Einordnen ins Langzeitgedächtnis sogar ein Leben lang. (nach https://www.srf.ch/wissen/lernen-gewusst-wie/was-passiert-wenn-wir-lernen)

1.1.3 Hauptsysteme des Gedächtnisses

Unser Gedächtnis besteht aus drei Hauptsystemen. Das sensorische Gedächtnis speichert eintreffende Reize für Bruchteile von Sekunden. Wird etwas als wichtig bewertet, gelangt es ins Kurzzeitgedächtnis. Dort bleiben die Information nur einige Sekunden lang erhalten. Zum Beispiel Zeit genug, um etwa in einem Gespräch oder Vortrag einen Satz zu begreifen, ohne seinen Anfang schon wieder zu vergessen.

Im Langzeitgedächtnis speichern wir für längere Zeit oder für immer Informationen in vielfältig vernetzter Weise. Ins Langzeitgedächtnis gelangen Informationen gefühlsgeladen über den Hippocampus als eine Art Filter. Das Langzeitgedächtnis lässt sich weiter unterteilen: Gespeicherte Informationen stehen uns entweder bewusst oder unbewusst zur Verfügung.

Bewusst sind uns die Inhalte des episodischen Gedächtnisses. Es speichert unsere eigene Lebensgeschichte: Erinnerungen an persönlich wichtige Erlebnisse. Im semantischen Gedächtnis wird unser Faktenwissen gespeichert. Es nimmt Begriffe z.B. grammatikalisches, geographisches, chemisches Wissen auf.

Unser Gehirn verfügt auch über ein prozedurales Gedächtnis. Hier speichert es z.B. die Kenntnis des Rad- oder Autofahrens, des Ablaufs von Turnübungen ebenso wie diejenige des Schreibens. Sie aktivieren es z.B. dann, wenn Sie unsicher bei einer Schreibweise sind: Sie schreiben das Wort und erkennen die richtige Schreibweise.

Bei allen Prozessen des Merkens sind gleichzeitig vorhandene Gefühle von großer Bedeutung: Unsere emotionale Gemütslage, unsere Beteiligung, unsere Einstellung zur Situation beeinflussen die Filter des Hippocampus. Dieser Gehirnteil entscheidet, ob etwas dauerhaft im Langzeitgedächtnis gespeichert wird. So gelangt alles, was interessiert oder emotional positiv konnotiert ist leicht ins Langzeitgedächtnis; wohingegen mentale Ablehnung,

Lethargie oder Desinteresse eine dauerhafte Speicherung beeinträchtigen oder verhindern.

Eine weitere, für die Funktionsfähigkeit des Gehirns wichtige Fähigkeit ist diejenige des „Vergessens“. Das Gehirn kennt kein Areal der „verstaubten Informationen“. Gespeicherte Informationen, die längere Zeit unabgerufen sind, werden durch neue oder jetzt interessante Informationen überlagert, damit ist ein Erinnern daran gestört. (nach https://www.planet-wissen.de/natur/forschung/gedaechtnis/index.html)

Ein pädagogisches Beispiel:

„Durch den Gebrauch des Gehirns, also durch Wahrnehmen, Denken, Bewerten und Handeln entstehen Gebrauchsspuren, die als Gedächtnisspuren bezeichnet werden. Diese lenken Informationen in bestimmte Bahnen und „bahnen“ damit mein Verhalten.“ Für erzieherische Prozesse interessant ist z.B., dass „gelegentliche kleine, aber ernsthaft erfolgende Episoden der Selbstbejahung zu einer Art Dominoeffekt führen können, das heißt, langfristig anhaltend sind und die Spirale einer negativen Selbstbewertung und daraus folgender negativer Leistungen (und daraus wiederum folgender negativer Selbsteinschätzung) durchbrechen. Es kann – ohne großen Aufwand zu einer Aufwärtsspirale kommen, zu besseren Leistungen, in der Folge zu einem besseren Selbstbild und damit zu nachhaltigen besseren Leistungen. Dabei muss die Selbstbejahung nicht einmal den Bereich betreffen, um den es leistungsmäßig geht. Vielmehr ist darauf zu achten, dass sie einen Bereich betrifft, welcher der betreffenden Person wichtig ist. ... Wer sich selbst bejaht, der kann mehr leisten und wer stolz auf seine Leistung ist, hält trotz widriger Umstände länger durch. ... Letztlich läuft dies darauf hinaus, jungen Menschen viele und vielfältige Gelegenheit zu geben, sich zu beweisen.“ (Spitzer, M.; 2010)

1.1.4 Der Hippocampus, ein kleines, entscheidendes Gehirnteil

Damit Lerninhalte im Gedächtnis dauerhaft abgespeichert werden können, müssen sie zuerst einmal über den Gehirnteil des Hippocampus bis ins Großhirn gelangen.

Der Hippocampus hat eine Schlüssel-Rolle beim dauerhaften Einspeichern von Inhalten inne. Er hat eine Filterfunktion beim Übergang vom Kurzzeitgedächtnis zum Langzeitgedächtnis (neben dem medialen Schläfenlappenen). Der Hipocampus ist Teil des Limbischen Systems. Alle Informationen müssen durch ihn hindurch, damit sie langfristig abgespeichert werden können. Gefühle stellen für die Filterwirkung des Hippocampus ein wichtiges, selektierendes Kriterium dar. Neben der Gefühlsintensität ist auch die Art des Gefühls von Bedeutung: Mit positiven Gefühlen verbundene Informationen werden anders verarbeitet und gespeichert als diejenigen mit negativen Gefühlen. Untersuchungen zu Ängsten habe ergeben, dass solcherart konnotierte Informationen im (episodischen / biographischen) Bildergedächtnis landen und damit für das Wissens- bzw. Faktengedächtnis verloren sind. Der distanzierender Umgang mit diesen Bildern ist dann nicht möglich, was dazu führt, dass betroffenen durch unterschiedliche Auslöser (Trigger) wieder in die ursprüngliche Angst auslösende Situation hineinkatapultiert werden. Dies ist vor allem für schulbezogene Lernprozesse, sei dies in der schulischen Lernzeit oder dem Lernen zu Hause bedeutsam: Lernprozesse unter Angstgegebenheiten sind verlorene Zeit. Tritt bei einem Kind eine Angstsituation in schulbezogenen Lernprozessen ein, ist dringend eine einfühlsame, angstfreie pädagogische (z.B. durch Beratungslehrkraft) oder auch spezielle schulpsychologische Intervention erforderlich. Lehrkraft und Eltern sollten hier rasch einfühlsam tätig werden; denn erst wenn es im Nachhinein gelingt, für die inneren Bilder beim Kind auch Worte und Sätze zu finden, ist ein distanzierender Umgang mit diesen Erfahrungen möglich. Ein konkreter Ansatz ist das Reden / Sprechen über oder das Aufschreiben der beängstigenden Situation ein wichtiger Ansatz, um zu einem reflektierten / distanzierten Umgang mit psychischen Traumata zu kommen. (Dabei spielt wahrscheinlich auch der mediale Schläfenlappen, ein Teil des Großhirns, eine zentrale Rolle. Er ist wahrscheinlich dafür zuständig, dass wir Inhalte mit räumlichen oder zeitlichen oder logischen Koordinaten versehen und ihnen dadurch erst eine Bedeutung geben können).

(nach https://www.brgdomath.com/psychologie/lernen-und-ged%C3%A4chtnis-tk-3/was-passiert-beim-lernen-im-gehirn/)

1.1.5 Gehirn und Ruhe / Schlaf

„Israelische und amerikanische Forscher haben in einem Experiment zum räumlichen Lernen beobachtet, was im Gehirn beim Schlafen passiert, und herausgefunden, dass unser Gehirn während eines Traums neue Lerninhalte verarbeitet. Dies bestätigt Schlafforscher Jan Born, der sich mit dem Zusammenhang von Schlaf und Gedächtnis beschäftigt. Während des Schlafens, der Zeit, in der die äußeren Reize für das Gehirn ausgeschaltet sind, verarbeitet und filtert das Gehirn neue Informationen.“ (https://www-de.scoyo.com/eltern/lernen/lerntipps-lernmotivation/was-passiert-beim-lernen-im-gehirn)

Diese Erkenntnisse zeigen zum einen, dass das Gehirn Zeit braucht, um Sinneseindrücke und Erfahrungen aufnehmen, verarbeiten und speichern zu können und zum anderen, dass wichtige Informationen besonders eindrücklich bearbeitet werden müssen. Dies muss bei Lernprozessen bedacht werden dahingehend, dass entschieden wird: „Was ist tatsächlich wichtig? - Hier ist eindeutig weniger aus nachhaltiger Sicht mehr und in jedem Falle einer Informationsflut von vielleicht auch Interressantem und angeblich Wichtigem vorzuziehen. - Dies bedeutet auch z.B. wichtige Informationen in sachlich stimmiger, vielfältiger und ansprechender Weise anzubieten, bei genügend Zeit fürs Nachdenken, geistige Durcharbeiten, gemeinsame Besprechen und individuelle Üben vorsehen.

1.1.6 Zusammenfassend

Ihr Lernen ist - allgemein gesprochen - die Reaktion unseres Gehirns auf von Ihnen gemachte Erfahrungen. Wird eine Erfahrung von Ihnen als besonders bedeutsam und wichtig erlebt und bewirkt dadurch eine nachhaltige und langfristige Veränderung im Gehirn, dann haben Sie gelernt (Prozess und Fakten verbunden mit Emotionen).

Durch Lernen entstehen im Gehirn neue neuronale Verknüpfungen (Verbindungen zwischen Nervenzellen). Je öfters Sie eine bestimmte Lernerfahrung machen, desto stabiler wird diese Nervenverbindung. Dies um so besser, je mehr Eingangskanäle (Sinneskanäle, Emotionen, motorische Zugänge, ...) an einer Lernerfahrung beteiligt sind, desto nachhaltiger ist der Lernprozess, desto sicherer ist das Wissen verfügbar.

Eine einzige Nervenzelle kann durch vielfältige Erfahrungs- und Lernprozesse mit hunderten oder sogar tausenden anderen Nervenzellen verbunden sein. In Ihrem Gehirn bilden sich so neuronale Netzwerke. Und diese Netzwerke spiegeln die Lernerfahrungen, die Sie im Laufe Ihres Lebens gemacht haben. Was als *Lernen* bezeichnet wird, ist (vereinfacht gesagt) nichts anderes, als die Neuentstehung und die Verstärkung bereits bestehender Verbindungen zwischen Nervenzellen. Je öfters Sie eine bestimmte nervenimpulsauslösende Erfahrung machen, desto stabiler wird die synaptische Verbindung zwischen den Nervenzellen, die diese Erfahrung abbildend speichern.

Lernen ist also auf der Ebene des Gehirns die Veränderung der Feinstruktur Ihres Gehirns (synaptische Verbindungenden zwischen Nervenzellen; Entstehung neuronaler Netze) in Abhängigkeit von unseren Erfahrungen. (nach https://www.brgdomath.com/psychologie/lernen-und-ged%C3%A4chtnis-tk-3/was-passiert-beim-lernen-im-gehirn/)

Für erfolgreiches Lernen bedeuten dies, dass das Gehirn zwar viele Einzelimpulse verarbeitet, aber nur das langfristig verankert, was häufig wiederholt wird. Um es mit den Worten von Professor Spitzer zu sagen:

„Das Gehirn speichert nicht Kleinkram sondern allgemeine Regeln."Durch unzählige Beispiele generiert das Gehirn also die zugrundeliegende Regelhaftigkeit ganz von selbst.

„Das Gehirn kann gar nicht anders und tut nichts lieber und macht nichts anderes ... als aus vielen Beispielen den Gebrauch der Beispiele selbst zu generieren.“ (Spitzer, M.)

1.2 Explizites Lernen

Sie lesen in einer Stellenausschreibung. Für einen bestimmten Arbeitsplatz wird eine Person gesucht, die folgende Eigenschaften aufweist:

- Sehr belastbar und flexibel; exzellent strukturiert und organisiert; offen für Neues und stets bereit, dazuzulernen; äußerst versiert darin, bestehende Netzwerke zu nutzen und neue zu etablieren. -

Sie werden überrascht sein; denn Sie verfügen über solche Fähigkeiten in Form Ihres Gehirns und seiner Arbeitsweise! Sie haben dieses hochkomplexe Organ im Kopf! Es verfügt über alle, die in der fiktiven Stellenausschreibung genannten Fähigkeiten. Es macht zwar nur 2 % Ihres eigenen Gewichts aus, verbraucht für seine Arbeit jedoch 20% Ihrer aufgenommenen Energie. Ihr Gehirn ist also ein für Sie jederzeit verfügbares und zudem sehr flexibles Kraftwerk, das ´sich freut´ und ´bereit ist´ Ihre Sinneseindrücke aufzunehmen, Sinnesreize effizient zu verarbeiten. Es stellt Ihnen, wenn erforderlich, überall und jederzeit auf der Basis gespeicherter Informationen und formulierter Hypothesen zur Sie umgebenden Welt selbst organisierte Entscheidungsideen bzw. -vorstellungen zur Verfügung. Es hat zu Ihrem Schutz sogar Mechanismen, die Sie bzw. Ihren Körper zunächst unbewusst auf erforderliche Aktionen vorbereitet, um Sie z.B. aus Gefahrensituationen zu retten. Im Kern ist das Gehirn hungrig nach Erfahrungen. Subjektiv Wichtiges lernt es sehr schnell. Manche Hirnareale schalten tausendfach schneller als Ihr Bewusstsein. Ihr Gehirn ist spezialisiert, jedoch sehr flexibel. Es behält den Überblick und kümmert sich zugleich auch um die Details. Es ist innovativ und scheut sich nicht, auf der Suche nach dem besten Verfahren Fehler zu machen – um aus ihnen zu lernen.

(nach Weber, M. in: https://www.tagesspiegel.de/themen/gehirn-und-nerven/gesund-leben-neue-tat-neues-hirn/13410644.html)

Ihre Sinnesorgane zusammen mit Ihren Emotionen sind die entscheidenden Impulsgeber für die Aktivitäten Ihres Gehirns. Dies hat Vor- und Nachteile; denn Sie sind verantwortlich für die Impulse und deren emotionale Enbettung, die Ihre Sinnesorgane aufnehmen und an ihr Gehirn zum Verarbeiten und Speichern weiterleiten.

Explizites Lernen wird definiert als „intentional, frequently hypothesis-guided acquisition of knowledge” (Frensch, 1998)

1.2.1 Nachhaltiges explizites Lernen

Jedes Gehirn konstruiert seine Wirklichkeit im Abgleich von gemachten Erfahrungen und daraus gewonnenem Wissen. Dies bedeutet für ein Lernen, dass dieses auch ein konstruierender, selbstständiger Prozess ist, der von den bereits vorhandenen Lernerfahrungen, Verarbeitungs- und Verstehensmustern abhängt. Lernen geschieht im Gehirn durch einen Abgleich mit bereits bestehenden, verarbeiteten und gespeicherten Wahrnehmungen. Tritt etwas völlig Neues auf, werden alle damit einhergehenden Sinneseindrücke aufgenommen und neue Nervenverknüpfungen angelegt, die sich z.B. durch regelmäßige Aktivierung verstärken. Je öfter, intensiver, sinnvoller und bedeutsamer die jeweiligen Sinnesreize vom Gehirn bewertet werden, desto stabiler und verzweigter werden die Nervenverbindungen. „Die zentrale Stelle, an der diese Gewichtung geschieht, ist der Hippocampus. Der Hippocampus ist zuerst einmal eine Art „Detektor von Neuigkeiten“ (Spitzer, M.) und als solcher für die Unterscheidung von alt, bekannt, unwichtig, unbedeutend, uninteressant und neu, unbekannt, wichtig, bedeutsam, interessant etc. zuständig. Zum zweiten sorgt er auch dafür, dass Fakten, Ereignisse, Situationen und Neuigkeiten bewusst wahrgenommen und verarbeitet werden“, d.h. er steuert die Wahrnehmung (Aufmerksamkeit). „Wenn der Hippocampus eine Sache als neu, als interessant, als bedeutsam und wichtig identifiziert und entsprechend gewichtet hat, bildet er „neuronale Repräsentationen“ aus, d.h. er macht sich daran, diese Zusammenhänge zu speichern“ und ins Langzeitgedächtnis zu transformieren. So entstehen Muster und Repräsentanzstellen im Gehirn mit erhöhtem neuronalen Potential. Solche Muster können aktualisiert, d.h. erinnert werden und stehen zu weiteren Verarbeitungsprozessen bereit. Der Hippocampus ist die „Drehscheibe“ im Gehirn, die unsere Speicher- und Erinnerungsprozesse als eine Art „Trainer“ anregt und steuert.

Weil sich kognitive, emotionale und fachspezifische Muster nur langsam entwickeln, und damit sie viabel“, d.h. gangbar, tragfähig, funktional werden, müssen sie häufig in Gebrauch genommen und genutzt werden. Sie sollten dazu z.B. begrifflich benannt und ggf. sogar symbolisch gekennzeichnet werden, damit sie als wichtige „Verarbeitungsroutinen“ bewusst gemacht werden können. Solche „Muster“ und die entsprechenden „Mustererkennungsprozesse“ lassen sich sowohl für sozialinteraktive Prozesse verdeutlichen als auch für fachlich-methodische Lernverfahren“ (Schirp, H.). Des Weiteren verfügt jeder Mensch über verschiedene Gedächtnisformen mit je unterschiedlichen neuronalen Strukturen. Fürs Lernen bedeutsam sind dies das deklarative und das nicht deklarative Gedächtnis, wobei sich das deklarative Gedächtnis noch unterteilt in das semantische und das episodische Gedächtnis.

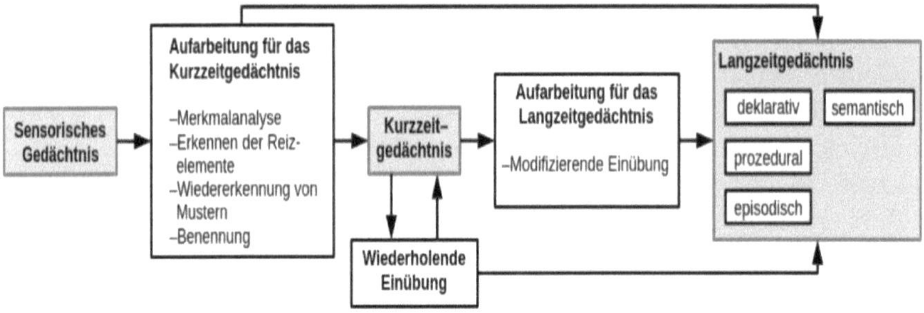

(https://commons.wikimedia.org/wiki/File:Ged%C3%A4chtnis_modell.svg)

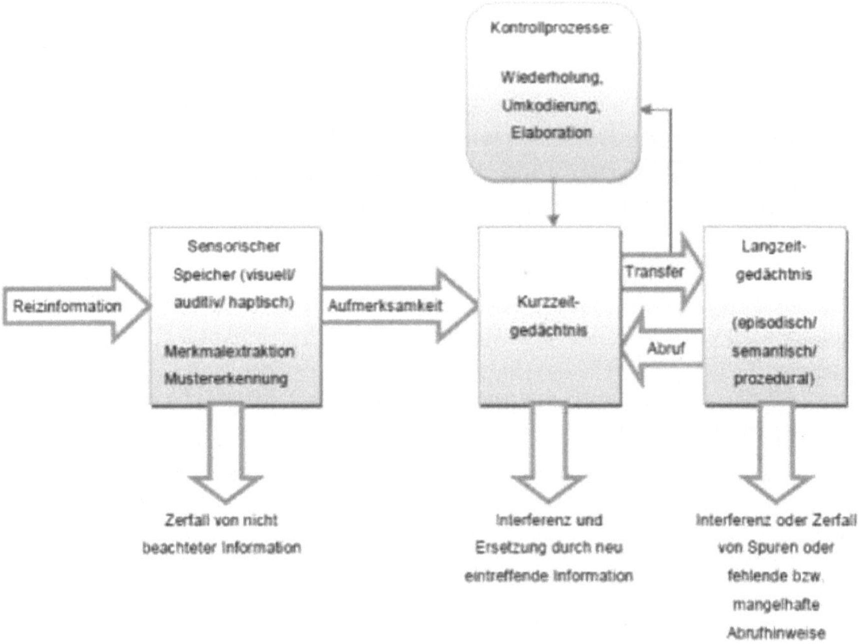

Gedächtnismodell von Atkinson und Shiffrin (1968, 1971, in Schmidt 2006; Stangl, 2018)

Exkurs: Gedächtnis – Steuerungsprozesse – Gedächtnisformen

Sensorisches Gedächtnis (Kapazität: fast unbegrenzt; Speicherdauer: max. 1 Sekunde)

Kurz- und Arbeitsgedächtnis (Kapazität: 7 +/ - 2 Items; Speicherdauer: max. wenige Minuten)

Langzeitgedächtnis (Kapazität: groß; Speicherdauer: bis zu vielen Jahren)

Das sensorische Gedächtnis verarbeitet und speichert die verschiedenen Sinnesreize.

Das Kurzzeit- bzw. Arbeitsgedächtnis speichert Daten in ihrer zeitlichen Ordnung. Die Speichermenge kann durch die Organisation der Items zu sinnvollen Einheiten bzw. Strukturen erhöht werden. Das Arbeitsgedächtnis ist insbesondere für die aktive Verarbeitung von kurzzeitig erworbenen Gedächtnisinhalten, aber auch für die Aktivierung der schon fest gespeicherten Daten des Langzeitgedächtnisses verantwortlich. Das Kurzzeit- bzw. das Arbeitsgedächtnis sind die einzigen Gedächtnisspeicher, deren Inhalte dem Bewusstsein zugänglich sind.

Das Arbeitsgedächtnis hat vier Komponenten:

Eine zentrale Exekutive: Sie steuert die Aufmerksamkeitsprozesse und koordiniert die Funktion der beiden Subsysteme, der artikulatorischen Schleife und des visuell-räumlichen Notizblocks.

Artikulatorische Schleife: Sie hält phonologische Informationen im Bewusstsein, so z.B. die stumme Wiederholung sprachbasierter Informationen oder das kurzzeitige Behalten einer Wortfolge und der Prosodie eines Satzes, beides Voraussetzung für eine sinnvolle Analyse.

Visuell-räumlicher Notizblock: Er ist entsprechend für die visuellen Daten zuständig.

Episodischer Puffer: Ein in seiner Kapazität begrenzter und nur vorübergehend speichernder Gedächtnisanteil, der episodische Daten bereithält, die von der zentralen Exekutive abgerufen, mit den Inhalten der beiden anderen Subsysteme verbunden und bewusst gemacht werden kann. (siehe Hasselhorn & Gold, 2005, S. 73 ff.)

Das Langzeitgedächtnis findet sich in der gesamten Hirnrinde. Tritt z.B. im ersten Lebensjahr eines Kindes eine Hirnschädigung auf und muss ein gesamtes Hirnteil entfernt werden, so ist das restliche Gehirn in der Lage, in diesem Alter alle Funktionen auch des entfernten Hirnteils zu übernehmen. Daher ist noch vollständig bekannt, wo letztlich Informationen langfristig gespeichert werden. Derzeitige Vorstellungen gehen dahin, dass Informationen in Netzwerken bzw. Gehirnarealen repräsentiert werden, die inhaltsspezifisch organisiert sind.

Das deklarativ-semantische Gedächtnis speichert erworbenes Wissen, d.h. allgemeine Fakten, unabhängig von den Umständen des Erwerbs ab.

Das deklarativ-episodische Gedächtnis speichert z.B. Ereignisse und Erlebnisse in der eigenen Lebensentwicklung zeitlich und räumlich eingeordnet bzw. wiedererlebte Vergangenheit ab.

Das prozedurale Gedächtnis speichert z.B. Fertigkeiten (Handlungs- oder Bewegungsabläufe), Konditionierungen, Geschicklichkeiten und Gewohnheiten ab.

1.2.2 Explizites schulisches Lernen konkret

Hier angesprochen sind z.B. Präsentations- und Übungsweisen, Merk- und Lerntechniken, Lernstrategien oder auch soziale Arbeits- und Erarbeitungsweisen sowie soziale Rituale. Das Lernen strukturellen Wissens benötigt die mehrfache Erfahrung, des sinnvollen und hilfreichen Anwendens in verschiedensten, ähnlichen Situationen. Lernprozesse, sofern sie nicht aus gerade stattfindenden Situationen aufbauen, bedürfen aus neurobiologischer Sicht eines durchdachten, gezielten und geplanten sowie während des Prozesses reflektiertem Vorgehens, sprich eines inhaltlich und methodisch stimmigen, struktukturierten Aufbaus, insbesondere, wenn es sich um einen neuen theoretischen Inhalt handelt, selbst wenn dieser im Lehrbuch abgehandelt wird..

1.2.3 Bedeutung des Wiederholens und Übens

Lernen ist mehr als Informationsaufnahme; es ist ein individueller, bewusster und intentional aktiver Prozess. Dabei sind insbesondere in schulbezogenen Lernprozessen die Erkenntnisse der geistigen Entwicklung (siehe u.a. Erikson, Piaget) sowie solche der Entwicklungs- und Lernpsychologie levant. (siehe u.a. Lohaus, Vierhaus; Edelmann, Wittmann)

Auch ein Verstehen bzw. Verstandenhaben eines Lerninhaltes bedarf der vertiefenden Bearbeitung, damit der Inhalt im Langzeitgedächtnis gespeichert wird. Das Abrufen von Gedächtnisinhalten erfolgt in einem Rekonstruktionsprozess. Dieser verläuft sicher und schnell, wenn die aufgebauten Schemata des Langzeitgedächtnisses durch ein häufiges Abrufen und Wiedereinspeichern, einem sogenannten Re-Encodieren, vielfach vernetzt verfügbar gehalten werden.

Dies bedeutet zweierlei:

a) Wiederholung: Neu erworbenes Wissen muss bewusst, d.h. systematisch - und am besten über das Maß des sicheren Beherrschens hinaus – in verteilter, varierender Weise wiederholt werden.

b) Generierungseffekt: Die Wiederholung sollte aktiv, bewusst gesteuert durch aktives Erinnern und freies, individuelles Rekonstruieren erfolgen. Diese Form von Reaktivierung der Wissenselemente bzw. der angelegten Netzwerke führt zu einer Stabilisierung der Nervenverbindungen und Neuronalmuster im Gehirn, stärkt so die Gedächtnisspur, was erst ein Erinnern ermöglicht.

c) Gedächtnishilfen: Schon beim ersten Bearbeiten, jedoch insbesondere auch beim Üben und Wiederholen müssen Abruf- bzw. Gedächtnishilfen eingebaut werden. Dies sind z.B. sowohl äußere (z.B. Visualisierungen in Form von

Bildern / Strukturen, advance-organizer, inhaltsbezogene Bewegungen), als auch innere (z.B. thematische Bezüge / Anknüpfungen an Vorwissen) Abrufhilfen. Diese unterstützen den Prozess des Abrufens.

Konkret könnten folgende Ansätze tragend wirken:

-"Faktenwissen durch Geschichten, Anekdoten, Bilder und Bezüge zu anderen Lebensbereichen und -situationen zu „illustrieren" und so in unterschiedliche Kontexte einzubauen,

- die Schülerinnen und Schüler dazu zu animieren, eigene bildliche Vorstellungen von Unterrichtsergebnissen zu entwickeln und diese festzuhalten,
- eigene Gedankenbilder, Mind Maps, Veranschaulichungen, Strukturskizzen, „Eselsbrücken" und Übersichten zu erstellen,
- unterschiedliche Lebens- und Alltagssituationen (er)finden zu lassen, in denen die Unterrichtsergebnisse eine Rolle spielen (könnten),
- ganz bewusst auch emotionale Beurteilungen zu artikulieren und mit in den Verstehens- und Behaltensprozess zu integrieren." (nach Schirp, H.)

1.2.4 Bedeutung des Beziehungsaspekts

Auch die Lernumgebung (z.B. das aktuelle Klassenklima sowie die aktuelle Gestimmtheit, die Haltung der Lehrkraft) beeinflussen individuell das jeweilige Lernen; denn im Hippocampus bestimmen auch Emotionen die Bewertung eines Lerninhalts und damit die Qualität des Speicherprozesses. Im stimmungsabhängigen Gedächtnis werden äußere und innere Kontextfaktoren mit dem eigentlichen Inhalt gemeinsam abgespeichert. Somit sollten alle schulischen Lernprozesse in einer von gegenseitiger Achtung und persönlichem Respekt geprägten, vom Erwachsenen professionell gestalteten Beziehung (siehe Miller, R.; 2016), z.B. einer passenden Klassenführung stattfinden. Bei letzterem kommt der Qualität der Kooperation im jeweiligen Kollegium sowie der Leitungsperson entscheidende Bedeutung zu (siehe de Jong, K., 2017).

Konkret könnten folgende Ansätze tragend wirken:

- ein Unterrichtsklima und eine Schulatmosphäre herzustellen, in der Schülerinnen und Schüler nachvollziehbar wahrnehmen können, dass sie mit ihren Fähigkeiten, Voraussetzungen, Einstellungen …ernst genommen werden und dass Lehrerinnen und Lehrer an ihrer Lernentwicklung interessiert sind,
- Gefühle zur Sprache zu bringen; „Gefühle geben zu denken", den Schülerinnen und Schülern ebenso wie den Lehrerinnen und Lehrern. Zu vielen Unterrichtsgegenständen bringen Schülerinnen und Schüler bewusst oder unbewusst emotional bestimmte Einstellungsmuster mit. Diese sollten

ganz bewusst artikuliert werden können; das dient letztlich auch der sach- und fachspezifischen Klärung,

- den Schülerinnen und Schülern dabei zu helfen, mit Arbeitsstress und Leistungsdruck (Prüfungsangst) umzugehen. Das reicht von Entspannungsübungen bis zum Aufzeigen von erfolgversprechenden Arbeits-, Übungs- und Behaltensstrategien,
- erfolgreiche Lernprozesse auch als solche zu bewerten und mit entsprechenden „emotionalen Markern" zu versehen. Positive Rückmeldungen, das Verdeutlichen von Lern- und Kompetenzzuwächsen sind entscheidende Voraussetzungen für eine stabile Lernmotivation und für die Lust am Weiterlernen.

1.2.5 Bedeutung von Präsentations- und Vermittlungsweisen

Informationen z.B. bei den Print- oder elektronischen Medien, versuchen die Menschen auf verschiedensten Sinneskanälen anzusprechen; denn verschiedene Menschen haben unterschiedlich ausgeprägte Präverenzen von bevorzugten Sinneskanälen. Auf das Lernen übertragen, hat die Psychologie nach dem präferierten Sinneskanal idealtypische vier Lerntypen als theoretische Einteilung entwickelt (visueller, auditiver, haptisch / kinästhetischer und kommunikativer Lerntyp). Die Wirklichkeit ist komplexer; denn niemand ist nur einem Lerntyp zuzuordnen! Doch bevorzugt tatsächlich jeder Mensch bestimmte Lernweisen (Lerntypeneigenschaften). Die wesentliche, für das individuelle Lernen entscheidende Frage ist, welche Lernweisen bevorzuge ich in der Regel? Durch eigenes Überlegen / Reflektieren verschiedener durchlaufener Lernsituationen sollte dies jeder Erwachsene recht sicher selbst erkennen können. Bei einem Kind bzw. Heranwachsenden ist dies meist noch nicht so deutlich. Die Präferenzen entwickeln sich noch. Planungen und Gestaltungsprozessen von Lernangeboten müssen daher in der Präsentation und Vermittlungsweise möglichst breit, d.h. möglichst alle Sinneskanäle ansprechend angelegt werden. Dies betrifft sowohl den strukturellen, sachbezogen Aufbau (klarer „roter Faden") als auch die altersangemessene Ansprache (z.B. Kurzvortrag, Medieneinsatz, Er- und Bearbeitungsweisen); hierzu gehört auch das Beachten der altersbezogene und so möglich auch individuelle Aufmerksamkeitsspanne (Prinzip der Passung).

Konkret bieten sich z.B. folgende Elemente an:

- „in kurzen Abständen immer wieder kleine, kommunikative Sicherungs- oder Vergewisserungsphasen einbauen, z.B. kurze Besprechungen mit dem Nachbarn, dem Nachbartisch (think-pair-share);

- bei Problemstellungen z.B. eigene Ideen entwickeln / vorstellen und besprechen lassen;
- in Form eines „Sandwich-Verfahrens“ abwechselnd Instruktions- und Interaktionsphasen vorsehen, Festhalten gefundener „Zwischenergebnisse“ (Arbeitsweg);
- gezielt kontroverse Einschätzungen, Wahrnehmungen, Positionen ... vorstellen und daraus z.B. in Partner- oder Gruppenarbeit Stellungnahmen entwerfen, vorstellen und besprechen;
- Gruppen zu „modellhaft“ eigenen Lösungswegen anregen; diese erläutern und diskutieren;
- Gruppen unterschiedlichen Perspektiven einer Fragestellung / eines Problems finden lassen; die Gruppenergebnisse zirkulieren und werden ergänzt („place mat-Verfahren“);
- Stationenlernen (ggf. mit Differenzierung) mit gleichzeitigem Beobachten der unterschiedlichen Lernzugänge bzw. Arbeitsweisen (Was gelingt? Was bedarf gezielter Förderung);
- Lerntheken (mit inhaltlich verschiedenen Zugangsmöglichkeiten) und Beobachten, wer welchen Zugang mit welchem Ergebnis wählt →Lernhilfen;
- Fragestellungen / Arbeitsweisen bei ähnlichen Inhalten erproben (Transfer), besprechen;
- Neue Aspekte / Positionen zu einem Inhalt einbringen, Bearbeitungsweise: think-pair-share;
- „Experten“(-gruppen) bearbeiten ein Thema mit anschließendem Austausch gefundener Bearbeitungs- und Lösungsideen; oder Diskussion in Form einer „fischbowl“;
- unterschiedliche Ergebnisse durchdenken, Differenzen / Gemeinsamkeiten formulieren und konsensfähige Positionen entwickeln.“ (nach Schirp; 2006; Egle, J.; 2009)

1.2.6 Bedeutung von Merk- und Lerntechniken

Grundlegende Kenntnisse, auch sicheres Faktenwissen, sind erforderlich, um weitergehende Fähigkeiten zu entwickeln. Viele Kinder erwerben solche grundlegenden Kenntnisse schon während ihrer Kindheit in der Interaktion mit ihren Eltern oder Geschwistern (Vorlesen, Vortragen, Singen, Basteln, Spielen [z.B. Bewegungs-, Merk-, Rätselspiele], Experimentieren [z.B. Bau- und Technikkästen, Häkeln, Kochen, Backen], Malen [z.B. Farbmaterialien], Sammeln / Ordnen, Bewegen [z.B. Balancieren, Hüpfen, Klettern, Fangen, Werfen]. Diese Erfahrungen sind meist nachhaltig im Gedächtnis gespeichert und ermöglichen sowohl grundlegende geistige Fähigkeiten als auch manuelle

Fertigkeiten. Solcherart meist spielerisch und unbewusst gemachte Erfahrungen und daraus erwachsende grundlegenden Kenntnisse bringen diese Kinder bereits in die Schule mit. Durch oben genannte Aktivitäten und Anregungen in jungen Jahren wird das Arbeitsgedächtnis trainiert, ergeben sich wie von selbst Assoziations- und Merkübungen sowie kurze, kreative Arbeits- und Übungsweisen mit vom Kind als sinn- und lustvoll praktizierten Wiederholungen.

Da sich das Gehirn in den jungen Jahren besonders stark entwickelt (dorsolaterale frontale Cortex) und erst nach dem zwanzigsten Lebensjahr voll ausgebildet ist, muss u.a. aus anatomischer Sicht der Einsatz insbesondere von filmähnlichen Computerspielen, in denen der/die Spielende im Spiel als agierende „Person“ einbezogen ist, hinsichtlich der emotionalen Entwicklung von Kindern und Jugendlichen deutlich hinterfragt bzw. vermieden werden. Ebenso beeinträchtigen nach Untersuchungen von Manfred Spitzer regelmäßige und längere Computerspielzeiten die Merkfähigkeit bzw. die Gedächtnisleistungen und damit auch das Lernvermögen insbesondere bei Kindern und Heranwachsenden; da das Gehirn diese medialen Welten als real nimmt und sich intensiv mit dortigen Aktivitäten ggf. über einen längeren Zeitraum beschäftigt.

Schon im Kindergarten wie in der Eingangsklasse der Grundschule sind jedoch auch Kinder anzutreffen, die vieles davon noch nicht erfahren und damit nicht gelernt haben. Solche Kinder bedürfen einer gezielten Förderung durch entsprechende Angebote. - Hier sollte auch eine passende Elternarbeit ansetzen! - Hilfreich wären hier organisatorisch einplanbare, zusätzliche Unterrichtsstunden, auch um eine Arbeit mit Kleingruppen zu ermöglichen (z.B. für zeitbegrenzte Intensivkurse)!

Bei dieser Förderung von Merk- und Lerntechniken in der Eingangsstufe (Grundschule) ist der passende emotionale Zugang, meist über eine spielerische Herangehensweise entscheidend, wobei Wettbewerbe allenfalls bei Bewegungselementen sinnvoll sein können. Im und aus einem Spiel ergeben sich meist organisch Leistungsanreize im Sinne: „Ich will das können!“ und auch ein positives Erleben: „Jetzt habe ich eine Strategie gefunden!“; „Heute / jetzt habe ich … geschafft!, „Das kann ich jetzt!“ Wichtig ist auch die soziale Dimension / das im spielerischen Tun ganz natürliche gemeinsame Erleben, das Zusammenarbeiten und sich ggf. gemeinsam Freuen.

Merk- und Lernweisen werden immer anhand wichtiger Lerninhalte zeitgleich eingeführt, damit die Kinder / Jugendlichen bedeutsame individuelle Erfahrungen sowohl inhalts- als auch handlungs- und mentalbezogen sammeln können (positive Selbsterfahrung – Handlungsfähigkeit – Selbstmotivation).

Konkret bieten sich u.a. folgende Elemente an:

- Nacherzählen von (vor-)gelesenen Geschichten;
- Malen von Bilderreihen zu kurzen Geschichten oder Gedichten;
- Vertonen von Geschichten oder Gedichten;
- kurze Sketche / kleine szenische Darstellungen / kurze Theaterspiele einüben und z.B. anderen Gruppen / Eltern vorführen;
- Singen von Liedern auch mit mehreren Strophen und passende Bewegungen dazu ausführen;
- Rhytmisches, betontes Sprechen, z.B. nach Silben und z.B. je nach Dehnungszeichen („h“ oder „ie“) ein mehrfaches Klatschen;
- „roten Faden“ eines Lerninhalts stichwortartig / bebildert z.B. a.d. Tafel entwickeln und dies mit den Kindern einüben;
- ab ca. dem 12. Lebensjahr inhaltsbezogene Strukturbilder / Mind-Maps einführen und zukünftig immer wieder einsetzen lassen.

Namhafte Verlage bieten Veröffentlichungen für Ideen zu ansprechenden, aktivierenden Lern- und Arbeitsweisen z.B. zum Thema Lernmethodik sowohl für die Grundschul- wie Sekundarstufe an. Auch im Internet finden sich unter dem Stichworten „Lernmethodik“ oder „Lernen lernen“ vielfältige konkrete Anregungen und Hilfen. Wichtig wäre, dass jede mit Lernen von Kindern / Jugendlichen befasste Organisation (Kindergarten, Schule) ein Methodencurriculum entwickelt und dieses auch gezielt umsetzt; denn gerade Kinder / Jugendliche aus eher bildungsfernen Bevölkerungsgruppen profitieren vom Bekanntwerden, Erproben und Praktizieren solcher als von ihnen als hilfreich erfahrenen Merk-, Lern- und Arbeitsweisen insbesondere auch mit Blick auf eine spätere, möglichst gelingende Berufsausbildung.

1.2.7 Bedeutung von Lernstrategien

Sind Merk- und Lernweisen einem Kind / Jugendlichen bekannt, setzt er/sie sogar (gelegentlich) erfolgreich ein, so ergibt sich meist die Frage nach der Selbstorganisation. Dies um so mehr, als z.B. Grundschulkinder alters- und inhaltsangemessen an ein mehr und mehr selbstständiges Lernen und Arbeiten herangeführt werden sollen bzw. müssen. Gerade Kinder aus eher bildungsfernen Bevölkerungsteilen haben vom Kleinkindalter an oft wenig Anregungen und Möglichkeiten gehabt für sich schon grundlegende Elemente von Lernstrategien zu entwickeln; wie z.B. Kinder, die erprobend und freudig angeregt mit Strategiespielen sowohl zuhause als auch z.B. in Gruppen oder zunehmend komplexeren Experimentierkästen bzw. Technikbaukästen Kontakt hatten und die Aktivitäten damit mit zunehmendem Alter auch vermehrt selbständig und mit persönlich erlebtem Erfolg durchgeführt haben bzw. immer wieder gerne durchführen.

Spätestens im Kindergarten oder zumindest in der Grundschule müssen Lern- und Arbeitsstrategien altersangemessen systematisch und gezielt eingeplant anhand geeigneter Lerninhalte vorgestellt, (spielerisch / aktivierend) eingeübt, regelmäßig praktiziert und beim Erproben durch jeweilige Kinder auch gesehen und gewürdigt werden. Entscheidend ist, dass durch diese Maßnahmen das Neugierverhalten gestärkt bzw. aufrechterhalten wird, um so auf längere Sicht die Entwicklung von Interessenfeldern zu unterstützen.

Konkrete Ansätze sind unter anderem:

Schon kleine Kinder mögen z.B. altersangemessene Puzzles, Legespiele, Konstruktionsmaterialien (z.B. Bauen mit Holzklötzen, Konstruieren z.B. von Maschinen mit gelochten Holzleisten, Holzschrauben und -muttern, Rädern); Musterlegen mit bunten Glassteinen, usw. arbeiten mit einfachen und überschaubaren (alltagsnahen) Experimentiermaterialien).

Kinder und Heranwachsende lieben ein sich Bewegen und Erproben ihrer körperlichen Fähigkeiten und Fertigkeiten, sei dies beim Kinderschwimmen, dem Balancieren, Ballwerfen oder Schießen, Hüpfen nach aufgezeichneten Mustern, Klettern usw. Sie lernen daraus Bewegungsstrategien, gewinnen räumliche Vorstellungen und lernen Strategien im mitmenschlichen Umgang. Daher sind z.B. „ein bewegtes Gruppen- oder Klassenzimmer“, in dem sich Phasen erhöhter Konzentration auf Inhalte mit Bewegungsphasen passend abrechseln oder regelmäßig vielfältige Bewegungsmöglichkeiten mit der Gruppe im Sportraum fürs Gehirn und damit das Lernen so wichtig.

Kleine Kinder lieben auch z.B. das Vorlesen, Erzählen und Betrachten von Sachbüchern mit Alltagsbezug. So wird das Interesse an (Bilder-)Büchern und den Informationen daraus geweckt und wachgehalten, was i.d.R. zu späterem selbstgesteuertem Lesen bzw. Informationsentnehmen aus Büchern bis hin zum gezielten und kritischen Benutzen von Informationen aus dem Internet führt.

Hilfreich sind auch möglichst frühe Erfahrungen mit erprobendem Experimentieren anhand geeigneter Materialien. Dies bewirkt ein intuitiv und sachbezogen zunehmend planvolles, zielgerichtetes Tun, bei hohem Aufforderungscharakter und stärkt so die Vorstellungskraft, Konzentrationsfähigkeit, Aufmerksamkeitsspanne und Ausdauer z.B. beim Problemerfassen sowie -lösen. Mit zunehmendem Alter und bei entsprechenden Vorerfahrungen werden auch anspruchsvollere und komplexere Experimentier- und Baukästen interessant.

Mit Hilfe von problemorientiertem Aufbau von Lernanregungen bzw. Lerngelegenheiten z.B. in mehr oder weniger umfangreichen Projekten ließe sich ein individuelles, eher interessegeleitetes Lernen und Arbeiten organisieren. Wichtig beim projektartigen Arbeiten ist die strukturierte Vorgehensweise von der Planung, eingebauten Reflexionsphasen bis zur Präsentation und einem Gesamtrückblick.

Entscheidend ist, dass durch all die beispielhaft genannten Aktivitäten im kindlichen / jugendlichen Gehirn sich durch die vielfältigen Sinnesreize neue Nervenverbindungen bilden und Nervenareale beständig verstärken, was für die weitere Gehirnentwicklung positiv exponentielle Wirkungen hat: Das Denk-, Vorstellungs- und Handlungsvermögen immer besser mit der Folge, dass auch die Selbstsicht, das Selbstbewusstsein, die Beziehungs- und Verantwortungsfähigkeit sowie eine selbstsichere Handlungsfähigkeit in realistischer Weltsicht wachsen.

1.3 Implizites Lernen

Implizites und explizites Lernen – eine Klärung

Jeder Mensch besitzt schon bei der Geburt ein implizites System für die Informationsverarbeitung. Dieses ist die Grundlage für den Aufbau von explizitem Wissen und dessen fortwährend ausdifferenzierende Verfeinerung. Auch sind implizites und explizites Lernen in unterschiedliche neuronale Netze des Gehirns eingebunden. Beide wirken jedoch in komplexer Weise zusammen (siehe CLARION-Modell). Untersuchungen zeigen, dass implizites Lernen auf subsymbolischem, assoziativem Wissen und explizites Lernen auf symbolischem, deklarativem und regelhaftem Wissen basiert.

„Man muss völlig umdenken und sich darüber klar werden, dass das Bewusstsein nur einen ganz kleinen Teil unseres Gehirns umfasst. Und wenn wir bewusst sind, sind nur begrenzte Teile des so genannten assoziativen Kortex aktiv. Man kann sagen, ungefähr 90 Prozent des Gehirns sind unbewusst, nämlich das gesamte Gehirn außerhalb des Kortex und ein großer Teil der Großhirnrinde selbst ... Ich erlebe mich selbst als denkend, fühlend, wahrnehmend oder entscheidend, und nehme die 90 Prozent, die mich dazu bringen, nicht wahr.“ (Roth, A.)

1.3.1 Implizites Lernen

Implizites Lernen stellt ein vielschichtiges Phänomen dar: Es erfolgt nichtintentional und automatisch. Implizites Lernen ist „the nonintentional, automatic acquisition of knowledge about structural relations between objects or events.“ (Frensch, 1998)

Während unserer Entwicklung vom Säugling zum Erwachsenen finden zahlreiche, überwiegend unbewusste Lernprozesse statt. So sind schon kleine Kinder in der Lage komplexe Invarianzen und Regelhaftigkeiten der Umwelt zu erlernen und zu nutzen, ohne dass sie sich dessen gewahr werden.

Ein Teil der Wahrnehmungen wird überhaupt nicht bewusst, obgleich sich diese nicht bewussten Wahrnehmungen auf das Denken und Handeln auswirken. Auch gibt es kognitive Prozesse wie Denken oder Schlussfolgern, die unbewusst stattfinden. Das Gehirn greift dabei meist auf bisher gemachte, bewertete Erfahrungen zurück. Dies umfasst auch ein Wissen, wie in neuen Situationen gehandelt und gelernt werden kann (Staudt/Kriegesmann 1999). „Als implizites Wissen (tacit knowledge) ist ein Wissen zu definieren, das in der praktischen Kompetenz einer Person (Wahrnehmungs-, Urteils- und Erwartungsdispositionen, Dispositionen zum gegenständlichen und zum Denkhandeln) zum Ausdruck kommt, das aber nicht oder nicht angemessen verbalisiert werden kann.“ (Neuweg, G.H.)

Das nicht bewusst genutzte oder implizite Gedächtnis bezeichnet Gedächtnissysteme, bei denen die Verarbeitung von Informationen (Enkodierung, Speicherung, Abruf) und deren Inhalt nicht ins Bewusstsein gelangen. Häufig beruhen solche Informationen auf Primingprozessen: „Von Priming sprechen wir dann, wenn wir uns unmittelbar, das heißt ohne besondere kognitive Anstrengung an etwas erinnern können, etwa an Düfte, Farben, Formen, Musik, etc. in Verbindung mit einem Auslöserreiz“ (Egle, J., o.J), z.B. einer Situation bzw. eines Sachverhalts. Das implizite Lernen ist ein aktiver und individueller Prozess, der ohne bewusst erlebte Anstrengung verläuft. Zum impliziten Wissen führen nicht nur implizite Lernprozesse. Auch explizites Lernen kann durch Übung und Automatisierung in implizites Wissen übergehen. Beispiele dafür sind das Fahrrrad- und Autofahrenkönnen, das Schreiben- und Lesenkönnen, das virtuose Spielen eines Instruments; kurz alle bewusst oder unbewusst erworbenen Fertigkeiten und Fähigkeiten, die so oft geübt wurden, dass sie automatisiert ablaufen. Implizites Wissen ist nicht oder kaum verbalisierbar und muss daher von jeder Person selbst neu erworben werden. Viele dieser Vorgänge sind dem Bewusstsein unzugänglich. Die Kapazität des impliziten Gedächtnisses ist sehr groß, einmal Gespeichertes ist resistenter gegenüber Vergessen: Das implizite Gedächtnis ist altersunabhängig und robuster als das explizite Gedächtnis.

1.3.2 Implizites schulisches Lernen

“Das Einbeziehen von nicht bewussten Lernformen in institutionalisierte Lernprozesse stellt eine sinnvolle Ergänzung zum bewussten Lernen dar. Es kann die Effektivität von Lernprozessen erhöhen und dabei helfen, mit diesen zufriedener zu sein, da wichtige Komponenten der Persönlichkeit integriert werden.“ (Lemke, B.)

Implizites Lernen tritt meist dann ein, wenn die Lernumgebungen besonders informationshaltig, die Herausforderungen komplexer, die Schlüsselvariablen und die Beziehungen zwischen ihnen weniger offensichtlich und die Zahl möglicher Alternativhypothesen unüberschaubarer werden. Häufig finden sie auch im zwischenmenschlichen Bereich statt, z.B. in der Gruppe im Kindergarten, in der Schule, im Kollegen- bzw. Kolleginnenkreis.

Unbewusste Lernprozesse finden bei den meisten Lernprozessen im Kleinkindalter statt. In späteren Lernprozessen findet implizites Lernen in all den Bereichen statt, wo wir etwas „nebenbei", d.h. ohne direkte Aufmerksamkeitszuwendung aufnehmen und lernen, z.B. beim

- Wahrnehmen / Erleben der Struktur bzw. dem Strukturieren von Lerneinheiten;
- Erfahren bzw. üben wie gelernt werden kann (Methoden, Strategien) und dessen Automatisierung;
- dem Einbeziehen von advance-organizer vor oder während einer Lerneinheit;
- das Einbeziehen von Lern- bzw. Vorstellungs- oder Assoziationshilfen beim Er- und Bearbeiten;
- das Vorstellen eines Lerninhalts auf verschiedenen Anschauungsebenen (z.B. Wirklichkeit, Realbild, Skizze, Grafik, Strukturbild);
- eine individuelle Auf-, und Bearbeitung (Enkodierung) auf verschiedenen Abstraktionsebenen;
- das Besprechen eines Lerninhalts in unterschiedlichen Kommunikationsformen;
- das Arbeiten mit Rollen- oder Simulationsspielen;
- das Erstellen von Zusammenfassungen oder Überblicke;
- das Praktizieren von Das Rhythmisieren von Lernprozessen durch sachlich stimmige Konzentrations- und Entspannungsphasen;
- Erfahren eines fragestellenden Erschließens (Hypothesenbildung) von Lerninhalten;
- Einbeziehen von Lernspielen (implizites Lernen im sozialen und inhaltlichen Bereich); usw.

Implizite Lernergebnisse zeigen sich meist bei komplexen Aufgabenstellungen; seien dies praxisrelevante Probleme, kooperatives Bearbeiten von Aufgaben z.B. in Projekten, individuelles oder gemeinschaftliches Erforschen einer realen Gegebenheit, z.B. eines Lebensraums (Wald, Wiese, Teich, „Regenwurmhaus", „vom Samen zur Pflanze", usw. und Dokumentation z.B. in einem Beobachtungs- oder Lerntagebuch, usw..

Hilfreich für implizites Lernen sind ebenfalls kreative Methoden, die zielbezogen Möglichkeiten der individuellen Entfaltung schaffen. Auch Elemente eines mentalen Trainings, z.B. Immaginationsübungen: Geistige Form der Übung (z.B. geistiges Durchspielen von Lern- und

Handlungsstrategien), Entspannungs- und Konzentrationsübungen; lautes Denken, dann stumme Selbstgespräche; Visualisieren von Zielen.

Beim Arrangieren stimmiger Lernprozesse lassen sich oft verschiedene Denk- und Wahrnehmungsperspektiven (laterales Denken) einbeziehen, die „nebenbei" wie eine Art Technik zusammen mit dem Lerninhalt erworben werden können.

Mit all diesen Maßnahmen verbreitern und vertiefen sich für die Lernenden meist unbewusst die je persönlichen Ressourcen, die in ähnlichen Situationen vom Gehirn handlungsleitend ohne Anstrengung oder aufmerksamkeitsbeeinträchtigend aktiviert werden können.

Soll in schulischen Lernprozessen als Ziel auch das implizite Lernen ermöglicht und gefördert werden, so ist ein wesentlicher Ansatz das Aufrechterhalten, Wiedergewinnen und Erhalten von Lernfreude. Es gilt Lernfreude insbesondere in der Kindheit, jedoch so so oft wie möglich auch auf jeder Altersstufe anzuregen und erfahrbar werden zu lassen; denn nichts wirkt nachhaltiger als das gehirnimmanente neuronale Selbstbelohnungssystem. Lernfreude ist immer individuell, sinnbezogen und beruht auf positiven Selbstwirksamkeitserfahrungen. Wurde die innere Haltung „Lernfreude / Neugier" vielfältig positiv erfahren, so führen Misserfolge z.B. eher zu genauerem Nachdenken / variierendem Erproben (Frustrationstoleranz) und ggf. beständigem, reflektiertem Dranbleiben, um einem selbstgesetzten Ziel näher zu kommen (Zufriedenheit).

„Priming-Effekte können in schulnahen bzw. schulbezogenen Lernprozessen erzeugt und genutzt werden z.B. im Rahmen von Einstimmungen und Einstiegen: Ein Gegenstand riecht, schmeckt und erinnert spontan an eine angenehme Situation.

Insbesondere das prozedurale Gedächtnis und das Priming-Gedächtnis stellen implizite oder unbewusste Langzeitgedächtnisformen dar, die Routineprogramme repräsentieren. Beide Gedächtnissysteme ermöglichen, in Verbindung mit den anderen beiden Systemen (episodisches und semantisches Gedächtnis), individuell ansprechende Lernprozesse zu gestalten (nach Egle, A.). Ein gehirngerechtes und ganzheitliches Unterrichten ist machbar, wenn alle Gedächtnisformen zur Anwendung kommen.

Exkurs:

In einer „Langzeituntersuchung wurde von Prof. Hans Günter Bastian („Bastian-Studie") über einen Zeitraum von 6 Jahren an mehreren Berliner Grundschulen, darunter auch einer Brennpunktschule, herausgefunden, dass Musik und koordinierende Bewegungen für das Gehirn eine große Herausforderung darstellen. Nachweislich verändert Musik die psychophysiologischen Parameter: den Herzschlag, die Atemfrequenz, den

Blutdruck, den Muskeltonus und beeinflusst den Hormonhaushalt positiv. „Je nach Musikart werden verschiedene Hormone abgegeben – Adrenalin bei schneller und aggressiver Musik, Noradrenalin bei sanften und ruhigen Klängen. Letztere können so zum Beispiel die Ausschüttung von Stresshormonen verringern." (www.planet-wissen.de) *Das gemeinsame Musizieren erfordert hohe Konzentration und fein abgestimmtes Aufeinander-Hören. Auf diese Weise lernen die Kinder über den Klang der Stimme auch die Stimmung vin Klassenkameraden einzuschätzen. Es überrascht nicht, dass „an diesen Schulen ein merklich ruhigeres, aggressionsfreieres Klima herrschte"(ibd.) als in den Vergleichsschulen. Außerdem stimuliert Musik das Gedächtnis (à Trainingseffekt) – dabei werden neue Nervenverschaltungen gebildet."* (Egle, J.)

1.4 Gehirn und Lernen – Lehren und Lernen zusammenfassende Aspekte

12 Prinzipien (nach Arnold, M)

- Lernende müssen Möglichkeit haben, konkrete Erfahrungen zu machen.
- Lernprozesse, die in soziale Situationen eingebunden sind, wirken nachhaltiger.
- Lernprozesse sind effektiver, wenn die Interessen/Ideen der Lernenden eingebunden werden.
- Lernen findet effektiver statt, wenn das vorhandene Vorwissen mobilisiert wird.
- Lerneffekte sind effizienter, wenn positive Emotionen in das Lernen eingebunden werden.
- Lernende prägen sich Details besser ein, wenn Sie den Zusammenhang mit einem Ganzen verstehen.
- Mit einer ansprechenden, angstfreien Lernumgebung wird das Lernen intensiver.
- Lernen wird verbessert, wenn Zeit zum Reflektieren bleibt.
- Es wird intensiver gelernt, wenn Lernende Informationen und Erfahrungen miteinander austauschen bzw. verbinden können.
- Lernprozesse werden effektiver, wenn auf individuelle Zugänge / Befindlichkeiten / Kompetenzen der Lernenden eingegangen wird.
- Nachhaltige Lernprozesse finden besonders in einer unterstützenden, ansprechenden und altersgemäß passend herausfordernden Umgebung statt.

Hinweise der Hirnforschung dazu:

- Lernen soll Freude bereiten bzw. freudig gestimmt erfolgen (Fördern von Neugierverhalten).
- Kinder sollen früh und vielseitig gefördert werden (Persönliche und sachliche Anregungen).
- Lernprozesse sollen sich an der Lebenswelt orientieren und altersbezogen sein.
- Lernende sollen so oft als möglich Probleme selbständig lösen und experimentieren (Feedbackbedarf!).
- Die Lehrpraxis soll verschiedene Gedächtnissysteme ansprechen und den Lehr- und Lernprozess an den Vorgängen im Gehirn ausrichten (u.a. emotional förderliche / stabile Beziehungen; genügend Zeit zur Reflexion bzw. für Vorstellungsbildung geben usw.).
- Lehrende haben Vorbildfunktion und sollen von dem was sie tun bzw. vermitteln selbst ergriffen sein (z.B. Repräsentanten von Sinn).
- Nachhaltiges Merken erfordert geeignete kürzere und häufigere, variierende Übungsformen.

Bezogen auf das Aufbereiten eines Lerninhalts nach den Erkenntnissen der Neurobiologie bedeutet dies:

- *Lernziele kennen*:

  Zu Beginn der Einheit einen Überblick zu Inhalt, Arbeitsform und Lernzielen gewähren.

- *Sinnvolles Curriculum ermöglichen:*

  Ein ganzheitliches Angebot des Lernstoffs und dessen Anwendung, sowie seiner Beziehung zur Wirklichkeit schaffen.

- *Neugierde kompensiert 'Fremdeln':*

  Lernbereitschaft für Neues wecken, bevor eine Aufgabenstellung gegeben wird.

- *Neues alt verpacken:*

  Das Gefühl des Wiedererkennens ist ein Erfolgserlebnis und aktiviert die positive Hormonlage, d.h. in offenen Lernformen neue Themeninhalte in bekannten Lern- und Darstellungsformen anbieten.

- *Skelett vor Detail:*

  Ein Netzwerk für die alltägliche Erlebniswelt der Lernenden bilden und eine Übersicht geben, in Wendler Petra, die das nachfolgende Detailwissen integriert werden kann. Anwendungsorientierte Fragen stellen, die die Netzwerkbildung erleichtern.

- *Interferenz vermeiden:*

  Die Erstinformation ins Kurzzeitgedächtnis abspeichern bevor ähnliche Inhalte das Abrufen der Erstinformation stören.

- *Erklärung von Zusammenhängen vor Einführung neuer Begriffe:*

  Dies weckt Assoziationen und macht neugierig. Nach einer ganzheitlichen Anschauung erfolgt die Fokussierung auf Feinheiten, die beim Erlernen von Begrifflichkeiten hilft.

- *Zusätzliche Assoziationen:*

  Schaffen eines Erkennungssignals für das Gehirn und die Aktivierung zusätzlicher Eingangskanäle bringt haptische und motorische Gehirnregionen zum Mitschwingen; die Folge ist ein vereinfachter Weg der Informationsspeicherung ins Kurz- und Langzeitgedächtnis; beim Lernen an Stationen wird ein Sachverhalt auf unterschiedlichen Ebenen angeboten und dies verbessert die Wiedergabe von Gespeichertem.

- *Freude am Lernen:*

  Freude und Erfolgserlebnisse bedingen ein gutes Verarbeiten und Verknüpfen von Inhalten, die als anwendungsbereit im Gehirn abgespeichert werden; z.B. beim Stationenlernen werden Freude und Erfolgserlebnisse durch ein differenziertes Arbeitsangebot möglich gemacht.

- *Viele Eingangskanäle:*

  Je mehr Wahrnehmungsbereiche im Gehirn angesprochen werden, desto mehr Assoziationsmöglichkeiten und ein tieferes Verständnis für Lerninhalte entstehen. Die fördert die Aufmerksamkeit, Lernmotivation und ein Wiedererkennen gelernter Inhalte.

- *Verknüpfung mit der Realität:*

  Reale Erlebnisse ansprechen bedeutet, dass in der Konsolidierungsphase das Gelernte durch den realen Bezug zum Leben in und außerhalb der Schule zum Mitschwingen gebracht wird.

- *Wiederholung neuer Informationen:*

  Eine Einkanal-Information kann zur Mehrkanal-Information werden; z.B. beim Offenen Lernen ergibt sich, durch das Angebot vieler Aufgabenstellungen zu einem Thema selbst, eine Wiederholung.

- *Dichte Verknüpfung:*

  Die Vernetzung aller erwähnten Fakten fördert das Behalten und kreative Kombinieren. (Vester nach Bauer, 1997)

2. Lerncoaching

Zum ersten Mal taucht der Begriff „Coach“ 1830 an der Universität Oxford auf und meinte damit eine in Tutorfunktion tätige Person, die Studierende auf deren Examen vorbereitet. In jüngerer Zeit wurde der Begriff „Coaching“ oft undifferenziert auf alle möglichen Beratungstätigkeiten bis hin zum Sporttrainer oder Maßnahmen in der Personalentwicklung der Wirtschaft übertragen. Im psychologischen und pädagogischen Kontext finden sich verschiedenste Definitionsversuche. Ihnen allen ist gemeinsam, dass darin Begriffe wie Veränderung, Weiterentwicklung, Selbstreflexion und Zielorientierung sowie Leistungsoptimierung genannt werden. Dort finden sich sowohl die Begriffe Gruppen- als auch Einzelcoaching. Bei beidem geht es um ein zielbezogenes Arbeiten einer gecoachten Person (Coachee) mit unterstützender Begleitung eines Coachs gemäß der vom Coachee selbst benannten persönlichen Ziele. Im Bildungsbereich, vor allem an Universitäten und Hochschulen, wird unter Lerncoaching ein Fördern und Begleiten von selbstorganisiertem Lernen, ein Unterstützen der Lernprozesse von Studierenden durch Beratung verstanden. Im schulischen Kontext findet sich der Begriff des Coaching meist eher als allgemeinen Sammelbegriff, der verschiedenste Formen von Lernunterstützung beinhaltet. Wobei hier durchaus kritisch zu fragen ist, ob es sich tatsächlich um Coaching handelt. Das Erreichen von Zielen, auch ein Begleiten von Entwicklungen, sind grundlegende Merkmale von Coaching. Zu fragen ist, ob Coaching z.B. in einer Großgruppe (z.B. Klassenverband) durch eine interne Lehrperson (Problem Doppelrolle) sinnvoll und leistbar ist und wenn ja, inwieweit Coaching einen Beitrag zu erfolgreichem Lernen leisten kann, beziehungsweise wie Lernprozesse durch Coaching verbessert werden können? Im schulischen Kontext ist insbesondere die Frage nach der Beziehungsgestaltung, gerade bei Kindern / Jugendlichen zu stellen. Coachingprozesse sind im Bildungskontext eingebettet in zentral gesetzte Vorgaben und erfordern einen Spagat zwischen Instruktionsprozessen einerseits und individuellen Konstruktionsprozessen mit fürs nachhaltige Lernen erforderlichen wiederholten, variierenden Rekonstruktionsprozessen andererseits. Oft ist unklar, wie im schulischen Lerncoaching gearbeitet werden soll, welche Methoden bei welcher Zielgruppe zum Einsatz kommen sollen.

2.1 Pädagogischer Bezug im Lerncoaching

Ein „Coaching“ beinhaltet immer ein bewusstes, von Empathie geprägtes Hören, Beobachten und Handeln einer professionellen Person, die im Idealfall den / die Coachee darin unterstützt, die selbst benannten Ziele zu erreichen. Bezieht sich Lerncoaching auf eine je persönliche, individuelle

Weiterentwicklung so ist ein altersgemäßer Prozess auch im pädagogischen Kontext möglich. Die oben genannten, grundlegenden Aspekte gelten auch für Lerncoaching bezogen auf Lerninhalte mit dem Zusatz, dass diese institutionell vorgegeben sind; mögliche Lernwege / Lernweisen usw. jedoch unter didaktischen Gesichtspunkten von der erwachsenen Bezugsperson so individuell wie möglich gewählt werden können.

Ein Vorteil einer internen Coachingperson ist, dass sie gegebene Rahmenbedingungen, die Organisationsstruktur und Organisationsziele sowie gesetzte Lernfelder und die gruppen- und personspezifischen psychosozialen und kognitiven Gegebenheiten eher genauer kennt, um, u.U. erforderlich, mögliche Veränderungen bei Lernarrangements vornehmen und einzelne Lernende passender einbinden zu können. So könnte sich ein direkterer, öfterer Kontakt und damit verbunden eine intensivere, persönliche Kommunikation positiv sowohl auf die Lehr- als auch die Lernprozesse auswirken und damit angstfreier stattfinden. Das Erfahren einer personbezogen grundlegend positiv eingestellten Lehrperson wirkt gerade für Kinder und Heranwachsende stark psychisch stabilisierend und kann für die jeweilige Einstellung zum institutionalisierten Lernen bzw. Arbeiten enorm bedeutsam sein: Das Erfahren von grundlegender Akzeptanz als Person, das Anerkennen von Bemühen, Wollen und altersgemäßem Durchhalten führt i.d.R. zur Bereitschaft, sich intensiver mit Lerninhalten (inhaltlicher wie sozialer Art) zu befassen und diese als persönlich bedeutsam zu empfinden; mithin, sich diese zu merken.

2.2 Inhalte eines Lerncoaching

Geben Sie den Begriff „Lerncoaching“ in eine Suchmaschine des Internets ein, so erhalten Sie jede Menge Adressen, wo privatwirtschaftliche Anbieter eine Ausbildung zum Lerncoach anpreisen. Auch einige Bundeslander haben durch ihre Institute für Schulentwicklung eigene Konzepte zu Lerncoaching vor allem mit Blick auf selbständiges / selbstorganisiertes Lernen entwickelt, teilweise auch mit Ausbildungsangeboten in Modulform. Rufen Sie bei jeweiligen Anbietern von Lerncoaching weitere Informationen ab, so erhalten Sie meist folgende Themenkomplexe als Modulthemen:

- ▶ Gehirngerecht lernen (Belohnunssysteme; Sinneskanäle; Informationsverarbeitung; Gedächtnisarten);
- ▶ Lern- und Gedächtnisstrategien (Merk- und Lernmethoden);
- ▶ Selbstmanagement; Lernorganisation, Zeitmanagement (Arbeitstechniken);
- ▶ Prüfungssicherheit (Strategien der Prüfungsvorbereitung);

- ► Konzentrations- und Motivationsstrategien;
- ► Stärken erkennen / Resourcen aktivieren;
- ► Blockaden lösen, Potentiale entfalten.

Im Grunde beinhalten diese Themenfelder grundlegende Ausbildungselemente z.B. in Lernpsychologie, Pädagogischer Psychologie, Neurobiologie, Entwicklungspsychologie, Kindheits- und Schulpädagogik. Daraus ist, eingedenk der ursprünglichen Zielgruppe von Coaching, zu ersehen, dass es sich beim Lerncoaching und seiner letztlich adressatenorientierten Zielsetzung um ein umfangreiches, komplexes Themenfeld handelt. - Hier drängen sich nun Fragen zum einen nach der qualifizierten Ausbildung eines Coachs; zum anderen nach den altersbezogen, mental verfügbaren Ressourcen bzw. real bei jeweiligen Adressaten anzutreffenden Vorstellungs-, Verarbeitungs- und Denkstrukturen, u.a. der Fähigkeit zur Selbstreflexion und konsequenter rationaler Selbststeuerung auf, an die ein Lerncoaching anknüpfen bzw. darauf aufbauen kann.

2.3 Beratung und Lerncoaching

Die Ansätze des Lerncoaching gehen in ihrer Konzeption und dem methodischen Aufbau auf den systemischen und konstruktivistischen Ansatz sowie psychologisch auf Elemente aus der Kurzzeittherapie zurück.

Wird Lerncoaching als eine besondere Form der Beratung im pädagogischen Kontext gesehen, so beinhaltet dies entwicklungs- und ressourcenorientierte Komponenten. Dies bedeutet, dass an aktuell realisier- und aktivierbaren Fähigkeiten (Handlungsfähigkeiten) angesetzt, Stärken gesehen, anerkannt und benannt sowie passende Möglichkeiten einer förderlichen Weiterentwicklung altersangemessen eingebracht und die Person unterstützend von dieser aktiv (ggf. spielerisch) erprobt werden. Es gilt schon in jungen Jahren ein Gefühl der Selbstachtung, der Selbstwirksamkeit, altersangemessener Verantwortung und Erfahrungen von Handlungsfähigkeit, mithin Stolz zu wecken. Die erwachsene Bezugsperson wirkt bei allen pädagogischen Aktivitäten um so mehr als Modell je jünger ein Kind ist. Geschieht eine Beratung geduldig, positiv personal zugewandt und wiederholt, so werden insbesondere Kinder die jeweiligen Handlungsabläufe bzw. ein daraus sich ergebendes Wissen in den je persönlichen Erfahrungsschatz aufnehmen. Je jünger ein Kind ist, desto wichtiger ist der Grundsatz: „Wenn etwas funktioniert, tu mehr davon. Wenn etwas nicht funktioniert, tu etwas anderes.“ (Berg) In den Beratungen gilt es bei der zu beratenden Person ein positiv realistisches Bild von den je eigenen Fähigkeiten und Fertigkeiten zu erhalten bzw. aufzubauen, um Prozesse der Weiterentwicklung auch bei Unsicherheitssituationen anpacken und durchhalten zu können.

Bei Kindern in der Grundschule sind altersangemessen bei gegebenen Problemen lösungsorientierte, beim Ziel des Optimierens eines Vorgehens entwick-lungsorientierte Beratungen angebracht. Coaching findet hier z.B. dann statt, wenn kindgemäß getroffene Vereinbarungen bzw. entwickelte Zielvorstellungen konkret umgesetzt bzw. ausgeübt werden. Die erwachsene Bezugsperson begleitet diese Prozesse auch mittels Gesprächen, geduldig, konstruktiv förderlich und konsequent: Die gecoachte Person erfährt beispielhaft die Bedeutung des „Dranbleibens"!

Entscheidende Aufgabe der erwachsenen Bezugsperson ist es vor jedem Beratungsgespräch bei Kindern bzw. Coachinggespräch bei Jugendlichen eine genaue Stärkenanalyse des jeweiligen Kindes bzw. des / der Jugendlichen vorzunehmen. Wie bei allen zwischenmenschlichen, persönlichen Angelegenheiten ist eine von Vertrauen, Zutrauen und Empathie geprägte Atmosphäre zur/zum Coachee sehr wichtig, um förderliche kommunikativ-interaktionale Prozesse befördern zu können. Ebenso kommt auch während eines Coachingprozesses der Rückmeldung, dem Bestärken und einer altersgemäßen Selbsteflexion (z.B. Stärkeneinsatz, Wege des Lösungfindens, Ausdauer usw.) wachsende Bedeutung zu.

Klassisches Coaching setzt Veränderungsbereitschaft und Freiwilligkeit beim Coachee voraus. Dies dürfte beim Lerncoaching im schulischen Rahmen in eher eingeschränkter Form gegeben sein, daher kommt dem Beziehungsaspekt (z.B. Vertrauen, Akzeptanz) von Coach und Coachee zentrale Bedeutung zu. Zudem baut jedwede Wissensaneignung auf der kognitiven und emotionalen Lernbereitschaft, u.a. der Motivierbarkeit (Interesse,Vorwissen, situative Gegebenheiten, usw.) auf.

In der Regel sind Coachingprozesse im eigentlichen Sinne je nach individueller Fähigkeit zur Selbstreflexion und Selbstdisziplin etwa ab Mitte der Sekundarstufe I möglich. Sie umfassen dann insbesondere zwei Aspekte:

- Analyse der eigenen Stärken und des bisher erfolgversprechenden Handelns;
- Entwicklung einer passenden, klaren Zielvorstellung.

Nach Untersuchungen von Hirsekorn (2004) und Bischoff (2010) können dann mit lösungs- und/oder entwicklungsorientiertem Lerncoaching junge Menschen positive Veränderungen im kognitiven und emotionalen Bereich sowie der Selbstwahrnehmung (z.B. Denkprozesse, eigene Kompetenzen) erreichen bzw. erfahren.

2.4 Lerncoaching – Phasen - Elemente

Lerncoaching intendiert zunehmende Fähigkeiten zu gezieltem, selbstverantwortlichem Lernen, was vor allem auch eine Stärkung und bewusste Steuerung der Selbstorganisation (Selbstreflexion) beinhaltet.

Auch bei Lerncoachingprozessen laufen diese für die / den Coachee in transparenten Phasen ab:

a) Klären des Auftrags (Was soll erreicht werden?);

b) Coachingphasen:

- Kontaktaufnahme und Orientierung (Grundlagen des Coaching; Klären von Erwartungen);
- Herausarbeiten von Zielen (Soll-Phantasie; Vereinbarungen treffen);
- Entwickeln von Ideen mit anschließendem Bewerten auf Realisierbarkeit (Lernstrategien);
- Entwicklung von Lösungen (Bereitschaft zur Mitarbeit, zum Mit- und Durchdenken, usw.);
- Transfer der Lösung in die Praxis (Bereitschaft zum Erproben, zu Ausdauer, usw.);

c) Rückblickende Würdigung und zielbezogene Auswertung.

In allen Coachingprozessen, so auch beim Lerncoaching, sind beim Coach in den jeweiligen Situationen folgende Aktivitäten tragend: Ein aktives Zuhören, das Strukturieren und Visualisieren von Anliegen, ein zirkuläres Fragen, eine konstruktive Fragehaltung mit Blick auf hypothetische Lösungen und Alternativen (hypothetische Fragen), das Umdeuten, ein Bewusstmachen, Würdigen und Nutzen von Ressourcen, das Formulieren von Zielen, ein beidseitiges Reflektieren und Analysieren von Kommunikationsprozessen (z.B. vier Seiten einer Nachricht) sowie der Perspektivenwechsel.

Ebenso bringt der Coach in geeigneter Form sein pädagogisches und psychologisches Fachwissen ein, um beim Coachee auch in diesen Bereichen eine Weiterentwicklung z.B. in der Selbstorganisation anzuregen.

In der Literatur finden sich verschiedenste Modelle, wie Lerncoaching stattfinden kann. Das Lerncoaching beginnt bei den meisten mit einem Methoden- und Kompetenztraining, das von Lehrkräften durchgeführt wird. Ab ca. dem 14. Lebensjahr finden Lerninterviews zu individuellen Kompetenzen, Lernschwierigkeiten und erforderlichen Entwicklungen statt. Nach getroffenen Vereinbarungen führen die Coachees z.B. Lerntagebücher und Portfolios und füllen in regelmäßigen Abständen Selbstreflexionsbögen aus, die wiederum Grundlage für Lerngespräche sind. An Gymnasien findet sich z.B. eine Art Helfersystem von Oberstufenschülerinnen / -schülern mit spezieller Ausbildung, die Sek I Lernende in deren Lernprozessen betreuen.

Andere Modelle heben die besondere Bedeutung differenzierender, anwendungsbezogener Aufgaben hervor, an denen Lernende selbständig arbeiten und dabei gezielt beobachtet werden. Die Lernenden führen Lerntagebücher bzw. Portfolios. Im Anschluss daran finden Lerngespräche über Denkprozesse, Lösungswege, gemachte Erfahrungen, und erzielte Ergebnisse statt bzw. der gesamte individuelle Prozess wird präsentiert und gemeinsam in der Gruppe reflektiert („Lernkonferenz", Feedback).

Wiederum andere gehen lösungsorientiert vor; arbeiten mit Wochenzielen, regelmäßigen Einzelgesprächen (Lern-, Arbeitsschritte, Fortschritte, Ergebnisse, Krisenbewältigung, usw.) ebenso mit Gruppengesprächen (Klären von Situationen / Gegebenheiten) und Gesprächen zur Zielreflexion (Ist-Soll-Vergleich) sowie Folgerungen daraus.

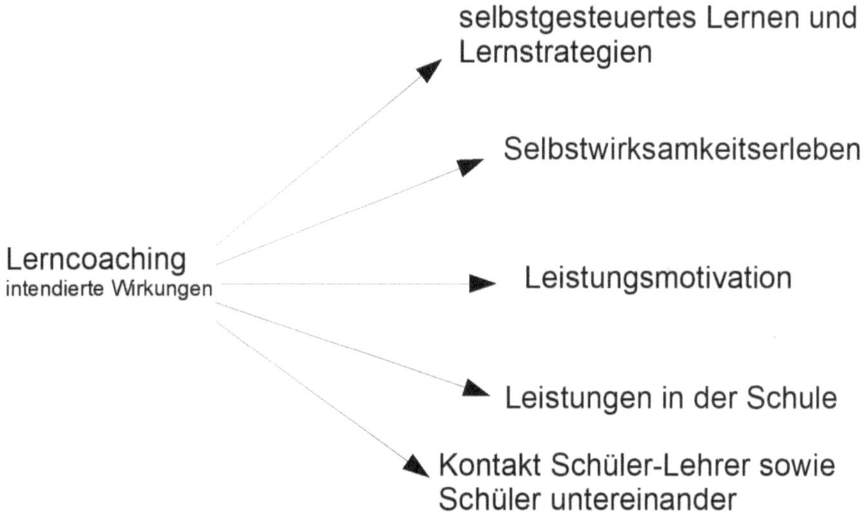

(nach: Trüter-Jahr, C. 2015)

Den meisten Konzepten eines Lerncoaching im Sinne von Lernberatung sind folgende Kriterien gemeinsam:

1. Teilnehmerorientierung durch Ausrichtung des Lernprozesses an der Persönlichkeit – Kompetenzen und Biografie – der Lernenden;
2. Modularisierung der Bildungsinhalte, so dass der Aufbau des Lernprozesses individuell gestaltet werden kann;
3. Förderung von Selbstorganisation durch Teilung der Verantwortung, Mitsprache und Mitentscheidungsmöglichkeiten;
4. Bildungsverträge, die individuell abgeschlossen werden und zu Transparenz und Verbindlichkeit führen sollen;
5. Beratung und Moderation von Lernprozessen;
6. Lernberatung in sozialen Kontexten (Lernpartner, Lerngruppe etc.);
7. lernförderliche Lernortbedingungen wie Beratungsräume, Gruppenräume, Medienräume etc.;
8. diagnostische Verfahren, die der Selbstreflexion dienen;
9. Methoden- und Medienvielfalt;
10. Verknüpfung von Lern- und Weiterbildungsberatung. (Klein / Reutter)

Zusammenfassend wollen alle Konzepte eines „Lerncoaching“ ein selbstorganisiertes Lernen anbahnen, fördern und zur Entfaltung bringen. Zugleich gilt bei allen: „Lernen bedarf eines Anlasses und einer Richtung. (…) Lernen auf ein Ziel braucht Lernschritte, die bewältigbar sind. (…) Lernen erfordert eine […] Selektion und Reduktion des Stoffes. (…) Lernen braucht Erfolgskontrolle und Erfolgsspiegelung.“ (Kemper,M / Klein, R)

Anhang

Entwicklungsorientierte Coachingfragen ab der Sekundarstufe I

	Leitfragen	Intention
1. Beschreibung und Analyse aktueller Stärken	Was von dem, was Sie derzeit machen, machen Sie gut? Was gelingt Ihnen?	▪ wachsende Selbstachtung/ Stolz (Bezug zu Dörner: Bewahrung eines positiven Bildes von der eigenen Kompetenz und Handlungsfähigkeit, wichtig für den Ablauf von Denkprozessen; aber auch Bezug zu Selbstbewertung (RHEINBERG) und Selbstwirksamkeitserwartung (BANDURA) ▪ Beibehalten dessen, was sich konkret bewährt hat (Bezug zu Dörner: Gute Problemlöserinnen unterscheiden sich von schlechten…
	Woran können Sie erkennen, dass Sie … gut machen?	▪ Konkretisierung/ Operationalisierung der Dinge, die gut laufen
	Wie sind Sie so gut geworden? Wie haben Sie das gemacht, dass es Ihnen gelingt?	▪ Analyse der subjektiven Entwicklungsgeschichte ▪ Beibehalten dessen, was sich bewährt hat (DÖRNER); Mehr desselben!
2. Entwurf künftiger Stärken	Was möchten Sie in nächster Zeit besser machen? Woran werden Sie merken, dass Sie …? Was meinen Sie, würde … [Person, die mit dem Ziel in Verbindung steht] sagen, woran Sie Ihr Ziel erreicht haben? Was wäre dann anders, wenn Sie … besser machen? → ausmalen lassen: Was würden Sie sagen? Wenn Sie sich vorstellen Sie sind so gut wie nur möglich, wie würden Sie vorgehen?	▪ Ziele definieren ▪ „Wer nicht genau weiß, wohin er will, braucht sich nicht zu wundern, wenn er ganz woanders ankommt.“ (SPIESS 2000, 26) ▪ Zirkulärfrage (ursprünglich von SELVINI-PALAZZOLI eingeführt; bei de SHAZER genutzt um das betreffende soziale System einzubeziehen)
3. Suche nach aktuellen Momenten künftiger Stärken	Nehmen wir eine Skala von 1-10. 10 bedeutet, Sie sind so gut geworden wie Sie es sich nur irgend ausmalen können. 1 bedeutet das Gegenteil. Wo auf dieser Skala stehen Sie jetzt? Wo auf dieser Skala möchten Sie wann sein? Woran würden Sie merken, dass Sie die … erreicht haben? Wie können Sie das machen? Wie könnte der erste Schritt in die Richtung aussehen? Was hat Ihnen bisher geholfen?	▪ Skalierungsfrage (Mailänder Gruppe); Innehalten sowie Fernziele und Nahziele festlegen; ▪ Operationalisierung der nächsten Schritte
4. Rückmeldung	Ich habe mir Ihre Worte und unser Gespräch nochmals durch den Kopf gehen lassen: Es hat mich beeindruckt …	▪ Würdigung von Stärken, Ermutigung diese zu nutzen, Umdeutung, Relativierung von Normen

(Trüter-Jahr, C.;Entwicklungsorientierte Gesprächsführung (in Anlehnung an Spiess 2000; aktuelle Darstellung Spiess 2013)

Notizblatt für persönliche Stärken und deren Analyse

1. Was mache ich gut? Was gelingt mir?	**2. Woran kann ich das jeweils erkennen?**	**3. Was habe ich ganz konkret gemacht, dass mir etwas gelingt?**	**4. Wie bin ich so gut geworden?**
Pro Zeile ein Beispiel	Pro Beispiel ggf. mehr als einen Indikator	Pro Beispiel ggf. mehr als einen Handlungsaspekt	Pro Beispiel ggf. mehr als eine unterstützende Bedingung

(Spiess, W.; So finden Sie heraus, was Sie beim Unterrichten schon gut machen – und wie Sie noch besser werden, Kiel 2011)

Problemlösestrategie

Im Kontext mit Lerncoaching findet sich in der Literatur eine anregende Problemlösestrategie von Szabo/ Berg:

-„Wenn es funktioniert, repariere es auch nicht.

- Wenn etwas einmal funktioniert hat, mach' mehr davon.
- Wenn etwas nicht funktioniert, mach etwas anderes.
- Veränderung geschieht ständig und unausweichlich.
- Die Zukunft wird ausgehandelt und geschaffen.
- Kleine Schritte können zu großen Veränderungen führen.
- Probleme und Lösungen stehen nicht immer in direkter Beziehung.
- Kein Problem tritt immer – ohne Unterbrechung/ Pause – auf.
- Fragen, statt den Klienten zu sagen, was sie tun sollen.
- Machen Sie Komplimente.
- Drängen Sie vorsichtig dazu, mehr von dem zu machen, was funktioniert."

3. Selbstgesteuertes Lernen

Lernberatung als auch Lerncoaching intendieren mit zunehmenden Fähigkeiten der Selbstorganisation wachsende Anteile am Lernprozess in Form von selbstverantwortlichem und selbstgesteuertem Lernen. Das Ziel ist eine Lernweise, bei der / die Lernende „die wesentlichen Entscheidungen ob, was, wann, wie und woraufhin gelernt wird, grundlegend, maßgeblich und folgenreich beeinflussen soll und kann“ (Weinert, 1982, Nenninger 1996; Greif 2007). Jede(r) Lernende ist somit aktiv an der Steuerung der persönlichen Lernprozesse beteiligt, indem der individuelle Lernbedarf festgestellt, Ziele und Inhalte formuliert, eigene Lernressourcen ermittelt, über das methodische und zeitliche Vorgehen sowie die Beurteilung der Lernergebnisse entschieden wird (vgl. Friedrich, 2008). Der Aufbau von Fähigkeiten zur Selbstregulation muss einerseits auf die Voraussetzungen der Lernenden und andererseits auf die Anforderungen des jeweiligen Lerninhalts abgestimmt sein.

Selbstgesteuertes Lernen ist insbesondere eine wichtige erwachsenengerechte Lernform, da es eine Schlüsselqualifikation darstellt, um zum einen wichtige bzw. wesentliche Informationen für den je eigenen Interessen- oder Tätigkeitsbereich aus der Informationsflut selektieren, einordnen und nutzen und zum anderen den je eigenen Wissensstand und die je individuellen Fähigkeiten aktuell halten zu können; ganz im Sinne eines je eigenen lebenslangen Lernens.

Verschiedene empirische Untersuchungen bestätigen, dass selbstgesteuertes Lernen zu höherer Lernmotivation und zum Aufbau von Kompetenzen führt, die zur Bewältigung wechselnder und neuartiger Anforderungen notwendig sind. Insbesondere für schulische Lernprozesse gilt allerdings, dass diese Vorteile nicht eindeutig bzw. unbedingt zu besseren fachlichen Lernergebnissen führen (vgl. Siebert 2006).

Die folgende Grafik zeigt ein überblickartiges Rahmenmodell für selbstgesteuertes Lernen von Schiefele, Pekrun:

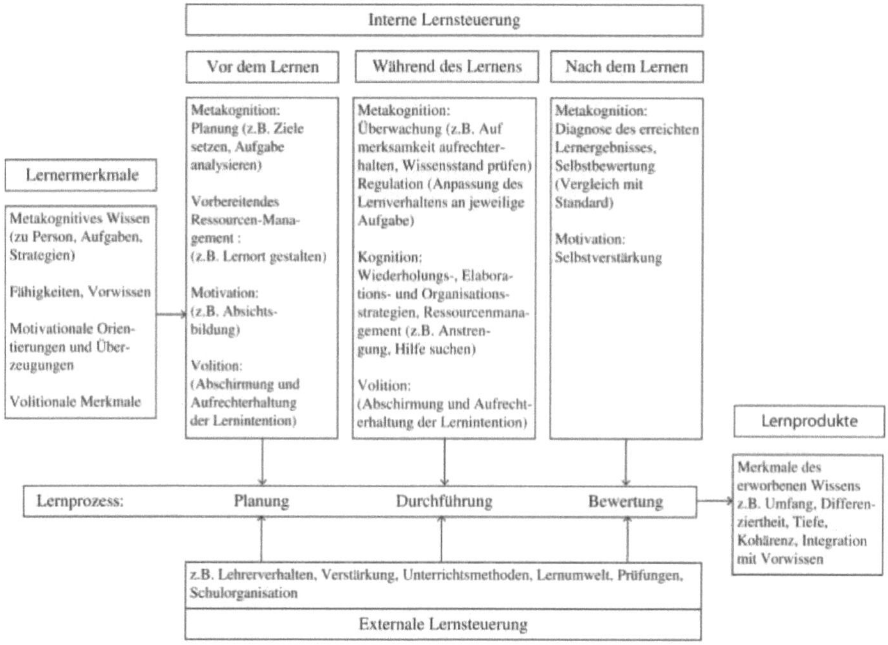

Im Modell von Schiefele und Pekrun wird zwischen relativ stabilen Merkmalen von Lernenden, den aktuellen Prozessen der Lernsteuerung und den Lernresultaten unterschieden. Der Lernprozess wird in die drei Phasen - Planung, Durchführung und Bewertung - unterteilt. In allen Phasen laufen zahlreiche Prozesse der Selbststeuerung ab, wobei jeweils kognitive, metakognitive, motivationale und volitionale Aspekte von Bedeutung sind.

Vor dem Lernen geht es darum, Ziele zu setzen und die Aufgabe zu analysieren (metakognitive Hinsicht). Nun erfolgt die Herausbildung einer Absicht / Intention und deren bewusste Abschirmung bzw. Aufrechterhaltung vor konkurrierenden Einflüssen (motivationale und volitionale Hinsicht).

Beim Lernen bzw. im eigentlichen Lernprozess erfolgt der Einsatz bestimmter kognitiver Lernstrategien (Wiederholungs-, Elaborations- und Organisations-strategien) und erforderlicher Ressourcenaktivierung. Gleichzeitig laufen überwachende und regulierende Aktivitäten ab (Selbstreflexion). Zugleich muss beim Umsetzen der Lernabsicht diese immer wieder gegen störende Einflüsse abgeschirmt und die Aufmerksamkeit auf den Lerninhalt gerichtet auf-rechterhalten werden (volitionale Hinsicht).

Nach dem Lernen erfolgt die Analyse / Reflexion des Lernergebnisses und die Selbstbewertung der erzielten Lernleistung (IST-SOLL-Vergleich), diese Prozesse dienen der Selbstverstärkung. (nach Schiefele, Pekrun)

Schiefele und Pekrun weisen darauf hin, dass in realen Lernepisoden häufig von der genannten Reihenfolge abgewichen wird. So kann es sein, dass die Durchführungsphase von planenden Aktivitäten unterbrochen ist.

Metakognitive, kognitive, motivationale und volitionale Lernermerkmale wirken sich auf alle skizzierten Komponenten der Lernsteuerung aus.

3.1 Strategien selbstgesteuerten Lernens

Entscheidend für ein gelingendes, nachhaltiges selbstgesteuertes Lernen sind neben einer guten Selbstorganisation die verfügbaren und bewusst angewandten Lernstrategien, z.B.:

- Kognitive Strategien;

- metakognitive Strategien;

- motivationale Strategien.

Ergänzt durch z.B. weitere Aspekte wie volitionale Strategien, Vorwissen, kognitive und emotionale Voraussetzungen, Situation und passende Lernumgebung.

Unter kognitiven Strategien werden meist Methodenkompetenzen in Form von Arbeitstechniken verstanden und dabei z.B. wichtige Informationen herausfinden, markieren, Zusammenhänge darstellen. Verschiedenste Untersuchungen belegen jedoch, dass solches Wissen nicht eindeutig höhere Lernerfolge zeitigt.

Wirksamer für Lernerfolge sind metakognitive Strategien, die an höhere mentale Fähigkeiten geknüpft sind, umfassen sie doch Fähigkeiten zur Auseinandersetzung mit den je eigenen kognitiven und emotionalen Prozessen, d.h. ein reflektiertes, bewusstes Vorgehen beim Lernen (u.a. Antizipieren der Lernprozesse). Dies zeigt sich z.B. im Vorausplanen der Vorgehensweise, u.a. durchdachter Informationssuche, im Überblick gewin-nenden „Diagonallesen“, einem anschließenden Fragenstellen und Beantworten, einem Formulieren und konsequentem Arbeiten an (Teil-)Zielen, einem vertiefenden Lesen, einem sachlich stimmigen individuellen Aufbereiten und Zusammenfassen, einem geistigen „Durcharbeiten“ und bildhaften Darstellen des Wesentlichen.

Selbstgesteuertes Lernen fußt grundlegend auf Fähigkeiten des Steuerns, Regulierens und Kontrollierens des eigenen kognitiven Handelns; solche

Prozesse erfordern ein (nahezu) voll entwickeltes Gehirn sowie individuell entwickelte metakognitive Regulationskompetenzen.

Motivationale Strategien intendieren eine positive, stimmige Lernhaltung. Sie steuern den Lernrhythmus durch Aufmerksamkeits-, Anstrengungs- und Entspannungsphasen, den Grad an Interesse (intrinsische Motivation) sowie die Selbstwirksamkeitserwartungen (Umgang mit Erfolg und Misserfolg; Erfolgszuversicht). Letzteres ist ein ganz entscheidender Faktor für ein erfolgreiches Lernhandeln: Die Überzeugung bzw. der feste Glaube daran, aus eigener Kraft Ziele so planen und Handlungen so ausführen zu können, dass eine angestrebte Situation auch zukünftig erreicht werden kann. Eine solche innere Haltung beruht auf Erwartungshaltungen: Einer Überzeugung der je eigenen, erfahrenen Wirksamkeit (eigenes Können, Vorbilder, Bestätigungen) sowie passenden, positiven Ergebnisvorstellungen bzw. -erwartungen. Wurden beginnend schon in früher Kindheit positive Erfahrungen z.B. mit eigenem, geistigem Einsatz, Ausdauer bzw. Beharrlichkeit, hoher Aufmerksamkeitsspanne gemacht, entwickeln sich ein stimmiges Anspruchsniveau und eine positiv wirkende Kausalattributierung, mithin eine realistische, positive Selbstsicht (Selbstbewertung), aus der sich eine hohe, stabile Leistungsmotivation ergeben kann.

3.2 Selbstgesteuertes Lernen – Kompetenzen

Selbstgesteuertes Lernen erfordert eine zielgerechte, inhaltlich / methodisch umfassende und personal / sozial stimmige Handlungsfähigkeit. Hilfreich ist die Fähigkeit äußere Störungen ausblenden zu können (Aufmerksamkeitsfokussierung, z.B. gelernt durch Konzentrationstechniken).

„Besitzt eine Person Kompetenz, so kann sie etwas, ist handlungsfähig und übernimmt für sich und andere Personen Verantwortung. Sie besitzt die Kompetenz, so tätig zu werden, dass sie eine Absicht, ein Ziel oder einen Zweck unter Beachtung von Handlungsprinzipien, Werten, Normen und Regeln, mit Bezug auf konkrete, die jeweilige Handlungssituation bestimmende Bedingungen, zu erreichen vermag. Wer Kompetenz besitzt, ist erfolgreich, vernünftig und reflexiv tätig. Somit kann man Kompetenz als ein Bündel von körperlichen und geistigen Fähigkeiten bezeichnen, die jemand benötigt, um anstehende Aufgaben oder Probleme zielorientiert und verantwortungsvoll zu lösen, die Lösungen zu reflektieren und zu bewerten sowie das eigene Repertoire an Handlungsmustern weiterzuentwickeln. Hierzu werden von einer Person eine Reihe fachlicher, methodischer, sozialer und personaler Kompetenzen benötigt.“ (Frey, A.)

Ein wichtiges Element hin zu selbstgesteuertem Lernen ist die im Prozess immer wieder erforderliche Selbstreflexion (zyklischer Prozess) der vorgenommenen Handlungsweisen, deren Bewertung mit Blick auf das zu erreichende Ziel und das gegebenenfalls rasche Einleiten von durchdachten Alternativen. Solche zyklische Selbstreflexionen erweitern sowohl das Wissen hinsichtlich des Lerninhalts als auch dasjenige über sich selbst im Lernprozess; beides erfordert eingeplante Zeitfenster. In der Auseinandersetzung mit altersgemäß und individuell passenden, konkreten Aufgabenstellungen (Lerninhalten) können sich den Lernsituationen gemäße Lernstrategien entwickeln.

Die Abbildung verdeutlicht den bei einer Problemlösung mehrfach zu durch-laufenden Prozess:

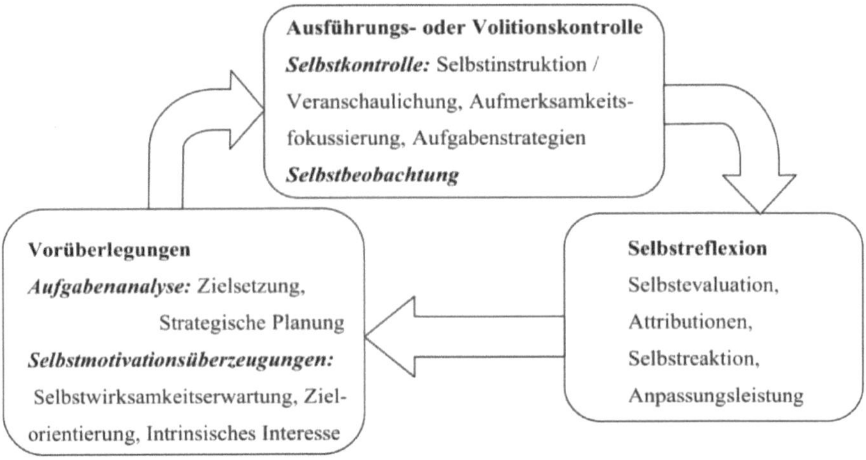

(Phasen und Subprozesse der Selbstregulation beim Lerner nach Schunk, 1998, und Zimmermann, 2000.)

Jede Aufgaben- oder Problemstellung durchläuft beim Lernenden zunächst eine auf abrufbarem Wissen und bisher gemachten Erfahrungen (u.a. Selbstwirksamkeitserwartungen, eigenes Fähigkeitsniveau) aufbauend eine Interpretation und Bewertung sowie einen strukturellen Verstehensprozess mit Blick auf das zu erreichende Ziel. - Wurden bisher positive Erfahrungen in und mit Lernprozessen gemacht, so kann Freude am Lernen (Lernlust) aktiviert werden, was auch qualitativ deutlich nachhaltiger wirkt als reine, womöglich vergleichende Leistungsorientierung.

3.2.1 Lernstrategien - selbstgesteuert Lernen

Lernende benötigen für das Steuern ihres Lernens eine ausreichende Kenntnis von Lernstrategien sowie eigene Erfahrungen damit, um so den jeweiligen Nutzen bzw. die Wirkungsweise einer Lernstrategie einschätzen zu können. Erst unter dieser Voraussetzung kann er die aktive Steuerung seines Lernprozesses übernehmen und die Lerneffektivität durch die Anwendung adäquater Strategien erhöhen. Lernstrategien stellen ein konstituierendes Element des selbstgesteuerten Lernens dar. (Reinmann-Rothmeier, Mandl 2001, Artelt 2006)

Teilkompetenzen	Verhaltensmerkmale
kognitive Selbststeuerung	kognitive Strategien und Ressourcenstrategien zur Informationsaufnahme und -verarbeitung nutzen;
metakognitive Selbststeuerung	Lernprozess planen, Lernprozess überwachen und regulieren;
motivationale Selbststeuerung	Ziele festlegen, Kompetenzzuwachs evaluieren und Motivation beeinflussen;
volitionale Selbststeuerung	Anstrengung und Ausdauer bei konkurrierenden Einflüssen bzw. auftretenden Hindernissen abrufen.

(Weissensteiner, A.)

Unter Einbezug situativer und individueller Gegebenheiten erfolgt danach eine strategische Planung, d.h. Überlegungen finden statt, wie eine aufgabenbezogen sinnvolle Vorgehensweise aussehen könnte. Dabei sind stumme Selbstinstruktionen (Verbalisieren des Vorgehens) sowie konkrete oder mentale Bilder (Veranschaulichungen) hilfreich. Je nach Breite und Tiefe des aufgabenbezogenen individuellen geistigen Repertoires finden die Art und Weise des Herangehens, der Anstrengungsgrad, die Ausdauer bzw. Beharrlichkeit usw. ihren Niederschlag in der Qualität der Aufgabenbearbeitung bzw. des Lernergebnisses.

Ergebnisse von Untersuchungen zeigen, dass Lernende in einer geeignet fachlich strukturierten Lernumgebung dazu in der Lage sind, eigene Lösungsstrategien zu entwickeln. Auch können sie nachträglich im Austausch unter den Mitschülern zur Reflexion und Differenzierung des eigenen Strategierepertoires angeregt werden. Aufgezeigt wurde auch, dass ein erfolgreiches Steuern individuellen Lernens maßgeblich davon abhängt, inwieweit Lernende dazu fähig sind, auf der Basis der Aufgabenanforderung geeignete Strategien auszuwählen und die zur Zielerreichung notwendige Anstrengung aufzubringen. (nach Artelt, C.)

Fürs Lernen, insbesondere einem lebenslangen Lernen ist die auf Erfahrung beruhende Einstellung bedeutsam, dass „Wissen eher als etwas angesehen wird, das sich kontinuierlich verändert und aus vielen vernetzten Fakten besteht. Durch fortwährendes Überprüfen und Hinterfragen des gegenwärtigen Wissensstandes werden immer wieder neue Aspekte eines Lerngegenstandes aufgenommen und fehlerhafte Vorstellungen verworfen. Wissen ist in dieser Auffassung also dynamisch.“ (Elke, A.)

Die Fähigkeit bzw. Kompetenz, ein Thema selbstgesteuert und selbstreguliert be- und erarbeiten zu können, ist zusammen mit der Fähigkeit, dies in einem sozial verträglichen Rahmen zu tun, grundlegend für das Ausüben einer Berufstätigkeit z.B. im Eingebundensein in ein Team. Beide Fähigkeiten bzw. Kompetenzen sollte eine auf das Berufsfeld Lehren lernende bzw. dort bereits lehrende Person haben: Konkret heißt dies, dass insbesondere Lehrende ihr Denken (Kognition und Metakognition), ihre Gefühle (Emotion und Motivation) und ihre Handlungen voll auf die Unterstützung ihres Lernprozesses und ihrer Motivation richten können sollten; d.h., dass sie sich auch der individuellen Prozesse dabei bewusst sind, um sich z.B. in dies erst Lernende besser einfühlen zu können.

3.3 Selbstgesteuertes Lernen - Lehrweisen

In schulbezogenen Lernprozessen wirken eine Vielzahl von Faktoren, die meist außerhalb der Einflussmöglichkeit einer Lehrperson liegen: Familiäre, regionale, gesamtgesellschaftliche, wirtschaftliche, (aktuell) politische, personbezogene, räumlich-gebäudliche, zeitliche, usw. Faktoren. Ziel schulischen Lernens ist es, Informationen adressatengeleitet so optimal wie möglich aufzubereiten sowie variationsreich und inhaltlich stimmig zu präsentieren bzw. zugänglich zu machen, um bei den Lernenden möglichst an Vorwissen anknüpfend, zahlreiche Andockmöglichkeiten für Neugier und Interesse zu eröffnen, sowie zu je eigener, aktiver Auseinandersetzung mit der Thematik / dem Inhalt anzuregen. Lernen bzw. Wissenserwerb wird so an einen konkreten, möglichst lebensnahen Kontext (u.a. fächerübergreifend) gebunden. Ein Planen und Gestalten von Lehrprozessen muss bei den möglichen bzw. intendierten Lernprozessen der Lernenden ansetzen.

Schon im Kindergarten oder in der Grundschule sind Kinder z.B. in der Lage, modellhaft nach Vorführen einer geeigneten Vorgehensweise (modeling), u.a. mit lautem Denken der Lehrperson, das Gesehene selbst erprobend auszuführen (Cognitive Apprenticeship-Ansatz) und dann nach einer Rückmeldung / Würdigung des je eigenen Tuns dieses ggf. nochmals selbst verändert durchzuführen und zu reflektieren: Eigene Denk- und Lernprozesse werden klarer und für ähnliche Situationen zunehmend verfügbar (Aufbau von Denk- und Lernstrategien). Schülerorientierte Lehr- und Lernverfahren mit passendem Feedback sowie z.B. die Methode der advance-organizer bilden die Grundlage für von den Lernenden selbstgesteuerte Lernweisen.

Eine anspruchsvollere Form des Erlernens selbstgesteuerten Vorgehens ist der Anchored Instruction-Ansatz, der von lebensnahen, jedoch komplexeren Problemstellungen ausgeht. Diese können z.B. durch Berichte, Bilder bzw. Bilderfolgen und Kurzfilme in den Horizont der Lernenden gelangen. Bei diesem Ansatz sollten die Lernenden bereits über grundlegende Fähigkeiten wie thematisches Fragenstellen, Informationen strukturieren / bewerten usw. verfügen, um z.B. mit der Methode „think, pair, share“ oder einem selbst gestalteten „sandwich“-Verfahren die Thematik zu bearbeiten.

Sollen in Unterrichtsprozessen Lernstrategien vorgestellt und trainiert werden, so sind von Artelt (2006) dazu Hinweise bzw. Kriterien erstellt worden:

- Fördermaßnahmen dürfen sich nicht nur auf kurzfristige kognitive oder metakognitiv ausgerichtete Interventionen beschränken. Dies kann zu einem Konflikt zwischen alten und neuen Strategien führen, wodurch der Prozess der Informationsverarbeitung beeinträchtigt und die Behaltensleistung vermindert wird.
- Effektive Trainingsmaßnahmen müssen deshalb zunächst besondere Aufmerksamkeit auf den Abbau ′primitiver′ Strategien lenken. Alte, teils automatisierte Strategien müssen als ineffektiv erlebt werden.
- Neue Strategien sollen in authentischen Anwendungskontexten und variier-ten Aufgabensituationen eingeübt werden. Dabei ist es von besonderer Bedeutung, dass die Wirksamkeit neuer Strategien vielfältig erfahren wird, damit diese später spontan eingesetzt werden können. (nach Artelt, C.)

Es gilt das bei den Lernenden vorhandene Repertoire kognitiver Strategien bewusst zu machen, zu reflektieren und weiter auszubauen. Vier Elemente sind dabei wesentlich:

- Das gegenseitige Vormachen (Ausführungsmodell);
- das Beobachten und Dokumentieren (Beobachtungsblatt und Arbeitsheft);
- das Reflektieren und Bewerten (Rückschau, IST-SOLL-Vergleich) und

- das Besprechen von Lernprozessen und Lernstrategien (′Lernkonferenz′, Lernpartnerschaft).

Aktivierende Lehr- und Lernweisen erfordern einen erhöhten Vorbereitungs-aufwand für den erforderlichen, wohldurchdachten Aufbau, zumal auch der Lernprozess selbst Lehrinhalt ist. Selbstgesteuerte Lernprozesse benötigen in der Durchführung mehr Zeit und dies vor dem Hintergrund einer tendenziell steigenden Stofffülle in den Bildungsplänen und zum Teil recht begrenzten Ausstattungen mit geeigneten Materialien. Auch die Zusammensetzung einer Lerngruppe kann Grenzen setzen für interaktive und inhaltlich selbstgesteuerte Lernprozesse. Mehrere Untersuchungen zeigen, dass konstruktivistisch orientiertes Lehren zwar das inhaltliche Interesse und die Freude am Lernen, jedoch nicht unbedingt den individuellen Lernerfolg oder die Leistung, gemessen in zeitnahen Lernkontrollen, erhöhen. Positiv sind nachgewiesene Entwicklungen hin zu offeneren Unterrichtssituationen mit individuellem Denken bzw. Erproben, eine zunehmende Orientierung auf den Lernprozess und ein positives soziales Lernklima. Die Lernenden spüren und erfahren auch mehr Verantwortung für ihr Lernen.

Passende und anschaulich aufgebaute Instruktionsmethoden, in denen im Mitdenken reproduzierbares Wissen erworben werden kann, haben ihre Berechtigung und ihren Platz. Das pädagogische Ziel, verstehens- und individuumorientierte Lernweisen zu fördern bleibt (Metakognition); denn die Qualität des Wissenerwebs im Sinne von Stärkung der Selbstregulation und Anregen vielfältiger Nervenverknüpfungen im Gehirn ist ein wichtiges Kriterium für nachhaltiges Lernen, d.h. deklaratives, prozedurales und konditionales Wissen über Lernstrategien als handlungsorientierte Fähigkeiten. - Sprich, das „alte“ exemplarische Prinzip beim Lehren und Lernen, hat weiterhin große Bedeutung; denn „Weniger und das intensiv“ ist einem „Mehr und eher auf kurze Sicht gespeichert“ (z.B. kurzfristigem Bulemielernen „learn and forget“) vorzuziehen. -

Ist bei den Lernenden die „Überzeugung vorhanden, dass oberflächen-orientiertes Lernen zum Ziel führt, muss ihnen an für sie relevanten Beispielen einsehbar aufgezeigt werden, welche Konsequenzen diese Lernorientierung in sich birgt. Durch klare Zielsetzungen im Lehrprozess, die vor allem auch Lernprozesse umfassen, wird die Umorientierung der Lernenden hin zu durchdachtem, nachhaltigem Lernen erleichtert. Zu bedenken ist auch, dass sich Lernende natürlich immer danach ausrichten, was und wie in einer Lernkontrolle gefordert wird. Daher ist für eine Veränderung des Lernens auch eine entsprechende Art der Lernkontrolle maßgeblich.“ (nach Elke, A.)

3.3.1 Lernen in sozialer Einbettung

Das individuelle Lernen im schulischen Kontext ist in soziale Prozesse eingebettet, d.h. es ist geprägt von zwei Aspekten, einem Lernen im Dialog und einem Lernen in Kooperation (dialogisch-kooperatives Lernen). Ein intensives, nachhaltig wirkendes Lernen erfordert auch aus neurobiologischer Sicht beide Aspekte: Die Lernenden arbeiten ihr bestehendes Wissen in Interaktion mit anderen Lernenden schrittweise präziser heraus, differenzieren und systematisieren es. Der Aufbau neuen Wissens gelingt besser, wenn er von der individuellen Wissensbasis des einzelnen Lernenden ausgeht und dieses Wissen im Dialog mit anderen schrittweise an die fachlichen Standards und Normen angenähert wird. (siehe Ruf, 2008) Der Lehrperson kommt hier eine vermittelnde Funktion zwischen individuellem ´Wissensstand´ und dem erforderlichen Sachwissen zu. Die Lehrperson regt Prozesse an (konstruktivistischer Ansatz), in denen sich die Lernenden über längere Zeit intensiv mit einer Sache beschäftigen, bis eine (neue) Erkenntnis heranreift bzw. herangereift ist.

In Kooperation lernen bedeutet, dass Lernende einen Lerninhalt gemeinsam, ggf. arbeitsteilig, bearbeiten, sich selbst intensiv mit einer Problemstellung befassen, sich absprechen und austauschen und dabei sowohl ihre kognitiven Strukturen als auch ihre sozialen Fähigkeiten weiterentwickeln. Beim kooperativen Lernen kommt der Lehrperson die Funktion zu, die sozialen Lernprozesse beim Lernen zu thematisieren, zu strukturieren und zu fördern (Vor- und Rückschau, ´Lernkonferenz´); d.h. soziales und fachliches Lernen werden miteinander verknüpft vermittelt.

Untersuchungen haben gezeigt, dass ein kooperatives Lernen anspruchsvolle Denkfertigkeiten, kognitive und metakognitive Strategien und den Wissenstransfer begünstigt. Kooperative Lernen führt zu positiven sozialen Beziehungen. Es fördert Engagement und Rücksicht, die Akzeptanz von Unterschieden sowie die Bereitschaft zu sozialer Unterstützung. Die Lernenden werden befähigt, Unterschiede zu verstehen und soziale Probleme, die auftreten, zu lösen. Kooperatives Lernen wirkt sich positiv auf das Selbstwertgefühl und die Selbstwirksamkeit aus und fördert die Lernmotivation. (siehe Johnson et al, 2005)

In kooperativen Lernprozessen sollte die Lehrperson auf folgendes achten:

- Verständlichkeit und Klarheit des Arbeitsauftrags (nur eine Instruktion): Was muss er- bzw. bearbeitet werden?

- Realistische, klare und verbindliche Zeitvorgaben:

  Wie lange habe ich / haben wir Zeit zum Er- bzw. Bearbeiten?

- Gruppengespräche i.d.R. ´laufen´ lassen; nur im äußersten Falle gemäß dem ursprünglichen Arbeitsauftrag intervenieren.

  Frage: Was könnte meine Intervention auslösen?

- Die Auswertungsphase muss auch eine Integration und Vernetzung der Ergebnisse beinhalten (erhöhte Aufmerksamkeit, größerer Lerneffekt):
- Die vortragenden Gruppen sollten auf ihre jeweilig vorausgehende Vorträge Bezug nehmen. Als Ausnahme nimmt dies die Lehrperson vor.
- In der Präsentation eines Gruppenergebnisses ist jedes Mitglied mit einem ´wichtigen´ Part beteiligt (Gruppenleistung). Auch ist primär die Gruppe für ihr Ergebnis bzw. ihre Darstellung des Weges dorthin verantwortlich. Jede Gruppe stellt ihre Arbeit ohne Unterbrechungen vor.
- Klärende Rückfragen sollten im Anschluss von den anderen Lernenden gestellt werden und nur als Ausnahme von der Lehrperson.
- In kooperativen Lernprozessen gibt es das Phänomen der „Trittbrettfahrer". Deshalb ist es wichtig, die genauen Regeln für das gemeinsam zu Er- bzw. Bearbeitende klar zu benennen und die Lernenden darauf zu verpflichten (gegenseitiger ´Arbeitsvertrag´). Wichtig sind grundlegende materielle z.B. auch räumliche Rahmenbedingenen.

3.4 Schritte zu selbstgesteuertem Lernen

Hilfreich für den Einstieg in ein zunehmend selbstgesteuertes Lernen sind Erfahrungen, die in prozessorientierten Lehrweisen gewonnen wurden: Durch die Wahl entsprechender Aufgaben oder Problemstellungen werden die Lern- und Denkstrategien der Lernenden erkennbar, diese sind Thema im Unterricht und werden beispielhaft angewandt sowie gemeinsam auf ihre Schlüssig- und Sinnhaftigkeit beim jeweiligen Problembearbeiten hin reflektiert, sowie ggf. stimmigere Alternativen aufgezeigt.

Erste Schritte zu selbstreguliertem Lernen sind das Herausbilden der Fähigkeit, sich realistische Ziele selbstverpflichtend zu setzen. Das bedeutet: Erkennen, was realistisch erreichbare Ziele sind. Erkennen, warum diese Ziele wichtig sind. Erkennen des eigenen Lernverhaltens, seiner Stärken, eigener Interessen sowie innerer Widerstände, z.B. Abneigungen oder fehlende Elemente im geistigen Repertoire. Diese Erkenntnisse führen zur Erkenntnis der Selbstverantwortung für das eigene Lernen.

Daran anschließende Schritte fordern metakognitive Fähigkeiten und umfassen das Planen und Auswählen der Vorgehensweise beim Lernen, das bewusste Setzen von sinnvollen Zwischenzielen mit Selbstreflexion (Kontrolle, Bewertung) und einem ggf. angepassten weiteren Vorgehen. Lernende, die selbstreguliert arbeiten wollen, müssen intrinsisch motiviert sein, sich selbst aufbauend, kritisch beobachten und daraus für ihr Denken und Handeln stimmige Schlüsse ziehen können (echte Selbstsicherheit). Hierzu benötigen sie eine förderliche, achtsame und respektvolle Begleitung.

Letzte Schritte sind nach Erreichen des Zieles bzw. dem Vollenden der Aufgabe ein IST-Soll-Vergleich des erreichten Resultats, mit ggf. Nacharbeiten bei Unstimmigkeiten (zyklisches Vorgehen) und dem Rückblick auf den Lern- bzw. Erkenntnisweg (Prozess und Strategie).

Bei diesen Prozessen benötigt der / die Lernende eine positiv unterstützende, verlässliche Beziehung zur Lehrperson. So müssen Lernende so oft als erforderlich nachfragen können. Die Lehrperson regt ggf. auch Alternativen an bzw. zeigt Konsequenzen einer Entscheidung auf. Jedoch überlässt sie dem / der Lernenden transparent kommuniziert letztlich die Entscheidung. Für die wachsende Selbstverantwortung beim je eigenen Lernen ist die Erkenntnis bedeutsam, dass es beim gesamten Prozess um eine Weiterentwicklung der je eigenen Fähigkeiten bzw. des Wissens geht, um ein sicheres Verfügenkönnen, so dass damit zukünftige Herausforderungen besser bewältigbar werden. Es geht auch um das Aufbauen von Fähigkeiten zum flexiblen, situations-adäquaten Handeln anhand je von Lernenden bewältigbaren Problemstellungen (Fähigkeit zu Transfer).

3.4.1 Entwicklungsstufen zu selbstgesteuertem Lernen

Auf der Grundlage einer empirischen Untersuchung nennt Menzinger folgende sechs Entwicklungsstufen selbstgesteuerten Lernens:

- *„Stufe I: Abhängigkeit von Fremdsteuerung*

  Auf dieser Stufe benötigen Lernende eine starke Instruktion von Seiten der Lehrkraft, Selbststeuerung beim Lernen ist nicht ausgeprägt. Die Lernmotivation ist extrinsisch und die Anstrengungsbereitschaft hängt von der Lernumgebung und Unterrichtsgestaltung ab.

- *Stufe II: Flexible Anpassung an die Fremdsteuerung*

  Auf dieser Stufe steckt die Fremdsteuerung den Rahmen ab, in dem die Selbststeuerung realisiert wird. Durch Fremdsteuerung werden Lerninhalte vorgegeben und die Lernumgebung gestaltet, durch Selbststeuerung werden die Anforderungen erfüllt. Der Lernprozess wird überwacht, um eigene Stärken und Defizite zu erkennen und

Hilfestellungen zu organisieren. Lernende zeigen Interesse und eine hohe Anstrengungsbereitschaft, wenn durch ausreichende Fremdregulation die Möglichkeit besteht, Erfolgserlebnisse zu erzielen.

- *Stufe III: Dominanz der Selbststeuerung unter Verweigerung der Fremdsteuerung*

  Auf dieser Stufe hat sich der/die Lernende ausreichende Strategien zum Wissenserwerb angeeignet und steuert das Lernen selbst. Angebote und Impulse nimmt er nur in seltenen Fällen wahr. Sie werden nicht als nützlich empfunden. Der/die Lerndende zeigt ein starkes Interesse am Lerngegenstand.

- *Stufe IV: Ungeplantes Zusammenspiel von Selbst- und Fremdsteuerung*

  Auf dieser Stufe versucht der/die Lernende weitgehend selbstgesteuert zu arbeiten, greift aber auch in vielen Fällen auf die Fremdsteuerung zurück. Das Verhältnis von Selbst- und Fremdsteuerung bleibt unreflektiert. Der/die Lernende ist nicht in der Lage zu beurteilen, in welcher Situation, eine Unterstützung angemessen ist. Er lernt intrinsisch motiviert und setzt sich eigene Ziele.

- *Stufe V: Strukturiertes Zusammenspiel von Selbst- und Fremdsteuerung*

  Auf dieser Stufe steuert der/die Lernende das Lernen selbst. Fremdsteuernde Maßnahmen im Sinne von einer Kontrolle und von Impulsen werden wahrgenommen, um das eigene Lernen zu optimieren. Der Schüler erkennt, wie er sein Lernen gezielt beeinflussen kann. Er bringt intrinsische Motivation mit äußeren Anforderungen in Einklang und zeigt eine hohe Anstrengungsbereitschaft.

- *Stufe VI: Reflexives Zusammenspiel von Selbst- und Fremdsteuerung*

  Auf dieser Stufe hat der/die Lernende methodische Abläufe des Lernens verinnerlicht und nimmt eine Metaperspektive zur Planung, Kontrolle und Steuerung des Lernprozesses ein. Anregungen des Lehrers unterstützen das selbstständige Reflektieren des Lernprozesses. Der/die Lernende kann sich selbst motivieren und Anstrengungs- sowie Konzentrationsbereitschaft abrufen.“ (Merziger)

Ziel des Durchlaufens der Stufen ist es, bei den Lernenden anhaltendes Interesse an Themengebieten anzuregen.

„Wer sich für eine Sache interessiert, möchte mehr darüber erfahren, sich kundig machen, sein Wissen erweitern. Die hohe Wertschätzung längerfristig wirksamer (individueller) Interessen beruht darauf, dass sich die Person mit Interessengegenständen und den damit verbundenen Möglichkeiten der Auseinandersetzung identifiziert.“ (Krapp, A.)

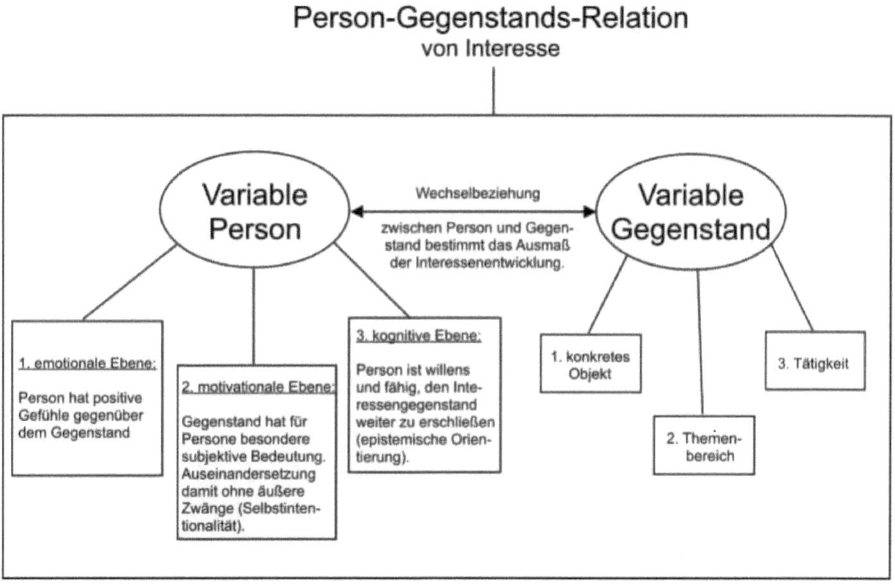
Person-Gegenstands-Relation
von Interesse
Variable Person
Wechselbeziehung
zwischen Person und Gegenstand bestimmt das Ausmaß der Interessenentwicklung.
Variable Gegenstand
1. emotionale Ebene:
Person hat positive Gefühle gegenüber dem Gegenstand
2. motivationale Ebene:
Gegenstand hat für Persone besondere subjektive Bedeutung. Auseinandersetzung damit ohne äußere Zwänge (Selbstintentionalität).
3. kognitive Ebene:
Person ist willens und fähig, den Interessengegenstand weiter zu erschließen (epistemische Orientierung).
1. konkretes Objekt
2. Themenbereich
3. Tätigkeit

(Unger, U.)

Checklist zum Planen des eigenen Lernens

- Was ist das für eine Art von Lernaufgabe?

- Was kann ich zum Thema schon alles aufschreiben?
  Was weiss ich darüber, wie man mit solchen Aufgaben umgeht?

- Bin ich bereit, mit der Arbeit zu beginnen?
  Ist mein Arbeitsplatz zum praktischen Arbeiten ok?
  Kann ich völlig ungestört lernen?
  Muss ich störende Ideen, Gedanken gezielt ausblenden?

- Wie schwierig ist diese Aufgabe für mich?
  Wie gehe ich mit den Schwierigkeiten um, die zu erwarten sind?
  Wie wichtig ist es mir, dass ich diese Aufgabe bewältige?

- Was muss mein Ziel sein?
  - Muss ich etwas erklären, schreiben, tun oder ein rechnerisches oder zeichnerisches Problem lösen?
  - Welche Qualität muss ich produzieren: Vollständigkeit, Korrektheit, Sauberkeit?

- Wie gliedere ich das Lernen zeitlich: Start für das Lernen, zeitliche Lernabschnitte, Portionen des Stoffes, Dauer der Arbeit, Pausen?
  In welcher Zeit will ich durchkommen?
  Wann werde ich abbrechen?

- Welche Lernstrategie zum besseren Verstehen, Behalten oder Erinnern werde ich bei dieser Aufgabe nehmen?

(in Elke, A.)

Checklist zum Verstehen

1. **Wissen in Gang bringen**
   Bevor ich mit dem Lernen beginne, überlege ich mir, was ich zum Thema schon alles weiss (siehe Checklist zum Planen).

2. **Wichtiges erkennen**

   a. **Neues und meine Ziele beachten**
      Ich merke, ob etwas wichtig ist, wenn es mir neu ist und meiner Zielsetzung bzw. Fragestellung entspricht.

   b. **Für Text: Auf die Form der Information achten**
      Ich suche nach bestimmten Hilfsmitteln und Wörtern, die auf Wichtiges hinweisen: 1. Titel, Einleitung, Zusammenfassungen, 2. Aufzählungen, fett & kursiv Gedrucktes, Unterstreichungen, Abbildungen/ Tabellen und die Legenden dazu sowie 3. z.B. „Besonders wichtig ist...", „Zusammenfassend...", „Daraus folgt...", „Das heisst...", „Der Hauptgrund ist...", „Am Besten..." etc.
      Für Problemlösen: Beweglichkeit ausprobieren
      Wenn ich z.B. *a* grösser mache, wie verändert sich dann das Resultat?

3. **Wichtiges markieren**
   Ich markiere schliesslich Wichtiges oder mache mir Notizen.

4. **Mit Unklarheiten umgehen**
   Ich frage mich nach jedem Lernschritt (z.B. Textabschnitt oder Schritt beim Rechnen/ Problemlösen), ob ich verstanden habe. Wenn nicht, gehe ich langsamer voran oder mache es nochmals durch.

5. **Viele Selbsterklärungen abgeben**
   Ich erkläre mir selbst oder einer anderen Person den Lernstoff (ich fasse dabei das Wichtigste in eigenen Worten zusammen, mache Beispiele aus meinem Alltag dazu oder beschreibe z.B. die zu verstehende Formel).

(in Elke, A.)

DER DREISCHRITT BEIM BEHALTEN

1. Ziel: **„Was muss ich können?“**

2. Weg: **„Wie mache ich es?“**

a. Verstehen:	zuerst Vorwissen aktivieren: „Was weiss ich schon zum Thema?“ → dann siehe Checkliste zum Verstehen!
b. Reduzieren:	Auswählen und Markieren von Wichtigem
c. Verknüpfen:	Beispiele machen, Bezug zur Praxis herstellen, Neues mit Altem (was ich schon weiss) verbinden
d. Organisieren:	nach verschiedenen Kategorien ordnen (Gleiches & Gegensätze; Ober- & Unterkategorien); Diagramme / Tabellen erstellen
e. Wiederholen:	am gleichen Tag nochmals, 3-4 Tage später und vor der Prüfung wieder; nicht immer gleich, sondern auf verschiedene Arten und Weisen

3. Kontrolle: **„Kann ich es auch wirklich?“**

(Elke.A.)

Checkliste für den Schüler / die Schülerin

„Mein selbständiges Lernen

Ich denke über das gegebene Lernziel nach

- Weshalb muss ich das wissen oder können?
- Was ist bei dieser Art von Aufgabe wichtig?
- Wie muss ich das Gelernte darstellen?
- Wie wird die Prüfung über dieses Lernziel aussehen?
- Wie viel Zeit brauche ich für diese Bearbeitung?

Ich überlege den Weg zum Ziel und bearbeite die Aufgabe

- Was weiß ich schon über diesen Themenkreis?
- Habe ich schon einmal eine ähnliche Aufgabe erfolgreich gelöst? Wie bin ich dabei vorgegangen?
- Was ist gegeben?
- Was ist gesucht?
- Welche Hilfsmittel (Bücher, Computer, Zeichengeräte, Rechner) stehen mir zur Verfügung?
- Welche Hilfsmittel darf ich an der Prüfung verwenden?
- Wer kann mir helfen, wenn ich nicht mehr weiter komme?

Ich kontrolliere meine Arbeit

- Entspricht mein Ergebnis den Anforderungen bezüglich Inhalt und Umfang?
- Sind meine Ergebnisse objektiv richtig? Habe ich sie kontrolliert?
- Brauche ich zur Kontrolle eine Hilfe? Wer kann mir bei der Kontrolle helfen?

Falls das Ergebnis nicht zufrieden stellend ist, gehe ich zurück zu 1. oder 2.“ (Elke, A.)

Selbstregulation bei einer Lernaufgabe

Erkanntes Problem	Selbstreguliertes Beheben des Problems
„Das ist aber viel Stoff!“	Inhalt / Aufgabe untergliedern; thematisch zusammengehörige Abschnitte finden
„Das will mir nicht in den Kopf!“	Überschriften zu Abschnitten notieren; bildliche Vor- und/oder Darstellungen dazu machen (Skizzen, Mind-Map); zentrale Aussagen markieren; halblaut lesen, Wichtiges notieren bzw. zusammenfassen; gedanklich „durchspielen“ (Reencodieren)
„Das stand doch vorher ...“	Einen Inhalt im Zusammenhang lesen / einordnen. Sich seine Bedeutung merken.
„Ich kann es immer noch nicht.“	Nochmals genau lesen; Wichtiges auf Karteikarten notieren und schrittweise lernen; in den Gesamtzusammenhang einordnen
„Ich weiß es nicht mehr genau.“	Betreffende Karteikarten nochmals genau lesen / einprägen; bildhafte Vorstellung ins Gedächtnis rufen
„Ich brauche zu lange.“	Eigenen Zeitplan überprüfen, ggf. anpassen; Wichtiges vorziehen
„Ich habe immer Mühe mit dem gleichen Punkt.“	Den thematischen Zusammenhang z.B. in einem Abschnitt bzw. einer Aufgabenstellung nochmals ergründen; Vorwissen aktivieren; Lernhilfen suchen / einsetzen
„Die Aufgabenstruktur irritiert mich.“	Aufbau der Aufgabe analysieren und ggf. skizzenhaft festhalten; Untergliederungen markieren
„Jetzt habe ich alles richtig bearbeitet.“	Am gleichen Tag, einige Stunden später, alles nochmals durchgehen / überprüfen; erkannte Unstimmigkeiten analysieren und beheben

(nach Elke, A.)

Die vier „W´s“ beim Lernen

Die 4 Ws beim Lernen:
***Was*?, *Wie*?, *Wirklich*? und *Wenn nicht*?**

1. Ziel: **„*Was* muss ich können?“**

2. Weg: **„*Wie* mache ich es?“**

3. Kontrolle: **„Kann ich es auch *wirklich*?“**

4. Evtl. Anpassen: **„Und *wenn* ich es *nicht* kann?“**

(Elke, A.)

1. Ziel: „Was muss ich können?"

- Vor dem Lösen der Aufgabe lese ich die Aufgabenstellung sorgfältig durch und überlege mir, was das Ziel der Aufgabe ist.
- Was ist gesucht?
- Was ist Sinn und Zweck dieser Aufgabe?
- Vor dem Lösen der Aufgabe überlege ich mir, ob ich irgendwann schon mal eine ähnliche Aufgabe bearbeitet habe.

2. Weg: „Wie mache ich es?"

- Ich frage mich, ob ich die Aufgabe überhaupt verstehe?
- Ich setze mich mit dem Text und ggf. dem Bild auseinander:
- Welche Elemente sind gegeben?
- Welche Elemente muss ich erschliessen, bzw. muss ich Schlussfolgerungen ziehen von gegebenen Elementen auf nicht gegebene?
- Ich überlege mir, wie ich wohl am besten vorgehe.
- Ich nehme Markierungen vor.
- Ich beginne mit dem Bearbeiten.

3. Kontrolle: „Kann ich es auch wirklich?"

- Nach dem Bearbeiten der Aufgabe kontrolliere ich, ob mein Ergebnis stimmen kann.
- Ich gehe die Aufgabe nochmals durch, ist logisch alles stimmig?
- Ich vergleiche meine Lösung mit dem Lösungsblatt.
- Nach dem Bearbeiten der Aufgabe vergleiche ich mein Ergebnis mit dem was gefordert war .

Habe ich das Ziel auch wirklich vollständig erreicht?

- Nach dem Bearbeiten der Aufgabe lese ich die Aufgabenstellung nochmals durch und kontrolliere, ob ich auch nichts übersehen habe
- Ich schaue vor allem kritische Stellen nochmals an.

4. Anpassen: „Was mache ich bei Unstimmigkeiten?“

- Nach dem Bearbeiten der Aufgabe schaue ich alle Vorgehensschritte nochmals an, um Fehler aufzudecken und zu verbessern.
- Habe ich das Ziel nicht vollständig erreicht, dann modifiziere ich meine Strategien und bearbeite entsprechende Teile erneut.
- Nach dem Bearbeiten der Aufgabe überlege ich mir, was bei meinem Vorgehen passend oder unpassend und merke mir die passenden Dinge.

(nach Elke, A.)

4. Kompetenzen entwickeln - entfalten

In der Alltagssprache finden sich oft Begriffe wie: Eine Person ist gebildet. Ein Mensch erscheint qualifiziert. Er / Sie handelt kompetent. Hier zunächst eine Begriffsklärung:

Bildung	Qualifikation	Kompetenz
Bildung sucht die Verbindung von Welt und Mensch und geht weit über zweckgebundene Spezialbildung hinaus, indem sie auf die Beherrschung des Elementaren abzielt: Ist individuell (Entfaltung der Persönlichkeit), ist universell (Denk-, Urteils- u. Verantwortungsfähigkeit) und elementar sowie zweckfrei (hat eine große soziale Komponente).	Qualifikation ist einerseits der Akt und andererseits das Ergebnis der Einübung bestimmter Fähigkeiten und Fertigkeiten: Beschreibt Verwendbarkeit und Anwendbarkeit, dokumentiert; Spezialbildungen wirtschaftlich, politisch, (ist verwertungs- und anwendungs- bzw. abnehmerorientiert).	Kompetenzen bezeichnen allgemein Verhaltensdispositionen oder -potentiale im Sinne von Fähigkeiten, Fertigkeiten, Strategien und ggf. Einstellungen: Beschreibt "Verfügbarkeit", ist individuell, breit anwendbar, ausdauernd, vernetzt, synergetisch, sozial und flexibel.

(nach Jäger, P.)

F. E. Weinert definiert Kompetenzen als „die bei Individuen verfügbaren oder durch sie erlernbaren kognitiven Fähigkeiten und Fertigkeiten, um bestimmte Probleme zu lösen, sowie die damit verbundenen motivationalen, volitionalen und sozialen Fähigkeiten, um die Problemlösungen in variablen Situationen erfolgreich und verantwortungsvoll nutzen zu können.“ (Weinert, F.E.; 2001)

Zwischen „Kompetenzen“ und „Qualifikationen“ gibt es pädagogisch entscheidende Unterschiede (Jäger, P):

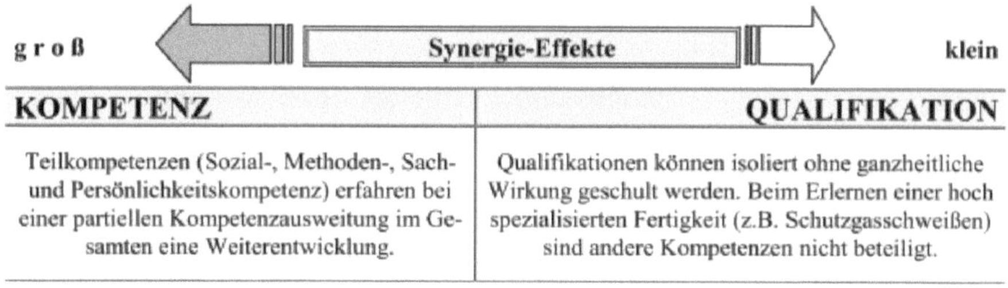

Kompetenzmodelle beschreiben auf der ersten Ebene, aus welchen Kompetenzbereichen sich eine angestrebte Kompetenz zusammensetzt (Teilkompetenzen). Die zweite Dimension (Anforderungsbereiche) enthält Angaben über Abstufungen, wobei die in den Standards beschriebenen Anforderungsbereiche hier nur eine Orientierung und keinen Maßstab darstellen. Im Idealfall sollen Kompetenzmodelle schließlich nicht nur Leistungen im Querschnitt, sondern auch Entwicklungen abbilden (3. Dimension, Kompetenzentwicklung).

Anspruch und kognitive Komplexität nehmen im Allgemeinen von Anforderungsbereich zu Anforderungsbereich zu, allerdings gibt es in jedem der Bereiche Aufgaben auf unterschiedlichem Schwierigkeitsniveau. Die Anforderungsbereiche beinhalten keinen Entwicklungsaspekt, sie werden nicht nacheinander erworben, sondern immer gleichzeitig auf ansteigendem Niveau bearbeitet.

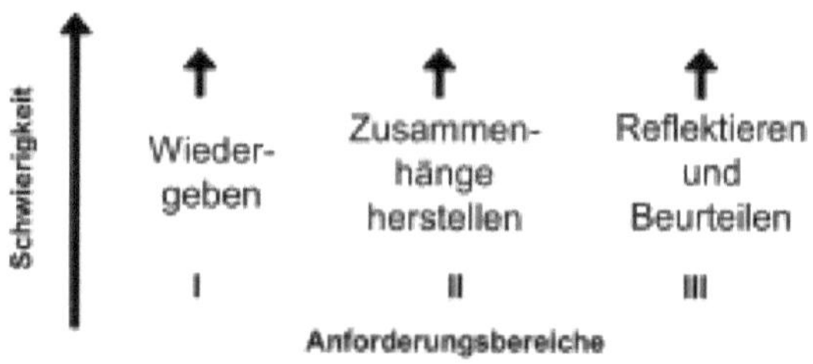

Kompetenzen im Sinne der Definition von Weinert sind ein komplexes Gefüge von unterschiedlichen Fähigkeiten und Fertigkeiten. Kompetenz erweist sich letztlich erst in einer konkreten Problemsituation, die ein kompetentes Handeln erfordert.

Die vielen Facetten einer Kompetenz müssen Inhalt des Lernens und Lehrens sein und erfordern eine kontinuierliche und längerfristige Bearbeitung. Fachliche Lerngegenstände dürfen deshalb nicht nebeneinander stehen bleiben, sondern müssen sowohl vertikal (über die

Zeit hinweg) als auch horizontal (mit anderen Fächern) abgestimmt und in einen logischen Begründungszusammenhang gebracht werden. Hier unterscheidet sich ein kompetenzorientiertes Lernen und Lehren wesentlich von einem solchen, das „nur“ Qualifikationen anstrebt.

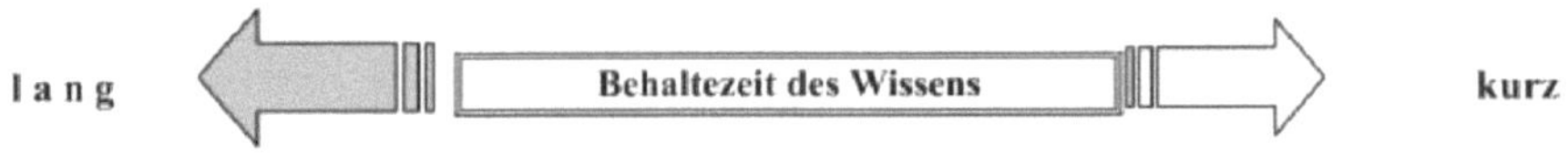

KOMPETENZ	QUALIFIKATION
In Kompetenzen eingebettetes vernetztes Wissen ist länger abrufbar und verwendbar.	Nicht verankertes Wissen gerät unglaublich schnell in Vergessenheit. Entwurzeltes Wissen hat keinen *Halt* und geht daher rasch verloren.

(Jäger, P.)

Der Aufbau von Kompetenzen während der Ausbildung ist eine Aufgabe, die kontinuierliche, längerfristige Planung erfordert. Der Kompetenzerwerb liefert innerhalb eines Schuljahres und über dieses hinweg einen „roten Faden“, der sich durch alle Lerngegenstände ziehen soll. Daher weisen alle aktuellen Bildungspläne eine Kompetenzorientierung auf. Entscheidend ist auf jeder Klassenstufe das Herausarbeiten der Kernbereiche eines jeden Faches und hierbei die essentiellen Inhalte, Fähigkeiten und Fertigkeiten. Es gilt bei der Erstellung oder Überarbeitung des Schulcurriculums zu klären, welche Kompetenzen besser fächerübergreifend und welche besser fachbezogen oder exemplarisch in einem bestimmten Fach bearbeitet werden können. Die so gewonnenen Ergebnisse sind vor allem für die Lernenden wichtig. Sie werden mit diesen besprochen, damit diese wissen, welche Anforderungen gestellt sind und welche Ziele mit ihnen bzw. durch sie in welchem Zeitraum erarbeitet werden. Wesentliche Überlegungen sollten hier vor allem auf die Gesichtspunkte unterschiedlicher Niveaustufen und Differenzierungsangebote verwandt werden, denn: „Viele Wege führen nach Rom!“ – Eine neue Rolle für die Lehrkraft:

Stellen wir uns Bildung wie eine Landkarte vor, auf der Städte die Kompetenzen und Ziele darstellen – je größer die Stadt, umso größer das Ziel und umso wichtiger, dass man es erreicht. Dazwischen liegen viele kleine Ziele, bei denen man kürzer oder länger verweilen, die man auch mal umgehen kann, wenn die Zeit knapp ist. Die Orte verbinden Straßen unterschiedlicher Beschaffenheit. Lernen heißt sich fortbewegen. Lehren heißt, den Schülerinnen und Schülern eine Route, das Fortbewegungsmittel, die Zwischenziele vorzuschlagen und für die Reise Zeit und Material zur Verfügung zu stellen. Eine gute Lehrkraft hat ein differenziertes Bild dieser Landkarte, sie kennt die schnellste und kürzeste Verbindung, Schleichwege, Umwege und Strecken mit besonderen Sehenswürdigkeiten. Sie sieht den Schüler, die Schülerin sich in der Region bewegen, lässt Raum für Erkundungen, wenn Zeit ist, zeigt Abkürzungen, wenn es eilt, und gibt Hilfe, wenn sich jemand verlaufen hat.“ (Lankes, E.M.)

Beispiel für Niveaustufen:

Anforderungsbereich I: Reproduzieren	Anforderungsbereich II: Zusammenhänge Herstellen	Anforderungsbereich III: Verallgemeinern und Reflektieren
Dieser Bereich umfasst die Wiedergabe und direkte Anwendung von grundlegenden Begriffen, Sätzen und Verfahren in einem abgegrenzten Gebiet und einem wiederholenden Zusammenhang.	Dieser Bereich umfasst das Bearbeiten bekannter Sachverhalte, indem Kenntnisse, Fertigkeiten und Fähigkeiten verknüpft werden, die in der Auseinandersetzung mit einem Lerninhalt auf verschiedenen Gebieten erworben wurden.	Dieser Bereich umfasst das Bearbeiten komplexer Gegebenheiten u. a. mit dem Ziel, zu eigenen Problemformulierungen, Lösungen, Begründungen, Folgerungen, Interpretationen oder Wertungen zu gelangen.

Beispiel „Kommunizieren“:

- einfache Sachverhalte mündlich und schriftlich ausdrücken; - aus kurzen, einfachen Texten, Grafiken und Abbildungen Informationen entnehmen; - auf Fragen und Kritik sachlich und angemessen reagieren.	- Überlegungen, Lösungswege bzw. Ergebnisse verständlich darstellen: - komplexe fachbezogene Texte, Grafiken und Abbildungen sinnentnehmend erfassen; - die Fachsprache adressatengerecht verwenden; - auf Äußerungen von anderen zu	- komplexe fachliche Sachverhalte mündlich und schriftlich präsentieren; - komplexe fachliche Texte sinnentnehmend erfassen; - Äußerungen von anderen zu fachlichen Inhalten bewerten.

	fachlbezogenen Inhalten eingehen; - mit Fehlern konstruktiv umgehen.	

Ein an Kompetenzen orientiertes Lehren stellt zum einen das erforderliche „Handwerkszeug“ sicher, um in bestimmten Situationen gegebene Aufgaben lösen zu können und zum andern eröffnet es viele Gelegenheiten, dieses „Handwerkszeug“ in verschiedensten fachbezogenen, auch komplexer wer-denden Kontexten immer wieder auszuprobieren. Bedeutsame Elemente im kompetenzorientierten Lernen und Lehren sind auch das Reflektieren der je eigenen Lösungswege, die Diskussion von Alternativen sowie die Betrachtung der Wege zum Ergebnis bzw. deren Bewertung aus verschiedenen Perspektiven.

Kompetenzorientierte Lehrprozesse wollen zu lebenslangem Lernen anregen, d.h. sie wollen weit tragende, wesentliche Kenntnisse, Fähigkeiten und Fertigkeiten vermitteln und verfügbar machen, die insbesondere auch individuelle, selbstregulierte Lernprozesse ermöglichen und unterstützend fördern.

<table>
<tr><td colspan="2">lang ⟸ Wertbeständigkeit und Gültigkeitsdauer ⟹ kurz</td></tr>
<tr><td>KOMPETENZ</td><td align="right">QUALIFIKATION</td></tr>
<tr><td>Nach STEIN bezeichnet "der Begriff Kompetenz lebensgeschichtlich erworbene Kenntnisse, Fertigkeiten und Verhaltensweisen"</td><td>Qualifikationen sind eher auf konkrete bzw. isolierte Fähigkeiten beschränkt und altern in der Regel sehr schnell. Sie werden oft innerhalb kürzester Zeit nutzlos!</td></tr>
</table>

(Jäger, P.)

4.1 Kompetenzfelder

Jedes Lernen im schulischen Bereich intendiert ein Weiterentwickeln und Entfalten der je individuellen Kenntnisse, Fähigkeiten und Fertigkeiten bzw. der Kompetenzen hin zu einer nachhaltigen Handlungskompetenz. Diese umfasst folgende Teilkompetenzen:

- Sozialkompetenz;
- Persönlichkeitskompetenz (Selbständigkeit, Selbstwertgefühl, Selbstverantwortung, Selbstverwirklichung);

- Methodenkompetenz;
- Fachkompetenz.

4.1.1 Sozialkompetenz

Unter Sozialkompetenz wird vor allem ein verantwortliches situations- und personenbezogenes Denken und Handeln verstanden. Die Sozialkompetenz beinhaltet ein freies und verantwortliches Verhältnis zum Mitmenschen, das getragen ist von Menschlichkeit, Nächstenliebe, Solidarität und Toleranz. Hierzu gehört auch die Fähigkeit, in Konfliktsituationen soziales Handeln zu verwirklichen. Wenn es "Schwierigkeiten im Zusammenleben mit den Mitmenschen gibt, können durch soziales Lernen Passungen herbeigeführt werden", denn "soziale Einstellungen verfestigen sich nur durch die Möglichkeit des eigenen sozialen Handelns."(Struck, P.)

Nach Bönsch ermöglicht eine gut entwickelte "Sozialkompetenz, dass wir unsere Lebensverhältnisse humaner, freundlicher, entkrampfter gestalten können, dass wir prüfen müssen, was die Menschen an Lebensausrüstung benötigen, um ihr Leben wie das der Anderen lebenswert zu gestalten. So gesehen ist der gebildet (kompetent), der nicht nur sein Wissen und seine Sprache kultiviert, sondern auch Sorge dafür trägt, dass sein Nachbar, allgemeiner sein Mitbürger, auch lebenswerte Verhältnisse gewinnt."(Bönsch, M.) Soziales Lernen hat so weit reichende Wirkungen, weil im Zusammenhang mit sozialkompetenten Verhaltensnormen bestimmte Umgangsqualitäten (Freundlichkeit, Einfühlungsfähigkeit, Einwirkungsfähigkeit und Regelorientierung für soziale Situationen), Einhalten von Spielregeln, Kooperationskompetenzen, strategisches Verhalten sowie soziale Tugenden (Gerechtigkeit, Fairness, Disziplin, Hilfsbereitschaft, Konfliktfähigkeit und Toleranz) praktiziert und gelebt werden (nach Bönsch, M.). Bei all diesen verschiedenen Begriffen ist einer der Bedeutendste: Das Handeln. Damit ist das je persönliche, situationsbezogene und konkrete Verhalten gemeint, das wesentlich durch innere Haltungen gesteuert wird.

Sozialkompetenz wächst durch Interaktionen mit anderen Menschen vor allem innerhalb der Familie, der Schule und der Freundesgruppe. Hier werden vor allem die kommunikativen Fähigkeiten ausgebildet: Auseinandersetzung mit Vorgaben, anderen Ansichten sowie dem Ringen um tragfähige Kompromisse. Junge Menschen sollten die Fähigkeit entwickeln, ihre Gedanken und Ideen klar und deutlich, schriftlich sowie mündlich, ausdrücken zu können. Diese Fähigkeit ist eine grundlegende Voraussetzung für kritisches, auch selbstkritisches Denken überhaupt, sowie zum genauen, fragenden und reflektiertem Wahrnehmung von Gegebenheiten der Umwelt z.B. von Medienangeboten.

4.1.1.1 Elemente der Sozialkompetenz

Die Sozialkompetenz beinhaltet drei Teilkomptenzen, die untereinander völlig gleichwertig sind. Ideal wäre es, wenn alle drei bei einer Person gleichmäßig vorhanden wären.

4.1.1.1.1 Kommunikationsfähigkeit

Das Verfügenkönnen über eine angemessene Sprache bzw. Kommunikationsfähigkeit ist zentraler Ausgangsbereich für gelingende Sozialkompetenz. Hierzu gehören:

- Akzeptanz: Annehmen des Gegenüber in seiner Individualität. Hieraus ergibt sich ein authentisches Verhalten. Es wirkt glaubwürdig und vertrauenswürdig. Das Verhalten wirkt als echt.
- Kongruenz: Übereinstimmung von Verhalten und persönlichen Einstellungen.
- Gesprächsklima: Mitverantwortung für den Gesprächsverlauf und den Ausgang tragen. „Jede Kommunikation ist ein zirkularer Prozess mit Reaktion und Feedback, der nicht mehr eindeutig einer Person zuzuordnen ist.“ (Schulz v. Thun, F.)
- Aktives Zuhören: Nonverbale Bestätigungen, das Nachfragen bei nicht eindeutig verstandenen Informationen, die Beobachtung von Stimmungen und Spannungen zwischen den Gesprächspartnern und ggf. deren Ansprache durch „Ich“-Aussagen zur Klärung des Verständnisses.

Ein echter Dialog wird nur mit Menschen gefunden werden können, bei denen wirkliches Interesse am Mitmenschen besteht. Eine solche Person hat gelernt, Gedanken anderer aufzunehmen, ohne gleich in Angst und Verteidigungshaltung zu gleiten. Nach Klippert ist Sprechen z.B in der Lerngruppe über unterrichtliche Inhalte „ein genuiner Akt der (Selbst-)Klärung und des Begreifens. Befunde aus der Gedächtnisforschung belegen, dass die Behaltensrate bis auf 70 Prozent ansteigt, wenn die zu lernenden Fakten und Sachverhalte sprachlich dargelegt werden.“ (Klippert, H.) Sprechen beflügelt die Gedanken, meint Klippert weiter, wodurch Kenntnisse aktiviert und organisiert werden.

4.1.1.1.2 Kritikfähigkeit

Es gilt situationsangemessen mit Konflikten umzugehen sowie Kritik annehmen und äußern zu können. Hierzu gehören:

- Situationseinschätzung: Angemessenes Handeln durch Erkennen der Lage der anderen und der eigenen;
- Akzeptanzfähigkeit: Kritik annehmen und eigene Fehler eingestehen können;
- Verhandlungsfähigkeit: Konflikte wahrnehmen und ihre Relevanz für die eigenen Ziele einschätzen und ggf. aufgreifen können;
- Konsensbereitschaft: Partnerbezogenes Handeln anstreben bzw. aktivieren;
- Selbstbeherrschung: Angemessenes Verhalten beim Ansprechen unange-nehmer Themen.

Beim Betrachten von Konflikten ist die Erkenntnis hilfreich, dass es sich dabei um Wahrnehmungsunterschiede handelt: Jede Person lebt in ihrer eigenen Wirklichkeit mit ihren eigenen Wahrnehmungen und ihren Einordnungen, eigenen Bildern und Übertragungen.

„Der Sinn von Konflikten besteht nicht nur darin, vorhandene Unterschiede zu verdeutlichen, sondern diese zu einer fruchtbaren Übereinstimmungen zu führen. Bereinigte Konflikte garantieren Gemeinsamkeit und erweiterte Lernerfahrung.“ (Jäger, P.)

4.1.1.1.3 Teamfähigkeit

Arbeiten Mitglieder einer Gruppe aufgaben- und zielorientiert zusammen, so wird von einem Team gesprochen. Eine solche Zusammenarbeit ist gekennzeichnet durch die Fähigkeit und Bereitschaft zu konkretem, solidarischem und effektivem Handeln der Gruppenmitglieder (ca. 3 – 6 Personen). Ein Team weiß mehr, sieht mehr, ist stärker, regt an, hat Freude, ergänzt sich, lernt voneinander, gleicht aus, ist loyal, solidarisch, schafft Identifikation, teilt Verantwortung, teilt Freud und Leid. Teamfähigkeit ist gekennzeichnet durch:

- Verantwortungsbereitschaft: Verantwortung für eigenes Handeln übernehmen, abwägende Entscheidungen treffen und mit Konsequenzen umgehen können, Aufgaben delegieren und Arbeitsprozesse sowie Ergebnisse evaluieren können;
- Kooperationsfähigkeit: Informationen aufgabenbezogen austauschen, zielgerichtetes Einarbeiten und Anleiten anderer Gruppenmitglieder entsprechend ihrer Fähigkeiten;
- Gesprächsbereitschaft: Mit anderen Teammitgliedern zielbezogene Absprachen treffen und festhalten; in echter Weise Rückmeldungen geben können;
- Kollegialität: Anderen Teammitgliedern helfen und selbst Hilfen annehmen können;

- Integrationsbereitschaft: Auf andere zugehen und sich selbst ins Team einfinden können.

„Der Weg zum Ziel und das Ziel selbst werden von gleichberechtigten Beteiligten individuell und wechselseitig mitgetragen und mit verantwortet. Durch die konsequente Zielorientierung ergibt sich eine gemeinsame Verantwortung für eine gemeinsame Sache auf der Suche nach der besten Lösung.“ (Jäger, P.) Durch eine ansprechende Lern- und Arbeitsatmosphäre können sich aufgabenbezogene, individuelle und kreative Potenziale entfalten und entwickeln.

Eine Achtsamkeit gegenüber sich selbst, der eigenen Befindlichkeit, den Stimmungen und Gefühlen schafft zunehmend Vertrautheit mit der eigenen Person und legt Grundlagen für jede andere zwischenmenschliche Beziehung. Das Erkennen der je eigenen Leistungsfähigkeit baut echtes Selbstvertrauen auf und bewirkt eine wachsende intrinsische Motivation, die sich auch auf andere Lern- und Arbeitsfelder übertragen kann. "Selbstständiges Arbeiten, kritisches Denken, Planen und Kooperieren mit anderen, Problemlösen und sozial-interaktives Handeln werden immer wichtiger.“ (Weinert, F.E.)

Sozialkompetenz kann sich im schulischen Kontext insbesondere bei kooperativen oder projektartigen Lern- und Arbeitsprozessen sowie beim Arbeiten in Projekten entwickeln: Übernahme von Verantwortung in Funktionen wie Moderator, Zeitwächter, Organisator, Schriftführer, Berichterstatter usw., sowie der abgesprochenen Bearbeitung von Aufträgen z.B. in Teilgruppen. Beim gemeinsamen Auswertung der Gruppenergebnisse, Zusammenfassen und Formulieren bzw. Präsentieren des Gesamtergebnisses vertieft sich ebenfalls die Sozialkompetenz, denn hier ist bei jedem beteiligten „Ich“ zuvor bei den zu treffenden Absprachen Kooperationsfähigkeit, Konfliktfähigkeit, Rücksichtnahme und Kompromissfähigkeit im Sinne von Einfühlungsvermögen, Toleranz, Offenheit, Zuwendungsfähigkeit usw. erforderlich, um ein gemeinsames Gelingen des Ganzen zu ermöglichen. Für Teamfähigkeit müssen die Lernenden in kleinen Schritten einfühlend angeleitet, in ihrem Bemühen bestärkt und ermuntert werden. „Um das Ziel einer hochstehenden Teamarbeit im täglichen Unterrichtsgeschehen realisieren zu können, sind entsprechende Gruppenregeln einzuführen.“ (Jäger, P.)

4.1.2 Persönlichkeitskompetenz

Ziel jeder Erziehung ist eine zunehmend wachsende, selbständig werdende Persönlichkeit durch Selbsterfahrung und Selbstverwirklichung. Eine ausbalancierte Selbstsicht, ein realistisches Selbstbewusstsein und eine gefestigte Persönlichkeit sind neben einem fundierten fachlichen Wissen und Können Grundlage für eine situativ erforderliche Flexibilität und damit für ein gelingendes, selbst gestaltetes Leben. Eine Persönlichkeit wächst im Zusammenspiel von Individualität und Beziehung oder Gemeinschaft.

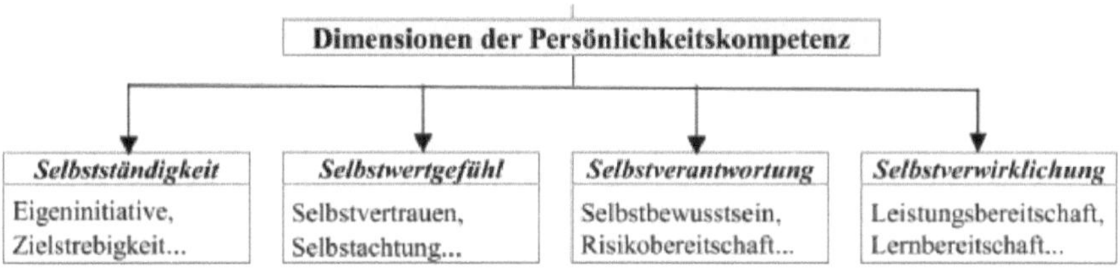

(Jäger, P.)

Brommer sieht in der persönlichen Kompetenz das Erkennen und Einschätzen der eigenen Grenzen und Möglichkeiten. Die Persönlichkeitskompetenz wird "vom Menschen erst erreicht, wenn er einen Teil der gesellschaftlichen Substanz (Werte, Normen, Verhaltensregeln) in sich hinein nimmt und an den Anforderungen der sozialen Umgebung, d.h. am sozialen anderen, sich selbst erkennt." Sie ist mit allen anderen Kompetenzen vernetzt. Beim Lernen kommt Selbstständigkeit dann zustande, wenn Lernende nach eigenem Ermessen „Experimente" wagen können, wo Fehlversuche als Reflexionsgrundlage für weitere Lernprozesse und Aufforderung zu erneutem „Experimentieren" genutzt werden, um so eine realistische Selbstsicht und das Wachsen eines je individuellen Selbstwertgefühls ermöglichen.

Selbstwertgefühl erwächst aus Selbstachtung und Selbstvertrauen. Es entsteht aus einer Wechselwirkung von Aktivität und Kompetenzerfahrung. Entscheidend ist die innere Sicht: Neugier, Freude und Begeisterung lassen Misserfolge zu Herausforderungen werden, sodass sich i.d.R. immer öfter nachhaltige Erfolgserlebnisse einstellen. Die Fähigkeit und das Bestreben, Verantwortung zu übernehmen, entsteht in dem Maße, wie Verantwortung gegenüber einer Aufgabe und der eigenen Person im Rahmen des sozialen Kontextes erfahren wurde. Ein realistisches, positives und stabiles Selbstwertgefühl zeigt sich datin: „Kooperativer Umgang mit den Mitmenschen, realistische Einschätzung der jeweiligen Situation, Eingeständnis von Fehlern, Humor, Geduld, Flexibilität und Großzügigkeit, Unabhängigkeit, Selbstverantwortung, Intuition und Kreativität." (Jäger, P.)

Selbstverwirklichung zeigt sich in einem von Anpassungsfähigkeit und Flexibilität geprägten Verhalten, das auf Authentizität im Sinne von Offenheit, Kreativität und geistiger Beweglichkeit beruht (emotionale

Kompetenz: Selbstbeherrschung, Empathie, Eifer und Beharrlichkeit und die Fähigkeit, sich selbst zu motivieren). Selbstverwirklichung wird möglich „durch das Erkennen der eigenen Fähigkeiten, durch das Erkennen und Akzeptieren der Freiheiten anderer und das Einschätzen von vorgesetzten Autoritäten sowie durch das Durchschauen von Machtstrukturen und Ideologien.“ (Jäger, P.)

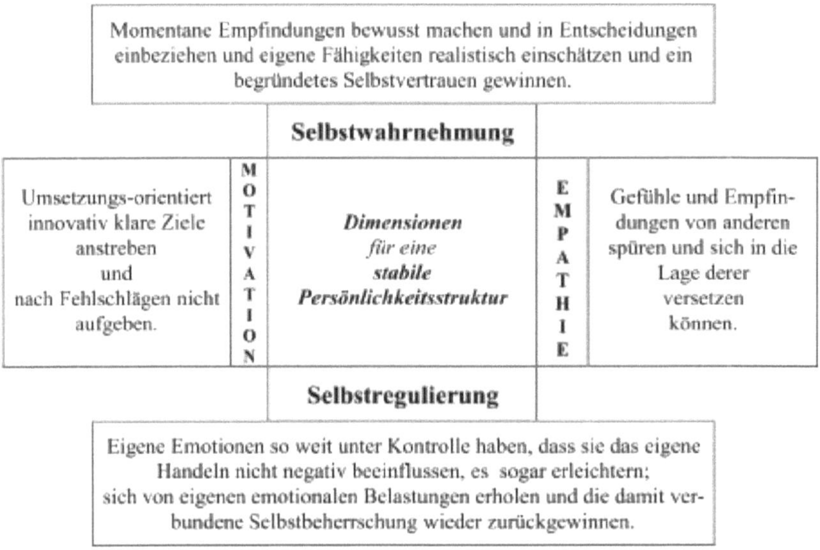

(Jäger, P.)

Eine die Persönlichkeit fördernde, kompetenzorientierte Bildungseinrichtung, z.B. Schule, sieht sich als Erfahrungsraum und will zugleich ein Ort sein, an dem die Lernenden die Notwendigkeit, die Vorteile und die Konsequenzen des Lebens in einer Gemeinschaft erfahren: Schule als persönlichkeitsförderndes, pädagogisch begleitetes Experimentierfeld an lebensbezogenen Inhalten. Ein solches Lebensfeld bedingt eine Ausgewogenheit von affektiven und kognitiven Zielen und einer Haltung der Lehrpersonen, die grundlegend auf Wertschätzung und Ermutigung beruht.

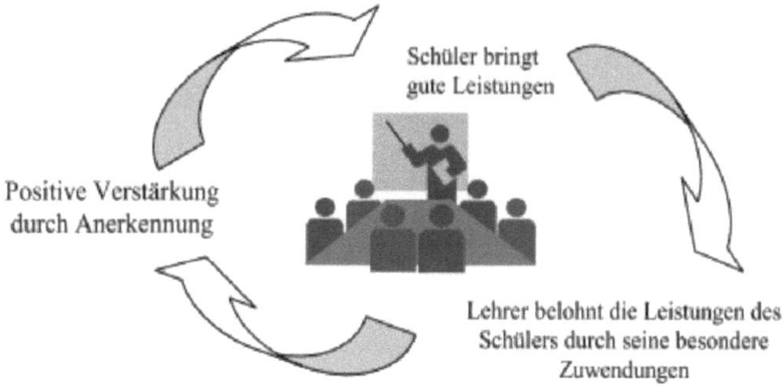

(Jäger, P.)

Die Lernenden sollen bei den Lehrpersonen die Grundhaltung erfahren, dass sie in ihrer Person erwünscht und geachtet sind, dass sie etwas können, dass Fehler die Arbeit an einer Aufgabe betreffen und Herausforderungen für weiteres Lernens sind. Sie sollen erfahren, dass sie für die Lehrenden als Personen wichtig sind und ihnen sowohl beim Lernen wie im Verhalten etwas zugetraut wird. Zur Persönlichkeitsentwicklung gehört auch, dass sie erfahren, dass Fehlverhalten konsequent klar benannt, mit ihnen besprochen, und als wichtiger Lernprozess verstanden wird, jedoch ebenso mit klaren, erzieherisch verlässlich folgenden Maßnahmen versehen ist.

4.1.3 Methodenkompetenz

Nach Meyer besteht die Methodenkompetenz des Lernenden „aus der Fähigkeit, den eigenen Arbeits- und Lernprozess bewusst, zielorientiert, ökonomisch und kreativ zu gestalten.“ Die Elemente der Methodenkompetenz sind somit der „Handwerkskoffer“ in dem die Handlungsinstrumente bereitliegen, um die anderen Kompetenzen einsetzen zu können. Dies umfasst u.a.:

- Organisieren selbstgesteuerter Lernprozesse;
- Abstimmen des eigenen Verhaltens auf das Umfeld;
- Analysieren der Problem- bzw. Aufgabenstellungen;
- Erforderliche Informationen erkennen und auswählen;
- Informationen selbstständig beschaffen;
- Situationsgerecht Handlungsschritte einleiten;
- Handlungsschritte analysieren und reflektieren;
- Erkennen der Grenzen des eigenen Kompetenzbereiches.

Ein Merkmal methodenorientierten Verhaltens sind zirkuläre Strukturen mit Überprüfungen von Handlungsschritten, sodass sich ein Vorgehen immer mehr optimieren lässt. Hierbei sind verschiedene Denkweisen hilfreich.

4.1.3.1 Analytisches Denken

Eine analytische Betrachtung ist die Fähigkeit, Inhalte und Gegebenheiten zielbezogen unterschiedlichen Wertigkeiten oder Prioritäten zuzuordnen und das aktuelle sowie vorausschauende Handeln danach auszurichten. Ein analytisches Denken begünstigt auch ein systematisches Herangehen an Aufgaben und ermöglicht so ein optimales Aktivieren von Kenntnissen, Fähigkeiten und Fertigkeiten bzw. angemessenes Verhalten. Somit schafft die Fähigkeit zu analytischem Denken Grundlagen für eine situationsbezogene, aufgabenadäquate Entscheidungsfähigkeit und Entscheidungsfreude.

Die Fähigkeit in Lern- oder Arbeitsprozessen Prioritäten zu setzen, ist wesentlich, um aus der vorhandenen Informationsfülle relevante Inhalte erkennen, ausfiltern und dann für eine anstehende Fragestellung für sich aufbereiten zu können (Informations- und Wissensmanagement). Hierzu gehört insbesondere das bewusste Benutzen von Informationstechniken.

Für den Erwerb und das Training von Methodenkompetenz bedeutet dies für das schulische Lernen und Arbeiten konkret:

1. "Wissen selbstständig erschließen und abrufen können: Kompetenzorientierte Datensuche, Datenverarbeitung, Datenspeicherung und Datenvermittlung über Datenbanken und Internet im Unterricht.
2. Wichtige von unwichtigen Inhalten unterscheiden können: Kompetenzorientierte Auswahl von wichtigen und brauchbaren Inhalten für Projekte, Referate, Präsentationen und dgl.
3. Wissen anwenden, einbringen, umsetzen und vertreten können: Kompetenzorientiertes Anwenden und Umsetzen von Wissen durch arbeitsteiliges und selbstständiges Erschließen und Aufbereiten von Inhalten in gemeinsamen Vorbesprechungs- und Plenumsphasen (Präsentationen).
4. Den Einsatz von Wissen analysieren und beurteilen können: Kompetenzorientierte Reflexion über den Wissenseinsatz. Die Art der Betrachtung nimmt engen Bezug auf die Gruppenteilnehmer und initiiert aufbauende Lernprozesse.
5. Neue, unbekannte Wissensgebiete aufsuchen und be- bzw. verarbeiten können: Sich kompetenzorientiert immer wieder mit unbekanntem Stoff

auseinandersetzen und diesen bearbeiten und einsetzen und mit der eigenen Handlungskompetenz verknüpfen.“ (Jäger, P.)

Das Erarbeiten, Einüben und vielfältige Anwenden aufgabenbezogener Lern- und Arbeitsstategien an zunächst didaktisch überschaubaren und dann zunehmend komplexeren Inhalten bzw. Gegebenheiten eröffnet ein breiteres Spektrum der Denkansätze und schafft so sowohl inhaltlich als auch methodisch vernetzte geistige Strukturen (siehe Neurobiologie), die ein zukünftig flexibleres Herangehen an Herausforderungen fördern. Zudem erhöht ein solches Lernen durch seine vielfältigen inhaltlichen Verknüpfungen die Merkfähigkeit bzw. Abrufbarkeit von Lerninhalten.

4.1.3.2 Ganzheitliches Denken

Handlungskompetenz erwächst erst, in dem auch größere Zusammenhänge, z.B. sich abzeichnende Entwicklungen in den Blick genommen und bedacht werden. Hierzu ist es erforderlich aufgeschlossen zu sein für konzeptionelles Planen und Entscheiden. Dies ist vor allem mit Blick auf ein erforderliches Lebenslanges Lernen bedeutsam: Hierzu gilt es, die eigenen Kompetenzen, insbesondere auch die Methodenkompetenz aktiv weiter zu entwickeln und zu trainieren.

Teil eines ganzheitlichen Denkens ist das systemische Denken: Es nimmt die Vielfalt an Ursachen und Wirkungen wahr, analysiert sie und sucht nach Wechselwirkungen, um daraus wirksame Maßnahmen für Veränderungen abzuleiten. Das systemische Denken zielt also darauf ab, Wechselbeziehungen und Veränderungsmuster im Ganzen wahrzunehmen. Methoden, die ein jeweiliges Ganzes betrachten und erarbeiten, lassen auch die Sinnhaftigkeit des Tuns erkennen. Daraus ergibt sich ein vielfach höheres inneres Engagement (intrinsische Motivation) und mithin eine positive, eher störungsfreie innere Haltung zum Lern- bzw. Arbeitsinhalt sowie Arbeitsprozess in Sinne von grundlegender Lernfreude.

Um Lernende möglichst optimal in ihrer Methodenkompetenz zu fördern bedeutet dies, dass in Bildungseinrichtungen z.B. an einer Schule für jede Lerngruppe bzw. Klassenstufe verbindlich methodische Lernelemente zu erarbeiten, zu üben und immer wieder aufzugreifen sind (Methodencurriculum). Setzen Lehrpersonen ausdrücklich auch in methodischer Hinsicht Akzente und führen sie dazu passende Übungen durch, so benötigen sie entsprechende Materialien um damit schülerbezogen passende Lernarrangements vorzubereiten. Dies sind zunächst i.d.R. ungewohnte Wege; denn Hauptlerninhalte sind die Lern- und Arbeitsmethoden und nachrangig die Sachinhalte, an denen gearbeitet wird. Auch ändert sich meist das Rollenverständnis; denn in einem solchen Unterricht steht die Lern- und Unterrichtsmethode beispielhaft im

Blick, sprich die Selbständigkeit der Lernenden: Lernen von Lernmethoden durch entsprechend methodisch, sprich beispielhaft aufgebaute Lernsequenzen.

4.1.4 Fachkompetenz

Fachkompetenz umfasst das grundlegende Allgemeinwissen:

- Lesen, Schreiben, Rechnen;
- logisches Denken;
- fachlich-thematisches Wissen;
- soziales Wissen;
- erste Fremdsprache;
- grundlegende EDV-Kenntnisse.

„Im gegenständlichen, kompetenzorientierten Konzept umfasst der Begriff Fachkompetenz das grundlegende Wissen und die elementarsten Fertigkeiten (Kernkompetenzen), die im privaten und beruflichen Leben gebraucht werden.“ (Jäger, P) Hierzu gehört auch das meist im schulischen Kontext erworbene Generalistenwissen. Die fachlichen Fähigkeiten und Fertigkeiten beinhalten die praktische Anwendung von Fachwissen unter Einbeziehung geeigneter Hilfsmittel. Zusammen mit der Fachkompetenz werden auch alle anderen Kompetenzfelder einbezogen und weiterentwickelt. Insbesondere ist ein fachliches Kernwissen im Sinne von Basiskompetenzen für ein gelingendes Handeln unabdingbar. "Wenn für einen bestimmten Bereich Aufgaben- und Problemstellungen zu bewältigen sind, ist das dazu relevante Fachwissen unerlässlich und keine noch so gute Einübung in formale, übergeordnete Fähigkeiten kann es ersetzen." (Aurin, K.)

4.1.5 Handlungskompetenz

Die Begriffe Wissen, Kenntnisse, Fertigkeiten und Fähigkeiten vereinen sich in einem kompetenzorientierten Unterricht zum Bildungsbegriff der „Handlungskompetenz.“ (Jäger, P.)

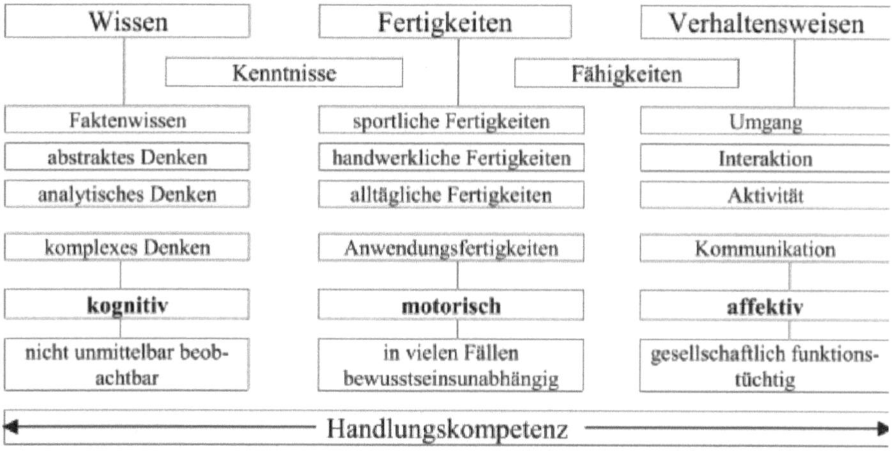

(Jäger, P.)

Handlungskompetenz ergibt sich durch das Zusammenspiel aller anderen Kompetenzbereiche. Diese ergänzen sich gegenseitig. Sie zeigt sich darin, dass erworbene Erkenntnisse, Fertigkeiten und Verhaltensweisen im schulischen, beruflichen und im persönlichen Lebensbereich angewendet und zielbezogen umgesetzt werden können. Die vier von der UNESCO geforderten Elemente der Bildung, das Wissen, das Handeln, das Zusammenleben und das Dasein lernen, gehen mit den Bestrebungen des Erwerbs der Handlungskompetenz konform. „Im kompetenzorientierten Konzept stellt der fachlich fundierte Hintergrund die Basis der Handlungskompetenz dar. Die Handlungskompetenz vereint Kenntnisse und Fertigkeiten, die nicht nur mechanisch ausgeübt, sondern auch darüber hinaus denkend durchdrungen und strukturiert werden. Handlungskompetenz setzt also Wissen in Handlung um. ... Es gilt, die vielfältigen, auf den jungen Menschen eindringenden Erscheinungen ordnen zu helfen und die dafür notwendige Denk- und Urteilsfähigkeit auszubilden. Die Handlungskompetenz ist persönlichkeitsorientiert und auf den Bedarf der jeweiligen Person ausgerichtet, wodurch sie in ihrer Komplexität den ganzheitlichen Aspekt eines kompetenten Menschen ausmacht.“ (Jäger, P.) Erfährt eine junge, heranwachsende Person insbesondere in ihren schulischen Lern- und Arbeitsprozessen ein personbezogen akzeptierendes, angemessen forderndes und förderliches Erarbeiten, Einüben und Trainieren von Basiskompetenzen in einer ansprechenden Lernatmosphäre, so kann sie ein positives Selbstbild aufbauen, das in mehr Selbstsicherheit und Selbstbewusstsein münden kann.

Zusammenfassend: Die einzelnen Kompetenzfelder sind miteinander vernetzt bzw. wirken zusammen und erreichen in ihrer Bündelung eine je individuelle Handlungskompetenz. In der Literatur gibt es keine übereinstimmende Systematisierung bei den Kompetenzen.

(Jäger, P.)

4.2 Wissen - Kompetenzen, ein Widerspruch?

Per Definition ist "Wissen der Inbegriff von (in erster Linie rationalen) Kenntnissen; dabei auch das Innewerden einer spezifischen Gewissheit (Weisheit), die begründete und begründbare Erkenntnis, im Unterschied zur Vermutung und Meinung. Wissen kann sich primär durch erlebende, zufällige Beobachtung, durch intuitive oder instinktive Erschließung einer Situation, durch systematische Erfahrung (Experiment) oder deduzierende Erkenntnis bilden, sekundär durch lernendes Aneignen von Wissensstoff. Wissen ist stets auf größere Zusammenhänge gerichtet und steht deshalb über der Erkenntnis von Einzelsachen, die es übergreift."(Brockhaus 1974, S. 411)

Der Begriff „Wissen“ ist als Bildungsbegriff zu eng gefasst. Entscheidend ist Verstehen. Erst dadurch kann Wissen angewendet und einer Beurteilung bzw. Bewertung unterzogen werden, sodass letztlich ein Verstehen nur über eine konkrete oder geistige Handlung gebildet werden kann. Vom Wissen zum Verstehen über das Handeln ist ein entscheidender und zeitintensiver Prozess! Aber erst dadurch erwachsen aus Fakten geistige Verknüpfungen, die zu einer sicheren Handlungskompetenz führen können (nach Jäger):

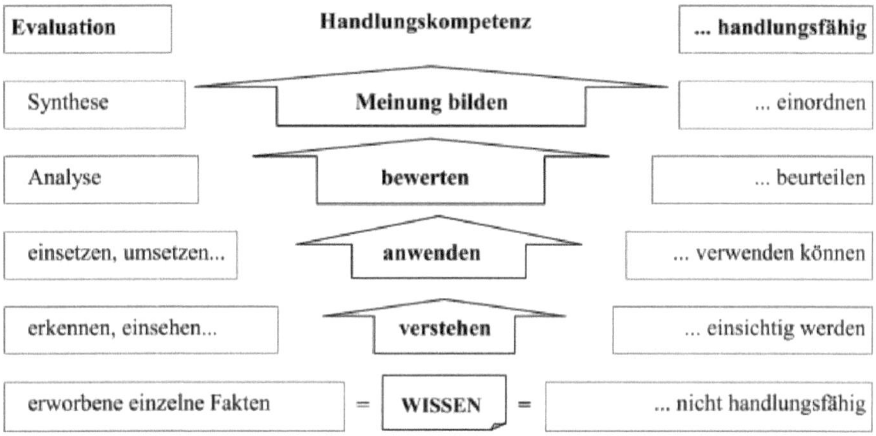
Evaluation
Handlungskompetenz
... handlungsfähig
Synthese
Meinung bilden
... einordnen
Analyse
bewerten
... beurteilen
einsetzen, umsetzen...
anwenden
... verwenden können
erkennen, einsehen...
verstehen
... einsichtig werden
erworbene einzelne Fakten
=
WISSEN
=
... nicht handlungsfähig

5. Erfahrungsbezogen Lernen und Lehren - Sinn erleben

Spätestens seit der Reformpädagogik zu Beginn des 20. Jahrhunderts ist die Bedeutung von sinnvoll erlebtem Lernen, das sowohl zukunftsweisende Inhalte wie Methoden erfahrbar macht, evident. Immer wieder kritisch zu überprüfen und zu hinterfragen ist die Gefahr des alleinigen Hervorhebens und Bevorzugens einzelner Lern- oder Lehrweisen. So bedürfen handlungsbezogene, aufs konkrete Objekt gerichtete Lehrweisen der gleichwertigen Ergänzung durch ansprechende unmittelbare Lehr- und Lernweisen; denn das Lernen mit allen Sinnen ist mit dem Hinführen zum abstrakten Lernen adressatenbezogen zu verweben. Erst beides zusammen ergibt ein sinnvolles Lerngeschehen. Ebenso ist „das eigene sinnliche Erfassen der Wirklichkeit «eine Seite der Medaille» des Weltbezugs - die andere Seite liegt in der Auseinandersetzung mit der umgebenden Wirklichkeit.“ (Bäuml-Roßnagl, M.A.) Auch sind in alles Lern- und Erziehungsgeschehen soziale Elemente einzubeziehen: Miteinander Sprechen, Helfen, Klären, planvoll Handeln, Spielen, Feiern usw. sind ebenso wichtig wie z.B. das ruhige, gezielte, individuell angemessene und selbständige Lernen. Die heutigen Kinder sind, wie H. v. Hentig ausführt, „die Kinder ihrer Zeit und ihrer Umwelt“. In pädagogisch verantwortetem Engagement gilt es, die sich ändernden Lebensabschnitte von Kindheit und Jugend zu sehen, sich ihnen zu stellen, um den Herausforderungen schul- und klassenbezogen gerecht werden zu können. Im Mittelpunkt müssen das Herausbilden eigenverantwortlichen, gemeinschaftsbezogenen Handelns, das Befähigen zu selbständigem Denken und Urteilen und die Fähigkeit zum verantwortlichen Gestalten der persönlichen Freiheit und der daraus resultierenden (Selbst)-Verantwortung stehen.

5.1 Veränderte Kindheit und Jugendzeit

Einerseits erleben viele Kinder heute Familie als «Kleinfamilie« und oft als einziges Kind. Andererseits leben zahlreiche Kinder nur mit einem Elternteil zusammen. Da immer mehr Eltern ganztägig berufstätig sind, lebt das Einzelkind bis zur Kindergartenzeit tagsüber bei den Großeltern, einer Tagesmutter oder in einer Kinderkrippe. Abends und im Urlaub starten die gemeinsamen Aktivitäten mit seiner Mutter und/oder seinem Vater.

Die Projektionen von Eltern und Großeltern, ihre Wünsche und Erwartungen sowie die Anforderungen konzentrieren sich auf dieses eine

Kind. Einzelkinder wachsen in oft besonders umsorgter und behüteter Weise auf. Wünsche nach Spielsachen, Kleidung, Freizeitgestaltung usw. bleiben fast nie offen.

Solche frühkindlichen Erfahrungen prägen Denkweisen, Haltungen und letztlich das Handeln. Die Kinder erwerben zunächst intuitiv, spielerisch, dann durchdacht und gezielt Denk- und Handlungsweisen, um ihren Wünschen gemäß mit den sie umgebenden Erwachsenen aus ihrer Sicht erfolgreich klar zu kommen.

Der Besuch der Kinderkrippe bzw. des Kindergartens bringt erste Erfahrungen sowohl mit anderen Erwachsenen wie mit gleichaltrigen, älteren und später auch jüngeren Kindern sowie dem Agieren mit und in einer Gruppe. Die vorausgegangenen Erfahrungen werden eingebracht, angepasst und gruppenbezogen variationsreich ausgebaut, um auch dort, so weit es die jeweilige Situation erlaubt, bisher praktizierte und positiv empfundene Haltungen und Handlungsweisen umsetzen zu können.

Die von außen auf die Kinder einströmenden Umwelteinflüsse sind sehr vielfältig. Angefangen bei den modernen Spielsachen wachsen die Kinder in eine von Informations- und Unterhaltungsmedien geprägte Lebenswelt hinein. Die dort erforderliche Betätigung reduziert die Ansprache der Sinne meist auf Augen und Ohren. Fast unüberschaubar vielfältig sind die Gestaltungsmöglichkeiten der individuellen Freizeit. Je jünger das Kind ist, um so mehr unterliegt es gerade im Freizeitbereich oft den Planungen der Eltern (im Extrem seiner „Helikoptereltern“): Persönliche Zuwendung wird z.T. über ′tolle′ Geschenke, z.B. ein Smartphone, Markenartikel (Schuhe, Kleidung, usw.) oder geplante u.U. sogar getaktete Freizeitgestaltung erfahren: Es kommt oft „zur Neigung, die Zeit der Kinder neben der Schule durch fördernde Möglichkeiten wie Musikstunde, Hobbyclub und Sportverein oder durch vermeintlich der Gesundheit wegen notwendige Hilfen, wie Krankengymnastik, Spieltherapie usw. auszufüllen, so dass die Kinder oft einen Terminplan wie ein Manager und eine 50-Stunden-Woche zu absolvieren haben.“ (Aurin, K.) Ein im vermehrten Maße erfahrenes Vorgeben, Vorplanen der individuellen Zeit verhindert eigene Erfahrungen im spielerischen Tun, wo selbsterprobte Regeln und Ordnungen vorherrschen. Es fehlen Räume des Entdeckens, Betrachtens und Staunens (nach Zöpf). Besonders die Unterhaltungsmedien beeinflussen Wünsche, Denkrichtungen und Ansprüche sowie bei Anknüpfungspunkten an Vorerfahrungen auch das Denken und Handeln. „Medien sind neben der «Familie«, neben der Schule, neben den Peers usf. ein Sozialisationskomplex“ (Kolb, G.) geworden. Bei Einzelkindern haben in Ermangelung des Orientierens an und Auseinandersetzens mit wenig jüngeren und/oder älteren Geschwistern neben den Medien meist die «peergroups« einen großen

Einfluss: In der Familie erfahrene „alltägliche Erlebnisse des Konflikts, aber auch einer natürlichen Konfliktbewältigung, des Kräftemessens, Wetteiferns, Zusammenhaltens, Versöhnens, Miteinanders und manchmal auch gegeneinander.“ (Zöpfl) Erfahrungen des Anpassens und sich Behauptens, der Geduld und des Fleißes, der gemeinsamen Freude, des Erfolges beim durch Eigenverantwortung erfolgten Verbreitern des Handlungsrahmens, Erfahrungen von Durchhaltevermögen, gemeinsamen Kompromissen usw., all das erfahren viele Kinder und Jugendlichen oft nur noch eingeschränkt. Die Vielzahl der Informations- und Unterhaltungsangebote, die meist fehlenden wertegeleiteten Rahmensetzungen wie die unbeantwortet / unerfahrbar bleibende Frage nach dem Sinn lassen alle Einflüsse und Eindrücke wie in einem diffusen Gemälde erscheinen und führen zu verhaltens- wie wertbezogener, schon in jungen Jahren einsetzender Unsicherheit bis hin zur Desorientierung.

5.2 Sinnorientierung

Ziel jeder Erziehung, so auch während des schulischen Alltags, ist das Bereitstellen und Fördern von Entfaltungsmöglichkeiten der Kinder und Jugendlichen. Inhalt jeder Erziehung ist aber auch die Wertschätzung des Kindseins, die gekoppelt ist mit Gegenpole markierenden Begriffen wie Geduld und Fordern, Abwarten und Eingreifen, Aktivität und Ruhe, Anspannung und Entspannung, Spielen und Belehren, Freude und Ernst usw. Wichtig ist die Qualität der eröffneten Handlungsräume wie diejenige der erzieherischen Zuwendung. Erzieherische Rahmenbedingungen bedürfen der klaren Werte- und Ordnungsvorstellungen; denn Sinn und Werte müssen den jungen Menschen von den sie umgebenden Erwachsenen, an erster Stelle den Eltern, dann den in der Schule Erziehenden vorgelebt, verdeutlicht und erfahrbar werden. Wobei „Sinn als sehr komplexer Begriff in objektgebundener Hinsicht als festgesetzte oder interpretierte Bedeutung verstanden werden kann“ (Maas, R.). Auf die schulische Arbeit bezogen heißt dies: „Lernen unter dem Aspekt der Sinnorientierung erhält Bedeutung einer verantworteten Sinngebung... d.h. es besteht der Lehrgrundsatz, dass die Begründung unterrichtlichen Tuns auf Bedeutungszusammenhänge zurückzuführen ist.“ (Maas, R.) Maas nennt Elemente einer Sinnorientierung:

-„Das Verstehen eines Sachverhaltes,

- das Erkennen von Zweckmäßigkeit und Zielgerichtetheit,

- das Eingliedern in das Ganze,

- das Herstellen von Ordnung,

- die Auslegung des Gemeinten oder eines Vorgangs,

- die Einschätzung einer Sache oder eines Phänomens als Wert,

- Hilfen zur Weltbewältigung,

- Hilfen zum Selbstverständnis,

- Hilfen zur Selbstverwirklichung,

- Hilfen zum miteinander Leben,

- Hilfen zum Dienst an der Sache,

- Hilfen für den Zugang zum Religiösen." (Maas, R.)

Für alle menschlichen, geistigen Wachstums- und Erziehungsprozesse zentral ist das erfahrbare, freiwillige und einleuchtende Annehmen einer Erkenntnis und daraus folgendes „selbstgewähltes, eigenständiges, verantwortetes und verantwortliches Tun." (Biller, K.)

Eine „Überforderung für Lernende liegt darin, dass sie einen Konsens erzeugen sollen, der außerhalb ihres Zugriffsbereichs vielfältigen Erosionen ausgesetzt ist. ... Wo die gemeinsame Erfahrungsbasis schwindet, muss sich die Methode der Schule ändern." (Ducker, L.) Das Herstellen einer so weit als möglich gemeinsamen Erfahrungsbasis verlangt ein flexibles, offenes Gestalten der Erziehungs- und Lehr- bzw. Lernprozesse bis dahin, dass für bestimmte, genau umrissene Inhalte eine große Gruppe / Klasse (über 25 Lernende) eine zeitlang geteilt wird, um das Bearbeiten und Durchdenken der Lerninhalte zu intensivieren. Zu solcher notwendiger, intensiver erzieherischer wie inhaltlicher Arbeit gehören insbesondere das Aufgreifen, Einbringen und Durchdenken von Sinnproblemen und daraus sich ergebende Verhaltensvereinbarungen. Es gilt, den Sinn des Lernens im Bezug zu den Erfahrungen der Lernenden wieder erfahrbar werden zu lassen: „Kultur zu erschließen, heißt immer beides: Sinnpotentiale so präsentieren, dass sie angenommen werden können und das Freisetzen für schöpferisches Neugestalten und authentisches Erfahren" (Ducker, L.) möglich wird.

Grundlegende Gesichtspunkte für eine Gestaltung von Lehr- und Lernprozessen sind u.a.:

-„Bezug eines Einzelphänomens zu einer fachlichen Einsicht,

- Verknüpfung fachlicher Einzelaspekte mit anderen fachlichen Inhalten,

- Verbinden von Lerninhalten aus verschiedenen Fächern,

- Herstellen des Zusammenhangs mit der Erfahrungswelt" der Lernenden,

- Erarbeiten und Erproben angemessenen, sinnvollen Verhaltens,

-„Herstellen des Bezugs zu existentiellen Fragen des Menschen oder der menschlichen Gemeinschaft.“ (Maas; R.)

Werden beim schrittweisen Aufbau einer Lerneinheit die Lernvoraussetzungen (Kenntnisse, Fähigkeiten und Fertigkeiten) der Lernenden real gesehen und einbezogen, werden differenzierende Erfahrungen und sachbezogenes Verhalten ermöglicht und gefördert (verschiedene Zugriffsmöglichkeiten oder Tätigkeiten, Einzelelemente und Vorgänge in das Ganze eingebettet, begründetes Setzen von Schwerpunkten), so kann im dialogischen Geschehen Sinnfindung angeregt und Sinngebung verantwortungsvoll beeinflusst und damit eine ansprechende, lernwirksame Atmosphäre im Bildungsprozess eröffnet werden. Ein anspruchsvolles, mehrdimensionales und variationsreiches Vorgehen mit klarer Artikulation des Aufbaus ist ein angemessener Ansatz. Eröffnete Erfahrungsmöglichkeiten und damit der Aufbau von Erfahrungsfähigkeit wechseln mit der Reflexion der gemachten Erfahrungen; denn nur bewusste, angenommene Erfahrungen bewirken das Erkennen von Sinn. „Der Aufbau von Erfahrungsfähigkeit als Ziel des Unterrichtens muss einmünden in einen offenen Prozess, der freisetzt für neue Erfahrung und darin die Kräfte zur Bewältigung unvorhersehbarer Situationen steigert. ... Sinn wird dort erfahren, wo ein Klima gemeinsamen Lernens entsteht, in dem sich jede(r) Lernende aufgehoben sieht, wo er/ sie sich und die jeweiligen Ideen und Interessen einbringen kann und wo die Produkte des Lernens eine Erfahrung bedeuten, die sich an den Inhalten selbst erweist.“ (Ducker, L.) Ein solches Lernen und schulisches Arbeiten fördert auch ein gesundes, echtes Selbstvertrauen und ermöglicht so das Wachsen einer Beziehungsfähigkeit, der Fähigkeit, sich selbst zu akzeptieren, Stärken und Schwächen zu sehen und an letzteren für die Personentwicklung förderlich zu arbeiten. Auf dieser gelingenden Ichstärke baut das Verwirklichen sozialer Werte wie Mitgefühl, Anteilnahme und Hilfsbereitschaft auf, eine Beziehung zum ´Du´ kann wachsen. Beides sind Grundlagen zum Erwerben einer Beziehung zum Kulturellen (Umgang mit Kulturgütern, Unterricht im eigentlichen Sinne), einer Beziehung zur Natur, - Natur entzieht sich vielfach menschlichen Kategorien und ihr Gesamtgefüge ist zu komplex, um wesentliche Eingriffe verantwortbar vorzunehmen. - einer Beziehung zu Raum und Zeit (Bollnow, O.F. 1971, 1984) (Gelassenes Leben angesichts begrenzter Ressourcen und Lebenszeit.) und der Beziehung zum Transzendenten (Entwicklung von Glaubensfähigkeit) (Biller, K.).

5.3 Aufbau von und Anknüpfen an Interessen

Interesse liegt dann vor, wenn sich eine Person freiwillig, intensiv und anhaltend mit etwas auseinandersetzt, sich etwas zuwendet und so diesem Inhalt, dieser Sache oder dieser Person Aufmerksamkeit und Wertschätzung entgegenbringt. Echtes Interesse gründet nach Kerschensteiner auf Spontaneität, Objektivität, Emotionalität und Tenazität. Findet ein Arbeiten oder Tun im Interessenhorizont statt, so wird dieses als sinnerfülltes Verhalten erlebt, was alle verfügbaren und angemessenen Kräfte freisetzt und intensives Lernen und damit nachhaltige Erkenntnisse bewirkt. Interessegeleitetes Lehren und Lernen bezieht immer auch Gefühlszustände (Emotionen) ein, um die konkrete und geistige Tätigkeit sach- und personenbezogen zu aktivieren.

Ein interessegeleiteter Lehr- und Lernprozess wird anknüpfend an Erfahrungen der Lernenden unter Einbezug der Lebensumwelt und diese derart aufgreift, einbezieht, vorstellt und klärt, dass ein Mit- und Nachvollziehen bzw. ein Teilnehmen zum Erkennen und auch gefühlsmäßigen geistigen ´Mitschwingen´ führen kann. Das Einbeziehen bzw. Aufgreifen von Interessen im Lehr- und Lernprozess bedingt individualisierende und binnendifferenzierende Elemente (z.B. Lerngruppen, Lernstationen, Lerntheken) genauso wie das Auf- und Ausbauen methodischer Fähigkeiten und Kenntnisse (z.B. Intensivtraining: Lernen lernen) sowie das Erleben gemeinsamer, inhaltsbezogener Aktivitäten (z.B. projektartige Lernsequenzen).

Interessengeleiteter Unterricht verändert die Rolle der Lehrenden: Auf eine breit angelegte, detaillierte und Materialien bereitstellende Vorbereitung erfolgt eine variationsreiche, eher offene, die Planungsgesichtspunkte verdeutlichende Unterrichtsstruktur, in der die Lehrenden eher Beratende, Anregende, Vermittelnde und im sozialen Bereich Tätige sein werden. Ein projektartiger Unterrichtsaufbau kann diese Intentionen fördern, vor allem mit Blick einer zunehmenden Fähigkeit zu eigenständigen Problemlösungsprozessen.

5.4 Erfahrungsorientierung - aktives, gehirngerechtes Lernen

Aussagen der Lernpsychologie lassen die These zu: „Lernen heißt, Erfahrungen auswerten.“ (nach Roth, H.) Zugleich beinhaltet der Begriff der Erfahrung sowohl das «Erleiden« (passives Element) wie das «Handeln« (aktives Element) und mithin das Verflochtensein und die Wechselwirkung zwischen Individuum und Umwelt. Für eine sinnvolle schulische Arbeit bedeutet dies einmal das Ernstnehmen, Aufgreifen und exemplarische Be- bzw. Durchdenken von Erfahrungen, die die Lernenden aus ihrer Umwelt mitbringen und zum anderen das gezielte Ermöglichen oder Herbeiführen von Erfahrungen im Lehr- und Lernprozess. Beide Felder, die «erlittenen« wie die «gestalteten« Situationen werden erst durch die Reflexion, das Erkennen der Zusammenhänge und Rückbezüge zu echten Erfahrungen und bereichern dann den Erfahrungsschatz, der auf zukünftige Situationen und Erfahrungen einwirkt (zirkulärer Prozess). Im Raume der Schule können die Lernenden an beispielhaften Situationen und Inhalten elementare und fundamentale Einsichten und damit echte Erfahrungen gewinnen. Mögliche Ansatzpunkte sind z.B.:

- Das Leben in der Klasse als Gruppe (Regeln, Vereinbarungen);
- Sammeln, Sichten und Reflektieren von Meinungen, Auffassungen und Einstellungen (z.B. Materialien aus der Tagespresse, religiöse Aussagen);
- Betrachten andersgearteter menschlicher Lebensgestaltung z.B. in anderen Ländern;
- Vornehmen, Planen, Durchführen und Bedenken eines Projektes sowohl im technischen (Werkstück) als auch künstlerischen oder geistigen Bereich;
- Gezieltes Betrachten, Beobachten und Experimentieren, um eine Fragestellung zu klären, um Erkenntnisse zu gewinnen und Zusammenhängen zu erkennen.

Gerade bei Letzterem wird deutlich, dass erfahrungsorientiertes Lernen immer auch ein Erwerben, Einüben und zunehmendes Verfügenkönnen über methodische sowie strategische Fähigkeiten und Fertigkeiten bedingt.

Die oben genannte Exemplarität von Inhalten intendiert eine qualitativ gründliche, tiefergehende Betrachtung und Bearbeitung auch mit Blick auf den ´Sitz im Leben´ der Lernenden.

Erfahrungslernen z.B. in der Schule umfasst auch den Leistungsbereich. Abfragbare Kenntnisse und kognitive Fähigkeiten als alleinige Leistungsfelder verengen den Leistungsbegriff. Erfahrungslernen bezieht „... die Erfahrung des Dienstes, der sozialen Bedeutung der Leistung, ihres realen Nutzens und Schadens für andere, und unmittelbar damit zusammenhängend, den Respekt vor der sachlichen wie sozialen Objektivität der Leistungsforderung“ (Träger; 1981) mit ein. Offenere Lernformen erfordern auch offenere Formen der Leistungsfeststellung, die vermehrt auch das ´Verstandenhaben´, die Art der Lösungsfindung usw. einbezieht.

Erfahrungsoffener Unterricht weist drei Elemente auf:

-„Ablehnung von bloßem ´Vorratslernen´ (im Extremfall ´Bulemielernen´),

- Einbeziehen des eigenen Wahrnehmens und Interpretierens der

Lernenden,

- Kritik von Inhalten, die nur scholastische Bedeutung haben.“ (Eckinger, L.)

In einer sich verändernden Gesellschaft und damit einer veränderten Kindheit und Jugendzeit muss die Schule eine von den Erziehenden bedachte und gestaltete Lebenswelt und Begegnungsstätte werden:

- Ermöglichen sozialer Grunderfahrungen ebenso wie beispielhafte sachliche Erkenntnisse,
- Fordern und fördern von Verantwortungs- und Entscheidungsfähigkeit,
- Üben von Zuhörenkönnen, dem Entfalten eigener Ideen und durchdacht selbständigem Tun,
- Wahrnehmen und Einbeziehen außerschulischer Angebote und Aktivitäten usw.

Eine der Lebenswelt der Kinder und Jugendlichen angemessene Unterrichtsgestaltung zielt auf „stärkere Berücksichtigung der Lebenssituationen und Lernbedingungen der Lernenden, auf das Verknüpfen von Fächerprogrammen und außerschulischen Angeboten, auf fächerübergreifendes Arbeiten als Hilfe für gedächtnisbezogen breitere Verknüpfungen, um so ein Verständnis von komplexer Wirklichkeit, der Bedeutung von Kooperation und sozialem Lernen sowie von kooperative Lehrformen“ (Eckinger, L.) zu fördern.

Will dies eine Bildungseinrichtung, z.B. eine Schule entsprechend ihrer örtlichen und sozialen Gegebenheiten anpacken, benötigt sie entsprechende Handlungsspielräume und Gestaltungsmöglichkeiten, die bis hin zu Klassenteiler, Ganztagesangeboten und Personalfragen reichen können; denn ein im inhaltlichen wie sozialen qualitativ den Lernenden angemessenes Gestalten der ′Lebenswelt Schule′ bedingt eine differenzierte Schullandschaft. Der ′Standort Deutschland′ wie derjenige jedes Bundeslandes muss sich von der Überbetonung der Quantität der Lerninhalte bzw. der Kompetenzfelder (Abhaken von ′erreichten (schulischen) Kompetenzen′, ähnlich einer vormaligen Operationalisierung der Lernziele: Der / Die ... kann ...) hin zur Qualität des so weit als möglich individuellen, ganzheitlichen, exemplarischen und nachhaltigen Auseinandersetzens mit Themen / Inhalten in aktiven und sozialen Lernprozessen entwickeln.

5.4.1 Bedingungen und Möglichkeiten erfahrungsbezogener Lehr- und Lernprozesse - Zusammenfassende Thesen -

Hartmut von Hentig umschreibt Auswahlkriterien für Erfahrungen im schulischen Kontext von Lehren und Lernen (Unterricht):

-„dass sie weitere Erfahrungsmöglichkeiten eröffnen;

- dass sie dem Kind / Jugendlichen auf Grund seiner vorausgegangenen Erfahrung erschließbar sind;
- dass sie vorausgegangene Erfahrungen in sich aufnehmen, verarbeiten, verändern, erklären;
- dass sie unter anderen Erfahrungen gewählt werden können, also nicht als Schicksal auftreten;
- dass sie umwandelbar und Übertragbar sind;
- dass sie Erfahrungen anderer - oder anderswo gemacht - einbeziehen, sie verständlich, berechtigt und vergleichbar erscheinen lassen;
- dass sie Differenzierung und Vereinfachung, Abstaktion und Konkretion erlauben, sich der Wissenschaft wie dem Handeln öffnen, die Fülle der möglichen Erfahrungsweisen ergänzen;
- dass sie ´mich´ angehen;
- dass sie die Gemeinschaft und Gesellschaft angehen, in der ich lebe und leben werde;
- dass sie sich mit den Möglichkeiten vertragen, die Lehrer(in) und Schüler(in) heute entwickeln oder haben können.“ (v. Hentig, H.)

Ingo Scheller stellt eine Konzeption eines erfahrungsbezogenen Unterrichts vor: „Die Kinder sollen die Chance erhalten,

- Fragen, Probleme und Erscheinungen zu untersuchen, die ihnen wirklich wichtig sind;
- nicht nur kognitiv, sondern auch sinnlich-körperlich zu handeln und zu lernen;
- sich nicht immer nur über Sprache zu verständigen, sondern auch über Bilder, Spiele, Musik, Gegenstände und Aktionen;
- Produkte herzustellen, in denen sie ihre Erfahrungen, Vorstellungen und Bedürfnisse vergegenständlichen können und die einen Gebrauchswert für sie haben;
- sich nicht nur selbst darzustellen und gegen andere abzugrenzen, sondern voneinander und miteinander zu lernen, d.h. soziale Erfahrungen zu machen und Beziehungen aufzubauen;

- in ihren Aktivitäten nicht auf die Schule und den Klassenraum eingeschränkt zu sein, sondern auch außerhalb der Schule Erkundungen und Aktionen durchzuführen;
- sich unabhängig von der Gängelung der Schulzeit und des Stundenplans nach dem eigenen Arbeits- und Lernrhythmus mit Erscheinungen, Fragen und Problemen auseinanderzusetzen." (Scheller, I.)

Garlichs/Groddeck nennen Kennzeichen erfahrungsoffenen Unterrichts

(vom Autor zusammengefasst und z.T. sprachlich verändert):

- „Greift im Dienste der Zukunftsorientierung Bedürfnisse, Interessen, Neigungen auf;
- Subjektivität, eigene Sichtweisen usw. werden zu Voraussetzungen für eine angemessene Gegenstands- und Problemerarbeitung und vermitteln damit die Erkenntnis, dass auch die scheinbar objektive Perspektive , die in Schule und Wissenschaft Lerngegenstände festlegt, das Resultat sozialer Konsensbildung ist;
- stellt die sinnliche Auseinandersetzung mit Gegenständen / Themen / Fragestellungen in ihrem natürlichen Lebenskontext fächerübergreifend dar und bezieht sie somit auf größere Bedeutungszusammenhänge;
- betont die eigenen konkreten Operationen, Aktivitäten, Begegnungen der Lernenden mit den Lerngegenständen;
- versteht schulisches Lernen als Hilfe für die Lebenspraxis;
- nimmt auch das informelle Sozialverhalten außerhalb von Lehrer-, Schüler-Rolle ernst;
- die Schule / der Unterricht öffnen sich für ihr soziales Umfeld und lassen das übrige gesellschaftliche Leben bewusst hinein."

In der neueren Literatur finden sich vielfach sowohl allgemeine wie konkrete Anregungen bis hin zu praktischen Bausteinen, um Elemente eines erfahrungsoffenen Unterrichts aufzugreifen und auf die jeweilige Schul- und Klassensituation angemessen nach und nach umzusetzen.

Hierbei gilt es auch mit den Lernenden immer mal wieder die alten Sprichworte zu bedenken: „Der Weg ist das Ziel!" bzw. „Wer nicht weiß, wo er hin will, ist orientierungslos!"

6. Sichern - Vergewissern von Lernergebnissen

Es gibt vielfältige Möglichkeiten vorhandene Lernergebnisse zu festigen und zu sichern. Jeder und jede Lehrende weiß um unterschiedliche didaktische Funktionen der Sicherung von Ergebnissen des Unterrichts. Doch "welche didaktischen Funktionen soll Ergebnissicherung im Zusammenhang einer konkreten Lerneinheit und im Hinblick auf diese Schüler haben?" (Jank, W.) Eine Kernfrage, wie Jank vermerkt. In der Tat ist das Feld der Ergebnissicherung sehr komplex und mit vielen Fragen behaftet:

Werden Inhalte und Methoden (Lernformen und Lernweisen erarbeitet an den gegebenen Inhalten) gemeint oder Kenntnisse, Fertigkeiten und Fähigkeiten? Welche Inhalte und Methoden, Kenntnisse, Fertigkeiten und Fähigkeiten sollen gefestigt, geübt, eingeprägt werden? Welcher Sinn trägt bzw. welche Intentionen tragen die zu treffende oder getroffene Auswahl der Unterrichtsinhalte, ihre didaktisch - methodische Aufbereitung und Gestaltung?

Ist Ergebnissicherung die Abschlussphase des Unterrichts oder muss Unterricht Ergebnissicherung als Grundprinzip seiner Gestaltung beinhalten und in welcher Form? Welche 'Ergebnisse' werden als 'Unterrichtsergebnisse' gesichert; denn "ein und derselbe Unterricht hat so viele Unterrichtsergebnisse, wie Menschen daran beteiligt sind. ... In der Ergebnissicherung wird nur ein kleiner Teil der tatsächlichen Unterrichtsergebnissen thematisiert.“ (Jank, W.)

In schulischen Lernprozessen wird sich i.d.R. intensiv um variationsreiche Wiederholungen und Übungen gekümmert. Entscheidend für nachhaltiges Lernen ist jedoch das Vermitteln und Üben von Strategien des Einprägens und Lernens! Ergebnissicherung benötigt zum einen Zeit und zum anderen individualisierte, vermehrt zum Nachdenken anregende Aufgaben, um so über das Metagedächtnis, das Wissen um die Wirksamkeit von Gedächtnisstrategien und die Metakognition, das Wissen um kognitive Abläufe generell (z.B. Denk- und Wahrnehmungsprozesse) anzubahnen bzw. bei den Lernenden positiv erfahrbar werden zu lassen (siehe Neurobiologie).

6.1 Grundlagen für Ergebnissicherung

Übereinstimmend finden wir, dass es ein "übergeordnetes Ziel von Unterricht ist, die Schüler zur Selbständigkeit zu führen ... .“ Ist dem so, dann ist "innerhalb der Schule die Ergebnissicherung eine wesentliche Bewährungsprobe für das Erreichen dieses Zieles!" (Jank, W.)

Selbständigkeit gründet u.a. auf der Erfahrung des Angenommenseins, einem gewachsenen Sinn- und Wertebewusstsein, auf erfahrener zunehmender Eigenverantwortlichkeit für sich und seine Umwelt, auf selbstverantwortlichem 'Methodehaben', d.h. auf Gestaltungswillen und -fähigkeit im Denken und Handeln.

Wie lassen sich aber die allzu häufig anzutreffende Lern- und Schulunlust bzw. Schulverdrossenheit als Indizien für die Ablehnung von Schule und Unterricht erklären? Schulmüdigkeit tritt nach Untersuchungen bei einzelnen Kindern oft schon in den Anfangsklassen der Grundschule auf.

Einige Gründe finden sich in der Umwelt der Kinder z.B.: Die Umwelt der Kinder wird in zunehmendem Maße fertig und perfekt "geliefert", wodurch die Erfahrungs- und Handlungsmöglichkeiten immer mehr eingeschränkt werden. (Gudjons 1987; Lersch 1988; Rolff/Zimmermann 1985)

Viele Kinder leben heute in zunehmender Vereinzelung; Handlungsmöglichkeiten innerhalb einer dauerhaften Spielgruppe werden immer mehr reduziert. (Fälling-Albers 1989; Krappmann 1989)

Das Fernsehen bindet einen wesentlichen Teil der Freizeit der Kinder und vermittelt Erfahrungen aus zweiter Hand. (Rolff, H.G./Zimmermann, P.) Hinzu kommen noch die grafisch immer realistischeren Computerspiele mit ihren nachgewiesenen ein- und beschränkenden Auswirkungen auf das Lernen und Behalten zahlreicher Kinder / Jugendlichen. (siehe Spitzer, M., 2012)

Ein Lernen einschränkende Faktoren können sich auch in der Institution Schule finden: Einseitige Ansprache der Kinder, Bevorzugen des rein Kognitiven, Alleinlassen beim ´Wie des Lernens´, Ausrichten vorwiegend auf Leistung usw.

Soll das Lernen und Arbeiten im schulischen Kontext lebensbedeutsam für die Kinder und Jugendlichen sein, so sind zwei grundlegende erzieherische Ansätze zu bedenken und zu praktizieren, um zu verantwortlicher Selbständigkeit im Raume der Schule zu erziehen:

-"Das Ernstnehmen und Annehmen der Kinder ist zugleich die Voraussetzung des Ernstnehmens und Annehmens der Schule durch die Kinder.

- Schulidentifikation kann nur entstehen, wenn Schule Sinn macht, wenn Schulzeit in Gegenwart und absehbarer Zukunft als bedeutsame und erfüllte Lebenszeit erfahren werden kann." (Kasper, H.)

Neueingeschulte Kinder bringen 'Wind' in die Schule mit ihrer Neugier und Freude, jetzt Lernen zu dürfen, Lernen zu können, einen Teil der Erwachsenenwelt (Lesen-, Schreiben- und Rechnenlernen) zu 'erobern', kurz ein Schulkind zu sein. In Schule und Unterricht könnte den Kindern das Lernen als aufregende, Freude bringende und wünschenswerte Tätigkeit vermittelt werden. Das Lehren an und Führen von Schulen, die solche Qualitäten pflegen und erhalten, ohne dass die geforderten Lernergebnisse bzw. Leistungen darunter leiden, ist eine enorme Arbeit und Leistung.

Gibt es erzieherische Ansätze, die solche Ziele intendieren und Möglichkeiten hierzu aufzeigen? Die Qualität einer solchen Bildungseinrichtung, z.B. Schule wäre geprägt von u.a.:

"Sensibilität und Fertigkeiten des Entdeckens von bedeutsamen Handlungsanlässen, des Aufgreifens von Handlungsbedarf im konkreten Lebensfeld einer Schule und Schulklasse, auf dialogisches Entwickeln des Handlungsweges, auf Durchhalten beim Anpacken, begleitendes Denken, originelle und förderliche Formen der Aufzeichnung und Rückmeldung von Lernprozessen." Dabei ginge es auch um "verantwortliches Miteinander und um die Gestaltung eines den einzelnen freisetzenden und zugleich integrierenden Schullebens." (Kasper, H.)

Nehmen wir die genannten Gesichtspunkte als Ansätze, so bekommt Ergebnissicherung im Unterricht eine besondere Qualität:

1. Die gesamte Unterrichtsgestaltung ist auf 'Sicherung' ausgerichtet bzw. sie ist in jeder Phase immanent.

2. Ergebnissicherung ist ganzheitlich, für die gesamte Person eines jeden Kindes zu sehen, d.h. sie findet sowohl in der kognitiven Dimension (Belehrung, Besinnung usw.), der aktionalen Dimension (Gewohnheiten, Verhaltensweisen, Einstellungen, Wertungen usw.) als auch in der affektiven Dimension (Empfindungen, Beziehungen usw.) statt.

3. Ergebnissicherung beinhaltet konkrete Erfahrungen sowohl im inhaltlichen als auch sozialen Bereich.

4. Ergebnissicherung umfasst Fähigkeiten und Fertigkeiten des Denkens und Lernens ebenso wie Wissen und Kenntnisse.

5. Ergebnissicherung intendiert wachsende Selbstkompetenz und verantwortete Freiheit.

Wesentliche Elemente der genannten Ansätze finden sich schon in der Reformpädagogik, vor allem bei Gaudig, dem schüler- und handlungsorientierten Unterrichtsansatz sowie der Lernmethodik.

6.2 Ergebnissicherung - Faktoren ihrer Beeinträchtigung

Bestehen bei Lernenden nach einem Lernprozess Lücken, Unkentnisse oder Unklarheiten in den dort bearbeiten Inhalte / Methoden, so hat dies meist mehrere Gründe. Zum einen können Lücken entstehen, wenn Inhalte rein kognitiv vortragend z.B. ohne klare Struktur, sprunghaft aneinandergereiht („99 Regeln der Kommasetzung“), ohne ´roten Faden´ (Zusammenhänge fehlen), faktisch inhaltlich überfrachtet (lexikalische Wissensanhäufung) usw. vermittelt werden. Zum anderen kann der bestorganisierte und vorbereitete Unterricht Lernende nicht aus der Eigenverantwortung entlassen: Fürs Lernvermögen muss ein Mindestmaß an Lern- und Arbeitsbereitschaft gegeben sein. Hier tragen insbesondere bei Kindern auch die jeweiligen Erziehungsberechtigten eine besondere Verantwortung: Welche Signale / Beispiele / Anregungen usw. gaben sie bisher bzw. aktuell vorbildhaft gegenüber ihrem Kind hinsichtlich von ´Lernen´ ab? Des Weiteren trägt die Umwelt einen wesentlichen Teil sowohl in positiver wie kritischer Weise bei: Die gegebene auch mediale Informationsflut wirkt ambivalent: Sie ermöglicht umfassende, immer genauere Informationen; die erzeugt jedoch auch massive Fehl- und Falschinformationen und kann, unbedacht genutzt, die Fähigkeiten des Gehirns zur sinnvollen Informationsauswahl überlasten und damit blockieren (siehe Spitzer, M.; 2012), was für Gedächtnisprozesse fatale Wirkungen hat: Die Merkfähigkeit sinkt rapide, weil das Gehirn noch mit vorausgegangenen z.B. Spielprozessen (z.B. schnelle, filmähnliche Computerspiele mit eigener Handlung im Spiel) beschäftigt ist. All das Genannte kann das Lernen deutlich beeinträchtigen, also stören.

6.2.1 Lernstörungen

In der Literatur finden sich verschiedenste Begriffe für ´Störungen´ beim Lernen, meist im Rückblick vom Ergebnis her gesehen: ‚Lernschwierigkeiten‘, ‚Leistungsversagen‘, ‚Lernschwäche’, ´Teilleistungsstörung´ und ‚Lernbehinderung’. Die WHO verwendet die Bezeichnung ‚Umschriebene Entwicklungsstörungen schulischer Fertigkeiten (F 81)’.

Begriff 'Lernstörung': Wird ein Verhalten als störend empfunden, so muss ein Vergleichsmaßstab, ein Gütekriterium, vorhanden sein. Im Falle von Lernstörungen wird i.A. der 'Durchschnittsschüler' zugrundegelegt, was immer auch die jeweilige Lehrkraft darunter verstehen mag. "Lernstörung wird immer relativ zu einer festgesetzten Norm definiert. In der schulischen Praxis bezieht man sich i.A. auf eine soziale Bezugsnorm."(Sanders, A.): Die Lernergebnisse liegen bei normaler

Intelligenz „deutlich unter der alters- und klassentypischen Durchschnittsleistung. Sie erfüllen somit das einfache Diskrepanzkriterium, die Abweichung der Lernleistung von der Norm.“ (Balk-Melcher, C.)

In dieser sozialen Bezugsnorm liegt auch die erste Problematik; denn eine solche gruppenbezogene Norm variiert von Lehrperson zu Lehrperson, von Schule zu Schule und damit von Gruppe zu Gruppe bzw. von Klasse zu Klasse.

Im Zusammenhang mit der Definition von Lernstörungen müssen auch die Begriffe ‚Overachievement‘ und ‚Underachievement‘ erwähnt werden. Ausgehend von der Definition als Diskrepanz zwischen der tatsächlichen und der aufgrund der Intelligenz des Schülers zu erwartenden Leistung spricht man von Overachievement als erwartungswidrig hoher Schulleistung und von Underachievement als erwartungswidrig niedriger Leistung (vgl. Klauer K.J. & Leutner, D.). Ausgegangen wird bei dieser Definition von einer mittelhohen Korrelation zwischen Intelligenz und Schulleistung.

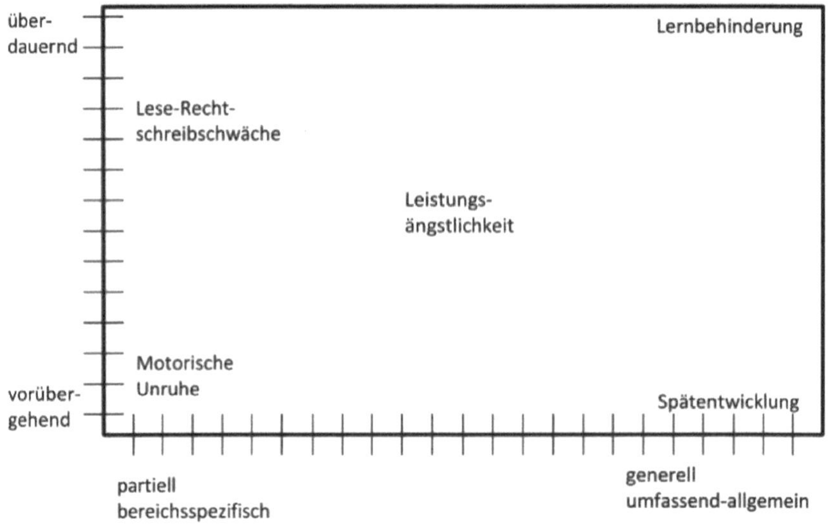

(Klauer, K.J. & Lauth)

Für das schulische Arbeiten und die Erziehung von Lern- und Arbeitsverhalten ist die Unterscheidung "zwischen habituellen Lern- und Leistungsvoraussetzungen und aktualisierten Leistungsbedingungen" relevant. Unter habituellen Lern- oder Leistungsvoraussetzungen werden "relativ zeitstabile, generalisierte Persönlichkeitsmerkmale verstanden, die im Laufe der bisherigen Entwicklung entstanden sind und durch zukünftige Entwicklungen verändert werden können. Aus der

Wechselwirkung zwischen habituellen Lern- bzw. Leistungsvoraussetzungen und den in der Leistungssituation vorhandenen Randbedingungen ergeben sich aktualisierte Leistungsbereitschaften." (Sanders, A.) Es gilt, durch entsprechende Lern- und Leistungsbedingungen diese Leistungsbereitschaften in förderlicher Weise zu entwickeln und auszubauen.

6.2.1.1 Bedingungsgefüge bei Lernstörungen

Lernstörungen beruhen auf einem vielfältigen Bedingungsgefüge. „Negative äußere Rahmenbedingungen wie ein niedriger sozioökonomischer Status, eine wenig anregende häusliche Lernumgebung, wenig elterliche Unterstützung, sowie übermäßiger Medienkonsum und mangelnde Anstrengungsbereitschaft auf Seiten des Kindes sowie mangelnde Adaptivität des schulischen Unterrichts wirken vermutlich zusammen mit einer genetischen Prädisposition für die Ausbildung kognitiver Fehlfunktionen." (Balke-Melscher, C.)

- Personspezifische Variablen sind z.B.:

  "Vorkenntnisse, Arbeitstechniken, Lernstrategien, Arbeitshaltung, Interessen, Gewohnheiten, Wahrnehmungsweise, Denkstrategien, Gesundheit, nervliche Konstitution, generelle Orientierung (Hoffnung, Angst) usw.".

- Außerschulische Variablen sind z.B.: "Materielle Bedingungen, Zeit der Eltern, Interessen der Eltern/Geschwister/Freunde, Freizeitaktivitäten, Zeit für Schularbeiten, Hilfen, Kontrolle", Lebensverhältnisse und Arbeitsbedingungen usw.
- Innerschulische Gegebenheiten sind z.B.:"Räumlichkeiten, Arbeitsplatz, Zeiteinteilung (Stunden/Pausen)", Unterrichtsstruktur "Anspannung/Entspannung), Lernmaterialien, Lernzeit, Art der Zielbestimmung, Unterstützung, 'Schulklima', Bestätigung, Sanktionen usw." (Fernsehkolleg)

Anhand dieser kurzen Aufzählung wird die Komplexität des Problemfeldes 'Lernstörungen' deutlich. Diese Komplexität erhöht sich noch, bedenkt man, dass sich die drei Faktorenfelder zusätzlich wechselseitig beeinflussen und auf dem Hintergrund der gesellschaftlichen Einbettung gesehen werden müssen.

Alle mit schulischem Lehren und Lernen Befasste sind aufgerufen, die ihnen zugänglichen Bereiche zu sehen, konsequent aufzugreifen und zu bearbeiten, um die Persönlichkeitsentwicklung jedes Kindes und Jugendlichen möglichst förderlich zu beeinflussen.

6.2.1.2 Selbstwahrnehmung - Schulangst

Jeder Mensch wird in seinem Denken und Handeln von Erwartungen oder Befürchtungen beeinflusst. Im positiven Sinne können dies Motivation und Interesse sein. Motivation kann nur auf die momentane Situation begrenzt sein und bedarf i.d.R. der Verstärkung, um aufrechterhalten zu werden.

Interesse betrifft die jeweilige Person tiefer, eine Tätigkeit wird um ihrer selbst willen ausgeübt. Die Tätigkeit, der Prozess wie das Ergebnis, wird von der jeweiligen Person als positiv erlebt und bietet den Anreiz zum weiteren Tun. Ausgesucht werden bzw. bestärkend wirken all jene Gelegenheiten, in denen der einzelne sich als 'wirksam' erlebt und darin ein Gefühl seiner eigenen Fähigkeiten erfährt.

"Interesse bzw. eine sachinhärente Motivation verbessert die Funktionstüchtigkeit der verschiedenen Prozesse der Informationsverarbeitung" (Aufmerksamkeit, Konzentration, Gedächtnis, Denkfähigkeit usw.). "Voraussetzung für die Bildung von Interessen ist u.a. die Möglichkeit zu wiederholten lernerischen Aktivitäten bei Aufgaben eines mittleren Erreichbarkeitsgrades. Unter dieser Bedingung kann der Schüler eine wachsende Kompetenz erfahren und erleben, dass sorgfältige und ausdauernde Aktivitäten zu Fortschritten führen." (Sanders, A.)

Kinder und Jugendliche entwickeln aufgrund ihrer bisher gemachten Erfahrungen ein Bild von sich selbst. Dazu gehört nicht nur ihre äußere Erscheinung, sondern vor allem auch der geistige Bereich, ihre Fähigkeiten und Kenntnisse.

Ein wesentlicher Erfahrungsbereich stellt dabei die Schule und der Unterricht dar. Dem Bereich der Ergebnissicherung kommt mit Blick auf Erfolgsmöglichkeiten beim sozialen wie inhaltlichen Lernen somit erhöhte Bedeutung zu. Gilt es doch ein möglichst hohes realistisches Selbstkonzept hinsichtlich der eigenen geistigen und sozialen Fähigkeiten aufzubauen, um Lernblockaden und Schulangst zu vermeiden.

"Die Beziehungen zwischen Schulleistungen und Selbstkonzept variieren mit dem Alter: Die engsten Beziehungen haben sich auf den mittleren Jahrgängen ergeben (Klasse 6 -8), während sie bei den älteren und jüngeren Lernenden weniger eng waren. Das heißt, das Selbstkonzept verschlechtert sich erst allmählich, wenn Lernende mehrere Jahre zu den schwächsten gezählt haben." (Sanders, A.) Eine effektive Ergebnissicherung will gerade Schwächen vermeiden und ggf. beheben.

Das Selbstkonzept eines Menschen in Lern- und Leistungssituationen hängt von den Vorerfahrungen ab. Aus bisherigen Erfahrungen definiert jede Person ihr 'Anspruchsniveau', den für sie "verbindlichen

Gütemaßstab, mit dem sie ihre eigenen Leistungen, auch die erwarteten zukünftigen, vergleicht und daraufhin das Handlungsresultat als Erfolg oder Misserfolg bewertet. ... Der Ausprägungsgrad von Erfolgszuversicht und Misserfolgsängstlichkeit und damit auch die Höhe des Anspruchsniveaus"(Sanders, A.) bestimmen das Verhalten in Lern- und Leistungssituationen (Arbeitsverhalten, Anstrengungsbereitschaft usw.). "Die erfolgsorientierten Schüler sehen im Falle eines Erfolges ihre eigenen Fähigkeiten oder ihre Anstrengung als Ursache hierfür an... Misserfolgsorientierte bzw. erfolgsängstliche Schüler sehen dagegen für einen Erfolg, der sich einstellt, ihr zufälliges Glück oder die Leichtigkeit der Aufgabe ... als Ursachen an." (Metzger, C.)

Wesentlich für den Aufbau eines positiven, der Person angemessenen Anspruchsniveaus sind vielfältige Erfahrungen des Erfolges (Wissen, Können, Fähigkeiten, Fertigkeiten) und die Rückmeldung solcher Erfolge durch die Lehrperson als bedeutsame Leistungen; denn Schulleistung hängt stark von einer grundlegenden und spezifischen Leistungsmotivation der Lernenden ab. Dabei sind vor allem auch "Teilprozesse des Motivierungsgeschehens (z.B. das Setzen von Gütestandards, der Aufbau von Erwartungshaltungen gegenüber künftigen Leistungen und Leistungskonsequenzen usw.)"(Sanders, A.) bedeutsam. "Hieraus ergibt sich für den Lehrer die Aufgabe, nicht nur Erfolgserlebnisse zu vermitteln, sondern so zu gestalten, dass sie auf die Dauer auch erfolgsängstlichen Schülern zu einer Änderung in ihrer Einstellung verhelfen." (Metzger, C.)

Einer Lehrperson wird bewusst sein, dass dieselbe Unterrichtssituation auf verschiedene Lernende unterschiedlich wirkt und deshalb z.B. Lernsituationen, die der Ergebnissicherung dienen vielfältig variiert werden müssen, um möglichst viele Lernende anzusprechen. Der Bereich der Lernmotiva-tion geht jedoch weit über den schulischen Bereich hinaus.

6.2.1.3 Ergebnissicherung in sozialen Bezügen

Schulische Bedingungen bilden entscheidende Hintergründe für Lernschwierigkeiten und Lernstörungen. Im Raume der Schule herrscht ein komplexes Geflecht von Sozialbeziehungen. Ein wesentliches Moment stellt die Atmosphäre dar, die in einer Schule anzutreffen ist. Damit sind die Bereiche der Lehrer-Lehrer-Interaktion mit ihren Auswirkungen auf das Betriebsklima im Kollegium ebenso angesprochen wie die Einstellungen der einzelnen Lehrkraft zum Beruf, Lehrer-Schüler- und die Schüler-Schüler-Interaktion.

6.2.1.3.1 Schüler-Schüler-Interaktion

Sowohl jede einzelne Gruppe sowie der einzelne Klassenverband als auch die Schülergemeinschaft einer Schule beeinflussen das soziale Lernen der Einzelnen und bestimmen damit ihr Verhalten und ihre emotionale Befindlichkeit im Raume der Schule. Insbesondere die, hoffentlich förderliche Klassengemeinschaft nimmt mit ihrem Interaktionsgeflecht innerhalb der Lernenden entscheidend Einfluss auf Verhaltensstrategien und Einstellungen zum Lernen, zu Schule, Unterricht und Lehrkräften.

Eine "Übernahme von Normen, Einstellungen und Verhaltensweisen, ist um so wirksamer, je stärker sich eine Person in der Klassengruppe akzeptiert fühlt und je mehr er an der Gruppenbildung aktiv beteiligt ist." (Sanders, A.)

Lernstörungen von Lernenden beruhen in diesem Zusammenhang häufig auf einer mangelnden Integration in der Klasse. Eine einmal zugewiesene Position bzw. Rolle kann ein Schüler aus eigener Kraft nur schwer überwinden. "Durch die Bedrohung des Selbstwertgefühls werden 'Sicherungsmechanismen' zur Aufrechterhaltung des Selbstwertgefühls ausgelöst:

1. Der Schüler unternimmt zumindest eine Zeit lang) besondere Anstrengungen, der Klassennorm zu entsprechen, z.B. bemüht er sich eifrig, alles zu tun, was die anderen von ihm verlangen, er macht kleinere und größere Geschenke an die Mitschüler, er riskiert Verhaltensweisen im Unterricht, die die anderen nicht zu zeigen wagen.
2. Er deutet den Konflikt um (z.B. die anderen sind immer Schuld; die würden ihn schon mögen, aber er mag sie nicht).
3. Er stellt sich 'über die Schule' (Er behauptet, dass es für ihn sowieso unwichtig sei, doch nur Käse, und die anderen doch alle blöd sind.).
4. Er flieht die gegenwärtige Real- bzw. Gruppensituation (z.B. durch Tagträume, Phantasien, Suche nach Anschluss an andere Gruppen).
5. Er verhält sich trotzig und aggressiv aus Rache oder um doch noch eine Art Zuwendung zu erreichen, usw." (Sanders, A.)

Ein sich selbst induzierender Teufelskreis beginnt sich immer dramatischer zu drehen: Lernmotivation und im Gefolge die Schulleistung sinken verstärkt, was wiederum die Position in der Klasse verschlechtert. Das emotionale Befinden in der Klasse, in der Schule wird stark belastet. Ein Ausweg für den Betroffenen oder die Betroffene bedarf der geduldigen, einfühlsamen Hilfen z.B. durch Verbindungslehrkraft, Beratungslehrkraft oder Schulpsychologen. Immer müssen auch die Eltern und die gesamte Klasse einbezogen werden, um dauerhafte positive Verhaltensänderungen zu erreichen.

Um solche negativen, sich selbst verstärkende sozialen Prozesse zu verhindern oder zumindest frühzeitig abzufangen, helfen neben der gezielten Schülerbeobachtung, das Offensein für Gespräche und das Erziehen zu kooperativen Verhaltensformen. "Durch eine Statuserhöhung des Schülers mit Hilfe gezielter kompensatorischer Maßnahmen jeder Lehrperson kann die Schulleistung verbessert werden. Vermutlich ist dabei der Erwerb einer positiven Einstellung zur Schule aufgrund der als befriedigender erlebten Interaktionen mit den Mitschülern der entscheidende Faktor." (Sanders, A.)

Statuserhöhungen setzen i.d.R. Erfahrungen des persönlichen Lern- und Arbeitserfolges voraus. Solche Erfahrungen lassen sich z.B. in einem schüler- und sachbezogenen aktiven Sichern der Lernergebnisse gewinnen.

6.2.1.3.2 Lehrer-Schüler-Interaktion, Einstellungen

Soll Ergebnissicherung sowohl im inhaltlichen als auch im sozialen Bereich bei den Lernenden fruchtbar sein, so müssen die verhaltensmäßigen als auch geistigen Fähigkeiten der Lernenden realistisch so genau als möglich in den Blick genommen werden. Ein wesentliches Feld der unterrichtlichen Arbeit ist einmal das Abschätzen und Einbeziehen gegebener Lernvoraussetzungen, der Kenntnisse, Fähigkeiten und Fertigkeiten sowohl bezüglich eines Lerninhaltes, im sozialen Bereich als auch der beherrschten Lern- und Arbeitsweisen, zum anderen stellt die Lehrperson in seiner Interak-tionsweise ein Vorbild für die Lernenden dar. Es ist grundsätzlich davon auszugehen, dass ein hohes Ausmaß an emotionaler Wärme gegenüber dem Kind / dem/der Jugendlichen durch jeder Lehrkraft eine lernfördernde Bedingung darstellt ('Placebo-Effekt').

Der Erfolg der Ergebnissicherung wie derjenige des gesamten Unterrichts hängt wesentlich von Einstellungen und Haltungen der Unterrichtenden zu ihrem Beruf, zu der jeweiligen Klasse und zum speziellen Lernenden ab.

Erwartungshaltungen und Einstellungen eines Lehrers beeinflussen den Umgang mit seinen Lernenden. Jede Lehrperson besitzt eine 'implizite Persönlichkeitstheorie'. "Unter einer impliziten Persönlichkeitstheorie versteht man die nicht bewusste Vorstellung oder Erwartung, die jemand von der Persönlichkeit des anderen hat." (Sanders, A.) Implizite Persönlichkeitstheorien von Lehrkräften beeinflussen die Wahrnehmung, das Beobachten und Aufnehmen von Informationen und damit das Verhalten gegenüber den Mitmenschen.

"Sobald die Lehrer-Schüler-Interaktion einsetzt, beginnen sich bestimmte Hypothesen auszubilden, die spezifische Erwartungen wecken. Aufgrund dieser Erwartungen wird die Wahrnehmung sensibel für Informationen, die der Erwartung entsprechen und resistent gegenüber Informationen, die der Erwartung nicht entsprechen. Stereotype kann man als Einstellungen bezeichnen, die die Aufmerksamkeit einer Person in eine bestimmte Richtung lenken"(Sanders, A.):

- Der Halo-Effekt tritt ein, wenn aufgrund weniger Informationen ein Urteil über eine andere Person gefällt wird.
- Vom Generalisierungs-Effekt sprechen wir, wenn aufgrund eines Verhaltens auf die gesamte Persönlichkeit geschlossen wird.
- Der Pygmalion-Effekt stellt eine Erwartungshaltung dar, die Vorbedingungen und Ursachen für folgende Handlungen darstellen und so meist unreflektiert direkten Einfluss auf Schülereinstellungen, -haltungen und Verhalten haben im Sinne einer sich selbst erfüllenden Prophezeihung.

6.3 Elemente einer effektiven Ergebnissicherung

Jede Ergebnissicherung hat das Fördern der jeweilig gesamten Persönlichkeit des / der Lernenden zum Ziel.

In Verantwortung für die anvertrauten Kinder und Jugendlichen ist es unabdingbar, dass im Unterricht alle zu erwerbenden Kenntnisse wie Fähigkeiten und Fertigkeiten genau besprochen, durchgearbeitet und gefestigt werden. Eine effektive Ergebnissicherung hat ihren didaktischen Ort zuförderst im Unterricht. Alleinarbeit zu Hause führt dies allenfalls fort, mechanisiert, stabilisiert und gibt Rückmeldungen über das Beherrschen der geforderten Bereiche.

Eine engagierte Lehrperson leistet in ihrer didaktisch - methodisch und lernpsychologisch durchdachten tagtäglichen Unterrichts- und Erziehungsarbeit oft unbewusst einen Beitrag zu einer effektiven Ergebnissicherung. So bahnt z.B. eine schülerorientierte Unterrichtsplanung und -gestaltung wesentliche Qualifikationen an, die helfen, das Lernen zu erleichtern. Sie vermittelt mit Blick auf die Sicherung der Lerninhalte Übungs- und Wiederholungsstrategien sowie Lern- und Gedächtnisstrategien, und ermuntert die Lernenden, diese je individuell an ihre geistige Struktur anpassend anzuwenden.

Langfristig entstehen Lern- und Arbeitserfolge durch fehlerminimierende Lernprozesse. Hierfür sind unmittelbare, qualifizierte Rückmeldungen und angemessene Bestärkungen nötig; viele Eltern sind damit oft gerade bei den Kindern und Jugendlichen überfordert, die es am meisten benötigen.

6.3.1. Ergebnissicherung ermöglicht ein kooperatives Lernen

Wo immer möglich, sollten bei Planung und Gestaltung inhaltlicher Lernprozessen soziale Lernformen einbezogen werden. Soziale Lernformen sind geeignet, den Lerndruck zu mindern und das individuelle Lernzutrauen zu steigern. Voraussetzungen sind u.a.:

- Klare kind- und entwicklungsgemäße Arbeitsmaterialien und Arbeitsanweisungen an die Gruppen;
- Anregung und gezieltes Fördern von Fähigkeiten der Gruppenmitglieder zu systematischem, strukturiertem selbständigem Arbeiten.

Einüben lassen sich solche Fähigkeiten und Arbeitshaltungen z.B. mit Hilfe von Wochenplanarbeit oder in Freiarbeitsphasen, in denen mehrere Lernende zusammenarbeiten.

Verfügen die Lernenden über diese Fähigkeiten, so lassen sich sowohl bei Wissensinhalten als auch Übungen und Wiederholungen die Lernleistungen wie die Beziehungen der Lernenden untereinander positiv fördern. In den Beziehungsstrukturen kommt vor allem die Erfahrung der gegenseitigen Unterstützung, das Empfinden des im positiven Sinne 'Bedeutsamseins' füreinander gerade den ängstlicheren Lernenden zugute und fördert deren Selbstbild durch Lernerfolge und Anerkennung. In einem Helfersystem z.B. profitieren auch die leistungsstarken Lernende indem durch das wiederholte Erklären die Inhalte häufiger durchgearbeitet und damit eine erhöhte Flexibilität im Denkprozess erwächst.

6.3.2 Ergebnissicherung fördert grundlegende Fähigkeiten

Unterrichtsergebnisse unterliegen wie alles Gelernte dem Vergessen. Dieses ´Vergessen´ ist neurobiologisch betrachtet eine Schutzfunktion des Gehirns vor ´einem Zumüllen´ des Langzeitgedächtnisses mit subjektiv Unwichtigem (Schaltstelle: Hippocampus). Schon kurz nach dem Bekanntwerden mit einem neuen Lerninhalt setzt der Vergessensprozess ein. Zu Anfang wird genauso rasch wieder vergessen wie zunächst gelernt wurde. Bei wichtigen Lerninhalten gilt, dass diese mit allen Sinnen, in emotional ansprechender Weise präsentiert werden, damit Lernende die Chance haben, die Inhalte als bedeutsam und interessant einzuordnen (Erhöhen der Aufmerksamkeit). Das bedeutet, dass alle (schulischen) Lernprozesse zum einen die Arbeitsweise des Gedächtnisses berücksichtigen müssen und zum anderen, dass Lernergebnisse dadurch zu gesichern sind, indem Gedächtnisstrategien, z.B. strukturbildende Merkhilfen in Form der Ansprache verschiedener Sinne mit ansprechenden, sachlich stimmigen Präsentationen des Lerninhalts (z.B. haptisch, visuell, olifaktorisch, akustisch) einbezogen werden.

Dies lässt erkennen, dass zum einen lernpsychologische Erkenntnisse bei der Gestaltung der Lernprozesse bedacht und diese zum anderen so angelegt werden müssen, dass das Lernen und Sichern der Lerninhalte in von Lernenden je aktiv zu gestaltenden Prozessen stattfinden muss; denn jede(r) muss in seinem Gehirn über seine Wahnehmung seine Wirklichkeit selbst konstruieren und dies im schulisch-inhaltlichen bzw. -sozialen Kontext so nah wie möglich an den naturwissenschaftlich oder sozial real gegebener Sachlage.

6.3.2.1 Ergebnissicherung und Gedächtnis

Um es nochmals in Ihr Gedächtnis zu rufen: Jeder Mensch verfügt über drei Gedächtnisarten, ein Ultrakurzzeitgedächtnis, ein Kurzzeitgedächtnis und ein Langzeitgedächtnis. Ziel des Lernens ist es, die jeweiligen Lerninhalte in das Langzeitgedächtnis zu überführen.

Das Ultrakurzzeitgedächtnis (sensorisches Register) kann ohne bewusste Steuerung der Aufmerksamkeit visuelle und akustische Reize zirka eine Sekunde lang speichern (passives Speichersystem). Erfolgt aufgrund eines bestimmten Reizes eine Aufmerksamkeitszuwendung, so tritt das Kurzzeitgedächtnis in Aktion. Unter Aufmerksamkeit ist dabei der Wahrnehmungs- und Bewertungsprozess im Hippocampus zu verstehen, der die Sinneseindrücke auswählt (selektiert) und ordnet (kategorisiert). Dieses Kurzzeitgedächtnis kann aber auch direkt durch die gezielte Zuwendung der Aufmerksamkeit z.B. Verblüffendes, Irritierendes, Neugier usw. aktiviert werden. Es ist ein aktives Speichermedium mit sehr begrenzter Kapazität.

Unser Kurzzeitgedächtnis kann nicht mehr als etwa sieben Informationseinheiten (z.B. einstellige Zahlen, Buchstaben, unverbundene Wörter, Oberbegriffe) gleichzeitig aufnehmen und verarbeiten (Kanalkapazität 7ñ^2 (Behaltensformel)). Darüber hinaus verdrängen weitere, neu eintreffende Informationen bereits kurzzeitgespeicherte Informationen, Vergessen tritt ein. Das Kurzzeitgedächtnis ist auf mehr oder weniger bewusst ablaufende Verschlüsselungsprozesse angewiesen. Erst im Kurzzeitgedächtnis bearbeitete Inhalte werden vom Hippocampus weitergeleitet und können ins Langzeitgedächtnis gelangen.

Für menschliches Lernen ist für das Kurzzeitgedächtnis z.B. die Lautherstellung (akustischer Code) von Bedeutung, also die Fähigkeit Laute selbst zu produzieren bzw. solche zu empfangen. Das Kurzzeitgedächtnis hat eine besondere Leistungsfähigkeit bei auditiven

Verschlüsselungsprozessen: Dem "Klang des zu verschlüsselnden, d.h. lernenden Materials." (Weinert, F.H.)

Gedächtnisleistungen werden demnach von der aktiven Sprachfähigkeit maßgeblich beeinflusst. Wird in Erziehung und Unterricht der aktive Wortschatz sowie das Erzählen und Sprechen gefördert, so findet dabei eine intensive Schulung des Kurzzeitgedächtnisses statt. So lässt sich auch begründen, warum in jedem Fach, bei jedem Lerninhalt dem sachangemessenen Verbalisieren eine große Bedeutung zuzumessen ist.

Das Langzeitgedächtnis ist in seiner Speicherkapazität nahezu unbegrenzt. Es beinhaltet alle bisherigen Erfahrungen, Kenntnisse, Fähigkeiten und Fertigkeiten in miteinander verbundenen sogenannten Schemata in codierter Form. Im Langzeitgedächtnis finden nochmals Verschlüsselungen nach einer Bedeutungsanalyse und einer "subjektiven Organisation des Lernmaterials statt. Abrufbar sind die Lerninhalte nach sogenannten Reizwörtern (Hinweisreize). Je öfter ein Speicherinhalt abgerufen wird, desto stärker werden die Nervenverbindungen in diese Gehirnareale.

Eine effektive Ergebnissicherung wird die Gedächtnisfähigkeiten der Kinder und Jugendlichen zur Stärkung des Erinnerungsvermögens einbeziehen:

- Ergebnissicherung beinhaltet sachbezogene, die Aufmerksamkeit erregende Elemente (aktive Zuwendung).
- Bei Neudurchnahme werden höchstens sieben Begriffe neu eingeführt und sofort durch Wiederholungen und Vernetzungen gefestigt (Behaltenskapazität - Lerntempo).
- Die Ziele des Unterrichts sollten im Sinne der Bedeutung der einzelnen Lerninhalte bzw. der Struktur oder Elemente eines Lerninhaltes genannt werden (Sinn und Bedeutung).
- Die Struktur eines Lerninhaltes muss den Lernenden deutlich sein bzw. werden (Prinzip der Organisation).
- Im Unterricht müssen den Lernenden eindeutige 'Hinweisreize' mitvermittelt werden (Abrufsignale).
- Festigen der Erinnerungsfähigkeit durch wiederholtes Aufgreifen und Vernetzen der Lerninhalte gerade im sprachlichen Bereich (Überlernen).

Ziel im sprachlichen Bereich sollte eine sogenannte "elaborierte Encodierung" sein, d.h. "zusätzliche Bilder oder Satzformulierungen verbinden mehrere Informationen zu einer sinnvollen, assoziativ gut verknüpfbaren semantischen Einheit. ... Besteht eine sinnvolle Interaktion oder Kombination des Schlüsselwortes zum zu lernenden Inhalt, so ist dies wesentlich dafür verantwortlich, dass die Erinnerungsfähigkeit erhöht wird"(Petermann, U.) (sinnvoller Zusammenhang).

6.3.3 Ergebnissicherung vermeidet Erinnerungsblockaden

Vergessen ist häufig auf sogenannten Interferenzen oder Hemmungsprozesse im Gedächtnis zurückzuführen. Soweit es unterrichtlich möglich ist, gilt es solche zu vermeiden. Interferenzen lassen sich meist auf fehlende oder unreflektierte Arbeitsstrategien zurückführen, d.h. Interferenzen können bereits das Lernen beeinträchtigen oder sogar verhindern.

Folgende Prozesse hemmen das Erinnerungsvermögen:

- "Affektive Hemmung: Emotionale Erregung kann zu Lernstörungen führen; z.B. kann Prüfungsangst dazu führen, dass Prüfungsfragen nicht verstanden werden" (Petermann, U.). Bei allgemeiner Schulangst bzw. 'Schulangst' in einem einzelnen Fach tritt ebenfalls diese Interferenzart auf.

-"Retroaktive Hemmung: Eine 'rückwirkende' Hemmung, bei der ein zuerst gelernter Inhalt einen nachfolgend gelernten Inhalt behindert.

- Proaktive Hemmung: Eine 'vorauswirkende' Hemmung, bei der ein zuerst gelernter Inhalt einen nachfolgenden Inhalt behindert.

- Ähnlichkeitshemmung: Bei ähnlichen Lerninhalten ist die Verwechslungsgefahr sehr groß und der bzw. die Lernende benötigt mehr Zeit und Mühe zum Lernen als bei verschiedenen Inhalten. Beispiel: Vokabellernen zweier Sprachen unmittelbar hintereinander.

- Ekphorische Hemmung: Diese Erinnerungshemmung tritt auf, wenn ein älterer, zuvor beherrschter Lerninhalt dadurch vergessen wird, dass ein neuer Lernstoff in zu großer zeitlicher Nähe zur Erinnerungsleistung (z.B. einer Prüfung) gelernt wird." (Petermann, U.)

Retro- und proaktive Hemmungsprozesse lassen sich durch Arbeitsstrategien, insbesondere dem gezielten Einplanen von Pausen vermeiden. Ergebnissicherung bedeutet in diesem Zusammenhang sowohl das Besprechen als auch das Einüben von Arbeitsstrategien, d.h. Lern- und Wiederholungsplanungen sind Unterrichtsinhalte; denn die Lernenden müssen 'kontrolliert' positive Erfahrungen mit den oft ungewohnten Arbeitsweisen gewinnen z.B.:

- Alle 20 - 30 Sekunden eine kurze Unterbrechung des Lernens (Gedankenpausen - ablaufen postmentaler Prozesse);

- alle 15 bis 20 Minuten sogenannte Minipausen: Dauer drei bis fünf Minuten; u.a. maximaler Zeitraum für einführende Neudurchnahme eines Lerninhaltes; im Lernprozess Wechsel der Arbeitsform; Entspannungsübungen usw. (Selbstbestärkung);
- nach ca. 2 Zeitstunden Lernzeit ist eine Kurzpause von 15 bis 20 Minuten Dauer nötig; Verlassen des Arbeitsplatzes; z.B. kurze Stärkung (angenehme Erfahrung - Selbstbestärkung);
- alle drei bis vier Zeitstunden ist eine Erholungspause erforderlich; Dauer: eine bis zweieinhalb Stunden; Essenspause, Spaziergang. In jedem Fall ist das Verlassen des Arbeitsplatzes anzuraten. (nach Petermann, U.)

In den längeren Pausen beschäftigt sich der/die Lernende mit deutlich vom Lerninhalt unterschiedlichen, möglichst angenehmen Dingen. Die genannte Pausenplanung motiviert i.d.R. für das weitere Lernen. Zudem arbeitet in den Pausen das Gehirn am Lernstoff verarbeitend und strukturierend weiter, sodass sogar eine Festigung des Gelernten erfolgt (z.B. kurze Schlafphase).

Beim Praktizieren der Pausenplanung erfahren die Lernenden auch den subjektiven Widerstand beim Arbeitsbeginn nach der Pause. Solche Erfahrungen sollten ernstgenommen und besprochen werden. Deutlich zeigt sich dabei die Bedeutung einer realistischen Zeitplanung des je individuellen Lernprozesses. Dies ließe sich z.B. exemplarisch beim gemeinsamen Planen der Vorbereitung auf eine Lernkontolle (z.B. Arbeit) aufzeigen und praktizierend üben.

6.3.4 Ergebnissicherung beinhaltet Lehrstrategien

Um bei den Lernenden die volle, aktuell realisierbare Nutzung von Gedächtnisleistungen zu entfalten, „sind effektive Lehrmethoden und Lehrinstruktionen gleichermaßen notwendig. Hintergrund ist insbesondere bei Lernschwierigkeiten die Annahme, dass das eigentlich vorhandene Gedächtnispotenzial nicht vollständig ausgeschöpft wird. Ziel ist es, dieses Potential durch geeignete Instruktionsverfahren zu entfalten“ (Martenstein, R.). Demzufolge müssen spezielle und zielgerichtete Interventionsmaßnahmen an den Komponenten des Lernens (bereichsspezifisches Wissen, Basiskompetenz, Motivation, Handlungssteuerung) ansetzen. (nach Lauth, G.W. & Brunstein, J.C., 2014; Grünke, M., 2006)

Einsiedler stellt vier Lehrstrategien heraus, die das Lernen nachhaltig unterstützen. "Lehrstrategien sind Regelmäßigkeiten bei der Organisation von Lernen, die sich aus der Zweckmäßigkeit verschiedener

Vorgehensweisen bei verschiedenen Zielen, Inhalten und Lernenden ergeben." (Einsiedler, W.)

(1)"Discovery-Strategie

Hier ist nur das durch Lernhilfen unterstützte Entdecken gemeint.

Die kognitive Steuerung erfolgt durch Lehrakte wie Fragen, Impulse, Hinweise und Arbeitsaufträge. Zentrale Bedeutung erhält die Problemstellung am Anfang einer Unterrichtseinheit. Einsiedler nennt folgende Schritte im Unterrichtsverlauf:

- Problemstellung (Lehrererzählung, Problemfrage, Hypothesenbildung)
- 'Arbeits-' bzw. Versuchsplanung (Lehrerfrage, Tafelzeichnung, Vermutungen)
- Problemlösung (Arbeits- bzw. Versuchsdurchführung, Ergebnisformulierung)
- Generalisierung (Lehrerfragen, Begriffe, Regeln)
- Anwendung (Beispiele)." (Heller, K. / Nickel, H.)

Eine praktische Ausformung finden sich im problemorientierten oder auch im handlungsorientierten Unterrichtsansatz.

(2)"advance-organizer-Strategie

Diese Strategie orientiert sich an dem Aufbau der kognitiven Struktur im Sinne von Ausubel. Um neue Inhalte verankern zu können, bedarf es allgemeiner Begriffe und Schemata, die als 'advance-organizer' vorweg gegeben werden.

Damit steht statt der Problemstellung die Konzepthilfe am Anfang des Unterrichts. Auch die Anwendung des Gelernten erfolgt im Bezug auf das grundlegende Konzept." (Heller, K. / Nickel, H.) Ausubel nennt dazu Maßnahmen, um die Struktur der neuen Informationen so aufzubereiten und zu verdeutlichen, dass sie von den Lernenden eher angemessen in ihre geistige Struktur eingegliedert werden können.

-"Gebrauch von Begriffen und Definitionen in einer präzisen, aber einfachen Sprache.
- Vorstellen von Hilfen und entwicklungsgemäß gerechtfertigten Analogien
- Ermutigung zu einer aktiven und kritischen Verarbeitung und Neuformulierung der zu lernenden Inhalte auf dem Hintergrund vorangegangener Erfahrungen.
- Übereinstimmung mit der Struktur des jeweiligen Faches.

- Berücksichtigung allgemeiner Lern- und Unterrichtsprinzipien bei der Darstellung und Aufbereitung von Inhalten.
- Anordnung des Lernstoffs unter Berücksichtigung der Abstufung des jeweiligen Schwierigkeitsgrades.
- Vorstellen der allgemeinen Ideen am Anfang einer Lerneinheit und ihre fortschreitende Spezifizierung (progressive Differenzierung).
- Herausstellen von Beziehungen, Ähnlichkeiten und Unterschieden zwischen sich überschneidenden Inhalten (integrative Aussöhnung).
- Schaffen von vorstrukturierenden Organisationshilfen für die Eingliederung des folgenden detaillierten und differenzierten Lernmaterials (advance-organizers)." (Ausubel, D.P.)

Der Einsatz strukturierender und informierender advance-organizer zeigt in Untersuchungen einen positiven Effekt besonders bei Kindern / Jugendlichen mit gravierenden Lernschwierigkeiten. „Die Wiedergabe wichtiger Informationen aus Sachtexten gelingt diesen besser, wenn ein advance-organizer eingesetzt wird. ... Insbesondere in heterogenen Lerngruppen können durch eingesetzte advance-organizer Vorwissensunterschiede bei Kindern / Jugendlichen mit Lernschwierigkeiten ausgeglichen und Lernprozesse positiv beeinflusst werden. Ein advance-organizer wird als grundlegend für darauf aufbauendes Wissen verstanden.“ (nach Martenstein, R.)

(3)"basic concept-Strategie"

Sie lässt sich z.B. bei einem problemorientierten Unterrichtsansatz anwenden. "Bei dieser Strategie werden im Gegensatz zur advance-organizer-Strategie Konzepthilfen erst nach der Problemlösung gegeben. Diese Generalisierung erfolgt durch Herausstellen allgemeiner Prinzipien, struktureller Züge und übertragbarer Modelle. Die späte Hilfe soll die kognitive Neugier, die durch die Problemstellung ausgelöst wird, möglichst lange erhalten.

(4) Hierarchische Strategie

Auf die hierarchische Anordnung der Lernarten und damit auf die Bedeutung der Lernvoraussetzungen hat insbesondere Gagne, aufmerksam gemacht. Außerdem enthält die hierarchische Strategie Elemente der Lehrzieltaxonomie von Bloom. Der Lehr- bzw. Lernprozess beginnt mit der Erarbeitung der Begriffe; danach wird die Regel formuliert und auf neue Fälle angewandt. Dieses Vorgehen unterscheidet sich von der discovery - Strategie insbesondere durch das Fehlen der Problemstellung am Anfang." (Heller, K. / Nickel, H.)

Empirische Untersuchungen (Einsiedler) belegen, dass "die basic-conzept und die advance-organizer-Strategie signifikant höhere Lernleistungen im Abschlusstest als die beiden anderen Verfahren bewirken. Diese Unterschiede traten nicht bei den Lehrzielstufen Wissen und Anwendung auf, sondern zeigten sich erst beim Transfer sowie bei der Analyse und Synthese. Eine weitere Überprüfung des Lernerfolgs nach sechs Wochen bestätigte weitgehend die ersten Befunde. Allerdings trat die Überlegenheit der basic-concept-Gruppe jetzt noch deutlicher hervor. Insbesondere Lernende mit schwachen Schulleistungen profitierten von dieser Strategie." (Heller, K. / Nickel, H.)

Sind aufgrund der Zusammensetzung der Lerngruppe, einer spezifischen Situation oder eines komplexen Inhalts, zu dem kein oder nur sehr unstrukturiertes Vorwissen vorhanden ist, direkte Instruktionen durch die Lehrperson erforderlich, so sollte die praktizierte Lehrweise mit Blick auf eine hohe Lernquote bzw. ein Vermindern von Lernbeeinträchtigungen folgende Schlüsselmerkmale aufweisen:

1. "Rückschau: Zusammenfassung bereits bekannter Wissensinhalte als Vorwissensaktivierung durch die Lehrkraft.

2. Präsentationphase: Vermittlung neuer Lerninhalte anhand ausgearbeiteter Beispiele in Verknüpfung mit dem vorhandenen Vorwissen der Schüler. Durch einen advance-organizer wird die Brücke zwischen Vorwissen und neuem Lerninhalt durch Beispiele oder Lösungen gebaut.

3. Angeleitetes Üben: In Übungsphasen werden von der Lehrkraft Stützstrategien angeboten, damit die Schüler das erworbene Wissen anwenden und üben können. Bei zunehmendem Lernfortschritt erfolgt eine Reduzierung der Hilfestellungen.

4. Korrektur und Rückmeldung: Sofortige Fehlerrückmeldung durch den Lehrer und Korrektur von Lösungswegen. Positive Hervorhebung bei der Anwendung richtiger Lösungsansätze.

5. Selbstständiges Üben: Reduzierung der expliziten Anleitung und Hilfestellung seitens der Lehrkraft mit dem Ziel des selbstständigen Lernens des Schülers.

6. Wöchentliche und monatliche Rückschau: Erlernte Wissensinhalte werden regelmäßig wiederholt." (Wember, F.B.)

Riedel schlägt zwei Lehrstrategien vor:

- ergebnisorientierte Instruktion (Lösungshilfen)

- problemorientierte Instruktion (Strukturierungshilfen).

Ersteres legt besonderes Gewicht auf die Lernergebnisse, während der zweite Ansatz zusätzlich mehr den Lernweg betont.

Je nach Lerninhalt wird mehr die eine oder die andere Lehrstrategie erforderlich bzw. hilfreich sein. Gemeinsam ist beiden, dass in der Unterrichtsplanung und -gestaltung möglichst individuelle 'Hilfen' für die Lernenden mitbedacht und vorgesehen werden.

"Lösungshilfen:

- Hilfen in Form von Aufgabenstellungen und Handlungsanweisungen
- Hilfen zum Identifizieren bedeutsamer Komponenten
- Hilfen zum Generalisieren des Zusammenhangs
- Hilfen zum Festigen des Gelernten.

Strukturierungshilfen

- Hilfen zur Präzisierung des Problems
- Hilfen zum Analysieren des Problems
- Hilfen zur Hypothesenbildung
- Hilfen zum Überprüfen von Hypothesen
- Hilfen zum Zusammenfassen der Erkenntnis."(Riedel, K.)

Beispiele zu Lösungshilfen:

- Arbeitsschritte des Lösens von Sachaufgaben
- Gliederungspunkte eines Aufsatzes
- Einüben von Frageweisen (z.B. W-Fragen)
- Überschrift --> Textelemente, Aussagen
- Strukturbilder, Anwendungen, Systematisieren
- Ordnen: Ober- und Unterbegriffe
- Lern-, Memorierungstechniken

Beispiele zu Strukturierungshilfen:

- Vereinfachungen vornehmen (Beiwerk weglassen)
- Zusammenhänge bildlich darstellen (Skizzen)

- Problemstellung untergliedern (hierarchisieren)
- Überschriften in Frageform, behauptete Ergebnisse als Fragen, W-Fragen
- Textbefragen, Experimente, Nachschlagen (Lexika)
- Unterstreichungen, Marginalien --> Exzerpte, 'abstracts'

"Innerhalb der Lehrhilfen zum entdeckenden Lernen gibt es hinsichtlich ihrer Effektivität bedeutsame Unterschiede". Damit bedarf das "Verhältnis von rezeptiven und entdeckenden Verfahren einer weiteren Klärung." (Bastian, J.) In einer systematischen Zuordnung von Lehrstrategien und Lernprozessen stellt Antenbrink zwei Alternativen einander gegenüber:

- Analytisch-provokative Instruktionen zielen auf entdeckendes Lernen,
- synthetisch-demonstrative Verfahren bewirken rezeptives Lernen.

"Die entscheidenden kognitiven Strukturmerkmale von Lehrinhalten bestehen erstens aus nicht mehr reduzierbaren Einheiten, zweitens aus Regeln, Prinzipien und Schemata sowie drittens aus Superzeichen, die sich aus den beiden untergeordneten Merkmalen aufbauen. Die analytisch-provokative Instruktion beginnt mit solchen Superzeichen. Damit verbunden ist die Annahme, dass die Bildung von Ordnungsstrukturen bzw. Redundanzen nur dann optimal erfolgt, wenn der Lernende sie anhand von Problemsituationen selbständig, d.h. intrinsisch vollzieht. Demgegenüber werden bei der synthetisch-demonstrativen Methode den Lernenden zunächst die Grundeinheiten dargeboten und danach die Strukturierungsprinzipien aufgezeigt, so dass Superzeichen entstehen können. Entscheidend ist, dass es in beiden Fällen um Problemlösungen geht, auch wenn beim synthetischen Verfahren die Steuerung von außen geschieht." (Heller, K. / Nickel, H.)

Antenbrink stellte in Untersuchungen fest, dass die synthetisch-demonstrative Instruktion signifikant höhere Lern- und Transferleistungen bewirkt, d.h. dass die systematische Darbietung des Lehrstoffes solche Lernmechanismen induziert, die die Ausbildung der kognitiven Struktur besonders begünstigen. Wichtig ist dabei, dass die Instruktion die Ordnungsstruktur des Lehrstoffes reflektiert und nur relevante Informationen dem kognitiven Verarbeitungssystem anbietet.... Die kognitiven Systeme des Menschen sind offenbar auch genuin der Ökonomietendenz unterworfen.

Weiterhin ist zu bedenken, dass ein induktiver Unterrichtsaufbau bei schwächeren Lernenden eher positive Lernergebnisse zeitigt als ein solcher, der eher deduktiv angelegt ist.

Bedenken wir die bisherigen Ausführungen, so wird deutlich, dass eine an den Gegebenheiten, ihren Bedingungen und Möglichkeiten orientierte Kombination verschiedener Elemente eher dem Sichern der Lernergebnisse dienen dürfte: d.h. beispielsweise Entdeckungslernen wo immer möglich und sinnvoll, lerneffektiv strukturierte und gestaltete Lerninhalte und Lernverfahren, vorstrukturierenden, informierenden und motivierenden Beginn von Lernprozessen usw., um die Lerninhalte so intensiv als möglich in die geistige Struktur der Lernenden zu integrieren. Dies ist auch deshalb nötig, weil Lernen ein kumulativer Prozess ist, d.h. Gelerntes bewirkt neues Lernen bzw. Lerndefizite verursachen weitere Lern- und Verständnisschwierigkeiten. Lerndefiziten kann mit Hilfe von Lernhilfen vorgebeugt und Lernen kann durch Lernhilfen in ermutigender Weise erfahren werden.

6.3.5 Ergebnissicherung erfordert Lernhilfen

Bedeutsam ist das Bedenken von Lernhilfen in den einzelnen Phasen des Instruktionsprozesses z.B. bei den einzelnen Stufen nach Roth:

- Motivation
- Schwierigkeiten
- Lösung
- Tun und Ausführen
- Behalten und Einüben
- Bereitstellen, Übertragen und Integration.

Dabei ist 'Motivation' bei allen auf den Einstieg folgenden Lernphasen erforderlich. Zu den genannten Phasen ließen sich Komponenten finden, die charakteristisch für einen schülerbezogenen, kindgemäßen Unterrichtsaufbau einer Unterrichtseinheit sind , wobei diese i.d.R. mehrfach durchlaufen werden. Die einzelnen Komponenten heben besonders den sprachlichen Teil des Unterrichts hervor:

"Aufmerksamkeit wecken und steuern,

- über die zu erwartenden Ergebnisse informieren,
- an früher gelernte relevante Voraussetzungen erinnern,
- Reizsituation darbieten,
- Lernhilfen zur Verfügung stellen,
- Rückmeldung geben,
- Leistungen beurteilen,

- Vorkehrungen für Transferierbarkeit treffen,

- Behalten sichern." (Heller, K. / Nickel, H.)

6.3.5.1 Dimensionen von Lernhilfen

In jedem Lernprozess setzt sowohl die Lehrperson als auch die Lernenden unterschiedliche Schwerpunkte und Akzente im Lernprozess. Von daher verbietet es sich, einzelne Bereiche als die effektivsten hervorzuheben und womöglich generelle Maßstäbe darauf aufzubauen. Werden Lernhilfen vorgesehen, so kann das von Einsiedler entworfene "Modell zur Organisation von Lernhilfen in drei Dimensionen" eine erste Orientierung bieten:

-"Qualität der Lernhilfen:

Es wird zwischen inhalts- und prozessorientierten Lernhilfen unterschieden. Hier besteht eine Beziehung zu der von Riedel getroffenen Gegenüberstellung von ergebnis- und problemorientierten Hilfen bzw. Lösungs- und Strukturierungshilfen.

- Quantität der Lernhilfen:

Damit ist das Ausmaß der Lenkung angesprochen. Allerdings bietet dozierender Unterricht nicht ein Höchstmaß an Lernhilfen." (Einsiedler)

Eine frontale Unterrichtsgestalt ist meist immer dann sinnvoll, wenn z.B. Grundstrukturen komplexer Lerninhalte, Arbeitsformen usw. vorgestellt oder zum ersten Mal einführend geübt werden.

-"Zeitpunkt der Lernhilfen:

Hier stellt sich die Frage, ob der Lehrer früh helfen oder den Lernenden zunächst selbst suchen lassen soll"(Einsiedler).

Verfügen die Lernenden über 'Methode', d.h. über sachbezogene Arbeitsweisen, so lassen sich eher 'entdeckende Lernverfahren' vorsehen.

Riedel konnte feststellen, dass "problemorientierte Lernhilfen höhere Transferleistungen bewirken als ergebnisorientierte Anleitungen... Es aber entscheidend auf die jeweiligen Bedingungen ankommt, unter denen Lernen organisiert wird." (Riedel, K.)

6.3.5.2 Lernhilfen - Ansätze und Möglichkeiten

Welche Arten von Lernhilfen gibt es? Was sollten Lehrende dabei hinsichtlich ihrer jeweiligen Unterrichtsplanung bzw. -gestaltung bedenken?

Eine Lehrperson wird im Laufe eines Lernprozesses ihren Lernenden durch verschiedene Hilfen das Aneignen der Lerninhalte erleichtern. Hierzu gehören z.B. die von Ausubel genannten 'advance-organizer' zu Beginn eines Lernprozesses. Hilfreich kann auch der von Grell propagierte ´Informelle Einstieg´ sein, um einen Zugang zu einem neuen Thema zu eröffnen.

Sachangemessene Hilfen lassen sich schon bei der Gliederung des Lernvorgangs einplanen und bewusst machen. Rezepte für eine das Lernen optimierende, d.h. fehlervermeidende Unterrichtsweise bzw. einheitliche Instruktionsstrategien wären vermessen und widersprächen einem schülerorientierten Unterrichten. Zu bedenken sind jedoch sogenannte "Komponenten des Unterrichts." (Gagne)

Eine wesentliche Komponente sind Lernhilfen. Lernhilfen wollen den Denk- und Behaltensprozess unterstützen. Beidem kämen mehr entdeckend bzw. problemorientierte Lehr- und Unterrichtsweisen entgegen. "Grundlegende Einsichten, Gesetzmäßigkeiten, Regeln und Begriffe sollen von den Lernenden in einer angeleiteten, konstruktiv-produktiven Sachauseinandersetzung selbst entdeckt, geprüft und formuliert werden." (Riedel, K.)

K. Theisen geht auf drei Arten von Kriterien für Lernhilfen näher ein, die als Außenbedingungen das Lernen wesentlich mitbestimmen:

1."Motivationshilfen

Sie sollen beim Schüler sachbezogene Aktivitäten auslösen, die auf Interesse, Neugier- und Entdeckungsverhalten beruhen.

Hierzu zahlen:

- Unterricht ermöglicht den Schülern eine Identifikation, indem er Frage und Probleme der Lernenden aufgreift (siehe u.a. Schülerorient. Unterricht);
- Lernsituation ist echt und lebensnah im Hinblick auf die darin enthaltene Problemstellung"(Aktualität, Lebensnahe);
- Unterrichtssituationen sind interessant und altersgerecht gestaltet(Passung);

- Auswahl und Anordnung der Inhalte wecken das Neugier- und Erkundungsverhalten der Schüler (u.a. handlungsbezogener Unterricht). Ziel der Lehrperson sollte es sein, bei möglichst vielen Lernenden Interesse für den Lerninhalt zu wecken. Dazu kann eine mehr offene Unterrichtsgestaltung mit aussagekräftigem, ansprechendem Material eher geeignet sein.
- durch die Art der Aufgabenstellung/Lernsituation wird die Transparenz der unterrichtlichen Zielsetzung bewirkt (u.a. 'Roter Faden, 'advance-organizer');
- die Lernsituation bietet Möglichkeiten zu konkretem und produktivem Umgang mit dem angebotenen Material (u.a. handlungsorientierter Unterricht). Die Lehrperson wird ihr Repertoire an Unterrichtsmethoden sach- und klassenbezogen erweitern und bedenken müssen, um den Lernenden tatsächlich ein 'Erfahren' der Lerninhalte zu ermöglichen.
- Aufgabenstellung/Lernsituation wird nach Leistungsanforderungen differenziert;
- die Lehrperson reduziert Kritik, Bewertung und Tadel zugunsten von Anregung, Unterstützung und Ermutigung" (Problematik der Bewertung);
- die Lehrperson ermöglicht direkte Rückmeldungen über Erfolg und Misserfolg von Handlungs- und Lernabläufen (Lehrer-Schüler-Interaktion);
- die Lehrperson ermöglicht den Lernenden Erfolgserlebnisse", dies ist besonders in der Hauptschule unerlässlich. Der Lehrer muss versuchen, dass die Lernenden sich selbst realistische, zu Anfang mehr kurzfristig erreichbare Ziele setzen, damit sie Erfolgserlebnisse in einem Fach, aber auch im Bereich des sozialen Lernens, bekommen (Erfolgszuversicht). Wesentlich hierbei ist das Vermitteln und Einüben von Lern- und Arbeitstechniken, sowie von angemessenen Verhaltensweisen (Verhaltenssicherheit).

2. Kognitionshilfen

Dies sind eigentliche Aneignungs- und Denkhilfen für die Lernenden im Lernprozess selbst.

- Inhalte/Lernsituationen sind so strukturiert, dass sie den Lernenden fachlich relevante Erfahrungen ermöglichen (Artikulation des Unterrichts, exemplarisches Prinzip);

- die Repräsentation des Inhalts durch didaktisches Material (konkret/gegenständlich - ikonisch - symbolisch) besitzt Informationsdichte und Prägnanz;
- Aufgabenstellung bzw. Problem wird genau formuliert (Zielanalyse);
- Vorkenntnisse, Strategien der Schüler werden aktiviert;
- Lernende erhalten die Möglichkeit zur Bildung von Hypothesen; Vermutungen werden im Hinblick auf ihre Bedeutsamkeit selbständig überprüft;
- Lernende erhalten die Möglichkeit durch Probieren, Probehandeln, Manipulieren sich der Problemlösung anzunähern;
- unterschiedliche Lösungsentwürfe werden schriftlich fixiert;
- die Lehrperson regt zur Neuordnung und Veränderung von Lösungsentwürfen an;
- gefundene Lösungen werden gemeinsam analysiert, diskutiert und beurteilt (Training von Entscheidungsverhalten, Entscheidungsfähigkeit);
- die Lehrperson unterstützt Lernende bei der sprachlichen Fassung wesentlicher Ergebnisse und erkannter Gesetzmäßigkeiten.

3. Integrationshilfen

Sie dienen dem Eingliedern und Verankern der erarbeiteten Inhalte in die bisherige geistige Struktur der Lernenden.

- Lernenende erhalten Möglichkeiten zur Selbstkontrolle und -beurteilung (bezüglich der Wirksamkeit ihres Lernens;
- erworbene Einsichten, Kenntnisse und Fähigkeiten werden auf neue Situationen und andere Lebensbereiche übertragen und in die Lebensumwelt der Lernenden integriert;
- erworbene Einsichten, Kenntnisse und Fähigkeiten werden emotional positiv verankert". Hierzu gehört vor allem auch die entsprechende Gestaltung des Lernprozesses. Der Weg des Lernens ist ebenso wichtig wie das Lernergebnis! Es muss versucht werden, das Konkurrenzverhalten im Hinblick auf Leistungsbeurteilung zu reduzieren." (nach Theisen, K.)

Theisen versteht die genannten Lernhilfen als eine Art "Such- und Identifizierungshilfen" für die Lehrkräfte. Sie weisen enge Beziehungen zum Inhalts-, Vermittlungs- und Beziehungsaspekt und seinen Wechselwirkungen im Lerngeschehen auf.

6.3.5.3 Strukturiertes Tafel- oder Folienbild

Eine wichtige Lernhilfe für die Lernenden ist ein klar gegliedertes, gut lesbares Tafel- oder Folienbild, das den Verlauf der Unterrichtsarbeit wiederspiegelt. Farbige Markierungen heben das Wesentliche hervor, Skizzen verdeutlichen schwierigere Inhalte.

In einem solchen Tafel- oder Folienbild finden sich wesentliche Elemente der Sachbeiträge von Lernenden wieder. Da dieses Bild vor den Augen aller Beteiligten sukzessive entsteht, erkennen sie 'den roten Faden', die Sachstruktur des Lerninhaltes und können diesen eher in ihre geistige Struktur integrieren. Dies um so mehr, als eine Arbeitsrückschau am Ende einer Stunde oder einer Unterrichtseinheit, der sowohl Lernergebnisse als auch Lernwege umfasst und diese anhand von Tafel- oder Folienbildern vor dem geistigen Auge mitvollzogen werden können.

Ein weiteres Element der Ergebnissicherung, das eng mit dem Tafel- oder Folienbild zusammenhängt ist das Achten auf eine saubere, sachangemessene und korrekte Heftführung einmal als Dokumentation der be- und erarbeiteten Lerninhalte und zum anderen als Grundlage für das Lernen und die Vorbereitung auf Lernkontrollen.

6.3.6 Ergebnissicherung - Unterrichtselemente

Ein wesentliches Element der Ergebnissicherung mittels Lernhilfen ist das 'Stiften von Sinn', d.h. mit den Lernenden wird über Ziele und Inhalte der geplanten Hilfen gesprochen (Orientierung, Begründung).

Die sich ergebenden Anforderungen werden so transparent und die Lernenden erfahren, dass es um ein planvolles Handeln geht. Lernende benötigen Hilfen für ihr Lernen, so muss z.B. das Üben und Einprägen selbst Lehrgegenstand sein, um Strategien des Einübens und Einprägens zu vermitteln"(Bönsch, M.).

6.3.6.1 Lernstrategien des Einprägens, Einübens und der Geläufigkeit

Ergebnissicherung will die Lernenden mit Lernstrategien bekannt machen. Nach Piaget vollzieht sich Denken und Lernen durch Assimilation (aktives Einpassen der neuen Inhalte und Erfahrungen in die vorhandenen Denkstrukturen) und Akkomodation (eigene Denkstrukturen und Erfahrungen werden an die Lerninhalte bzw. Erfahrungen angepasst).

a) Jedes Lernen ist ein Verarbeiten von Informationen: Informationen werden aufgenommen, indem nach Beispielen aus der eigenen bisherigen Erfahrung, dem bisherigen Wissen, nach Analogien oder Gedankenverbindungen gesucht wird usw. Zugleich wird der Grad der Aufmerksamkeit durch den subjektiv wahrgenommenen Bedeutungsgehalt gesteuert. Der bzw. die Lernende will dieses 'Neue' entsprechend dem individuellen Lerntyp so aufbereiten wie es am geeignetsten in die individuell vorhandenen geistigen Strukturen integriert werden kann.

b) Es folgt ein Reduktionsprozess: Die Informationen werden systematisiert und verdichtet, indem Hauptgedanken bzw. Strukturen des Lerninhalts herausgelöst und ggf. in Skizzen und Strukturbildern mit erläuternden einzelnen Beispielen dargestellt werden. Die einsetzende Begriffsbildung führt zu Ober- und Unterbegriffen und deren Vernetzen innerhalb der geistigen Struktur, d.h. eine neue Denkstruktur ist entstanden und kann in Anwendungssituationen abgerufen werden.

6.3.6.2 Unterrichtliche Möglichkeiten des Vermittelns von Lernstrategien

(1) Wiederholungen

Die einzelnen Wiederholungsarten seien der Vollständigkeit genannt und kurz angerissen. Beispiele für ihre Umsetzung finden sich z.B. beim Arbeiten mit Lernkarteien.

- Unmittelbare Wiederholung

  Jeder Lerninhalt muss sofort nach seinem Einführen bzw. Erarbeiten gefestigt werden. Ein wesentliches Element dabei ist die Rückschau auf den Lernweg. Dieses "aktive Wiederholen ist eine einfache Gedächtnisstrategie, die die Funktion hat, das Gedächtnismaterial im Kurzzeitspeicher zumindest solange präsent zu halten, bis es sich im Langzeitspeicher konsolidiert hat." (Oerter, R.)

- Periodische Wiederholung

  Soll ein Lerninhalt mittel- und langfristig eingeprägt werden, so sind regelmäßige, systematische Wiederholungen (Variation der Übungsweisen) nötig. Dies gilt in ähnlicher Weise auch für die Denk- und Gedächtnisleistungen.

- Gelegentliche Wiederholung

  Baut ein neuer Lerninhalt z.B. zwingend auf einem vor einiger Zeit erarbeiteten auf, so empfiehlt es sich, die wesentlichen Strukturen des grundlegenden Lerninhaltes nochmals genau zu durchdenken und zu verdeutlichen.

- Immanente Wiederholung

Nehmen wir als Beispiel den Bereich der Grundrechenarten, so findet in allen Schuljahren z.B. der weiterführenden Schularten eine in der Sache liegende immanente Wiederholung statt (Grundrechenarten als Grundfertigkeiten für das weitere mathematische Arbeiten). Ein das ganzheitliche Denken unterstützender Ansatz wäre ein mehr fächerübergreifendes Arbeiten z.B. in Deutsch:

Beispiele zur Ausdrucksschulung:

a) Erdkunde / Deutsch (Wörter ergänzen)

Brasilien ... vom Äquator bis zum 30.0 südlicher Breite ... Das Stromgebiet des Amazonas ... den größten Teil des Landes ... Das tropische Küstenland ... die Hälfte des gesamten Kaffees der Erde. Auf den Hügeln ... die Einheimischen den berühmten Brasil-Tabak ... Rio de Janeiro ... als eine der landschaftlich schönsten Städte der Welt.

Nördlich davon ... der Boden riesige Eisenlager mit 70%-igem Erz. Argentinien ... den südlichen Teil des Subkontinents mit Ausnahme des westlichen Küstenstreifens ... Im Tiefland des La Plata ... die Pampas ... Sie ... die ungeheuren Mengen an Weizen und Mais ... Vieh- und Schafzucht ... an erster Stelle. Daher ... das Land Fleischkonserven, Gefrierfleisch und Getreide ... Die Hauptstadt des Landes, Buenos Aires, ... über drei Millionen Einwohner. Chile ... als schmaler, 4000 km langer Streifen die Westküste Südamerikas ... Die Anden ... das Rückgrat. Sie ... von heißer Wüste im Norden bis zum ewigen Eis im Süden. Als höchster Berg ... der Aconcagua 7000 m hoch ... Die Hochfläche der Anden ... reiche Ausbeute an Kupfer, Salpeter und Schwefel.

- Ibler schlägt vor, "in jede Satzlücke das passende Zeitwort einzusetzen". Er schlägt dazu Beispielwörter vor. In einer zweiten Übung wird "aus jedem Satz die Satzaussage herausgesucht und unterstrichen" usw.

b) Biologie / Deutsch

Leicht *geht* der Wind über den still liegenden Teich. Die Wellen *laufen* leicht ans Ufer. Binsen *umstehen* das Gewässer wie ein Gürtel. Aus dem Schlamm der Uferzone *schauen* Froschlöffel und Pfeilkraut hervor. Wasserlinsen *befinden sich* an der Oberfläche wie ein grüner Teppich. In der Mitte des Teiches *sieht* man weiße Wasserrosen. Auf einem der tellerförmigen Blätter *schaut* ein braun-grüner Frosch nach Beute. Daneben *kommt* ein braunes Wasserhuhn hoch. Aber der Wasserfrosch *lässt sich* nicht abdrängen. Jetzt *zeigt sich* eine flinke Libelle mit bläulichem Hinterleib. Immer noch *ist* der gewandte Springer in Ruhe.

Plötzlich *geht* er wie ein Pfeil in die Höhe. Im nächsten Augenblick *fällt* der Frosch zurück ins Wasser. Ob der geduldige Jäger eine Mücke oder eine Fliege *bekommen hat*?"(nach Ibler)

Die kurze Geschichte weist Parallelen zum Thema 'Gewässer' in Biologie auf.

Die "inhaltsschwachen, kursiv gedruckten Zeitwörter sollen durch treffendere" (Ibler) ersetzt werden.

Desgleichen ließen sich aus der Geschichte alle Wörter mit 'äu' heraussuchen und die Wortfamilien dazu finden.

Nach der Bearbeitung könnte die Geschichte etwas modifiziert als Partner- oder Übungsdiktat geschrieben werden, um dann nach der Fehlerhäufigkeit schwierige Wörter in einer Rechtschreibkartei für folgende Übungen zu notieren usw.

Die Beispiele wollen anregen, Texte im Deutschunterricht vermehrt aus den Sachfächern zu nehmen, um so Sachinhalte erneut aufzugreifen und in der sprachlichen Arbeit mit ihnen zugleich zu festigen.

Eine immanente Wiederholung dürfte sich innerhalb eines Faches vor allem auch auf die sachspezifischen Denk-, Lern- und Arbeitsweisen beziehen. Aus dieser zuletzt genannten Sicht, kommt der immanenten Wiederholung größte Bedeutung zu, will doch jedes zu sichernde Lernergebnis das Denkvermögen, die Fähigkeiten und Fertigkeiten flexibilisieren und den Erfahrungshorizont der Lernenden für zukünftige Lebenssituationen weiten.

(2) Gedächtnistraining

Eine effektive Ergebnissicherung lässt sich eher erreichen, wenn die Lerninhalte logisch strukturiert, gruppiert, geordnet oder assoziiert werden. Solche Strategien bewirken ein verbessertes, vertieftes Einprägen und ermöglichen ein besseres Erinnern bzw. bei einer Wiederholung ein rascheres Einarbeiten. Dabei das Anpassen an die bisherige geistige Struktur zu bedenken.

Da des Kurzzeitgedächtnis (Kurzzeitspeicher) nur maximal 7ñ^{2} Elemente auf ein Mal fassen kann, hilft die Strategie des Bildens von Superzeichen, d.h. dem Einordnen bzw. Unterordnen von einzelnen Elementen unter einen Oberbegriff (hierarchische Strukturierung). Auf diese Weise können auch im Kurzzeitspeicher z.B. beim Lesen ganze "Wortgruppen und Sätze, manchmal sogar ganze Geschichten zu einem einzigen 'Zeichen' (Superzeichen) vereinigt werden. Durch diesen Kunstgriff unseres Gedächtnisses sind wir in der Lage, im Kurzzeitspeicher simultan eine umfangreiche Menge an Informationen präsent zu haben." (Oerter, R.) Dieses sogenannte 'Chunking' sollte mit den Lernenden an Beispielen eingeübt bzw. bewusstgemacht werden. Bei allen Übungen zum Training des Gedächtnisses sind systematische Selbstkontrollen einzuplanen, um z.B. die Notwendigkeit von Pausen zu erkennen und diese auch einzuhalten.

Wortbildtraining Beispiele:

- Anschreiben einer Wortgruppe an der Tafel, die Wörter laut lesen, Tafelbild abdecken, die Wörter auswendig nennen lassen;
- bis zu fünf Wörter auf Plakat zeigen, Wörter in Buchstabenrätsel bzw. Buchstabenfolge finden;
- Wort auf Plakat bzw. der Tafel zeigen, verdecken, Wort in ein Bild oder eine bildliche Assoziation umsetzen lassen;
- Wörter zeigen und in einem Satz verwenden lassen.

Zahlen einprägen Beispiele:

- Zahlenreihe (max. 5 Zahlen) zeigen, Zahlen nach Gesetzmäßigkeit nennen lassen;
- Zahlen zeigen (s.o.), in verschlüsselter Form (Zeichnung) darstellen lassen und umgekehrt;
- Zahlen nennen, bildliche Assoziationen nennen (zeichnen) lassen; usw.

Textinhalte erfassen Beispiele:

- Auswendiglernen kurzer Texte z.B. Gedichte;
- aus kurzem Text Bildergeschichte entwerfen;
- 'Reizwörter' auffädeln (Strukturierungsübung);
- Texthandlung pantomimisch spielen;
- Nacherzählen; usw.

(3) Vokabellernen - Lernen von Redewendungen

Es gibt verschiedene Lernweisen für Vokabeln z.B.:

- Vokabeln in Gruppen einteilen und lernen;
- Vokabeln und Bedeutung lesen und laut sprechen;
- eine Seite abdecken, andere Seite nennen;

- eine Seite abdecken, andere Seite schreiben;
- Vokabeln in Satzzusammenhang (Kurzsätze) lernen usw.;

Es gibt noch weitere Variationen des Lernens von Vokabeln.

(4) Lernen mit Karteikarten

Den meisten Lernweisen mangelt es an fehlerminimierender Systematik. Ein systematisches, fehlerminimierendes Vorgehen stellt z.B. die Arbeit mit einer Lernkartei dar. Dazu basteln sich die Lernenden eine Box mit fünf Unterteilungen für DIN A6 Karteikarten. Das erste Fach und das letzte Fach sind dabei etwas größer als die drei mittleren. Die folgend beschriebene Übungsweise stellt eine Möglichkeit dar und kann bzw. muss individuell modifiziert werden.

Übungsweise mit der Lernkartei:

Jede neue Vokabel (z.B. mit Wortfamilie oder Kurzsatz) bzw. Redewendung wird auf eine Karteikarte geschrieben. Auf der Rückseite steht die deutsche Bedeutung. Die Karte wird ins erste Fach eingeordnet:

- Verteiltes, häufigeres Arbeiten mit den Inhalten der Karten des ersten Faches, die in 5-er oder 7-er Stapel unterteilt sind. Maximal ca. 3 Stapel auf einmal bearbeiten.
- Aufnehmen der ersten Karte, laut lesen, Inhalt bildlich vorstellen, niederschreiben, Bedeutung nennen, vergleichen, Karte auf 'Stapel' legen usw.
- Wenden der Karten, Bedeutung lesen, zugehörige Vokabel bzw. Kurzsatz oder Redewendung bildlich vorstellen und laut nennen, niederschreiben, vergleichen, Assoziationen zu bereits gelernten Vokabeln herstellen
- Vermerk auf der Karte z.B. Kreis, wenn beide Durchgänge erfolgreich durchlaufen wurden. Beherrschten Stapel im ersten Fach hinten einordnen.
- In der nächsten Übungsphase wird der zweite Stapel bearbeitet, dann der dritte usw.
- Sind alle Inhalte der 'Stapel' bearbeitet und mit einem 'Kreis' versehen, so erfolgt in einem weiteren Durchlauf eine zweite Einprägungsphase. Die gekonnten Inhalte werden wieder mit einem Kreis vermerkt.
- Alle Karten, die zwei Kreise haben, wandern ins zweite Fach.
- Die Stapel werden so lange bearbeitet, bis alle Karten im zweiten Fach eingeordnet sind.

- Die Stapel des zweiten Faches werden z.B. sukzessive am nächsten Tag nochmals durchgearbeitet (Vermerk anbringen).
- Die Karten mit vergessenen Inhalten werden wieder ins erste Fach eingeordnet.
- Die Karten der gekonnten Inhalte wandern ins dritte Fach. Die Karten in diesem Fach werden z.B. einmal nach drei Tagen, dann nochmals drei Tage später durchgearbeitet. Karten mit gekonnten Inhalten wandern in Fach vier. Karten mit vergessenen Inhalten wandern in Fach eins.
- Die Inhalte der Karten in Fach vier werden nochmals z.B. eine Woche später im ersten Durchgang und nochmals eine Woche später im zweiten Durchgang bearbeitet. Karten mit gekonnten Inhalten wandern in Fach fünf, die anderen in Fach eins. Die Inhalte der Karten in Fach fünf sind i.d.R. so fest eingeprägt, dass die Karten weggeworfen werden können.

Ein solches Arbeiten mit einer Lernkartei stellt erhöhte Anforderungen an die Ausdauer und Arbeitsdisziplin der Lernenden. Eine Modifikation wäre eine dreistufige Lernkartei. Hier würde jedoch das dritte Fach wie oben genannt immer wieder in den Lernprozess einbezogen, bis alle Inhalte eingeprägt sind.

Etwas modifiziert lassen sich auch Grammatikinhalte mit Hilfe des obigen Verfahrens üben und sichern. Wichtig bei grammatischen Übungen sind die der Regel zugeordneten Beispielsätze, in denen das zu Merkende deutlich hervorgehoben ist.

Beim Aufbau einer solchen Übungsweise ist das Vermitteln von Erfolgen, das Bestätigen und Anerkennen der Bemühungen sowie das regelmäßige planvolle Einbeziehen dieser Lernart in den Unterricht wichtig, um dann als Ziel den Einsatz z.B. im Wochenplanunterricht in Freiarbeitsphasen oder in der häuslichen Einzelarbeit vorzusehen.

Alle Lernenden benötigen bei dieser Arbeitsweise eine ihnen zugängliche Ablagemöglichkeit für ihre persönliche Lernbox.

Ähnlich wie eine Lernkartei gehen auch viele Lernprogramme für Vokabeln vor, die es für die verschiedensten Computer gibt.

Bei Fremdsprachen stellt die Arbeit mit dem digitalen Sprachrecorder bzw. dem Handy oder Smartphone eine weitere Lernweise dar (Achtung: hohe Aufmerksamkeit und hohes Zielbewusstsein erforderlich). Sie bietet sich sowohl zum Lernen von Vokabeln als auch zum Diktieren an. Bereits fertig besprochene Sprachdateien (.. mp3 oder .. mp4) einem Lehrbuch dienen dem Hören, dem Mitlesen und vor allem Mitsprechen, um sich neben der Schreibweise und Satzbildung die Lautgestalt z.B. von Wörtern, Sätzen oder Redewendungen einzuprägen.

Beide Lernweisen sollten mit den Lernenden im Unterricht besprochen und eingeübt werden. Auch wäre eine Kombination mit einer Lernkartei möglich, da sich beide Lernweisen ergänzen.

Sollen Vokabeln gelernt werden, so sollen höchstens sieben Vokabeln hintereinander deutlich, betont und langsam gesprochen aufgenommen und wiedergegeben werden:

- Nach jeder Vokabel eine Pause, dann die deutsche Bedeutung mit- bzw. nachsprechen, bildliches Vorstellen, Assoziationen zu bereits gelernten Vokabeln bilden, Vokabel niederschreiben.

  Variation: Kurzer fremdsprachlicher Satz, in dem die Vokabel umschrieben bzw. angewandt wird folgt.
- Nächste Vokabel; nach zwei- oder dreimaligem Durchlauf z.B. Abfragen der Vokabeln mit dem Vokabelheft (abdecken, sprechen, niederschreiben, vergleichen).
- Kurze Pause, dann nächster 5-er bzw. 7-er Block in gleicher Weise erarbeiten.
- Nach drei Blöcken eine ca. 10 - 15-minütige Pause einlegen und z.B. anschließend einen mathematischen Lerninhalt bearbeiten.
- Die Vokabeln z.B. danach oder am nächsten Tag nochmals wie geschildert bearbeiten und z.B. einen zugehörigen Text lesen und übersetzen (mündlich / schriftlich).

(5) Lesen - Lernen mit Texten

a) Orientierendes Lesen

- orientierendes Lesen (erste Eindrücke, Gesamtzusammenhang erste Assoziationen bzw. Verbindungen zu bereits Bekanntem).

b) Systematisches Arbeiten am Text

- Text in sachgemäße Abschnitte einteilen Systematik des Textaufbaues herausfinden;
- Überschriften zu den Abschnitten finden, zentrale Begriffe markieren (Reizwörter)
- so möglich, Skizzen zu einzelnen Abschnitten bzw. 'Reizwörtern';
- Zusammenhänge einzelner Abschnitte bildlich darstellen (Strukturbild)

- Fragen formulieren: z.B. zu den Abschnitten bzw. zu einzelnen Stellen im Strukturbild;
- Fragen vortragend beantworten (Kontrolle anhand des Textes);
- Textinhalte in bisher bekannte Zusammenhänge eingliedern;
- Notizen anfertigen (Exzerpte bzw. abstracts).

Eine weitere Möglichkeit wäre das Erstellen einer Lernkartei. Diese müsste folgende Ordnungskriterien erfüllen:

- Die Sachsystematik bestimmt die Reihenfolge der Karteikarten.
- Eine erste Fragekarte müsste Fragen zur Sachstruktur und dem Bedeutungsgehalt umfassen. Nach dieser Fragekarte kämen die zugehörigen Antwortkarten zu 'Struktur- und Bedeutung'. (1.Stapel)
- Die weiteren Fragekarten wären in der Reihenfolge der Sachgliederung zu ordnen z.B. nach Kapiteln (x. Stapel), Unterkapiteln (xy. Stapel), Abschnitten (xyz. Stapel) usw. Jedem Kapitel bzw. Unterkapitel wäre wieder eine 'Unterstruktur- und Bedeutungskarte' vorangestellt. Nun folgten die Fragekarten zu den einzelnen Abschnitten. Jedes Kapitel stellt einen Stapel mit entsprechenden 'Unterstapeln' usw. dar.
- Die Bearbeitung erfolgte Kapitel für Kapitel bzw. entsprechend innerhalb eines Kapitels.

Eine solche Lernkartei benötigte eine Unterteilung in drei Fächer.

Das Sichern der Lernergebnisse beginnt schon beim Erstellen der Kartei, im intensiven Durcharbeiten des Lerninhaltes, um nur das Wesentlichste auf den Karteikarten zu vermerken. Eine weitere Festigung stellt das Systematisieren und Notieren auf den Karteikarten dar. Häufig genügt dann ein einmaliger Durchgang mittels der Lernkartei, um den Lerninhalt zu beherrschen. Die Karteikarten sollten jedoch unbedingt systematisch aufbewahrt werden, denn das Anfertigen einer Lernkartei in Sachfächern hat den Vorteil, dass sie z.B. ein rasches und systematisches Wiederholen und Vertiefen bei einer Prüfungsvorbereitung ermöglichen.

(6) Erstellen eines 'Spickzettels'

Es mag die Lernenden zunächst verblüffen (Motivation), dass ihnen das konkrete Erstellen eines Spickzettels ausgerechnet in der Schule vermittelt wird. Die Intention liegt im Vermitteln des Erschließens eines Textes. Das Erstellen eines guten 'Spickzettels' als Lernhilfe erreicht nachhaltige Lerneffekte; denn ein 'Spickzettel' umfasst eine übersichtliche, kurze Zusammenfassung eines Textes. Dabei wird wie oben beim

Texterschließen vorgegangen, jedoch kommt den Schlüsselwörtern und ihrer Beziehungen erhöhte Bedeutung zu. Es empfiehlt sich, die Schlüsselwörter zusammen mit kurzen Anmerkungen in einer der Sachstruktur angemessenen Weise (Skizze, Flussdiagramm, Tabelle o.ä.) darzustellen. Damit werden die Elemente des 'Spickzettels' zu Superzeichen, die es gestatten, auf die ihnen hierarchisch zugeordneten Unterbegriffe immer weiter aufgliedernd zuzugreifen. Eine hilfreiche individuelle Gedächtnisstrategie kann sich entwickeln.

(7) Rechtschreiben

- Wort (Wörter) in Text im Zusammenhang finden;
- markieren des Wortes (der Wörter) im Text;
- Schreibgestalt durch 'großes Schreiben' gewinnen;
- deutliches Sprechen des Wortes (der Wörter);
- das Wort (die Wörter) z.B. in 'Buchstabensalat' finden;
- Schreiben des Wortes (der Wörter) z.B. in Geheimschrift, Auf- und Abbauen des Wortes, Wort (Wörter) in 'Silbensalat' finden und herausschreiben usw.
- Anlegen einer Rechtschreibkartei (Wörter-, Lernkartei);
- regelmäßiges Üben in nach eigenerstelltem Plan (Freiarbeit);
- Wort zusammen mit Wortfamilie lernen bzw. auf Kartei festhalten;
- Wort in kurzen Satzzusammenhängen verwenden;
- Reimwörter suchen;
- Wörter mit gleichen Silben bzw. gleicher Buchstabengruppe suchen und schreiben;
- Substantiv mit Artikel und passendem Adjektiv schreiben;
- Selbstdiktat: Durchlesen eines Satzes oder Satzteiles, abdecken und auswendig niederschreiben;

usw.

(8) Lernen im arithmetischen Bereich

Hauptsächlich sind hier das Sichern des Eins-plus-eins und des Ein-mal-eins sowie die Lösungsalgorithmen der schriftlichen Grundrechenarten gemeint.

Das Eins-plus-eins und das Ein-mal-eins lassen sich ähnlich wie beim Vokabellernen mit Lernkarteien systematisch üben. Dabei sollten sowohl sogenannte 'Päckchenaufgaben' als auch ansprechend variierende Aufgabenstellungen vorkommen. Für das Festigen und Sichern der Lösungsalgorithmen der schriftlichen Grundrechenarten bietet sich einmal ein auf individuelle Fehler abgestimmtes Vorgehen und zum anderen das sogenannte 'Fünfminutenrechnen' an. Beides könnte z.B. auch halbschriftliche Verfahren bzw. das Arbeiten in der Stellenwerttafel einbeziehen.

Wichtig ist neben der schülerangemessenen Aufgabendarstellung und Aufgabenmenge eine möglichst unmittelbare Rückmeldung über die geleistete Arbeit. Entscheidend ist das regelmäßige, kurze, systematische und fehlerminimierende Lernen sowie die Anerkennung des Lernerfolges.

(9) Bearbeiten von Text- und Sachaufgaben

Ein systematisches Vorgehen, das Anwenden von Lösungsstrategien erleichtert das sachgerechte Bearbeiten von Text- und Sachaufgaben entscheidend. Gelegentlich finden sich in den Schulbüchern Anregungen für eine Vorgehensweise.

Bearbeitungsschritte könnten z.B. sein:

- Genaues Lesen des Textes, um die im Text verbal gegebenen Zusammenhänge zu erkennen zu verstehen (Erkennen der Problemstellung);
- Notieren der gegebenen Elemente;
- Anfertigen einer Skizze (bildliches Veranschaulichen);
- Mathematisieren der Textaussagen;
- Anfertigen einer Überschlagsrechnung;
- Exakte Ausrechnung in ggf. mehreren Arbeitsschritten;
- Vergleich des Ergebnisses mit der Fragestellung und dem Überschlag;
- Antwortsatz.

(10) Lernhilfen für das Lernen zu Hause

- Verteiltes Lernen, d.h. an mehreren Tagen einen Lernstoff intensiv bearbeiten;
- Überblick verschaffen, um die Sachstruktur zu erkennen;

- Vortragen des Gelernten;
- 'Hilfsgedächtnis´ anlegen (Ordnungssysteme z.B. Karteikarten, Ordner usw.);
- Erstellen eines 'Spickzettels' (s.o.);
- Lernpläne erstellen (s.u.).

6.3.7 Lern- bzw. Wiederholungsplan

Das Beherrschen einer individuellen wie sachangemessenen Zeiteinteilung des Lernens ist ein wichtiger Lerninhalt, um eine effektive Ergebnissicherung zu gewährleisten. Dies bedeutet, dass das Vorbereiten auf eine Lernkontrolle oder eine Prüfung mit den Lernenden zusammen mehrfach exemplarisch 'durchgespielt' wird. Am konkreten Beispiel (z.B. Vokabellernen) wird zusammen ein Lernplan erarbeitet und das Lernen u.a. unter Bedenken von Pausen, dem Vermeiden von Lernhemmungen usw. im Unterricht wiederholt geübt. Entsprechend sollten z.B. auch die Vorbereitungen, der Wiederholungsplan für eine Geschichts- oder Erdkundearbeit zusammen erarbeitet und beispielhaft im Unterricht (z.B. Lernprojekt) erprobt werden. Jede(r) Lernende lernt individuell anders, jedoch gewinnen alle durch das Besprechen und Erproben Einsichten in ihr Lernverhalten und können dieses danach effektiver gestalten.

Für solche Lernprozesse aufgewendete Unterrichtszeit ermöglicht ein in Zukunft wesentlich intensiveres, rascheres und für die Lernenden befriedigenderes Arbeiten. Letztlich ermöglicht und intendiert es ein verantwortliches, selbständiges und selbstbestimmtes Lernen und Arbeiten.

7. Schülerorientierte Unterrichtsaspekte

Für das Planen, Gliedern und Aufbereiten einer Lerneinheit sowie die Art erforderlicher Lernhilfen ist die Kenntnis des aktuell gegebenen Stands der geistigen Entwicklung aller Lernenden wichtig. Hierzu finden sich in der Literatur grundlegende Anhaltspunkte. Eine Quelle, die aufgrund der umfangreichen Datenlage genauere Hinweise gibt, ist die Erkenntnistheorie und damit das Stufenmodell zur Entwicklung des Denkens von Piaget, ergänzt durch Ansätze von Case. Die Grafik zeigt das dialektische Wechselgefüge von Formen des Unterrichts, der an die aktuelle geistige Entwicklung von Lernenden angepasst sein sollte:

Unterrichtsformen zwischen den Polen:
Lenkung und Selbststeuerung, Aktivität und Rezeptivität, Individualisierung und Standardisierung

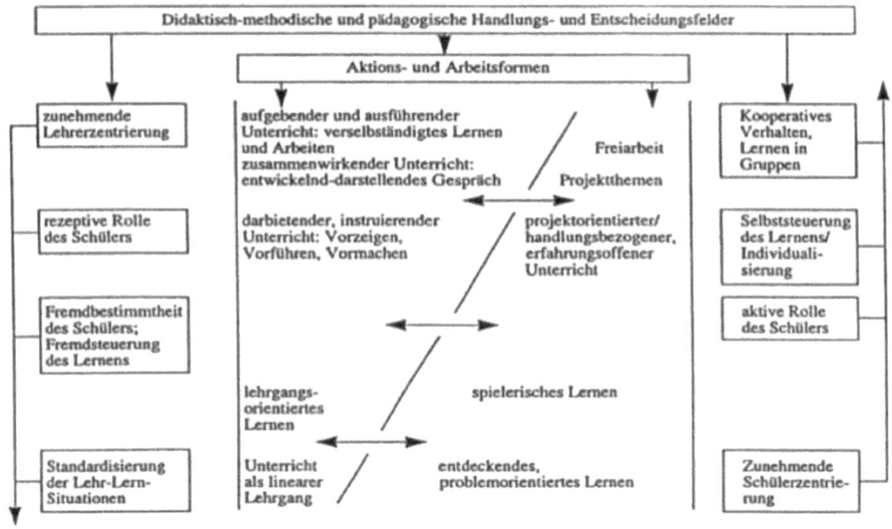

(Jürgens, E.)

7.1 Erkenntnistheorie von Jean Piaget

Piagets Theorie baut auf einer zentralen Annahmen auf: Von unmittelbarer Bedeutung für die kognitive und sonstige Entwicklung von Lebewesen und ihrer Umwelt ist die Passung zwischen beidem. Er ging davon aus, dass Lebewesen sich durch Lernen und Selektion an die Umwelt anpassen, aber gleichzeitig ihre Umwelt durch aktive Gestaltung an ihre eigenen Bedürfnisse verändern. Aus dieser Grundannahme leitet Piaget die

Funktionen oder Invarianzen der Entwicklung ab. Er benennt die komplementären Prozesse Assimilation und Akkomodation.

Unter Assimilation versteht Piaget die individuelle Angleichung der Umwelt an die je eigenen Handlungsmöglichkeiten; unter Akkomodation versteht er die Anpassung der individuellen Möglichkeiten an die Erfordernisse der Umwelt. Kurz: Assimilation bezieht sich auf die Umgestaltung der Umwelt; Akkomodation auf die Umgestaltung des Lebewesens aufgrund von Umwelteinflüssen.

Abgrenzend davon benennt Piaget die Strukturen bzw. gesetzmäßigen Entwicklungsvarianten. Dies sind veränderliche individuelle Anteile, die sich innerhalb bestimmter Entwicklungsabschnitte bilden. Will heißen: Zu einem bestimmten Zeitpunkt ihrer Entwicklung haben Kinder je subjektiv gegebene Erkenntnismöglichkeiten. Diese Erkenntnismöglichkeiten nennt Piaget Schemata und daran kann die Umwelt assimiliert werden bzw. ein Individuum kann sich daran akkomodieren. Piaget versteht unter einem Schema eine typische Art und Weise, eine bestimmte Klasse von Objekten zu handhaben. Strukturen sind den Schemata übergeordnet und stellen organisierte Verbindungen von Schemata dar.

Als weiteren Bereich der kognitiven Entwicklung benennt Piaget die Inhalte oder nicht entwicklungsgesetzmäßigen Varianten. Unter Inhalten versteht er die Gegenstände, auf die die Schemata oder Strukturen angewendet werden. (Piaget, J.)

Piaget maß den Inhalten wenig Bedeutung bei, was nachfolgende Forschungen relativierten, indem sie aufzeigten, dass die Inhalte eine deutlich größere Rolle spielen, als Piaget angenommen hatte. Trotz logischer Parallelen kann eine Struktur im gleichen Entwicklungsabschnitt auf einen bestimmten Inhalt angewandt werden, jedoch auf einen anderen nicht.

Bekannt wurde Piaget vor allem durch seine Stufentheorie der Strukturen bei der kognitiven Entwicklung. Die Beschreibung der Strukturen fußt auf der Annahme, dass Erkenntnishandlungen unsichtbar sind und auf interiorisierten, ursprünglich äußere Handlungen beruhen. Nach Piaget gibt es drei Interiorisierungsstufen oder Konstruktionen (Repräsentationsstufen). Piaget nahm an, dass die Repräsentationsstufen zwingend aufeinander im Verlauf der Individualentwicklung folgen und daher entwicklungsgesetzmäßig auftreten.

Exkurs: *Repräsentationsstufen nach Piaget*

(1)"Die erste Klasse von Schemata, die Kinder repräsentieren können, besteht ausschließlich aus motorischen und sensorischen Schemata. Gelingt deren Koordination, bildet sich als erste Struktur die erste Repräsentationsstufe der sensomotorischen Intelligenz.

(2) Anschließend erfolgt die allmähliche Interiorisierung dieser motorischen und sensorischen Schemata, so dass erste mentale Vorstellungen entstehen. Diese sind rein konkret repräsentiert und stellen die zweite Repräsentationsstufe dar.

(3) Schließlich bilden Kinder nicht nur konkrete Repräsentationen, sondern nutzen willkürliche Zeichen oder Variablen als Stellvertreter für den konkreten Gegenständen übergeordnete Prinzipien. Diese dritte Repräsentationsstufe wurde von Piaget als formale Repräsentationsstufe bezeichnet. jeder der Interiorisierungsstufen streben die Schemata eine Koordination in Strukturen an.

Nach Piaget ist die Frage besonders bedeutsam, wie genau der Mechanismus der Progression und Koordination von Schemata zu neuen Strukturen erfolgt (Piaget & Inhelder). Wichtige Einflussfaktoren seien die Reifung des Nervensystems, die Erfahrungen des Kindes, sowie soziale Interaktionen; jedoch müsste noch ein weiterer Mechanismus hinzukommen, um die Progression kognitiver Strukturen erklären zu können. Dieser Mechanismus wirke wie ein innerer Ausgleichsprozess im Sinne einer Selbstregulierung, für den die Invarianten der Entwicklung, also die Assimilations- und Akkomodationsprozesse, vonnöten seien. Piaget nannte diesen selbstregulativen Ausgleichsprozess Äquilibrationsprozess und das Erreichen eines ausgeglichenen Zustandes die Äquilibration. Macht ein Kind einige Assimilationsversuche und stellt dabei fest, dass Widersprüche, Widerstände oder Störungen durch die verfügbaren Schemata oder Strukturen bestehen bleiben, so führt dies zur Akkomodation und schließlich zum Erreichen eines neuen, verbesserten Gleichgewichtszustandes, einer ´majorierenden Äquilibration´. Diese Entwicklung führt zu qualitativ verschiedenen, neuen und umfassenderen Gleichgewichtszuständen" (siehe Piekny, J.). Eine Entwicklung durch Assimilation und Akkomodation vollzieht sich demgemäß in spiralförmigen Prozessen.

7.1.1 Phasen der Denkentwicklung

Für Lehr- und Lernprozesse wichtig und hilfreich ist die Kenntnis und das Beachten der von Piaget durch detaillierte, konkrete Beobachtung an Kindern postulierten Phasen. Wobei diese Anhaltspunkte geben, deren

Ausprägung z.B. hinsichtlich des Lebensalters je Person individuell unterschiedlich sein können. Auch wirken in allen Phasen soziale Faktoren (Bedeutung von Interaktionen, sowie damit verbundene Emotionen) mit, die eine Entwicklung beeinflussen. Piaget vermeidet Kausalbezüge (Ursache-Wirkung).

Für die Kindergartenzeit und den Schulbereich sind folgende Phasen interessant:

Präoperationale Phase (2. bis 7. Lebensjahr: Kindergarten, Vorschule und erstes bzw. zweites Schuljahr):

Piaget gliedert die präoperationale Phase in zwei Teile; die Phase des symbolischen, vorbegrifflichen Denkens (2. bis 4. Lebensjahr) und die Phase des anschaulichen Denkens (4. bis 7. Lebensjahr).

Merkmale des symbolischen, vorbegrifflichen Denkens: Ein Kind erwirbt in dieser Zeit die Fähigkeit, symbolische Vorstellungen auch für abwesende / nicht direkt sichtbare Dinge oder Ereignisse zu bilden. Es sieht Dinge an, experimentiert mit ihnen und verhält sich wie sie; d.h. es eignet sich Informationen über diese Dinge an. - Das Kind spricht seine ersten Wörter, die sich auch auf abwesende Dinge beziehen können. Dieser Sprachgebrauch führt zur Entwicklung von vorläufigen Konzepten, die an der Realität überprüft werden müssen, um die reale Umwelt angemessen zu begreifen.

Merkmale des anschaulichen Denkens: Ein Kind orientiert sich in dieser Zeit vorwiegend an seiner Wahrnehmung statt der Logik. Es zentriert seine Aufmerksamkeit auf ein Merkmal einer Gegebenheit und lässt andere Merkmal weg. Es konzentriert sich z.B. auf die Farbe und lässt die Größe weg. Nimmt es die Größe in den Blick, so verliert es z.B. das erste Merkmal aus dem Sinn (Fehlende Beweglichkeit des Denkens). - Ein Kind in dieser Phase kann sich noch keine Transferformationen vorstellen oder eine wahrgenommene Veränderung in der Vorstellung umkehren. Ein neuer Zustand desselben Gegenstandes wird so für sich genommen und auch so geistig eingeordnet. So werden z.B. Volumen & Gesicht lange Zeit als veränderlich durch Änderungen in Form oder Anordnung gesehen. Ein Kind in dieser Phase verfügt über ausschließlich repoduktive Vorstellungen.

Konkret-operationale Phase (7. bis 12. Lebensjahr)

In dieser Phase findet die geistige Entwicklung vom Handeln zum Denken statt. Das Denken entwickelt sich aus konkretem Handeln bzw. konkretes

Material, selbst wenn dies nicht real vorliegt. Ein formales Vorgehen bei Schlussfolgerungen oder Hypothesen scheitert.

In dieser Phase wird zum einen die vorstellungsmäßige Reversibilität (Inversion und Reziprozität) als auch die physikalische Invarianz erworben. Kinder dieser Entwicklungsstufe erwarten, dass sich Ergebnisse von Experimenten unter den gleichen Umständen identisch wiederholen und keine Abweichungen auftreten. Während der konkret-operatorischen Phase entstehen Störungen oder Ungleichgewichte dadurch, dass ein Kind noch nicht mit Überlappungen verschiedener Inhaltsbereiche, die es bereits strukturiert hat, umgehen kann: Es braucht neue operative ´Werkzeuge´, um eine Akkomodation vornehmen zu können.

Ein Kind lernt in dieser Phase, dass sich Dinge aus der Perspektive einer anderen Person anders darstellen können. Die Fähigkeit, sich neue antizipatorische Kombinationen von Ereignissen vorzustellen, ist erst konkret-operatorischen Kindern möglich.

Formal-operationale Phase (12. bis 15. Lebensjahr)

In dieser Phase entwickelt sich die geistige Fähigkeit des hypothetisch deduktiven Denkens (z.B. die Inklusionserkenntnis: Wenn zwei Gegebenheiten wahr sind, dass ist die daraus abgeleitete Folgerung auch wahr!).

In der Phase der formalen Operationen bildet sich die Fähigkeit zum logischen / schlussfolgernden Denken sowie diejenige des Abstrahierens heraus. Der / die Jugendliche ist jetzt in der Lage unabhängig von konkreten Dingen oder Informationen selbst Hypothesen zu erstellen und zu überprüfen. In dieser Phase entwickelt sich die Anwendung der Variablenkontrollstrategie, dem bewussten Umgang mit Zufallsergebnissen sowie in der bewussten Bewertung von Evidenzen, die für oder gegen eine Hypothese sprechen. Die Fähigkeit zur Deduktion entwickelt sich bzw. ist jetzt gegeben, was bedeutet, dass jetzt bei zu bearbeitenden Problemen oder Fragen mit allen logischen Möglichkeiten gearbeitet werden kann im Sinne einer Analyse aller möglichen Ansätze (Versändnis kombinatorischer Strukturen).

Die geistige Entwicklung geht auch nach dem 15. Lebensjahr weiter, d.h. eine Entwicklung des Denkens bzw. von geistigen Fähigkeiten ist nach jüngsten neurobiologischen Erkenntnissen lebenslang möglich. Es scheint jedoch besonders günstige Zeiträume für spezifische geistige

Entwicklungen zu geben, die gerade im vorschulischen und schulischen Bereich so gut als möglich ausgeschöpft werden sollten.

Für Piaget ist es wichtig, dass jedes Kind / jede(r) Jugendliche sich während des Heranwachsens so intensiv wie möglich mit seiner Umwelt auseinandersetzen können sollte.

Case knüpfte an die Theorie Piagets an und erweiterte sie. Er nahm an, dass kognitive Prozesse immer die Form des Problemlösens mit einer bestimmten Struktur aufweisen („exekutive Kontrollstruktur"). Nach Case besteht diese aus drei Teilen: Die Repräsentation der Ausgangssituation, die Repräsentation des Ziels und die Strategien zur Zielerreichung. Im Verlauf des Heranwachsens und der dabei stattfindenden geistigen Entwicklung wird diese exekutive Kontrollstruktur nach Case immer komplexer und wirkt auf immer höheren Repräsentationsstufen.

Case orientiert sich an Piaget, benannte jedoch die Hauptrepräsentationsstufen der Kontrollstrukturen anders: 1. sensomotorische Stufe; 2. relationale Stufe; 3. dimensionale Stufe; 4. abstrakte / vektorielle Stufe. Für das Gestalten von Lehr- und Lernprozessen sind die von Case beschriebenen fünf Mechanismen interessant, die die Übergänge von einer Stufe zur nächsten gewährleisten:

- *Problemlösung:* Experimentieren mit neuen operationalen Sequenzen, um ein Ziel zu erreichen;
- *Exploration:* Das Anwenden einer Strategie des neugierigen Erkundens;
- *Nachahmung:* Beobachtetes wird nachgemacht bis ein entsprechendes Ergebnis erreicht wird;
- *Instruktion:* Eine bestimmte Kontrollstruktur ist schon vorhanden und diese wird einer anderen Person gezeigt / beigebracht;
- *Reifung:* Diese verbindet Case mit dem Konzept der Aufmerksamkeitsspanne. (nach Case, R.)

Somit sind Fähigkeiten des Problemlösens, des Experimentierens oder Handelns, des Nachmachens (genaues Beobachten mit anschließendem Erproben), des Erklärens von selbst Erkanntem (Versprachlichen, Interaktion) sowie der Konzentration (gerichtete Aufmerksamkeit, Arbeitshaltung, Ausdauer) für eine positive geistige Entwicklung bedeutend.

Ein an der geistigen Entwicklung von Kindern und Jugendlichen orientieres Lernangebot wird sich daher an deren geistigen Möglichkeiten orientieren und vielfältige, passende, inhaltlich stimmige und individuell herausfordernde Anregungen und Angebote machen. Darüber hinaus wird ein an den Lernenden orientiertes Angebot auch die soziale Komponente im Lernprozess gezielt und konsequent einbringen.

7.2 Aktiv, konstruktives Lernen

Ein aktives und konstruktives Lernen im schulischen Kontext wird dann ermöglicht, wenn eine Lehrperson in ihrer grundlegenden Haltung den Lernenden gegenüber zeigt, die diese als heranwachsende Menschen mit ihren eigenen bisherigen Lebenserfahrungen bzw. ihrer bisherigen Lebensgeschichte wahrnimmt und achtet. Lehrprozesse, die sich am konstruktivistischen Ansatz orientieren, nehmen wie selbstverständlich das Lernen auch und vor allem aus der Perspektive der Lernenden bei Planung und Durchführung in den Blick. Dies umfasst insbesondere eine breite Präsentation eines Lerninhalts, sodass verschiedenste Facetten desselben sichtbar werden, die z.B. für die Lernenden ungewohnt oder gar unbekannt sind und so die Neugier / das Interesse wecken.

Das ´die Lernenden in den Blick nehmen´ betrifft vor allem die Grundhaltung einer weitgehend individuell positiven Gestaltung der je persönlichen Beziehung zu den Lernenden, so weit als möglich auch auf emotionaler Ebene. Es gilt eine pädagogisch passende Realisation von Nähe und Distanz zu finden und auch zu halten. Der praktizierte Kommunikationsstil sollte von Offenheit und Anerkennung geprägt sein. Die Lernenden sollen konkret erfahren können, dass die Lehrperson für ihre Anliegen ansprechbar ist, sie über rein fachliche Fragen hinaus als Personen ernst nimmt. So gilt es Lernende in ihrem individuellen Bemühen zu sehen, ihnen Rückmeldungen und z.B. nach einer Anstrengung angemessen Lob zu geben. Während der Lernprozesse, vor allem bei einem hohen Anteil von Selbsttätigkeit, wird eine Lehrperson vorwiegend als Lernpartner handeln, um ggf. durch Anregungen und Hinweise ein weiteres Bemühen, die Neugier oder das Interesse an einem Lerninhalt bei Lernenden aufrecht zu erhalten. Eine personbezogen respektvolle Haltung gegenüber den Lernenden bedeutet auch, diese vor Herausforderungen zu stellen bzw. ihnen etwas stimmig zuzumuten, was Anstrengung erfordert. Dies heißt weiter, dass die Lernenden im Lehrprozess immer wieder erfahren, dass ihre Ideen aufgegriffen, gewürdigt und den weiteren Verlauf des Lernprozesses mit beeinflussen können. Auch Lehr- und Lernprozesse, die möglichst viele Interessen und Anliegen der Lernenden einbezieht oder offen dafür ist, hat bzw. braucht feste Ziele und festgelegte Lerninhalte. Der Unterschied zum rein lehrendengesteuerten Unterricht liegt darin, dass sowohl die Ziele als auch die zu erarbeitenden Inhalte den Lernenden vorgestellt bzw. zu Beginn thematisiert werden. Entscheidend für an den Lernenden orientierte Lehr- und Lernprozesse sind: Hoher Anteil an Experimentier- und Erprobungsphasen; Einbringenkönnen eigener Gedanken; Sozialformen, die den Lernenden entsprechen und die sie gerne durchführen; Aufgeschlossenheit für Vorstellungen der Lernenden, die zwar zielbezogen sind, jedoch vom ´normalen´ Lernweg abweichen; Einbeziehen individueller Lernhilfen oder Unterstützungsformen. Lernkontrollen ergeben sich so weit als möglich ´organisch´ aus dem Lernprozess nach entsprechenden Durcharbeitungs-, Übungs- und Wiederholungsphasen. Auch das Erkennen der Bedeutung des Inhalts im Alltag bzw. in der Lebensumwelt weckt ein Gefühl einer individuell gesteigerten Kompetenz: „Jetzt weiß ich auch darüber Bescheid, das kann mir z.B. bei ... hilfreich sein!" Auf diese Weise kann die Einstellung der Lernenden hinsichtlich ihrer Lernmotivation sich verändern hin zu mehr Freude am Lernen, dem Erhalt von Neugier, wachsendem Interesse und damit mittel- und langfristig auch höherem individuellem Lernerfolg (steigende intrinsische Lernmotivation).

Mögliche organisatorische Strukturen für einen mehr an den aktiv Lernenden orientierten Unterricht (erhöhter Anteil eigenverantwortlichen und selbstständigen Lernens) wären Stationsarbeit/-lernen, Lerntheke, Tagesplan; Wochenplan; Freie Arbeit; Werkstattunterricht; differenzierende / individualisierende Phasen; Projekt- / projektorientierter und handlungsorientierter Unterricht; spielerische und erprobende Elemente; ästhetische Erfahrungen und Metaunterricht.

Eine Zusammenstellung zahlreicher, in der Literatur zu findenden Aussagen zu schülerorientierten Lehr- und Lernweisen zeigt sich in:

»"starke Kind-/Schülerorientierung als pädagogische Motivation,

» die Förderung von Selbständigkeit und Mündigkeit als zentrales Anliegen,

» verändertes (konstruktivistisches) Lernverständnis und Betonung der Lernkompetenz neben dem Lernresultat,

» tendenziell neue Sicht auf den Schüler als Subjekt seines Lernens und nicht als Objekt der Belehrung,

» veränderte (tendenziell symmetrische) Kommunikationsstrukturen im Unterricht,

» Annahme einer veränderten Kindheit und eines Differenzierungsbedarfs,

» Bemühen um größere Selbst- und Mitbestimmung sowie Selbstverantwortung der Schüler (organisatorisch, methodisch, inhaltlich, sozial),

» veränderte LehrerInnenrolle: weniger als Verwalter und Vermittler von Bildungsinhalten, dagegen mehr als Lernberater,

» methodische Vielfalt des Unterrichts,

» Handlungs- und Produktorientierung,

» Bemühen um stärkere Öffnung von Schule und Unterricht für Lebenswelt und Interessen der Schüler,

» offene Unterrichtsformen wie WP, FA, Werkstattarbeit, Lernstationen ...

» Offenheit der an Schule beteiligten Personen (vornehmlich der LehrerInnen)." (Heinzel, H.)

In Untersuchungen und Umfragen gibt die Mehrzahl der Lehrenden an, dass sie eine mehr oder weniger ausgeprägte Mischform im Unterricht praktiziert, je nach Situation variierend. Grundsätzlich sind danach die meisten Lehrpersonen bestrebt, schülerorientierte Lehr- und Lernformen einzusetzen.

7.3 Angepasste - leichte Sprache

Zahlreiche Menschen, seien dies solche mit Migrationshintergrund, solche mit einfacherem Bildungsniveau, Senioren mit Hörbeeinträchtigung, Kinder usw., würden beim Sprechen und vor allem in Texten deren Inhalte besser und mehr verstehen, wenn eine ´Leichtere Sprache´ verwendet würde. Besonders für Menschen mit geistiger Beeinträchtigung oder mit Lernbehinderung ist es erforderlich, Texte in Leichter Sprache zur Verfügung zu haben, damit sie angemessen angesprochen werden können. Auch Menschen, die nicht gut lesen und schreiben oder die nicht gut Deutsch können, hilft die Leichte Sprache beim Verständnis. Auch Menschen ohne Einschränkungen haben oftmals Probleme mit Texten, wie z.B. selbst mit populärwissenschaftlichen Artikeln, Artikeln der FAZ, Der Zeit oder dem Spiegel, die in einer eher gehobenen Sprache mit entsprechendem Abstraktionsniveau in den Texten schreiben, auch Vertrags- oder Versicherungstexte überfordern sprachlich viele.

Für die Erstellen von Texten oder Schriftsätzen in ´Leichter Sprache´ gibt es einige Regeln, die beachtet werden sollten, damit sie für die Lesenden auch wirklich leicht zu verstehen sind. Hierzu zählen z.B. einfache Worte und kurze Sätze. Eine detailliertere Auflistung dieser Regeln befindet sich im Anhang. Wichtig bei dem Erstellen von Texten in Leichter Sprache ist die Überprüfung der erstellten Texte durch Personen, für die dieser Text geschrieben wurde, wie z.B. Menschen mit Lernbehinderung. (vgl. Leichte-Sprache)

7.4 Grenzen schülerorientierten Unterrichts

Zahlreiche Untersuchungen zu einem mehr schülerorientierten Unterricht haben hinsichtlich der erreichten Leistungen bzw. Kenntnisse / Fähigkeiten keine signifikanten Unterschiede zu traditionellen Lehrweisen ergeben. Vermehrt schülerorientierte Lehr- und Lernweisen ergeben jedoch signifikant höhere Kompetenzen bzw. Fähigkeiten im sozialen und kommunikativen Bereich.

Nach Gudjons generiert eine streng konstruktivistische Auffassung in Planung und Gestaltung von Unterricht grundlegende Fragen bzw. schwer lösbare Probleme.

- „Es taucht die grundsätzliche Frage auf, wie Lernen von außen angeregt werden kann, wenn alles Lernen auf Prozessen eines selbstreferentiellen, autopietischen Gehirns basiert.
- Ein völlig individualisierter Unterricht ist in der Praxis nicht möglich. Die Lehrperson kann der Vielfalt der individuellen Konstruktionen der Lernenden im Prinzip nicht gerecht werden.
- Das Spannungsfeld zwischen den individuellen Konstruktionsprozessen und den vorgegeben Standards, die für alle Lernenden verbindlich sind, ist nicht lösbar.
- Es ist unmöglich, einen objektiven Kanon von Lerninhalten zu bestimmen, wenn es keine objektive Realität gibt. Konstruktivistisch ausgerichtete Lernumgebungen eröffnen den Lehrenden derart weitläufige Freiräume, dass die Gefahr der Beliebigkeit und der Ineffektivität besteht.“ (Gudjons, H.)

Goetze sieht besonders potentielle Probleme hinsichtlich schülerorientierten Unterrichts bei lernschwachen Schülern / Schülerinnen:

» Einstiegsprobleme: Irritation der Schüler, Unsicherheitsgefühle, Ungewohntheit der Umgebung, abwartende Haltung, Skepsis;

» Anfangsprobleme: fortlaufende Beachtung und Beifall des Lehrers suchen, Aktualisierung von Hilflosigkeitsproblemen, Anstrengungsvermeidung, Senkung des Anspruchsniveaus, Ablenkbarkeit, Grenzen austesten;

» Dauerprobleme: Probleme des Umgangs miteinander (Kooperation), Materialnutzung bzw. -entfremdung, Materialfehlplazierung, Reinigungsprobleme, Lärmprobleme, Interesseverlust, kurze Aufmerksamkeitsspanne, Abflachen der Arbeitsatmosphäre, planloses Herumlaufen, gezielte Störungen anderer etc.;

» Abschlussprobleme: Probleme in Form von Lösungsschwierigkeiten, Umstellungsprobleme auf traditionelle Settings mit anderen Erwartungen an den Schüler etc.

» Probleme in ´open plan schools´ bzw. offenen Gesamtschulen: Noch größere Irritationen durch vielfältige Eindrücke ohne ´ordnende Hand`, noch größere Lärmprobleme; einige Schüler benötigen mehr Abschirmung (z.B. hyperaktive), mehr persönliche Aufmerksamkeit; zurückgezogene Kinder entwickeln Angstprobleme und gehen leicht verloren; „Rummelplatzatmosphäre." (Goetze, H.)

Tews benennt mit Blick auf eine inhaltsunabhängige Arbeitshaltung Kriterien, die eine größere Schülerorientierung einschränken. „Eine zu frühe und zu weitreichende Selbstbestimmung des Schülers erscheint hingegen nicht empfehlenswert, da bei der Entwicklung von Fleiß, Ausdauer und Disziplin immer wieder innere Schranken überwunden werden müssen, die zunächst nur mit einem gewissen Maß an pädagogisch verantwortbarem äußeren Druck überwunden werden können. An diesem Punkt sollte die traditionelle Führung mit eindeutigen Leistungsforderungen ansetzen, denn gerade jüngere Schüler können wohl kaum aktuelle Bedürfnisse der entfernt liegenden Befriedigung einer vollendeten Leistung unterordnen. Gegen innere Widerstände, Unlust und unter Anstrengung zum Ziel zu kommen, ist auch eine wichtige Erfahrung beim Aufbau der Persönlichkeit und erfüllt zudem mit Stolz und Zufriedenheit in der aktuellen Situation. ... Ein starkes Orientieren an den Bedürfnissen der Heranwachsenden beeinträchtigt bei sinkendem Interesse die zu übende Anstrengungsbereitschaft und führt zu anderen Beschäftigungen. ... Die Schüler müssen auch lernen, unabhängig von ihren aktuellen Bedürfnissen und ihrer persönlichen Interessenlage eine verlässliche Leistungsfähigkeit und –bereitschaft aufzubauen. ... Bei zu starker Orientierung an den Interessen bzw. Neigungen der Lernenden sowie deren Lebensumfeld, wird es kaum gelingen, den Schülern in reflexiver Distanz, in einer reflexiven Kultur der Schule, die zur Beurteilung der Verhältnisse anregt, einen Überblick über die Welt zu vermitteln." (Tews, D.) Damit wird deutlich, dass ein schülerorientiertes Unterrichten zum einen sinnvoll und geboten ist, zum anderen jedoch genau reflektiert eingesetzt werden muss, im Sinne eines „Sowohl als auch", d.h. einer stimmigen Balance zwischen Instruktion und Selbständigkeit.

Grenzen der Schülerorientierung sieht Schröder im System Schule, das durch Klassengrößen, vorgegebene Curricula und Bildungspläne mit vorgegebenen, zu erreichenden Kompetenzen (möglichst hohe Niveaustufe; Output-Orientierung, d.h. umsetzbare ´Kenntnisse´) sowie Notengebung gekennzeichnet ist.

Anhang

Texte in leichter Sprache verfassen - Regeln

1.Wörter		
	schlechtes Beispiel	***gutes Beispiel***
einfache Wörter	genehmigen	erlauben
Fach- und Fremdwörter vermeiden	Workshop	Arbeits-Gruppe
Kurze Wörter Benutzen	Omnibus	Bus
Lange Wörter durch Bindestrich trennen	Bundesgleichstellungsgesetz	Bundes-Gleichstellungs-Gesetz
Abkürzungen vermeiden	d.h.	das heißt
Verben statt Hauptwörter	Morgen ist die Wahl zum Heim-Beirat	Morgen wählen wir den Heim-Beirat
Genitiv vermeiden	Des Lehrers Haus	Das Haus vom Lehrer
Konjunktiv vermeiden	Morgen könnte es regnen	Morgen regnet es vielleicht
Positive Sprache benutzen	Peter ist nicht krank	Peter ist gesund
Redewendungen und bildliche Sprache vermeiden	Raben-Eltern	

2. Zahlen		
	schlechtes Beispiel	***gutes Beispiel***
Zahlen schreiben, wie sie alle kennen	Römische Zahl: IX	Arabische Zahl: 9
Alte Jahreszahlen vermeiden	1867	Vor langer Zeit
Vermeiden von hohen Zahlen	14.975 Menschen	Viele Menschen
Vermeiden von Prozenten	14%	Einige oder wenige
Ziffern leichter als Wörter	Fünf Frauen	5 Frauen

Datum schreiben	03.03.12	3.3.2012
Telefonnummern mit Leerzeichen	05544 / 332211	0 55 44 – 33 22 11

3. Sätze		
	schlechtes Beispiel	***gutes Beispiel***
Kurze Sätze – Jeder Satz nur eine Aussage	Wenn Sie mir sagen, was Sie wünschen, kann ich Ihnen helfen.	Ich kann Ihnen helfen. Bitte sagen Sie mir: Was wünschen Sie?
Einfacher Satzbau	Zusammen fahren wir in den Urlaub.	Wir fahren zusammen in den Urlaub.

4. Texte		
	schlechtes Beispiel	***gutes Beispiel***
Leser und Leserinnen persönlich ansprechen	Morgen ist die Wahl.	Sie dürfen morgen wählen.
Zuerst männliche Form – einfacher zu lesen	Mitarbeiterinnen und Mitarbeiter	Mitarbeiter und Mitarbeiterinnen
Verweise gut hervorheben und erklären	(siehe Heft: 3)	In Heft 3 steht mehr dazu

5. Gestaltung und Bilder		
	schlechtes Beispiel	***gutes Beispiel***
einfache Schrift	Times New Roman *Arial Kursiv* Courier New	Arial Lucida Sans Unicode Tahoma Verdana
jeden neuen Satz in eine neue Zeile	Das Spiel ist ab 18.00 Uhr und geht bis 22.00 Uhr. Die Halle öffnet um 16.00 Uhr.	Die Halle öffnet um 16.00 Uhr. Das Spiel ist ab 18.00 Uhr. Es geht bis 22.00 Uhr.

Alle Wörter in eine Zeile, die vom Sinn her zusammen gehören	Wir sagen: Leichte Sprache ist für alle gut	Wir sagen: Leichte Sprache ist für alle gut
Viele Absätze und Überschriften	Im Winter fällt Schnee. Und es ist kalt. Im Sommer scheint die Sonne. Dann ist es wärmer.	**Winter:** Im Winter fällt Schnee. Und es ist kalt. **Sommer:** Im Sommer scheint die Sonne. Dann ist es wärmer.

(Leichte Sprache, (2018) http://www.leichte-sprache.de/dokumente/upload/21dba_regeln_ fuer_leichte_sprache.pdf)

8. Soziales Lernen - Aufgabe schulischer Erziehung

In unserer Gesellschaft zu Beginn des 21. Jahrhunderts haben in etlichen sozialen Gruppen soziale Werte eine zunehmende Auflösung erfahren. Bisher im Gemeinwesen grundlegende soziale Bedürfnisse und Orientierungen wurden hier durch einen wie immer gearteten Individualismus ersetzt. Auswirkungen davon sind zunehmende Vereinzelung, verstärktes Konkurrenzdenken, eigene Durchsetzung um nahezu jeden Preis sowie Rücksichtslosigkeit. Zwischen solchen gesellschaftlichen Gegebenheiten und den vorgegebenen Zielen einer erziehenden Schule besteht eine mehr oder weniger breite Kluft. Trotzdem trifft es zu, dass in jeder menschlichen Gemeinschaft soziale Lernprozesse stattfinden: Die entscheidende Frage betrifft die Qualität ihrer Ausprägung!

Hier liegt auch die Herausforderung für schulische Erziehungsprozesse, soll und will Schule doch neben der Vermittlung von Kenntnissen und Fähigkeiten (kognitiver Aspekt) zum verantwortungsbereiten und verantwortungsfähigen Staatsbürger erziehen (sozialer Aspekt). Zugleich muss jede schulische Bildungsinstitution bedenken, "dass es reine Intentionalität in der Erziehung überhaupt nicht gibt; deshalb nicht, weil nicht die Absicht des Lehrers / der Lehrerin über das Ergebnis des Unterrichts- und Erziehungsprozesses" allein "entscheidet, sondern eine kaum beschreibbare Fülle verschiedener Faktoren wie auch situativer Variablen." (Geißler, E.) Dies um so mehr, als die soziale Realität an Komplexität stark zugenommen hat. "Sie erfordert vom Einzelnen die aktive Entwicklung einer sozialen Kompetenz. Sie ist eine wichtige Schlüsselqualifikation zur Lebensbewältigung in der Zukunft und kann nicht mehr durch tradierte Erfahrungen erworben werden." (Basten, K.H.)

8.1. Aspekte sozialer Lernprozesse

Aebli verdeutlicht, dass soziales Lernen zweierlei bedeutet:

1. "Soziales Lernen kann auf zweierlei Weise verstanden werden: Zum einen ist es als der Gegensatz zum individuellen Lernen im Unterricht zu verstehen; es bezeichnet dann Lernsituationen wie den Gruppenunterricht oder die Partnerarbeit, wo Lernprozesse aus der Auseinandersetzung mit anderen Schülern resultieren."
2. "Zum anderen heißt soziales Lernen in der Schule so viel wie ein Kultivieren der sozialen Beziehungen zwischen den Schülern einer Klasse

mit dem Ziel, die Schüler gemeinschaftsfähig zu machen (zunächst nur auf die Gemeinschaft der Klasse bezogen), wobei dem Lehrer die bedeutende Rolle eines Sozialisationsagenten oder - etwas weniger vornehm ausgedrückt - eines Sozialarbeiters zukommt."(Aebli, H./Steiner, G.)

Soll soziale Kompetenz gefördert werden, so bedeutet dies den gezielten inhaltlichen Einbezug entsprechender Themenfelder in das unterrichtliche Geschehen; denn soziale Kompetenz hat eine personale wie gemeinschaftsbezogene Dimension.

8.2 Faktoren sozialer Lernprozesse

Erziehung ist ein personenbezogenes Feld, das bewusste wie unbewusste Elemente beinhaltet. Für eine erziehende Schule ist das bewusste Gestalten der in ihr gültigen Elemente entscheidend. Deshalb kann es nur darum gehen, "die Einwirkungen des pädagogischen Feldes auf den Schüler unkontrolliert zu lassen oder dieses Bedingungsgefüge nach und nach zu analysieren" (Schülerbeobachtung, -befragung, Selbstreflexion und Gespräche zwischen Schüler und Lehrer bzw. Eltern und Lehrern) "und damit unter pädagogische Verantwortung zu bringen." (Geißler, E.)

8.2.1 Erziehende Person

Ein entscheidendes Element ist dabei der/die erziehende Person selbst, ihr Auftreten usw. "Die Persönlichkeit des Lehrers und die Art, wie er den Unterricht gestaltet, haben mehr Einfluss auf die Nachdrücklichkeit, mit der man die Bildung des Charakters und die Erziehung zum guten Staatsbürger betont."(Hurlock, E.) - Siehe dazu auch die neurobiologischen Erkenntnisse zur Bedeutung einer Bezugsperson in früher Kindheit. - So wird eine Lehrperson z. B. bestrebt sein, emotionale Äußerungen seiner Lernenden als persönliche Stellungnahmen aufzugreifen, zum Gesprächsgegenstand in der Gruppe bzw. Klasse zu machen und so das Umgehen und Einfühlen in einen Mitmenschen vorleben. Auch hier muss sie mit ihrem Verhalten erwünschte emotionale Kompetenzen vorleben, dazu gehören:

- ”Bedürfnisse und Interessen anderer wahrnehmen und respektieren können;
- ein Bewusstsein von sozialer Verantwortlichkeit;
- die Entfaltung eines realistischen, stabilen Selbstwertgefühls;

- die Fähigkeit, sich behaupten und auch abgrenzen zu können.” (Basten, K.H.)

Weiter Elemente sind:

- “Takt im Umgang miteinander;
- Mitgefühl für den anderen;
- Einfühlungsvermögen (Empathiefähigkeit);
- die Fähigkeit, dem anderen eine Freude machen zu können;
- oder auch nur mit eigenen Gefühlen auf die Gefühle des Nachbarn eingehen können." (Struck, P.)
- Weitere Faktoren sind das Alter, Geschlecht und soziale Milieu "der Schüler(innen), wobei der numerischen Größe von Klassen bzw. Lerngruppen fundamentale Bedeutung hinsichtlich der Realisierungsmöglichkeiten der Sozialerziehung zufällt.
- Das schulische Umfeld, "etwa Lage und Größe der Schule, Spezifika des Lehrerkollegiums und der Schülerschaft, der Schultyp (etwa die Grundschule), die Schulform (etwa Waldorfschule) und die Ausprägungen des Schullebens (Schülermitverantwortung etc.)" (Schnitzer, A.) nehmen wesentlichen Einfluss auf das soziale Lernen.

8.3 Soziale Kompetenz - Entwicklung von Einstellungen

“Soziale Kompetenz ist Grundlage unserer Existenz. Wir brauchen die Zuwendung und Betreuung anderer, um Menschen zu werden, um so viel Selbstwertgefühl zu entwickeln, dass wir mit den sozialen Anforderungen und Zumutungen der Gegenwart fertig zu werden, um uns so viel Eigenverantwortung anzueignen, dass wir die Chancen der Individualisierung nutzen können.

Soziale Kompetenz heißt auch: Lebenslang und immer wieder die Balance zu finden zwischen den eigenen Ansprüchen und den Erwartungen anderer. Dies ist nur in Beziehungen möglich, in denen Gleichwertigkeit, Gegenseitigkeit und wechselnde Akzeptanz herrschen.” (Schottmayer, G. u.a.)

Soziale Kompetenz gründet auf gelernten sozialverantwortlichen Einstellungen. Sie sollen die Lernenden "nicht konditionieren im Sinne einer die Person von außen steuernden Manipulation, sondern sollen helfen, in moralischer Mündigkeit ein soziales Gewissen zu entwickeln und die daraus resultierenden Normen auch gegen Widerstände durchzuhalten". Dabei bedeutet für Teutsch Einstellung "keine starre

Konditionierung, sondern ein noch immer elastisches und daher auch anpassungsfähiges Denk- und Verhaltensschema." (Teutsch, G.M.)

Teutsch unterscheidet bei der Entwicklung von Einstellungen drei Komponenten:

1. Kognitive Komponente: "Einsicht in die relevanten Sachverhalte, also Wahrnehmung, Klärung und Beurteilung."
2. Emotionale Komponente: "Die mit den Sachverhalten verbundenen Gefühle und Wertungen." Eine Lehr wird vor allem auf diese Komponente des Lernens, insbesondere beim sozialen Lernen achten und die emotionalen Bedürfnisse ihrer Lernenden in ihrer Unterrichtsgestaltung zu berücksichtigen suchen.
3. Aktionale Komponente: "Die Summe der Erlebnisse und Erfahrungen im Zusammenhang der relevanten Sachverhalte wie auch die Umsetzung einer Kognition oder Emotion in Aktion." (Teutsch, G.M.)

Eine Schule wird für ihre erzieherische Arbeit alle drei Komponenten im Blick behalten, "auch wenn dies oft nur in einem Nacheinander möglich ist: Information wird in Handeln umgesetzt, Verhalten oder Handeln kann reflektiert werden, und Emotionen können sowohl zum kritischen Nachdenken wie auch zum spontanen Handeln anregen." (Teutsch, G.M.)

In alle Unterrichtsfächer und insbesonders außerunterrichtliche Aktiviäten sind erzieherische Intentionen eingebettet: Der Lehrer / die Lehrerin ist gehalten, in jedem Fach die den jeweiligen Lerninhalten innewohnenden bzw. dort möglichen sozialerzieherischen Momente anzusprechen und zu vermitteln. Dabei werden Kooperation, Kommunikation, Kritik und Kreativität' (nach v. Hentig H.), anzustreben sein. Gerade in fächerübergreifenden Themenstellungen oder in Phasen, in denen der (auch individuelle) Lernprozess an sich Thema des Unterrichts ist, lassen sich werte- und so-zialbezogene Gesichtspunkte mit einbringen. Dabei erkennen die Schüler(innen) auch, dass es im menschlichen Leben oft nicht um eine Entscheidung zwischen "Gut und Böse" geht, sondern nach begründeten Kriterien zwischen verschiedenen "Übeln" gewählt werden muss. Hier wird dann evident, wie sinn- und wertorientierte Einstellungen für die Lebensbewältigung hilfreich sind. Auch das Gespür bzw. die Erkenntnis der Sinnhaftigkeit des eigenen Lebens leuchtet so eher auf.

8.4 Grundlagen sozialer Kompetenz - Ziele sozialer Lernprozesse

Der Erwerb sozialer Kompetenz erfolgt im sozialen Lernen, das eine "Kultivierung der sozialen Beziehungen zwischen den Schülern" (Aebli, H.) anstrebt.

"Soziale Lernziele sollen dazu dienen, dass die Schüler(innen) kompetenter miteinander interagieren, dass sie mehr Verständnis für das Anderssein des Nachbarn haben, dass Rangordnungsdistanzen in der Klasse verringert werden, dass Konflikte human ausgetragen werden, dass Fähigkeiten, arbeitsteilig vorzugehen, entwickelt werden und dass ein Zusammengehörigkeitsgefühl im Sinne von Solidarität und Toleranz, aber auch von Hilfsbereitschaft wächst." (Struck, P.)

Während des sozialen Lernens erfahren die Schüler(innen) in "Konflikten eine konstruktive Chance zu sehen, Beziehungen, Gruppen und gesellschaftliche Handlungsfähigkeit aufzubauen und zu sichern. In diesem Sinne" beinhaltet soziales Lernen und damit soziale Kompetenz "Konfliktfähigkeit und Streitkultur." (Schottmayer, G.)

Auf dem Weg zu sozialer Kompetenz sind wichtige Ziele der sozialen Lernprozesse z.B.:

- "Erkenntnis der Grenzen eigener Freiheit und Aufbau sozialer Tugenden wie Rücksicht, Fairness, Hilfsbereitschaft;
- Einsicht in die Notwendigkeit von Kooperation und Solidarität im Zusammenleben von Menschen und Befähigung, beides in angemessener Form zu realisieren;
- Verständnis und Anerkennung des Anderssein anderer Menschen und Völker, ggf. Abbau von Vorurteilen und Verstärkung eigener Toleranz;
- Gewinnung der Einsicht in eine sachliche und gewaltlose Bewältigung von Konflikten"(Schnitzer, A.);
- Einsicht in die Notwendigkeit, Aufgaben zu übernehmen und zu bewältigen;
- Bereitschaft zur Übernahme von Verantwortung für sich selbst und andere; usw.

8.5 Soziale Lernprozesse und soziale Entwicklung

Soziales Lernen fußt auf einer sozialen Entwicklung bzw. bringt eine solche voran."Die fundamentale Problematik sozialen Lernens wird erst dann ganz deutlich, wenn man sich bewusst macht, dass die emotionale, kognitive, moralische und sprachliche Entwicklung Aspekte der sozialen Entwicklung sind." (Spanhel, D.) Damit gehört zum sozialen Lernen auch "der Erwerb ´sozialen Wissens', von Kenntnissen über menschliche Eigenschaften, Regeln des Zusammenlebens, allgemein anerkannte Werte und Normen, soziale Rollen und damit verbundene Verhaltenserwartungen sowie die Aneignung von bestimmten, sozialen Beziehungen, Situationen und Rollen adäquater Verhaltens- und Ausdrucksformen." (Spanhel, D.)

Konflikte werden so als eine "Grundform menschlicher Interaktion gesehen. Das konstruktive Umgehen mit Konflikten wird als Chance für Veränderungen, eine positive Ich-Entwicklung und die Entwicklung sozialer Verhaltensweisen und Einstellungen erfahren. ... Die Gestaltung sozialer Prozesse innerhalb der Schule für eine angenehme Lern- und Arbeitsatmosphäre wird so notwendig ein Bestandteil der Schulprogramm-Entwicklung." (Geißler, E.)

Soziales Lernen findet in einem "sozialen Feld statt, das u.a. gekennzeichnet ist durch die Faktoren:

- Persönlichkeitsstruktur und -entwicklung des /der Lernenden;
- Zusammensetzung und Klima der Gruppe / Klasse;
- Einflüsse der Lehrerpersönlichkeit (Verhalten, Unterrichtsgestaltung, u. a.);
- Übereinstimmungen bzw. Verträglichkeit der Einstellungen und Haltungen von Lernenden und Lehrenden;
- durch Bildungspläne vorgegebene Inhalte bzw. Kompetenzen;
- verfügbare Veranschaulichungs- und Vermittlungshilfen.

Zu Beginn der ´Schulzeit´ hat jedes Kind bereits vielfältige soziale Lernprozesse erfahren, d. h. es wurde durch seine bisherige Umwelt sozialisiert. "Als Sozialisation kann man den Prozess bezeichnen, durch den sich ein Individuum die Verhaltensweisen, Werthaltungen (Normen und Verhaltensregeln) und Erwartungen (Rollenerwartungen) aneignet, die es dazu befähigen, bestimmte Rollen in einer Gemeinschaft (oder allgemeiner: in der Gesellschaft) zu übernehmen." (Aebli, H./Steiner, G.) Die Schule hat aufgrund ihres Erziehungs- und Bildungsauftrages das Ziel, diese Sozialisationsprozess weiterzuführen bzw. u.U. erst einzuleiten.

Auf die Schule kann damit "auch eine Funktion der ‚Umsozialisierung' zukommen, wenn die Normen und Werte des vorschulischen Erziehungsmilieus mit denen der Schule nicht übereinstimmen." (Aebli, H./Steiner, G.)

8.6 Positives Selbstbild und echtes Selbstwertgefühl

- Ziele und Voraussetzungen sozialer Kompetenz -

Jeder Erziehungsprozess in der Schule sollte bestrebt sein, einerseits präventiv psychohygienisch für die Lernenden tätig zu sein: Die Schule muss u.a. Sinn- und Wertorientierungen im Unterricht ermöglichen. Andererseits müssen in sozialen Erziehungsprozessen jene Lernhilfen geboten werden, die den einzelnen befähigen, den berechtigten soziokulturellen Anforderungen der ihn umgebenden Weit zu entsprechen, "und zugleich jene Gegenkräfte verleihen, die der einzelne benötigt, um sich dem totalen Anpassungsdruck zu entziehen, sich in die gesellschaftlichen Konflikte aktiv einschalten und am sozialen und kulturellen Wandel verantwortlich mitwirken zu können." (Struck, P.) W. Brinkmann bezeichnet dies als Identität. Er definiert Identität als "ein spezifisches Resultat der gegenläufigen Prozesse der Vergesellschaftung des Menschen und seiner Individuation, der Internalisierung sozialer Rollen, Normen, Werte und der autonomen Distanzierung von ihnen". Für die Lehrenden ist diese Erziehung eines jeden Kindes / Jugendlichen zur individuellen Persönlichkeit eines der wichtigsten Erziehungsziele überhaupt und bedeutet in der Praxis, einen Mittelweg zwischen totaler Normanpassung und totaler Freizügigkeit zu finden. Das gelingt am ehesten, wenn die Lernenden von einer passiven Rezeptions- und Erwartungshaltung zu aktivem Engagement geführt werden.

Das Ziel jeder gelingenden Erziehung ist das Ermöglichen einer ldentitätsfindung des Kindes/Schülers. "Fehlende Identität führt zu einer außengelenkten Persönlichkeit. Schüler / Schülerinnen, die ein verkümmertes, nicht emanzipiertes Ich haben, orientieren sich kaum an eigenen Normvorstellungen, aber um so mehr am Verhalten anderer Menschen. Mangelnde Identitätsfindung sorgt daher für ein unauffälliges, angepasstes Verhalten. Das Ja-nicht-auffallen-Wollen führt dazu, dass man sich Trends, Modeströmungen anschließt, weil man seine Verhaltensmaßstäbe nicht aus sich selbst heraus gewinnt ... Uniformes Verhalten wird durch schwache Persönlichkeitsbildung gefördert ... Ein schwacher Grad an Identitätsfindung begünstigt außengelenktes normatives Verhalten, demnach auch die Unfähigkeit, mit sich selbst allein fertig zu werden, so dass sich rasch Einsamkeitsgefühle und Bedürfnis nach Gruppenbildung einstellen." (Struck, P.)

- Bedenken wir viele heutige Erscheinungsweisen im Leben Jugendlicher bzw. junger und auch älterer Erwachsener, so wirft sich die Frage auf: Wo fand in der jeweiligen Erziehung eine Erziehung zur Persönlichkeit, eine Erziehung zur persönlichen Identität statt? -

Die Schüler(innen) sollen erfahren, dass "eigenverantwortliches Selbermachen sehr genussvoll sein kann. Wichtig ist, dass sie etwas gestalten, bearbeiten, selbst machen" (Klein, U.); denn so erfahren sie in ihrem Tun u. a. ihr Selbst und können positive Erfahrungen machen.

Erfahrungen beinhalten ein starkes emotionales Moment. Hier kann schulisches soziales Lernen ansetzen, indem es erfahrbar macht: "Das

Erleben nicht nur unter dem Aspekt der Wirkung auf eigenes Wohlbefinden, eigene Vorteile und persönlichen Erfolg zu empfinden, sondern sich in einer oft schmerzhaften Selbstentzweiung auch den Partnern der belebten Umwelt zuzuwenden, um zu fühlen, was sie betrifft oder auch nur bewegt. In dieser Weise des Erlebens können sich Selbstüberschätzung und Egoismus, die ja im Nicht-zur-Kenntnis-nehmen oder Nicht-ernst-Nehmen der sozialen Mitwelt begründet sind, gar nicht erst entwickeln." (Teutsch, G.M.) Im sozialen Lernen, bzw. der Unterrichtsgestaltung unter diesem Gesichtspunkt geht es um zentrale Erziehungsziele mit höchster Zukunftsbedeutung für die Lebensgestaltung der Lernenden.

Es geht um so "wertvolle Dinge wie Kooperationsfähigkeit, Kommunikationsfähigkeit, Hilfsbereitschaft, Gruppenfähigkeit, Toleranz, Solidarität, Konflikt- und Kritikfähigkeit, politische Mündigkeit einschließlich der demokratischen Fähigkeit, mit dem 'Überstimmtsein' fertig zu werden, sowie um Disziplin (einschließlich der Selbstdisziplin) als Bereitschaft zur Bindung an gruppenspezifische, gesellschaftliche und internationale Normen, um Courage, vor den Augen der anderen zu sich selbst zu stehen, um den angemessenen Umgang mit eigenen und fremden Aggressionen und schließlich um den richtigen Umgang mit der zukünftigen Zeit in Form von Planungskompetenz." (Struck, P.)

Dieses "Erfahrungen machen" ist für das soziale Lernen unerlässlich. "Die Tugenden und Fähigkeiten, die beim erwachsenen Menschen erwartet werden, müssen ihm durch die prägende Macht der Eingewöhnung von früher Kindheit an zugelegt werden. Bei der erzieherischen Gewöhnung geschieht vorzüglich ein Lernen durch Handeln." (Hammel, W.) Für Lehrende ist dieses aktionale Moment beim sozialen Lernen entscheidend. "Kernstück der erzieherischen Arbeit ist die Übung des sittlichen Willens und Verhaltens." (Froese, L.) In höheren Klassen insbesondere schließt das soziale Lernen "auch die Begründung sozialer Normen, das Hinterfragen und die berechtigte Kritik an unsozialen Maßnahmen mit ein" (Schnitzer, A.), z. B. in den Fächern Religion, Gemeinschaftskunde und Deutsch.

8.7 Soziale Lernprozesse in der Gruppe / Klasse

Nahezu jedes schulische Lernen findet in der Klasse statt, d. h. im sozialen Bezug. Damit kommen den Prozessen, die in einer Klasse ablaufen, besondere Bedeutung zu. Angesprochen sind u.a. die sozialen Arbeitsformen: Partnerarbeit und Gruppenarbeit, in ihren verschiedenen Varianten.

“Eine der wichtigsten organisatorischen Vorbedingungen für soziales Lernen dürfte die Arbeit in kleinen Gruppen sein. Denn die Größe der Gruppe, in der gearbeitet wird, strukturiert das interaktionale Geschehen in der Gruppe vor.” (Schreiner, G.) Aebli weist darauf hin, dass "nicht nur die Intelligenzentwicklung, sondern jeder Lernprozess sozial bedingt oder zumindest mitbedingt ist, so wie sich das Gelernte seinerseits wieder im sozialen Bereich auswirkt. Schulisches Lernen ist durch die soziale Situation gekennzeichnet: der Schüler lernt in einer Gruppe, der Schulklasse; seine Lernbereitschaft und die Art des Lernens ist durch die Sozialstruktur eben dieser Gruppe mitbestimmt. '.. Solche sozialen Momente werden in der Hauptsache von der informellen Ordnung reguliert, jener Ordnung unter den Schülern, die sich vom ersten Schultag an meist ohne Zutun des Lehrers einspielt." (Aebli, H./Steiner, G.)

Einer solchen informellen Ordnung wohnen nach Schenk-Danzinger folgende Merkmale inne:

1. "Eine vertikale Gliederung der Klasse im Sinne einer Rangordnung. Die Rangordnung sagt etwas über das soziale Ansehen aus, das ein Schüler in der Klasse genießt. Die Beurteilungskriterien sind mannigfach und sind u.a bedingt durch die allgemeine Leistungsfähigkeit, die Körperstärke und die Verlässlichkeit bei Knaben und die Gepflegtheit und das hübsche Aussehen bei Mädchen.
2. Eine horizontale Gliederung der Klasse ergibt sich aufgrund der sozialen Integration der Schüler in die Klassengemeinschaft: Es gibt Kern-, Mitte-, Rand- und Außenstehende, also die Führer und Stars der Klasse sowie die Spezialisten, die Angehörigen von meinungsbildenden Gruppen, die relativ isolierten Freundespaare und schließlich die Nichtbeachteten und die Verstoßenen.
3. In der informellen Ordnung bilden sich in der Klasse verbindliche Wertesysteme ′öffentliche Meinungen' und andere kollektive Verhaltenstendenzen aus, die der Lehrer nur teilweise zu beeinflussen vermag und oft auch als Außenstehender - häufig nicht wahr-nimmt." (Schenk-Danzinger,L.)

Für Lehrende gilt es, möglichst alle Schüler(innen) in einer Klassengemeinschaft zu integrieren. Dabei ist zu beachten, "dass die Arbeit in der Gruppe entscheidend von personal-emotionalen Momenten beeinflusst werden kann." (Schenk-Danzinger, L.) Für die Klasse als Großgruppe bedeutet dies, dass die Schüler(innen) lernen müssen, auch nicht favorisierte Mitschüler(innen) zu akzeptieren. Mit den Lernenden zusammen wird der Lehrer / die Lehrerin im Interesse aller, insbesondere des Klassenklimas, bestrebt sein müssen, jedem / jeder einsichtig zu machen, dass alle für das gemeinsame Lernen und Leben in der Klasse und die Zusammenarbeit miteinander Verantwortung tragen. Zu der Fähigkeit, im Klassenverband soziale Verantwortung zu übernehmen, genügt nicht allein das Reden darüber, sondern diese Verantwortungsfähigkeit muss z.B. im geduldigen, spielerisch handelnden Lernen erworben und geübt werden (Schule als Ein- und Ausübungsstätte lebensrelevanter zwischen-menschlicher Ernstsituationen). "Weniger der Konflikt an sich ist das Problem, als die Art und Weise, wie mit Konflikten in Bezug auf eine nachhaltig wirkende Konfliktregelung umgegangen wird." (Geißler, E.)

Ein Einüben in soziale Verhaltensweisen sollte bereits in den ersten Jahren der Grundschule beginnen und entwicklungsgemäß in allen Schuljahren fortgeführt und ausgebaut werden. Z. B. lassen vielerlei spielerische Möglichkeiten des darstellenden Spiels die Schüler(innen) verschiedene Rollen erproben und die Wirkungen ihres Handelns auf andere und die eigene Situation erkennen. Wichtig dabei ist, dass die Lernenden viele mögliche Rollen erlebend durchspielen können, um so eher Maßstäbe zu ihrer eigenen Identitätsfindung zu finden. Manche Störung in der Personenentwicklung eines Kindes könnte dadurch eher vermieden werden, da das spielerische Erproben neuer Rollen von z. B. der Klasse bzw. Schule unterstützend bejaht wird.

In diesen Prozessen sind die Lehrenden "Organisatoren, Initiatoren, Ratgebende und Anwälte kompensatorischer Individualisierung beim sozialen Lernen, aber nie Führer der sozialen Lernprozesse innerhalb der gewollten Gruppenprozesse. Der Irrweg, das Scheitern, der Konflikt, die Krise sind als fruchtbare Höhepunkte sozialer Dynamik von gewollt, weil die Schüler aus ihnen um mehrere soziale und emotionale Grunderfahrungen reicher herauskommen. Lediglich psychische und physische Gefahren müssen sie durch ihr Eingreifen abwenden." (Struck, P.) Für soziale Lernprozesse ist angemessen Zeit vorzusehen; denn soziale Lernprozesse benötigen ihre Zeit. Sie erfordern meist mehr Zeit als rein kognitives Lernen, dafür stellen sie aber auch ein ‚Lernen fürs Leben' dar, das nicht nach der Schule schnellstens vergessen wird. "Soziales Lernen als Aktivierung und modifizierende Anwendung der affektiven, kognitiven Schemata und Handlungsmuster bewirkt, dass diese flexibler werden und mannigfache Generalisierungen und Differenzierungen erfahren." (Spanhel, D.)

8.8 Verhaltensweisen bei sozialen Lernprozessen

Beim sozialen Lernen ist die sprachliche Entwicklung mit entscheidend, da das Sprachvermögen, damit die Sprache, zusammen mit der entsprechenden Handlung das flexibelste Mittel sozialer Einflussnahme darstellt. Solche aufgrund von Schemata und Handlungsmuster erworbenen bzw. zu erwerbenden angemessenen Verhaltensweisen lassen sich nach H. Sauter wie folgt einteilen:

1. "Affirmative Verhaltensweisen:

Sie dienen insbesondere der Realitätserfassung und der sozialen Anpassung. Dazu gehören vielerlei Verhaltensweisen, wie sie in alltäglichen Situationen erforderlich werden, z. B. einen Auftrag entgegennehmen oder weitergeben, Auskunft einholen, Wünsche äußern, sich entschuldigen, jemanden beglückwünschen, telefonieren, eine Verabredung absagen, jemanden ermuntern, etwas mitteilen, sich vorstellen, etwas aufklären

2. Kritische Verhaltensweisen:

Zur Distanzierung von Erwartungen, die aufgrund der eigenen Wertung nicht situationsangemessen erscheinen, z. B. etwas ablehnen, sich beschweren, eine Zumutung zurückweisen, für jemanden eintreten, einer Forderung Nachdruck verleihen, einer Drohung entgegnen, eine Bitte abschlagen, das eigene nichtangepasste Verhalten argumentierend begründen, eine Zudringlichkeit abweisen ...

3. Kooperative Verhaltensweisen:

Zur Stabilisierung von Konsens und gemeinsamer Zielsetzung für die Fortsetzung von Interaktion, z. B. eine gemeinsame Aufgabe in Teilaufgaben für Gruppenmitglieder aufteilen, aushelfen, delegieren, berichten, einen Kompromiss suchen ...

a) Verhaltensweisen der Wahrnehmung von Gruppeninteressen: Z. B. Vereinbarung einer gemeinsamen Strategie, Solidarisierung mit Gruppenmitgliedern, Delegation von Aktivitäten ...

b) Verhaltensweisen der Mitbestimmung: Z. B. sich informieren über Berechtigungen, Legitimationen von Anordnungen, erfragen, Einwände vorbringen, Alternativen finden und begründen, Veränderungen planen und argumentierend vertreten..." (Sauter, H.)

Solches soziales Lernen beinhaltet "auch das bewusste, lehrplanmäßig abgesicherte Erfahren sozialer Sachverhalte und Probleme." (Schnitzer, A.) Angesprochen sind alle Fächer, einige in besonderem Maße. Auch die Funktion der Klassenlehrer(in) kommt hier besondere Bedeutung zu:

Einbeziehen fächerübergreifender Bezüge, Organisieren projektartigen Unterrichts usw.

8.9 Rolle der Erziehenden in sozialen Lernprozessen

“Die Entwicklung sozialer Kompetenz muss von einer situations- und aufgabenbezogenen Anregung und Förderung sozialen Verhaltens begleitet werden. Soziales Verhalten mit seinen Konsequenzen (Erfolg, Misserfolg) ist deshalb eine Grundbedingung für die Entwicklung sozialer Haltungen” (Schottmayer, G.). Bei allen sozialen Lernprozessen geschieht das Lernen "überwiegend schülerzentriert, also als Resultat der Eigendynamik von Gruppenprozessen; es kann daher vom Lehrer initiiert und begünstigt, aber nicht wie beim kognitiven Lernen gelenkt werden. Beim sozialen Lernen gibt der Lehrer die Fäden der Lernprozesse aus der Hand und überlässt sie, wenn auch als Beobachter und Berater zugegen, der Eigenbewegung der Schüler." (Struck, P.) Nichtdestoweniger bedürfen gerade die sozialen Lernprozesse der genau durchdachten Planung und einer hohen pädagogisch-psychologischen Kompetenz.

Soziale Lernprozesse leben von der Gestaltung der Kommunikation und Interaktion. Schlaglichtartig seien wichtige Methoden benannt:

- “Themenzentrierte Interaktion: Gleichwertigkeit und Balance von Gruppe und Individuum; Umsetzung der Erkenntnisse in handlungsleitende Regeln; Bedeutung von Ich-Aussagen, Authentizität, Gefühlsbeachtung und Hier-und-Jetzt-Bezug, nicht belastender Rückmeldung und von Störungen in der Interaktion.
- Gestaltpädagogik und sozialpsychologische Kleingruppenforschung: Erkenntnisse über Gruppenprozesse, Antizipation des Ablaufs und der Faktoren von Interaktionsvorgängen.
- Konfliktmoderation und Mediation: Handlungsmuster zum Umgang mit Konflikten, Problemen, Frustrationen und Aggressionen.
- Gruppendynamik und Interaktionspädagogik: Anleitungen zum Üben von sozialen Verhaltensweisen und Handlungsmustern in simulierten Situationen anhand von Übungen und Spielen; soziale Wahrnehmung, Kontaktaufnahme, Kennenlernen, Selbst- und Fremdeinschätzung, Gesprächsführung, Feedback, Kooperation, Problemlösen und Konfliktbearbeitung.” (Geißler, E.)

8.10 Bedeutung der Sprache beim sozialen Lernen

Im Erwerb sozialer Einstellungen und Haltungen kommt der Sprache in ihrem Zusammenhang mit dem zugehörigen Handeln große Bedeutung zu. Sprachliche Momente bestimmen wesentlich das miteinander Leben und Zusammenleben. Damit werden Regeln der Gesprächsführung bedeutsam. Erziehende sollten beachten, dass "Regeln meist mit Ausnahmen" versehen und "nur bedingt gültig" sind. "Sie ergehen in gegenseitiger Absprache, legen Verhaltensmuster und Handlungsspielräume fest und können verändert werden ... Kinder lernen Regeln zumeist beim Spiel, in Form von Spielregeln." (Ritz-Fröhlich, G.) In ihrem Aufsatz weist Ritz-Fröhlich auf die Entwicklung von Regelverhalten und Regelverständnis hin: Das Kind entwickelt diese "stufenweise vom reinen motorischen, noch nicht regelgeleiteten Verhalten über das egozentrische, Regeln nur nachahmende Verhalten bis hin zur Regelbeachtung und Kooperation". Dabei kann die "Entwicklung durch die Struktur der konkreten Lernbedingungen beschleunigt oder verlangsamt, begünstigt oder gehemmt werden.... Das Regelverständnis von Kindern ist im konkreten Handeln wahrscheinlich weiter entwickelt als es von ihnen verbal vermittelt werden kann. Damit wird das Handeln selbst zum Motor für kognitive Prozesse" (Ritz-Fröhlich, G.), d. h. kognitive Strukturen entwickeln sich durch Interaktionsprozesse und sind zugleich "das Ergebnis dieser Prozesse. So gesehen sind kognitive Strukturen immer Strukturen des Handelns." (Kohlberg, L.D.)

Soziales Lernen hat sich an pädagogischen und didaktischen Grundeinsichten und Prinzipien zu orientieren.

A. Schnitzer sieht für das soziale Lernen in einer Gruppe / Klasse aus lernpsychologischer Sicht drei Aspekte als wesentlich an:

1."Soziales Lernen bedarf - ähnlich wie das kognitive Lernen - der Erfolgsbestätigung.

2. Soziales Lernen muss oft durch sekundäre ‚Verstärker' motiviert werden.

3. Soziales Lernen geschieht vornehmlich durch Beobachtung, Imitation und Identifikation."

8.11 Äußere Gegebenheiten und soziales Lernen

Soziales Lernen wird auch von äußeren Gegebenheiten beeinflusst, z. B. durch die Lage (vom Klassenzimmer zugänglicher, abgetrennter Vorgarten oder ein Innenhofzugang, Verkehrslärm usw.), Ausstattung und Gestaltung des Klassenzimmers, den Lichtverhältnissen und die Sitzordnung. Unterstützt wird soziales Lernen eher von mobilem Mobiliar, variablen Ausstattungselementen z. B. zur Schaffung einer Lese- oder Spielecke und genügend nutzbarer Wandfläche (Tafeln, Pinboards usw.).

8.12 Praktische Ansätze sozialer Lernprozesse

Soziales Lernen beinhaltet die Einsicht, Kenntnis und Fähigkeit soziale Verhaltensweisen in den verschiedensten alltäglichen Situationen zu aktivieren; d. h. es wird eine sozial verantwortliche Handlungskompetenz vorausgesetzt bzw. angestrebt. Eine solche Handlungskompetenz, der bestimmte Regeln menschlichen Zusammenlebens zugrunde liegen, muss von den Kindern in konkreten schulischen Situationen bzw. Aktivitäten erfahrbar vermittelt werden. Dabei gilt es zunächst die Einsicht in die Notwendigkeit solcher Regelungen des Zusammenlebens durch handelndes Lernen zu ermöglichen. "Solche Regelfindungsprozesse müssen berücksichtigen, dass sich das Regelverständnis ebenso wie die kindliche Entwicklung selbst in Sequenzen vollzieht..." Die zunächst noch "egozentrischen Denk- und Verhaltensstrategien" der Schüler(innen) sollten durch "vernünftiges Reden über Phänomene" (Klein, H.) verändert werden, "in dem das Kind erfährt, dass es neben seinem Gesichts- und Standpunkt noch andere gibt, mit denen es sich auseinandersetzen muss, in Richtung auf Konsensbildung und Kooperation." (Ritz-Fröhlich, G.)

Jede(r) Lehrende sollte z. B. sich selbst kommunikative Regeln überlegen, diese in seine Klasse einbringen und mit dieser besprechen, dann für alle verbindlich einführen und einüben; möglich wäre auch, dass die Lernenden selbst Gesprächs- und Verhaltensregeln finden.

Solche Regeln hätten den Vorteil, dass "Verhaltensregeln, die die Schüler selbst fordern und an deren Vereinbarung sie mitwirken, für sinnvoll und erhaltenswert gehalten werden"; so bildet sich eher eine "innere Bejahung dieser Regeln" aus,"ein nicht zu unterschätzendes Fundament, um einsichtiges soziales Handeln zu fördern". Solche Gesprächsregeln stehen "in engem Zusammenhang mit Ordnungen und Regelungen überhaupt in der Schule." (Ritz-Fröhlich, G.)

Diese Aufgabe muss der Lehrer / die Lehrerin als langfristig ansehen und damit einerseits Geduld und Konsequenz zeigen, andererseits aber auch bereit sein, in gegenseitiger Absprache, aufgrund von Erfahrungen, die Regeln zu verändern. Sollen soziale Lernprozesse gefördert bzw. initiiert werden, gilt das Bestreben, möglichst viel Zusammenarbeit der Lernenden untereinander zu ermöglichen (Partner-, Gruppenarbeit). Wo immer möglich sollte projektartig gestalteter Unterricht , eine handlungsorientierte Unterrichtsgestaltung vorgesehen werden, um so die Lernenden selbsttätig Lösungsansätze bzw. Problemlösungen finden zu lassen.

Hilfreich für einen ungestörten Unterrichtsverlauf ist das Vereinbaren von Zeichen, um auf ein bestimmtes Verhalten hinzuweisen; ebenso sollten die i. d. R. positiv zu formulierenden Regeln für alle auf einem Plakat an einer Seitenwand des Klassenzimmers sichtbar sein.

Handelndes Einüben von Gesprächs- und Verhaltensregeln ermöglichen verschiedenste Spielformen, u.a. Puppenspiele, Rollenspiele, Theatervorführungen, Filme und Tonaufzeichnungen. Insbesondere bei den Spielen können Übungen zur Empathie möglich und angebracht sein.

Werden Konflikte oder störendes Verhalten angesprochen so hilft zuvor das Bedenken folgender Gesichtspunkte aus der Sicht des / der Auslösenden:

-"Bestimmung des störenden Verhaltens: Welches eigene Verhalten erlebt die Person als störend?

- Bestimmung des sekundären Gewinns: Welchen Vorteil hast du davon, dass du dich so verhältst?

- Alternatives Verhalten ermitteln: Wie kannst du dich anders verhalten und dabei gleichzeitig den Vorteil bewahren?

- Behandlung von Einwänden: Gibt es Einwände gegen die geplante Veränderung?

- Integration des alternativen Verhaltens: Wie ist es, wenn du dich in deiner Problemsituation so verhältst, wie due es dir vorstellst?

- Überbrücken in die Zukunft: Wann in der Zukunft könntest du wieder in eine entsprechend problematische Situation kommen?" (Kliebisch, U.W.)

Als Handlungsmöglichkeit aus der Sicht der Erziehenden:

- Genaues Bestimmen des Problemverhaltens: Wo und wann kommt es vor, wie zeigt es sich, was folgt danach?

- Trennen von Absicht und Verhalten: Welche Ziele werden verfolgt, welche Vorteile ergeben sich aus der Störung für den Störenden?

- Suchen nach Alternativen: Welches Verhaltensrepertoire liegt vor, wie kann der/die Störende zu den selben Zielen kommen ohne Störung?

- Prüfen der Verträglichkeit des alternativen Verhaltens: Ergeben sich andere Probleme aus dem veränderten Verhalten, wie ist der Umgang mit ihnen möglich?

- Testen und integrieren des neuen Verhaltens: Erproben, variieren und sichern (bestärken, festigen) des neuen Verhaltens usw..

8.13 Zusammenfassung

Soziales Lernen ist ein Prozess, der über Vorformen sozialen Verhaltens gegenüber Nächsten, dem Nachbarn, dem Gegenüber, über soziale Leistungen innerhalb überschaubarer und konkreter Gruppen des Nahbereichs (Familie, Schule, Freizeitgruppen, Peer-Groups, Nachbarschaft) schließlich bis zum politisch mündigen Verhalten innerhalb überschaubarer, abstrakter Strukturen (Gemeinwesen, Gesellschaft, Staat, Internationalität) reicht." (Struck, P.)

Dies erfordert viele Fähigkeiten, die nicht allein nebenbei im Unterrichtsverlauf erworben, ein- und ausgeübt werden können. Hier ist eine Schule in ihrer Gesamtheit, ihrer Schul- und Unterrichtskultur gefordert, um durch gezielte, kontinuierliche Lernprozesse soziales Lernen der ihr anvertrauten Schüler und Schülerinnen zu fördern bzw. dieses zu ermöglichen.

Eine gemeinsame, phantasievolle Gestaltung des Schullebens durch alle an der Schule Beteiligten könnte Entscheidendes bewirken in Richtung von Erfahrungsfeldern in einem schülerbezogen humanen, leistungs- und sozialverantwortlichen Schulleben. Eine lebensnahe, lebensbezogene und lebendige Schulatmosphäre wäre dadurch voraussichtlich in erreichbare Nähe gerückt.

Jede Bildungseinrichtung, so auch eine Schule ist eingebettet in ihr Umfeld. dies reicht vom jeweiligen (Bundes-)Land über den Bezirk bis zur konkreten Gemeinde oder Stadt vor Ort hinsichtlich des Einzugsbereichs. Dies hat Auswirkungen auf die vorwiegende Zusammensetzung der Lernenden. In derselben Stadt kann ein und dieselbe Schulart in verschiedenen Stadtteilen vollkommen verschieden sein, was sich auf die jeweiligen Möglichkeiten und Arbeitsbedingungen von Lehrpersonen wie Lernende auswirkt.

Dasselbe gilt für Schularten, deren Einzugsbereich sich über einen Bezirk erstreckt: Ist es ein eher ländliches bzw. kleinstädtisches oder mehr städtisches / großstädtisches Einzugsbezirk und wie ist die jeweilig vorwiegende Zusammensetzung der dortigen Bevölkerung (soziale Schichtungen bzw. Gruppierung), was Auswirkungen auf die jeweilige Sozialisation und Kultur der Kinder und Jugendlichen hat, die diese in die Bildungseinrichtung mit- und einbringen.

Die Komplexität und das Wirkungsgeflecht von Lehr- und Lernprozessen im Unterricht sowie wirksame Umgebungsvariablen zeigt folgende Grafik:

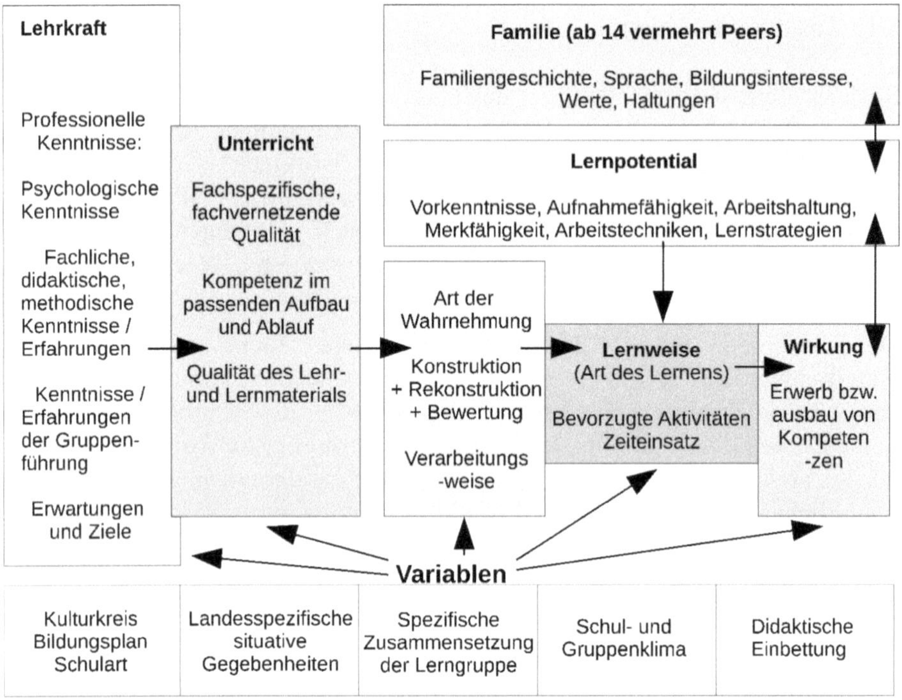

(nach Helmke, A.)

9. Handlungsorientiertes Unterrichten

Definition Handlung: „Handlungen sind auf Resultate gerichtet und folgen Motiven und Interessen; sie sind daher nur auf der Grundlage eines Erfahrungs- und Wissenssystems denkbar. Menschliches Handeln basiert konstitutiv auf einer Fähigkeit zur ′symbolischen Restrukturierung`. Damit wird deutlich, dass das Verständnis von Handeln bestimmte Menschenbildannahmen einschließt. Der Handlungsbegriff lässt sich nämlich nur aufrechterhalten, wenn der Mensch als ein kognitiv konstruierendes Subjekt modelliert wird. Will man menschliches Handeln als Gegenstand psychologischer Forschung ansetzen, muss man von anthropologischen Kern-annahmen ausgehen, die den Menschen nicht als mechanistisch reagierend und durch Umweltreize determiniert, sondern als potentiell autonom, aktiv konstruierend und reflexiv verstehen. Menschen bilden und verwerfen demnach Hypothesen, sie entwickeln Konzepte und kognitive Schemata; diese gehirninternen Prozesse und Strukturen steuern ihr Handeln." (Groeben, N.)

Handlungsorientierter Unterricht intendiert ein Lernen, das die kognitive Struktur der jeweiligen Lernenden verändert. Diese Struktur kann aber nur von den Lernenden selbst beeinflusst werden, deshalb ist es Aufgabe der Lehrperson, den Lernprozess der Lernenden durch vielfältige Anregungen und Informationen zu fördern mit dem Ziel, dass die Lernenden das neue Wissen in ihre Denkstruktur integrieren und durch die eigene Aktivität ihre geistigen Wissens- und Methodenschemata verändern.

Das Unterrichtsprinzip der Schüleraktivität, des 'learning by doing', ist ein Merkmal des handlungsorientierten Unterrichts und beruht auf der engen Wechselwirkung von Denken und Handeln. Nicht nur die Qualität der Arbeit des Einzelnen steht zuförderst im Mittelpunkt der Fragestellung nach dem Unterrichtserfolg, sondern auch diejenige der Zusammenarbeit von Lernenden. Jedes Handeln in der Schule ist erst sinnvoll durch seine Orientierung an einem Problem, einer schülernahen Fragestellung. Die Problembearbeitung und -lösung erfolgt sowohl durch Denken als auch durch gezieltes Handeln, wobei durchaus auch ein Versuch-und-Irrtumverhalten angebracht sein kann.

Von grundlegender Bedeutung für jeden, die Schüleraktivität im Sinne der Erziehung zur Selbsttätigkeit und letztlich zur Selbständigkeit verstehenden Unterricht ist das Vermitteln und Einüben überfachlicher und fachspezifischer Denk- und Arbeitsmethoden. In einem handlungsorientierten Unterricht muss die Lehrperson hierauf aufbauen können. Damit ergibt sich die Forderung nach einem Vermitteln grundlegender Methoden manueller und geistiger Arbeitsweisen anhand ausgewählter fachlicher Inhalte. So stehen der Erwerb von Inhalten gleichgewichtig neben dem Bearbeiten und Lösen von Problemstellungen durch gezieltes methodisches Handeln. Beides zu vermitteln und einzuüben ist Aufgabe der Lehrperson. "Handlungsorientierter Unterricht ist ein ganzheitlicher und schüleraktiver Unterricht, in dem die zwischen den Lehrenden und den Schülern vereinbarten" Handlungsziele "die Organisation des Unterrichtsprozesses leiten, so dass Kopf- und Handarbeit der Schüler in ein ausgewogenes Verhältnis zueinander gebracht werden können." (Meyer, H.)

Meyer spricht in seiner Definition von "Handlungsprodukten". Dieser Begriff erscheint mir zu materiell und wurde deshalb in 'Handlungsziele' umbenannt. In seinen weiteren Ausführungen setzt Meyer dann "Handlungsprodukte" gleich mit "veröffentlichungsfähigen materiellen und/ oder geistigen Ergebnissen der Unterrichtsarbeit." (Meyer, H.) Dieser Begriff des "Veröffentlichungsfähigen" erscheint mir zu eng; denn handlungsorientierter Unterricht intendiert mehr als dies. Insbesondere sind erzieherische Intentionen damit verbunden, die sich einer 'Veröffentlichung' i.d.R. weitgehend entziehen aber von großer Bedeutung für die Persönlichkeitsentwicklung eines jungen Menschen sind.

9.1. Didaktische Funktionen handlungsorientierten Unterrichts

(1) Er könnte dazu dienen die übliche Unterrichtsgestaltung zu bereichern, würde aber grundsätzlich 'Unterricht' nicht verändern.

(2) Er könnte das Unterrichtsverständnis erweitern, d.h. neben die Belehrung tritt verstärkt die Erfahrung (Siehe:'Erfahrungsbezogener Unterricht' von Ingo Scheller); d.h. die Lernenden würden in erhöhtem Maße Möglichkeiten erhalten, ihre geistigen Fähigkeiten aktiv und selbständig in den Unterricht einzubringen.

Unterricht in dieser Form würde der Arbeitsschulbewegung näher kommen, dem 'learning by doing'(Dewey). Die Lehrperson wäre in einem solchen Unterricht mehr in der Rolle der 'Erfahrungen Ermöglichenden', die Handlungsmaterial vorstellt und anbietet (auch außerhalb des Schulgebäudes). Verstärkt müssten Zusammenhänge der Wirklichkeit und die Auseinandersetzung damit in den Unterricht einbezogen werden. Lernende und Lehrperson würden sich verschiedener Wirklichkeitsbearbeitungen gegenübersehen und sich damit auseinanderzusetzen haben. Letztlich zentrales Moment eines mehr auf Handeln orientierter Unterrichtsgestaltung ist das Anliegen, dass Lernende lernen, ihr Lernen vermehrt selbst, selbstverantwortlich zu planen, durchzuführen und zu bedenken. Hilfreich sind hierzu in der Schule z.B. Projektunterricht oder die Arbeit in Arbeitsgemeinschaften.

9.2. Ziele eines vermehrt handlungsorientierten Unterrichts

Er will "den Schülern helfen, selbstverantwortliche, handlungsfähige, entscheidungsfähige Bürger eines demokratischen Staates zu werden." (Einsiedler,W. / Härle, H.) Handlungsorientierter Unterricht will das Denk- und Sprachvermögen der Lernenden fördern. Dabei lässt sich Denken und Sprache nicht voneinander trennen; denn alle Begriffe, in denen ein Mensch denkt, "stellen sprachliche Symbole dar, sie stehen stellvertretend für ein Handlungssystem, das ehemals wirklich erfahren und vollzogen worden ist. Sie werden durch Verinnerlichung von der konkreten Erfahrungsebene auf die formal-logische Symbolebene angehoben." (Maetschka, H.J.)

Unterricht, der handlungsorientiert ist, will die Lernenden in ihrer ganzen Person ansprechen, da Lernen mit allen Sinnen stattfindet. Ein solcher Unterricht knüpft an das Neugierverhalten der Kinder und Jugendlichen an bzw. fördert das gezielte Fragen und Experimentieren als Elemente des Erschließens der Umwelt. Handlungsorientierter Unterricht rechnet mit Fehlern von Lehrperson und Lernenden und geht dabei aber davon aus, dass Fehler zum menschlichen Leben gehören und deshalb Grundlage für erneute und vertiefte Lernprozesse sind. Schulisches Lernen ist dabei 'Probehandeln', das durch reflektiertes Vorgehen sich individuell optimieren läßt.

9.3 Handlungsorientierter Unterricht und Sprache

Versprachlichung ist ein wesentliches Moment des Lernprozesses im handlungsorientierten Unterricht. Erzählen, Berichten und das Vortragen von Erfahrungen sind ebenso Bestandteile dieses Unterrichts wie das gezielte Beobachten und das Sprechen darüber, das Aufstellen von Vermutungen, das Versprachlichen der Planung, der Durchführung des Handlungsablaufes und das Würdigen seiner Ergebnisse. Diese können beschrieben, auf das Wesentliche reduziert und sprachlich-symbolisch zu Modellvorstellungen vereinfacht werden. Solchermaßen gewonnene Begriffe helfen die Wirklichkeit zu beschreiben. Nachhaltiges, erfolgreiches Lernen will die Umwelt der Lernenden verfügbar machen und dies auch in der Sprache. Es werden klare Begriffe angestrebt, die den aktiven Sprachschatz erweitern und genaues sich Ausdrücken ermöglichen. Versprachlichung ist in allen Unterrichtsphasen möglich und anzustreben. Zu bedenken ist Kants Aussage, dass Begriffe ohne Anschauung leer und Anschauung ohne Begriffe blind seien. Gefordert ist das Entwickeln der Begriffe aus konkret erfahrenen Gegebenheiten. Dabei kommt je nach Fach dessen spezifische Fachsprache in schülerangemessener Form in Anwendung: "Immer dann, wenn neue Begriffe induktiv erarbeitet werden müssen, nimmt der Unterricht seinen Ausgang von der Alltagssprache der Lernenden und führt schrittweise, methodisch durchdacht zur fachlichen Ausdrucksweise. Immer dann, wenn gewonnene Erkenntnisse und Kenntnisse angewendet oder neue Begriffe deduktiv erschlossen werden sollen, ist auf eine möglichst korrekte, fachsprachliche Ausdrucksweise zu achten, denn 'Sprache ist eine wesentliche Hilfe für die Initiierung und Führung von Denkprozessen. Sie hat für das Denken eine regulierende Funktion'. (Schröder, H.;Maetschke, H.J.) Erarbeitete Begriffe bedürfen der Verankerung in der aktiven Sprach- und Vorstellungswelt der Lernenden, indem sie mit Bedeutungsgehalten gefüllt, mit bisherigen Begriffen verwoben und so in die geistige Struktur integrierbar werden.

9.4 Bedeutsamkeit des handlungsorientierten Unterrichts

Schon Kerschensteiner formulierte:"Nun liegt der Ursprung allen Denkenwollens im praktischen Tun"(in: Der Begriff der Arbeitsschule, München 1957). Jedwedes Lernen kann als aktiver Prozess verstanden werden. "Der Schüler lernt nur das, was er auch selbst getan und durchgeführt hat." (Correll, W.)

Zusammenfassend: "Der Schüler lernt nicht, worüber er informiert wird, sondern was ihm ermöglicht wird, zu tun. Handlungsvollzüge, die man ihm verbal beschreibt, erbringen wenig Lerneffektivität. Erst in der wiederholten praktischen Anwendung zeigt sich ein Lerngewinn"(Schröder, H.), d.h., dass "Inhalte, die selbst verarbeitet wurden, besser gelernt, länger behalten und eher auf neue Situationen übertragen werden können als nur sprachlich übermittelte Stoffe." (Schräder-Naef, R.)

9.4.1 Aspekte zur Gestaltung eher 'handlungsorientierten' Unterrichts

Verschiedene Untersuchungen haben gezeigt, dass ein Mensch ca. 20% von dem behalten kann, was er hört, 30% von dem, was er sieht, 80% von dem, worüber er spricht und ca. 90% von dem, was er selbst ausführt.

9.4.1.1 Unterrichtsprinzipin im handlungsorientierten Unterrichte

Handlungsorientierter Unterricht weiß sich besonders den Unterrichtsprinzipien der Aktivierung, der Anschauung, der Selbsttätigkeit, der optimalen Passung, des Lernen Lernens, der Schülerorientierung, der Förderung der Gesamtpersönlichkeit (Kopf, Herz und Hand (Pestalozzi)) und des emotionalen sowie sozialen Lernens, letztlich also dem Ziel der Erziehung zur Mündigkeit und Handlungskompetenz, sprich: Dem Verständnis von Erziehung als Lebenshilfe, verpflichtet. "Ein Individuum muss sowohl lernen, die für eine Gesellschaft existenznotwendigen Normen, Werte, Rollen, Positionen zu übernehmen (Rückriem, G. 1970), als auch darin enthaltenen Ansprüchen an sein Verhalten distanziert-kritisch und zu eigener Wertung fähig gegenüberzutreten.“ (Einsiedler, W.)

9.4.1.2 Unterrichtsgestaltung im handlungsorientierten Unterricht

„Aktivierung heißt, den Schüler anzuregen und ihm die Möglichkeit zu geben, im tätigen Umgang mit den Dingen Lernerfahrungen zu erwerben. ... Ein Unterricht, der das Prinzip der Selbsttätigkeit der Schüler im Lernprozess zu verwirklichen sucht, praktiziert ein Lernen, das auch als 'natürliches Lernen' bezeichnet wird.“ (Schröder, H.) Er geht von für die Lernenden fassbaren, klaren Fragestellungen bzw. von Fragen der Lernenden aus und versucht diese zu präzisieren und gegebenenfalls im handelnden Umgang zu verifizieren oder zu falsifizieren. Handelndes Lernen ist immer zielgerichtet. Treten negative Ergebnisse auf, so sind diese Grundlage für weitere Lernprozesse, indem die Lehrperson, unter Beachtung der geistigen und sozialen Fähigkeiten der Lernenden, diese zu weiterem Nachdenken und gedanklichem Durchdringen des Problemfeldes veranlasst. Damit werden neben dem Erlernen von Inhalten das Lernen von Fertigkeiten, Arbeits- und Lerntechniken als Voraussetzung und zugleich Ziele dieses Unterrichts erkennbar. Handlungsorientierter Unterricht will die "Auseinandersetzung des Individuums mit der Welt" (Wirklichkeit als Lernfeld) und über die "Fähigkeit zu Erfahrung", die "Wahrnehmung bzw. Selbstwahrnehmung von Personen", das Selbstkonzept fördern und durch ein "Ändern des Verhaltens und Erlebens" Fehlanpassungen vermeiden bzw. korrigieren. (Einsiedler, W.) „Handlungsorientierter Unterricht ist nicht nur im manuellen, sondern auch im kognitiven, rezeptiven und schöpferischen Bereich möglich. Dies schließt sowohl äußeres, wie inneres Handeln, manuelle wie geistige Betätigung, Beteiligung an der Unterrichtsplanung und alle Formen der Mitarbeit ...ein.“ (Witzenbacher, K.)

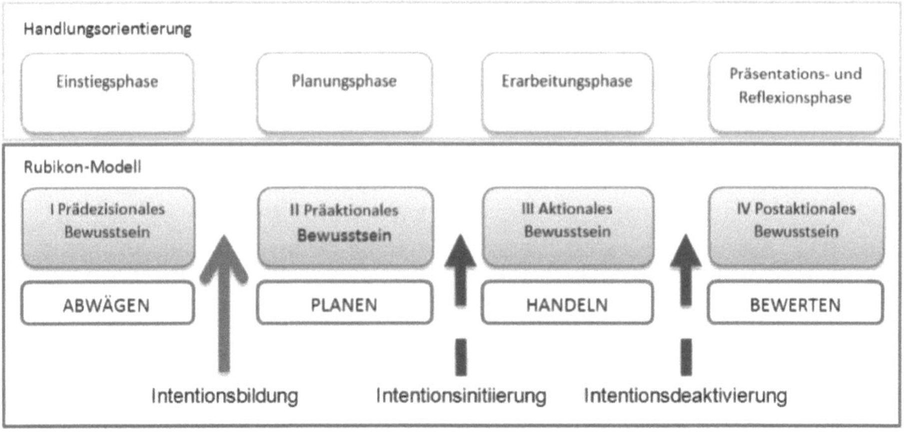

(Handlungsphasen und korrespondierende Bewusstseinslagen (Sollzustand);Schäfer, M.)

Ein Unterricht, der eigenständiges Handeln und insbesondere das Experimentieren der Lernenden intendiert, könnte mit Piaget auf zwei Arten geplant und gestaltet werden, wobei die erste Art und Weise kaum dazu geeignet ist, das Denkvermögen der Lernenden zu erhöhen: "Aber sogar auf dem Gebiet der konkreten Beobachtungen gibt es zwei Möglichkeiten der Beziehungen zwischen dem Lehrer und dem Kind und zwischen dem Kind und den Gegenständen, mit denen es sich beschäftigt.

- Die eine Möglichkeit besteht darin, alles so vorzubereiten, dass der Versuch gewissermaßen im Ablesen von vorher schon bis ins einzelne geordneten Tatsachen besteht.
- Die andere ist, den Schüler anzuregen, die Versuche selbst aufzubauen, einfach indem man ihm die Probleme nahebringt, für die er schon lange unbewusst eine Antwort sucht, um ihn weiterhin anzuregen, neue Probleme zu entdecken, bis er von selbst ein Interesse für Experimente bekommt und vielleicht nach vielen Irrtümern Lösungen findet, indem er jedoch immer seine eigenen geistigen Fähigkeiten anwendet." (Piaget, J.)

Bei den Lernenden gilt es z.B. „das Fragenkönnen zu erhalten bzw. neu zu aktivieren (quästives Lernen).“ (Zöpfl, H.) Die Lernenden sollen Hypothesen formulieren können bzw. lernen dies. „Quästives Lernen versucht, in übergreifende Grund-, Sinn- und Zielfragen einzudringen (Werterziehung), es verlangt auch Kenntnis der Methoden und der Wege (Arbeits-, und Lerntechniken), strebt selbständiges, kritisches Denken (Mündigkeit) an, sensibilisiert für Probleme und geht über das Selbstverständliche hinaus.“

Handelndes Lernen setzt das geistige Durchdringen der Problemstellung voraus und ist kein 'Handeln um des Handelns willen', z.B. ist experimentierendes Lernen mehr als der Umgang mit den Geräten. Die

Lernenden müssen immer wissen, warum sie etwas tun. Sie sollen sich bei diesem, ihrem Tun auf ihre Überlegungen und Fragen stützen und diese als aktiv und selbständig Denkende durch ihr gezieltes Tun überprüfen.

Handlungsorientierter Unterricht will vermeiden, dass das Rezeptive im Unterricht auch auf solche Lernfelder angewandt wird, die eigentlich dem selbsttätig forschenden, entdeckenden Lernen zuzuordnen sind. Solches Lernen ist "eng verwandt mit Kreativitätserziehung, Kombinationsfähigkeit, Konstruktionsvermögen, Phantasie, Originalität, Wendigkeit." (Schröder, H.) Die dabei gewonnenen Einsichten und Erfahrungen geben den Lernenden grundlegende Hilfen für das Gestalten ihres Lebens und sind ein Teil der Erziehung die sich als Lebenshilfe versteht.

Die Lehrperson, die handlungsorientierten Unterricht planen und gestalten will, wird eine multifunktionale Unterrichtsvorbereitung vornehmen müssen; denn eine solche Unterrichtsgestaltung erfordert von jeder Lehrperson ein erhöhtes Maß an Flexibilität sowohl was die Inhalte, als auch die didaktischen und methodischen Überlegungen betrifft. Zudem muss die Lehrperson eine Vielzahl geeigneter Materialien sammeln, aufbereiten und im entsprechenden Moment im Unterricht bereithalten. Die Unterrichtsvorbereitung unterscheidet sich von der üblicherweise vorgenommenen vor allem dadurch, dass neben den verpflichtenden Vorgaben des Bildungsplans und den eigenen Interessen verstärkt die Lernvoraussetzungen und Interessen der Lernenden einbezogen werden. Alle vier Gesichtspunkte fließen unter der Maxime der Selbsttätigkeit der Lernenden in die einzelnen Phasen des Unterrichts ein. Die zwei folgenden Beispiele zeigen die mögliche Stufung eines handlungsorientierten Unterrichts auf:

Erstes Beispiel:

„Phase 1: Einstieg

Im Unterricht wird dem / der Lernenden zu Beginn der Lernsituation ein Problem dargelegt. Dieses Problem greift die inhaltlichen Anforderungen des Lernfeldes auf und transformiert daraus eine Lernsituation. ′Jeder handlungsorientierte Unterricht konfrontiert die Schüler mit einem Problem. Die Aufgabe besteht darin, die sensorischen, kognitiven und motorischen Funktionen auf die Erreichung eines künftigen Zielzustandes zu richten.′ Im anschließenden Unterrichtsablauf soll diese Problem- bzw. Lernsituation innerhalb des Modells der vollständigen Handlung aufgelöst und lernwirksam reflektiert werden.

Phase 2: Planung

Die Aufgabe des / der Lernenden besteht nun darin, sich über die Sachverhalte zu informieren. Alle relevanten Informationen müssen gesammelt und geordnet werden. In einem weiteren Schritt wird von Lernenden geplant, wie das genannte Problem gelöst werden soll. Da es in der Regel mehrere Lösungswege gibt, muss der folgende Schritt eine Entscheidung über die Alternativen sein.

Phase 3: Erarbeitung

Nachdem eine Entscheidung getroffen worden ist, muss die Planungsalternative von den Lernenden in der Erarbeitungsphase vollzogen werden. Es gibt für die Phase Ausführen oder Erarbeiten unterschiedlichste Modelle. Je nachdem, welche Infrastrukturen vorherrschen sind verschiedene Ausführungsmöglichkeiten von modellhaften bis zu realen Abhandlungen durchführbar. Im Rahmen von Schule und Unterricht sind die Umsetzungsmöglichkeiten aufgrund fehlender sächlicher Ressourcen allerdings in der Regel eingeschränkt. Entsprechend erfolgt die Umsetzung im Unterricht mit Verfremdungen. So wird z.B. ein Arbeitsblatt ausgefüllt, bzw. eine Präsentation (Plakat, PowerPoint-Präsentation etc.) entwickelt.

Phase 4: Präsentation

Soll das Kriterium der Ganzheitlichkeit erfüllt werden, muss im anschließenden Schritt das Ergebnis aus der Phase Erarbeitung präsentiert und kontrolliert werden. Der Schwerpunkt dieses Schritts liegt auf der Präsentation und Reflexion des Geleisteten. Dabei stellt der / die Lernende das Handlungsprodukt vor. In der Regel wird die Phase mit einer Verbalisierung einhergehen.

Phase 5: Reflexion

Abschließend wird der gesamte Lösungsprozess reflektiert und bewertet.“ (siehe Schäfer, M.)

Zweites Beispiel:

A) Einstiegsphase:

Der Einstieg wird bereits die Lernenden zu einer aktiven Auseinandersetzung mit dem Inhalt / den Inhalten der Unterrichtsstunde führen. Die Lernenden aktualisieren dabei verfügbare Kenntnisse und vorhandene sachbezogene Fähigkeiten und Fertigkeiten. Sie benennen die genaue Fragestellung und formulieren erste Hypothesen.

B) Erarbeitungsphase:

In der Erarbeitungsphase führen die gefundenen Arbeitshypothesen zu ersten Überlegungen möglicher Lösungswege und zur Planung von Arbeitsschritten. Ebenso kommen benötigte Materialien in den Blick. Nun können die einzelnen Lernenden oder besser Lerngruppen die anstehenden Arbeitshypothesen mit Hilfe bekannter, fachspezifischer Arbeitsmethoden bearbeiten. Erkennen sie vorhandene Arbeitstechniken als nicht tragfähig genug zur Lösung der anstehenden Fragen, so werden von der Lehrperson die nun benötigten 'abgerufen'. Das zielgerichtete eigene Tun zusammen mit dem Durchdenken der sachbezogenen Fragestellungen lässt die Lernenden sowohl in theoretisch-inhaltlicher, als auch in arbeitsmethodischer Sicht ihre Fähigkeiten konstruktiv-kritisch bedenken.

Die Lernenden erwerben nicht nur neues Wissen und neue arbeitsmethodische Möglichkeiten, sondern erhöhen dadurch zugleich ihre sachliche und persönliche Kompetenz. Alle Vorgehensweisen und die Arbeitsergebnisse halten die Schüler bzw. Schülerinnen fest (z.B. in einem ´Berichtsheft´), da sie diese je in ihrem spezifischen Part der Klasse vorstellen sollen. Jede(r) ist dabei für den je individuellen Teil verantwortlich und trägt somit wesentliche zum jeweiligen Gruppenergebnis bei.

C) Auswertungsphase:

In der Auswertungs- und Sicherungsphase tragen die Lernenden ihre gewonnenen Erkenntnisse, Arbeitsergebnisse und ihre Lösungsstrategie(-en) vor. Bei diesem Vorstellen der eigenen Bearbeitungs- und Lösungsstrategien erfahren sie jeweils eine Rückmeldung über die Klarheit und Schlüssigkeit ihrer gedanklichen Vorstellungen. Das Vorgestellte wird besprochen, verglichen und gewürdigt. Durch das wiederholte Durchdenken und gedankliche Mit- und Nachvollziehen üben und festigen alle Lernenden ihre Sachkompetenz. Zugleich erhöhen sie durch ihr sachbezogenes miteinander Sprechen ihre Sozial- und Sprachkompetenz. In dieser Phase wird die Lehrperson in einem Rückblick u.a. unter Einbezug von ´Metadenken´ allen das Exemplarische an der durchgeführten Arbeit verdeutlichen.

An ähnlichen Fragestellungen können nun die Lernenden ihre erworbenen Kompetenzen erneut erproben. Aus Selbsttätigkeit wird so nach und nach die Fähigkeit zur Selbständigkeit und letztlich zur Mündigkeit wie sie Landesverfassung, Schulgesetz und Bildungsplan als Erziehungsziel fordern. Abschluss einer solcherart intensiven Arbeit könnte eine Dokumentation sein, die z.B. anderen Klassen, den Eltern oder bei einer schulischen Veranstaltung vorgestellt wird.

9.4.2 Handlungsorientiertes Lernen und humanes Lernen

Grundlagen für Lehrstrategien einer Lehrperson für solches Lernen sind:

-„Menschen haben die Tendenz, aktiv Erfahrungen in ihrer Umwelt zu sammeln.
- Signifikant menschliches Lernen tritt ein, wenn die Lerninhalte von Lernenden als für sie relevant wahrgenommen werden.
- Erfahrungen, die zu Strukturveränderungen des Selbst führen würden, rufen Widerstand hervor.
- Sind äußere Bedrohungen gering, finden auch für das Selbst bedrohliche Lernprozesse statt.
- Signifikantes Lernen findet in der Konfrontation mit direkten und erfahrbaren, praktischen Problemen statt.
- Lernen wird gefördert, wenn die Lernenden ihre eigenen Lernprozesse (Probleme, Verlauf, Konsequenzen) so weit als möglich mitbestimmen können.
- Selbstbestimmtes Lernen muss die ganze Person einbeziehen.
- Fremdbewertung der Lernergebnisse ist unter Zielaspekten wie Unabhängigkeit und Selbstvertrauen u.U. sekundär gegenüber der Möglichkeit, eigene Entscheidungen zu treffen und ihre Konsequenzen zu erleben.
- Lernen sollte als Prozess gelehrt werden und so für weitere Erfahrungen offen sein im Gegensatz zum Lernen als Übernahme fertig vorgegebner Kenntnisse und Fertigkeiten." (nach Rogers, K.C.)

Für den handlungsorientierten Unterricht bedeutet dies, dass die Lernsituationen folgende Merkmale haben sollten:

-„Alle Komponenten des erwünschten Lernziels müssen in der Situation vorhanden sein.?
- Die Situation muss den Lernenden zur Exploration ermutigen.
- Die Situation muss den Lernenden die Folgen seines Explorationsverhaltens erfahren lassen.
- Die Situation muss unterschiedliche Interpretationen und Handlungsalternativen zulassen.
- Die Situation muss Strukturierung der Erfahrungen ohne Bezug auf von außen vorgegebene Maßstäbe ermöglichen." (Schröder, H.)

-"Die Auswahl und der Austausch von unterrichtlichen Informationen werden von den Lernenden maßgeblich mitbestimmt (kognitiver Aspekt).

- Arbeitsmittel und Lösungsstrategien werden von den Lernenden mitbestimmt (kognitiver Aspekt).

- Inhalt und Darstellungsform orientieren sich an der motivationalen Valenzstruktur (Interesse-Neugierde) der Lernenden (motivationaler Aspekt).

- Weitgehend wird Verzicht auf Außen- und Fremdsteuerung zugunsten von Selbstkontrolle geübt (affektiv-emotionaler Aspekt)." (Drescher, R. / Hurych, F.)

Die Gestaltung handlungsorientierten Unterrichts "verläuft in bestimmten Phasen, die in ihrer zeitlichen Ausdehnung und der Intensität der inhaltlichen Durchdringung stark von den jeweiligen Lernenden abhängig sind...:

- Jede(r) Lernende wird zunächst entweder durch direkte Umwelterfahrung oder durch schulisches Arrangement mit einer Problemsituation konfrontiert.

- Diese wird genauer betrachtet (Situationsanalyse) und im Hinblick auf die in ihr gegebenen Daten (Materialanalyse) und die in ihr auf tretenden Widersprüche / Widerstände / Fragen (Konfliktanalyse) untersucht.

- Daraus ergibt sich eine zunächst noch diffuse Zielvorstellung, die zur Hypothesenbildung führt.

- Aufgrund der Hypothesen ergeben sich "die Handlungsplanung und -durchführung. In der darauffolgenden Auswertung wird der Bezug zu den Hypothesen wieder hergestellt. Gegebenenfalls werden diese modifiziert" (Köpp, W.) und der Prozess beginnt von neuem.

Entscheidend ist, dass sich dieser Prozessablauf mit geringen Modifikationen auf nahezu alle Denkvorgänge übertragen lässt und somit grundlegend für eine Denkschulung bei den Lernenden sein kann.

9.5 Rolle der Lehrenden im handlungsorientierten Unterricht

Handlungsorientierter Unterricht wird ein hohes Maß an Eigenaktivität der Lernenden aufweisen, da er die Interessen und Vorschläge derselben einbezieht. Dadurch hat die Lehrperson in diesem Unterricht mehr eine beratende / beobachtende Funktion. Sie steuert nur, wenn dies unbedingt erforderlich ist (z.B. Gefahrenprävention, stark abwegiges Vorgehen); denn der Sachanspruch, aus dem die weitgehend eigene Arbeitsplanung der Lernenden folgt (erhöhte Konzentration), steuert und strukturiert weitgehend das Lerngeschehen. Außerdem dürfte das persönliche Engagement der Lernenden durch den erkannten Sinn des Vorhabens und dem größtenteils selbst initiierten Lernen erhöht sein, zumal sie ´Objekte´ des Lernprozesses sind und ihr jeweiliges Arbeitsergebnis selbst bewerten können.

Im handlungsorientierten Unterricht wird jede Lehrperson bestrebt sein, folgende Hinweise zu beachten:

-„Ausgangsstimmung oder das anfängliche Klima schaffen;

- Helfen Ziele, wie allgemeine Absichten abzuklären;
- vertrauen in den Lernenden, Vorhaben durchzuführen, die für ihn Sinn haben;
- Organisieren eines breiten Angebotes von Hilfsmitteln;
- sich selbst als Berater (persönliches Hilfsmittel) sehen;
- Akzeptieren sowohl intellektueller Inhalte wie emotionsgeladener Stellungnahmen;
- Festigen der Atmosphäre der gegenseitigen Anerkennung;
- persönliches Einbringen, ergreift die Initiative, teilt ihre Gefühle und Gedanken der Gruppe mit;
- bleibt hellhörig gegenüber Äußerungen, die auf tiefe oder starke Gefühle hinweisen;
- bemüht sich, ihre eigenen Grenzen zu erkennen und zu akzeptieren." (Einsiedler, W. / Härle, H.)

9.6 Denkerziehung im handlungsorientierten Unterricht

Handlungsorientierter Unterricht betreibt Denkschulung in dem Sinne, dass „Denken die Erfassung und Herstellung von Bedeutungen, Beziehungen und Sinnzusammenhängen" (Schröder, H.) ist. Da handlungsorientierter Unterricht das Lebensumfeld der Lernenden einbezieht und Probemstellungen daraus aufgreift, ist er zugleich ein problemorientierter Unterricht, der sehr stark das erforschende Moment beinhaltet (Prozesslernen). „Ein produktiver Prozess ist beschreibbar als aktiver Vorgang, der sich mit einer lösungsadäquaten Umgestaltung der in einer Problemexposition gegebenen Daten anhaltend bemüht und der in seinem Verlauf durch die aus der Problemsituation entstehenden Hinweise seine Richtung erhält." (Skowronek, H.) Zugleich ermöglicht ein solcher Unterricht, die Sprachfähigkeiten der Lernenden zu fördern. „Betrachtet man die eigene geistige Aktivität des Kindes als die wichtigste Grundlage eines recht verstandenen handelnden Unterrichts, so gilt dies auch für die Sprache.“ Das Kind muss die Möglichkeit haben, sein Denken und Fühlen in der ihm zur Verfügung stehenden Sprache auszudrücken. Alle menschlichen Denkprozesse sind an Sprache und Sprachmuster (Begriffe) ebenso wie an konkrete Erfahrungen und Anschauungen gebunden. "Die Sprache des Kindes gibt Auskunft über sein Denken. Eine Lehrperson sollte mit den Denkprozessen der Schüler Geduld haben und nicht vorschnell Lösungen vorgeben. Von diesem Verhalten ziehen Lehrer wie Schüler Nutzen: Der Lehrer, indem er tiefer in die Gedankenwelt des Schülers eindringt und der Schüler, indem er seine eigenen Vorstellungen an den überlegenen Argumenten des Lehrers schärft und weiterentwickelt." (Klewitz, E. / Mitzkat, H.)

Zugleich schafft handlungs-orientierter Unterricht innerhalb einer Gruppe / Klasse eine gewisse gemeinsame Erfahrungsgrundlage, auf der aufgebaut werden kann. Sander stellt eine Möglichkeit des 'forschend-entwickelnden Unterrichts' (Dortmunder Modell) vor. Darin sind sowohl Elemente des 'quästiven Lernens', als auch der Denkerziehung und der Umgang mit den Sachen enthalten. Insbesondere erfahren die Lernenden im Lernprozess beispielhaft eine 'Erarbeitungsweise' (Lernhilfe). Wird abschließend oder nach einzelnen Teilschritten noch eine Arbeitsrückschau (Aebli) gehalten, so kann eine verfügbare Lerntechnik eingeübt werden.

9.6.1 Ansätze der Denkförderung im handlungsorientierten Unterricht

„Konfrontieren Sie das Kind mit Situationen, in denen es aktiv ist und die Strukturen selbständig bildet. .... Unterricht bedeutet, Situationen zu schaffen, in denen Strukturen entdeckt werden können; er bedeutet nicht, Strukturen zu vermitteln, die auf keinem anderen als auf einem verbalen Niveau assimiliert werden können. (Klewitz, E. / Mitzkat, H.)

Ein Unterrichtsverfahren zur Denkförderung gliedert Sanders in fünf Denkstufen und je drei Denkphasen:

1. „Problemgewinnung: a) Problemgrund, b) Problemerfassung, c) Problemerkenntnis,
2. Überlegungen zur Problemlösung: a) Analyse des Problems, b) Lösungsvorschläge, c) Entscheidung für einen Lösungsvorschlag,
3. Durchführung des Lösungsvorschlags: a) Planung des Lösungsvorhabens, b) Praktische Durchführung des Lösungsvorhabens, c) Diskussion der Ergebnisse,

4. Abstraktion der gewonnenen Erkenntnisse: a) Graphische Abstraktion, b) verbale Abstraktion, c) mathematische Abstraktion,
5. Wissenssicherung: a) Anwendungsbeispiele, b) Wiederholung, c) Lernzielkontrolle.“

Dieses Unterrichtsverfahren wird in Reinform hauptsächlich nur in den naturwissenschaftlichen Fächern Anwendung finden. Teile daraus können aber als Denkanregungen auch für die anderen Fächer wegweisend sein.

Das 'Dortmunder Modell' berücksichtigt folgende Denkformen:

» Abstrahieren, als das "Herauslösen bestimmter Merkmale aus einem Gesamtinhalt": U.a. ergeben sich folgende Ansätze:

» Gewinnen von Begriffen, Regeln, Gesetzmäßigkeiten: Begriffsbildung, als "Gegenstandskennzeichnung mit Bedeutungsaufhellung";

» erweitern der kognitiven Struktur: Urteilen, als "Bezug von Denksachverhalten auf Seinssachverhalte";

» stärken der Entscheidungsfähigkeit: Intuition, als "schauendes Erkennen des wirklichen Seins und des Sinngehaltes des Geschauten";

» ermöglichen wertbewussten Handelns: Inspiration, als "Beschenktwerden mit einer Idee...setzt ein beträchtliches Maß an Wissen voraus" (Schröder, H.);

» fördern von Kreativität: Geistige Wendigkeit als gedankliches Durchspielen verschiedener Handlungsmöglichkeiten.“

Ziel aller Denkerziehung ist (vergl. Bruner, in Schröder, H.) von der "aktionalen Repräsentation (Handlungen)" über die ikonische Repräsentation (Vorstellung) zur "symbolischen Repräsentation (Abstraktion)" zu gelangen.

Handlungsorientierter Sachunterricht sollte so weit als möglich auf Experimentiermaterial aus der Umwelt der Lernenden zugreifen und erst nach intensivem Umgang mit diesem, indem Grenzen erfahren worden sind, bzw. sofern es kein geeignetes Material im Lebensumfeld der Lernenden gibt, auf spezielles Experimentiermaterial aus Sammlungen zurückgreifen. Nur bei anfänglichem Verwenden von Materialien aus der Umwelt der Lernenden besteht die Möglichkeit, dass diese z.B. auch zuhause die Versuchsaufbauten vertiefend nachvollziehen können und so ihre Umwelt in Durchführen und Auswerten eigener Versuchsanordnungen aktiv handelnd geistig durchdringen und strukturieren können (Achtung: Achten auf mögliche Gefahrenquellen!).

9.7 Handlungsorientierter Unterricht und soziales Lernen

Folgende Fragen beleuchten die Zusammenhänge und zeigen zugleich konkrete erzieherische Handlungsmöglichkeiten einer Lehrperson:

- Lässt die Lehrperson den Lernenden die Möglichkeit der Selbstdarstellung?
- Tritt die Lehrperson den Lernenden mit personbezogener Achtung (päd. Takt) gegenüber und gibt er ihnen einen Vertrauensvorschuss?
- Bemüht sie sich, Situationen reversibel und offen anzusprechen und ist dabei auch für entsprechende Beiträge von Lernenden (Meinungen) aufgeschlossen?
- Reagiert die Lehrperson flexibel, situations- und personenspezifisch?
- Bemüht sie sich selbst um einen Perspektivenwechsel und ermöglicht diesen auch den Lernenden?
- Ist auch die Beziehungsebene thematisierbar und unterrichtsrelevant?
- Werden in der Unterrichtsgestaltung die gesamte Persönlichkeit der jeweiligen Lernenden angesprochen? usw.

Die genannten Hinweise sollen bei den Lernenden Selbsterkenntnis, Kommunikationsfähigkeit, Interaktionsfähigkeit, Entscheidungsfähigkeit und Handlungskompetenz fördern.

9.8 Zusammenfassende Betrachtung

Hilpert Meyer und Werner Jank fassen die Merkmale eines handlungsorientierten Unterrichts unter sieben Gesichtspunkten zusammen:

1. „Handlungsorientierter Unterricht ist ganzheitlich. Die Ganzheitlichkeit hat mehrere Aspekte:

   Personaler Aspekt: Im Handlungsorientierten Unterricht soll der »ganze« Schüler angesprochen werden. Er soll also mit dem Kopf, aber auch mit dem Herzen (= den Gefühlen), den Händen und allen Sinnen dabei sein.

   Inhaltlicher Aspekt: Die im Handlungsorientierten Unterricht bearbeiteten Unterrichtsinhalte werden nicht aufgrund einer wissenschaftlichen Fachsystematik, sondern aufgrund der Probleme und Fragestellungen ausgewählt, die sich aus dem vereinbarten Handlungsprodukt ergeben. Selbstverständlich gibt es auch im Handlungsorientierten Unterricht lehrgangsmäßig strukturierte Phasen, in denen sich die Schüler Kompetenzen aneignen, um Probleme zu lösen. Die für den Fachunterricht an Regelschulen übliche Zerteilung in Einzelstunden wird jedoch soweit wie möglich vermieden.

Methodischer Aspekt: Wenn es richtig ist, dass Menschen besser lernen, wenn sie mit Kopf, Herz und Händen dabei sein können, dann müssen auch die ausgewählten Unterrichtsmethoden ganzheitlich sein: Gruppen- und Partnerarbeit, Projektunterricht, Geschichtenerzählen, verschiedene Formen der szenischen Interpretation, Standbild-Bauen, Rollenspiel, Planspiel, Experimentieren, Erkunden gehören dazu.

2. Handlungsorientierter Unterricht ist schüleraktiv, d.h. der Lehrer versucht, den Schülern möglichst wenig vorzukauen und sie möglichst viel selbst erkunden, erproben, entdecken, erörtern, planen und verwerfen zu lassen. Das Konzept baut darauf, dass Selbsttätigkeit die unverzichtbare Voraussetzung für Selbständigkeit ist. Dabei herrscht eine Dialektik von Führung und Selbsttätigkeit. Je mehr Handlungskompetenzen der Lehrer seinen Schülern vermittelt hat, desto selbständiger können sie weiterarbeiten.

3. Im Mittelpunkt des Handlungsorientierten Unterrichts steht die Herstellung von Handlungsprodukten, mit denen weitergearbeitet, gespielt und gelernt werden kann. Handlungsprodukte sind die veröffentlichungsfähigen materiellen und geistigen Ergebnisse der Unterrichtsarbeit. Mit diesen Produkten können sich die Schüler identifizieren, sie bieten aber auch Gelegenheit für eine von den Schülern selbst getragene Auswertung und Kritik der Unterrichtsarbeit. Handlungsprodukte sind in unterschiedlichen Symbolisierungsformen möglich:

   Sie werden von den Schülern unter Anleitung des Lehrers inszeniert (Standbild-Bauen, Rollenspiel, Planspiel, Zeitungstheater, Musik, Tanz usw.) oder hergestellt (Wandzeitung, Collage, Modell, Schülerbuch, Klassenzeitung, Flugschrift, Leserbrief, Experiment). Sie können zu kleinen und größeren Vorhaben und Projekten ausgeweitet werden (Aufführung, Ausstellung, Elternabend, Erkundung/Exkursion, Klassenfahrt, Wettbewerb, Workshop usw.).

   An diesem Merkmal wird der Unterschied des Handlungsorientierten zum Handelnden Unterricht deutlich. In dem am Galperinschen Etappenmodell ausgerichteten Unterricht stehen die materiellen Handlungen immer am Anfang des Lernprozesses; ebenso grundsätzlich steht am Schluss die »rein« geistige, also im weitesten Sinne kognitive Problembewältigung. Im Handlungsorientierten Unterricht steht am Anfang ein eher kognitiver, wenn auch komplexer Planungsprozess und am Schluss das Produkt materieller Handlungen.

4. Handlungsorientierter Unterricht bemüht sich, die subjektiven Schülerinteressen zum Ausgangspunkt der Unterrichtsarbeit zu machen. Er bleibt aber nicht dabei stehen, sondern gibt den SchülerInnen Gelegenheit, durch einen handelnden Umgang mit neuen Themen und Problemen die eigenen Interessen weiterzuentwickeln.

   Es wird aus den genannten Gründen für viele SchülerInnen heute immer schwerer, sich ihrer Interessen bewusst zu werden.

   Interessen sind nicht ein für allemal gegeben, vielmehr entstehen und vergehen sie im Unterrichtsprozess und verschmelzen mit weiteren Motiven und Einstellungen. Manche Schüler sind »Meister« im Entwickeln der eigenen Interessen oft sind die Interessen aber auch oberflächlich und kurzatmig (was Herbart als »Flattersinn« kritisierte).

   Schülerinteressen sind nicht nur auf ein Thema bzw. einen Inhalt bezogen, sie haben immer auch eine soziale und personale Dimension.

   Handlungsorientierter Unterricht schafft die Freiräume, in denen sich die Schüler im handelnden Umgang mit neuen Themen und Aufgabenstellungen ihrer Interessen bewusst werden können. Er schafft aber auch - und dies ist heute wohl noch wichtiger - das Forum zur Veröffentlichung und Kritik der subjektiven Interessen. Denn hier können sie auf ihren Realitätsgehalt überprüft und gegebenenfalls modifiziert werden.

5. Handlungsorientierter Unterricht beteiligt die SchülerInnen von Anfang an an der Planung, Durchführung und Auswertung des Unterrichts. Dies kostet Kraft und Zeit, weil sich der Lehrer/die Lehrerin nicht mehr hinter Bildungsplanvorgaben oder Schulbuch-Themen zurückziehen kann, sondern im offenen Diskurs mit den SchülerInnen inhaltlich begründen muss, welche Ziel-, Inhalts- und Methodenauswahl im Blick auf das angestrebte Handlungsprodukt sinnvoll ist. Dies stärkt aber sicherlich auch die Autorität des Lehrers/der Lehrerin.

6. Handlungsorientierter Unterricht führt zur Öffnung der Schule: Als Öffnung nach innen bezeichnen wir das Aufeinanderzugehen der SchülerInnen und LehrerInnen, die Förderung individueller Lernwege, die Ausweitung fächerübergreifenden Unterrichts und die Weiterentwicklung des Schullebens. Als Öffnung nach außen ist der Aufbau eines Lernorte-Netzes gemeint, in dem die SchülerInnen erkunden können, was sie für ihre Vorhaben und Projekte wissen müssen. »Öffnung der Schule« darf keine Einbahnstraße sein. Die SchülerInnen sollen das Schulgelände verlassen; aber es ist ebenso wichtig, dass Eltern, Experten, Kommunalpolitiker usw. hin und wieder

in den Unterricht kommen, um dort Rede und Antwort zu stehen und um Kritik an den von den Schülern erarbeiteten Handlungsprodukten zu üben.

7. Im Handlungsorientierten Unterricht wird versucht, Kopf- und Handarbeit in ein ausgewogenes Verhältnis zu bringen. Als »Handarbeit« bezeichnen wir alle mit Hilfe des Körpers durchgeführten materiellen Handlungen. »Kopfarbeit« sind dann alle geistigen, immateriellen Handlungen (Denken, Diskutieren, Kritisieren, Träumen, Planen).“ (Meyer, H. / Jank, W.)

9.9 Diskurs des handlungsorientierten Unterrichtens

Lerntheoretisch basiert die Handlungsorientierung wesentlich auf Erkenntnissen, die menschliches Verhalten analysierten. Die zielgerichtete Version von Verhalten, die Handlung, die sich über das Rubikon-Modell nach Heckhausen motivationspsychologisch und handlungstheoretisch 4-phasig ausdifferenzieren lässt, trägt danach ein fundamentales lerntheoretisches Paradigma in sich: Das Leben lehrt in der realen Handlung unmittelbar und direkt.

Unterrichtspraktisch greift die Handlungsorientierung vor diesem theoretischen Hintergrund die Überlegungen der Reformpädagogik aus den Anfängen des 20. Jahrhunderts auf und wendet sich gegen die Verwissenschaftlichung der Bildung von Heranwachsenden als einzige Richtschnur.

Bei mehr theoretischen, oder weit außerhalb des Erfahrungsfeldes der Lernenden liegenden Themen kann die effektive Handlung i.d.R. nicht unmittelbar von jedem / jeder Lernenden ausgeführt werden. In der Unterrichtspraxis wird daher die Frage danach, was passieren muss, wenn die Lernenden das reale effektive Handlungsschema nicht unmittelbar erleben bzw. selbst konkret erproben können, dadurch beantwortet, dass die reale Situation in eine schulische Lernsituation transformiert wird. Diese Lernsituation wird dann in einem ′adaptierten Handlungsmodell′ (vollständige Handlung) durchlaufen. Das Operative, die reale Handlung, wird dadurch verfremdet. Die Väter der Handlungsorientierung sahen ihre Ausführungen immer eng an reale Kontexte (arbeitsbezogen) gebunden. Aebli bindet die kognitive Entwicklung in der Folge eng an das reale situative Handeln im Prozess.

Aus motivationspsychologischer Sicht stellt sich die Frage, wie die weitgehend fremdorganisierten Einstiegsszenarien eines Unterrichts verlaufen. Hier kann beobachtet werden, dass die Intentionsbindung interindividuell unterschiedlich verläuft. Besondere Probleme könnten entstehen, weil die Zielwahl (Was soll erreicht werden?) und die Zielrealisierung (kognitive Auseinandersetzung mit einer Situation, die eine tatsächliche Handlung fordern) funktional getrennt sind. Zudem wirkt im Kontext von Schule und Unterricht, dass fremdgesetzte und auch vereinbarte Ziele nur dann verhaltenswirksam werden, wenn sie von den Lernenden übernommen und als verbindlich akzeptiert werden. Das heißt, dass Arbeits- und Lernziele, die ein bestimmtes, absichtsvolles Vorgehen einfordern, zunächst eine Intentionalisierung erfahren müssen, um lernwirksam zu sein.

Aus kognitionspsychologischen Überlegungen (Gedächtnisleistung, assoziative Verknüpfung usw.) stellt sich die Frage, wie effizient die Verfremdungen sein können. Im effektiven, realen Handeln werden a priori andere somato-psychische Reize gesetzt, als in der Handlungsvorstellung. So verfestigen sich nur in der effektiven Handlung Assoziationen mit einem realen Bezug, z.B. „Wenn ich die Schraube zu fest anziehe, dann reißt sie ab, das Werkstück ist beschädigt und kann seinen Zweck nicht erfüllen.“ Fraglich ist, was passiert, wenn dieser reale Bezug fehlt. Erwartet werden kann z.B., dass zentrale neurobiologische Prozesse erschwert werden. Dies könnte möglicherweise Auswirkungen auf die Behaltensleistung und damit auf die Entwicklung der gehirninternen Verknüpfungen, dem Übertragen ins Langzeitgedächtnis haben.

Weiterhin kann vermutet werden, dass die angedachte bzw. angestrebte Interdependenz von Wissen auf der einen Seite und selbstgesteuertem Denken und Lernen auf der anderen Seite je nach individuellen Vorerfahrungen der Lernenden problematisch ist.

Hinsichtlich des Unterrichtens ist jeweils die Frage zu klären, welche Wissensbasen bereits entwickelt sein müssen, wenn in handlungsorientierten Settings weiter gelernt werden soll. Dies bedeutet, dass Lernende, um sinnvoll und selbstständig in einer ganzheitlichen und handlungsorientierten Situation arbeiten zu können bereits ein grundlegendes begriffliches Wissen haben müssen; denn nur, wer ein Problem aus Kenntnis seines Bedingungsgefüges heraus sieht und erkennt, kann dieses auch bearbeiten.

Je nach Struktur und Zusammensetzung einer Lerngruppe können auch kooperative und kommunikative Settings, die eine erhöhte Selbststeuerung erfordern, möglicherweise problematisch sein. Ein ′Miteinander-Handeln′ führt nicht automatisch zur Verbesserung der kooperativen Fähigkeiten. (nach Schäfer, M.)

Aebli hinterfrägt, ob im schulischen Kontext überhaupt ein lebensbedeutsames Handlungswissen erzeugt werden kann; Schule könne nur Handlungsvorstellungen erzeugen (Handlungsvorstellung vs. effektive Handlung) denn, dies zeigen verschiedene Forschungsergebnisse; eine effektive Handlung wird nur im Prozess der Arbeit realisiert (Arbeitsprozess im Berufsfeld; in einer (existentiellen) 'Ernstsituation'). In der Schule und damit im Unterricht findet „eine fremdgesteuerte Zielwahl – z.B. das Lösen eines (Kunden)Problems – und die selbstgesteuerte Zielrealisierung – das Erledigen eines Arbeitsblattes, Entwickeln eines Drehbuchs, Produzieren eines Lernbausteins oder Lesen eines Fachtextes etc. – isoliert werden. Das reale Problem wird nicht gelöst, der funktionale Zusammenhang zwischen Zielwahl und Zielrealisierung ist aufgelöst." (Schäfer, M.)

Rein auf die individuelle kognitive Entwicklung von Lernenden ausgerichtete Untersuchungen zeigen, dass diese vor allem von den psychodynamischen und gesellschaftlichen Gegebenheiten, in denen ein Setting stattfindet, abhängen; d.h. die intra- und interindividuellen psychodynamischen Konstellationen der lernenden Subjekte sind ausschlaggebend für die Art der kognitiven Entwicklung. In jeder Lerngruppe sind Personen anzutreffen, die eher leistungs-, lern-, partiell auch neugiermotiviert und auch dann bereit sind zu lernen, wenn ein didaktisches Setting individuell unangemessen oder suboptimal ist.

Andere Lernende sind dagegen situativ eher anschluss- bzw. bindungsmotiviert und benötigen einen positiven persönlichen Bezug, um ihre Lernkapazität zu aktivieren. - „Je offener die Situation (Selbststeuerung), desto wahrscheinlicher werden Prozessverluste der Lernenden, die temporär ein ungünstiges somato-psychisches bzw. psycho-soziales Setting aufweisen. Diese Lernenden werden über selbstgesteuerte Settings tendenziell exkludiert." (Schäfer, M.)

Für ein unterrichtliches Planen und Handeln bedeutet dies, dass möglichst breite Zugänge, auch methodischer Art, zu Lerninhalten sowie auch das Einbeziehen emotionaler Elemente / Ansprachen wichtig sind um eine Chance zu haben, je individuelle Lernprozesse anregen zu können. Genauso wichtig ist auch die Haltung einer Lehrperson gegenüber aktuell oder eher andauernd schwächeren Lernenden. Hier stellt sich die Frage nach dem Grad, der diesen Lernenden zumutbaren Selbststeuerung: Diese Lernenden benötigen eine passende personale Zuwendung, i.d.R. meist klare Vorgaben und angemessen differenzierende Angebote, um zumindest ein Basisniveau an Kompetenzen erhalten oder erreichen zu können.

Die Forschungsergebnisse regen auch eine Bescheidenheit fürs unterrichtliche Tun an, was seine Möglichkeiten betrifft: Schulisches Lernen hat vorbereitenden Charakter, eröffnet ein intra- und interindividuelles, geschütztes Experimentier- und Erfahrungsfeld und soll eine möglichst breite, auch lebensbezogene Basis in allen

Kompetenzbereichen schaffen eingedenkt dessen, dass reale Lebens- oder Arbeitssituationen i.d.R. nur modellhaft, vorstellungsmäßig bearbeitet werden können.

Aus pädagogischer Sicht sprechen viele Argumente für einen auf echter (schulischer) Selbsttätigkeit der Lernenden zielenden Unterricht:

- Die Beziehung von Lehrperson und Lernenden verbessert sich.
- Im frontalen Unterricht auftretende problematische Verhaltensweisen von Lernenden können zusammen in der Gruppe und aufgrund des i.d.R. erhöhten Interesses eher abgefangen werden.
- Die Lernenden entwickeln eine eher realistische Sicht ihrer Leistungsfähigkeit.
- Der Aufbau von Kenntnissen, ihr Anwenden und eigene Erfahrungen damit machen, bewirkt im individuellen Gehirn ein Wachsen von Nervenverbindungen in entsprechenden Arealen, die Prozesse ′geläufiger′ machen.
- Aufgabenstellungen sind von der Sache her begründet, Lösungsansätze können handeln erprobt werden.
- Die Lernenden sind aktiv gestaltend und verantwortlich am Unterrichtsgeschehen beteiligt.
- Anhand schülernaher Fragestellungen erwerben die Lernenden allgemeine und fachbezogene Arbeits- und Denkweisen.
- In einem auf Selbsttätigkeit zielenden Unterricht erfahren die Lernenden Grenzen und Möglichkeiten ihrer geistigen und manuellen Fähigkeiten und können zugleich erkannte individuell vorhandene Lücken schließen.
- Die intensiven Lernprozesse und ihre Ergebnisse können als Dokumentationen z.B. den Eltern vorgestellt werden.
- Ein auf echte Selbsttätigkeit der Lernenden angelegter Unterricht erfordert eine andere Qualität von Vorbereitung, die sehr zeitintensiv ist.
- Nicht jeder Lerninhalt läßt ein weitgehendes Selbsterarbeiten durch die Lernenden zu.
- Ein Unterrichtsrhythmus von je 45 Minuten zerschneidet ein intensives Auseinandersetzen mit einer Fragestellung und führt zur Zerstückelung, zu Orientierungslosigkeit sowie Umstellungsproblemen der Lernenden von einer Unterrichtsthematik zur folgenden.
- Die gewohnte Art der normorientierten, vergleichenden Leistungsmessung wird erschwert. (siehe Meyer, H.)

Insgesamt gesehen bietet ein eher handlungsorientierter Unterricht, wo immer dieser möglich ist, für den Erziehungs- und Lernprozess im schulischen Kontext entscheidende Vorzüge: "Der Schüler muss Methode haben. Dem Lehrer aber muss die Methode, seinen Zögling zur Methode zu führen, eigen sein." (Gaudig, H.) Ein Unterricht, der die echte Selbsttätigkeit der Lernenden fördert, bewirkt neben einem nachhaltigen Festigen der Lerninhalte ein Erkennen der eigenen Fähigkeiten und stärkt so die Selbst- und Methodenkompetenz.

10. Problemorientiertes Unterrichten

Das Konzept der problemorientierten Lernumgebung nach Reinmann-Rothmeier und Mandl stellt den Versuch dar, ein aktiv-konstruktives, situiertes und soziales Lernen zu fördern und dieses gleichzeitig sinnvoll mit instruktionaler Unterstützung zu koppeln. Es wird eine Balance zwischen traditionellen Unterrichtselementen und konstruktivistischen Ansätzen angestrebt. Die Bezeichnung „problemorientiert" drückt aus, dass der Lerngegenstand durch ein von der Lehrperson eingebrachtes ′Problem′ bestimmt wird. Es handelt sich um ein authentisches und aktuelles Problem (i.d.R. modellhaftes Problem), das für die Lernenden eine unmittelbare Relevanz aufweist und zur aktiven Auseinandersetzung anregt. (Reinmann-Rothmeier, G. / Mandl, H.)

Beim problemorientierten Unterricht greifen drei motivationsrelevante Faktoren: „Wahrgenommene Kompetenzunterstützung", „Wahrgenommene Autonomieunterstützung" und „Wahrgenommene soziale Einbindung." (Prenzel, M. / Drechsel. B.) Wichtig ist, dass ein zu bearbeitendes Problem eine hinsichtlich der aktivierbaren geistigen Fähigkeiten der Lernenden passende Informationskomplexität hat, um einer kognitive Überforderung vorzubeugen. Hilfreich für eine Anpassung bzw. Reduktion des Schwierigkeitsniveaus bei komplexen Lerninhalten an die Denk- und Lernvoraussetzungen der Lernenden ist eine Unterstützung durch die Lehrperson in instruktionaler und struktureller Hinsicht (z.B. advance-organizer, concept-map). Im schulischen Kontext heißt dies, dass effektives Lernen nur durch aktive Beteiligung, begleitet durch instruktionale Unterstützung möglich ist. Auch gilt es einen möglichen Handlungsrahmen (Art der Freiheitsgrade) an die situativen Gegebenheiten bei den Lernenden anzupassen, um dem Bedürfnis nach Autonomieerleben entgegenzukommen und echte Erfahrungen von Kompetenz im Problemlösen zu eröffnen.

Vorbereitend auf einen problemorientierten Unterricht sind Lernphasen, in denen ein sach- und zielgerechtes Nachdenken z.B. über ein sinnvolles, effizientes Handeln erlernt und geübt wird. Eine solche Fähigkeit zur Reflexion ist besonders hilfreich um

- "unklare „problematische Situationen" zu interpretieren und zu verstehen,
- eine kritisch-reflexive Überprüfung bestehenden Wissens vorzunehmen und
- zu neuen Einsichten und Erkenntnissen zu gelangen." (Jenert, T.)

Für Henninger und Mandl ist das Reflektieren von Gedanken und Erfahrungen grundlegend, um komplexe Problemstellungen durchdringen zu können. Hierbei bedeutet Reflexion, „sich auf metakognitiver Ebene mit dem eigenen Lernen auseinander zu setzen." (Girgensohn, K.)

Lernende benötigen u.a. für eine verantwortliche Gestaltung ihres späteren Lebens die Fähigkeiten, Problemstellungen sach- und personengerecht anzugehen, den Willen, Entscheidungen begründet zu treffen, und diese dann auch durchzuhalten. Die Grundlagen dieser Fähigkeiten legt zwar das Elternhaus, die Schule jedoch muss diese Ansätze schon in den ersten Schuljahren aufgreifen und ausbauend fortführen. Die nachfolgende Grafik zeigt den Ablauf eines Problemlöseprozesses im Unterricht. Zentrales Element ist die Bewertung, die alle verfügbaren Kenntnisse bzw. Kompetenzen in den Blick nehmen muss, um danach das weitere Vorgehen mit ggf. Alternativen zu durchdenken bzw. abzuwandeln:

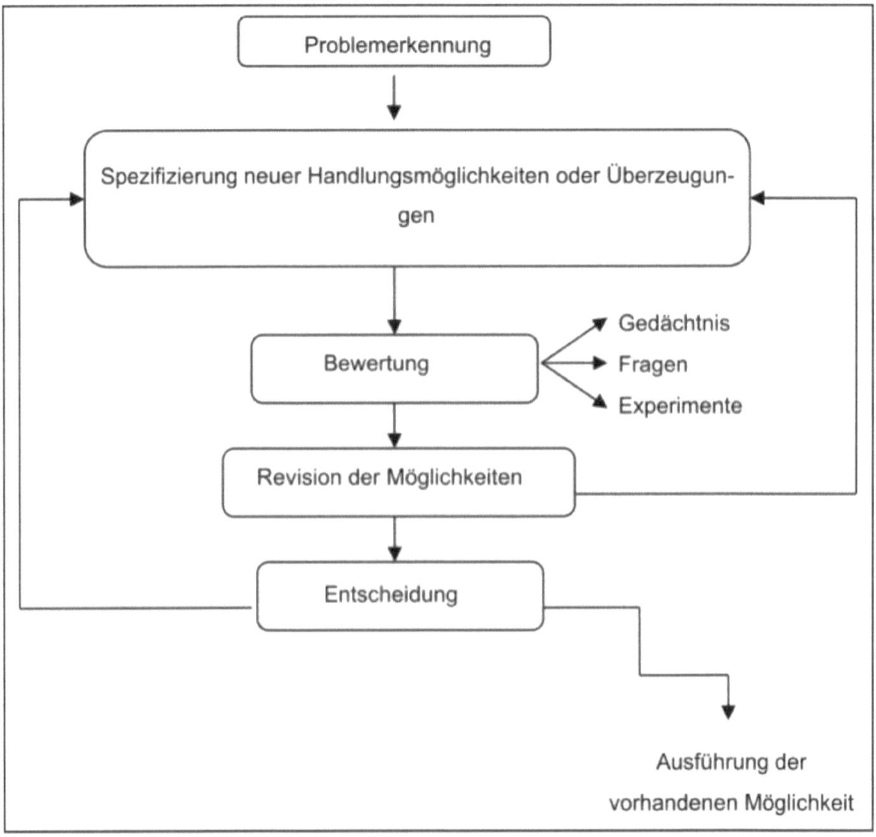

(Reflektierendes Nachdenken bei John Dewey (Kasztner, A.)

10.1 Gemeinsamkeiten von entdeckendem und problemlösendem Lernen

Die beiden didaktischen Ansätze des entdeckenden Lernens und des problemlösenden Unterrichts hängen eng zusammen. Unter problemlösendem Unterricht versteht G.Wilde (in: Lange, O.) "ein Unterrichtskonzept, bei dem das Lösen von Problemen durch entdeckendes Lernen zentrales didaktisches Anliegen ist" Entdeckendes Lernen umfasst dabei auch das gelenkt-entdeckende Lernen, das durch möglichst wenige Lenkimpulse der Lehrperson "gesteuert" wird.

10.2 Bedeutsame Grundlagen für problemlösendes Lernen im Unterricht

Allgemein gilt für die Lösung von Problemen:

Die Problemsituationen müssen erkannt, eingeschätzt und beurteilt werden können in drei Dimensionen:

1. Die zentrale Tendenz muss herausgefunden werden.
2. Die Situation, in der das Problem auftritt, muss vollkommen erfasst werden.
3. Die genaue Problemlage muss herausgefunden werden.

Für die Schule sind "Originalmaterialien und Probleme mit Ernst-Charakter" (Lange, O.) mit einem "Bezug zum Leben" wichtig, will die Schule ein Lernen fürs Leben ermöglichen.

Ein problemorientiertes Unterrichten baut auf folgenden Prämissen auf:

- Unterrichtliche Arbeitsweisen und -verfahren, die problemorientiert vorgehen, sehen in Lernenden mehr die Subjekte des Lernprozesses, d.h. problemorientiertes Vorgehen ist ein wesentliches Moment eines an den Lernenden orientierten Unterrichts.
- Problemorientiertes Vorgehen ist eng verwoben mit dem Bereich des 'Lehrens des Lernens'; denn es fördert und schult fachspezifisches, logisches Denken ebenso wie eine sach- und fachgerechte Begriffsbildung, Grundlagen für weiteres, fundiertes fachliches Lernen und Arbeiten. - Während des Unterrichts werden den Lernenden sachimmanente Strukturen und Ordnungen anschaulich fassbar und deutlich (Bildung von Begriffen), so dass sie in ihrem Lernprozessen den Lerngegenstand durchdringen und Beziehungszusammenhänge erkennen können. Die Lernenden erarbeiten sich dabei fachspezifische Methoden und Denkweisen, bzw. wenden solche an und gelangt so zu

einem Fundus an Vorgehens- und Denkmodellen, die sie auf andere, ähnliche Problemstellungen übertragen können.

- An oberster Stelle der Hierarchie der Lernarten steht bei Gagné das Problemlösen. Dies macht deutlich, dass auch die vorgeschlagene Unterrichtsweise auf Voraussetzungen aufbaut, die von den Lernenden zuvor gelernt worden sein müssen. Dies betrifft grundlegende Denkweisen (Kenntnis heuristischer Regeln des Denkens insbesondere Ansätze von grundlegenden fachspezifischen Arbeitsweisen und Arbeitstechniken. Zugleich wird der Lehrperson verdeutlicht, dass sie dieses Ziel, der Befähigung ihrer Lernenden zum Problemlösen, in der höchsten Form, nur in Etappen angehen kann, d.h. unter Berücksichtigung der ´Passung' (Heckhausen), wird die Lehrperson schon frühzeitig in ihrem Unterricht solche Fragestellungen aufgreifen, bei denen die Lernenden der speziellen Gruppe / Klasse schon grundlegende Lernprozesse durchschritten haben (Vorwissen, Erfahrungen, usw.), um jetzt die problemorientierte Unterrichtsweise zu erproben bzw. den Lernenden Erfahrungen in der neuen Unterrichtsweise zu ermöglichen. Ein zentrales Moment kommt der Rückschau auf die Lern- und Arbeitsprozesses zu.
- Der Unterrichtsansatz des problemorientierten Vorgehens "erfordert von einer Lehrperson die Bereitstellung problemhaltiger Ausgangssituationen und die Mobilisierung von lösungsrelevantem Wissen durch situative Lösungshilfen." (Glaser, B.) Wird ein Lerngegenstand in den Fragehorizont der Lernenden gebracht, so besteht i.d.R. eher die Bereitschaft, sich damit auseinanderzusetzen. Voraussetzungen dafür, zumindest in Ansätzen vorhanden, sollten auf der Schülerseite u.a. "Fragefähigkeit", kindgemäß "selbständiges Forschen, Suchen und Organisieren" (Glaser, B.) sein. Solche Grundlagen bringen viele Kinder von zuhause bzw. vom Kindergarten als Fähigkeiten in die Schule mit.

Auch im problemorientierten Unterricht haben Phasen der Instruktion ihrem didaktischen Ort, wenn für die Weiterarbeit erforderliche Kenntnisse oder Methoden von den Lernenden nicht sinnvoll selbst erarbeitet werden können. Dann gilt es eine stimmige Balance zu halten zwischen eigenständiger Konstruktion der Lernenden und Instruktion durch die Lehrperson. Mandl hat dies überblickartig grafisch veranschaulicht:

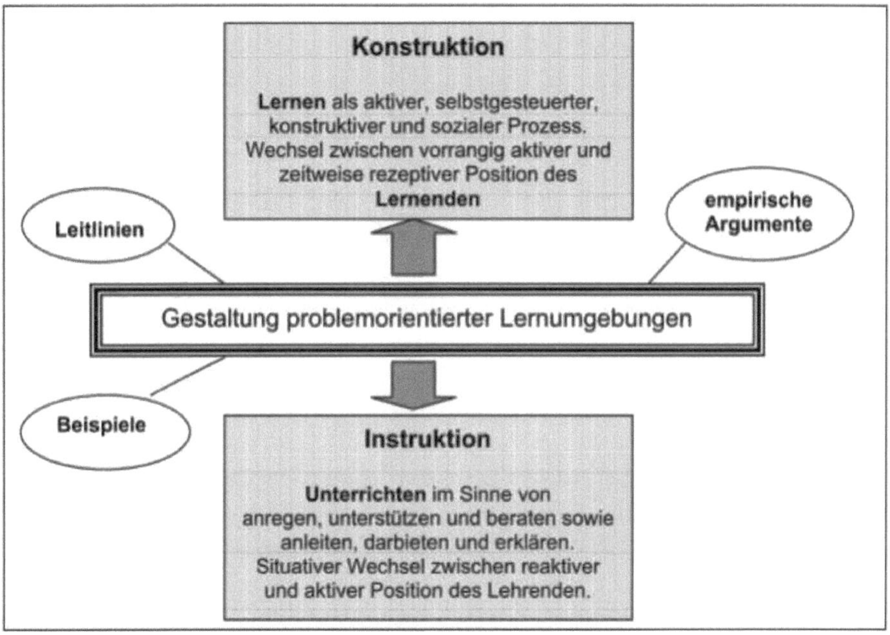

(Balance zwischen Instruktion und Konstruktion, Mandl, H.)

10.3 Auswirkungen von ‚Stress' auf die Problemlösefähigkeit

Für den Unterricht bedeutsam ist, dass „unter Stress die Fähigkeit zum Problemlösungen mehr sinkt als die Fähigkeit zum Lösen anderer Aufgaben.“ (Lange, O.)

10.4 Vorzüge und kritische Betrachtung problemlösenden Lernens

Wie bei allen lernbezogenen Maßnahmen gilt es, diese jeweils möglichst passend zu den situativen Gegebenheiten auszuwählen. Außerdem hat jede methodische oder auch inhaltliche Entscheidung oder Schwerpunktsetzung aufgrund der je individuellen Lernprozesse aus konstruktivistischer Sicht (Konstruktion und Rekonstruktion im jeweiligen Gehirn von Lernenden) einerseits bestimmte wahrscheinlich wirkende Vorteile, wobei andererseits auch bestimmte Nachteile damit verbunden sein können.

10.4.1 Vorzüge

1. Die Unterrichtsweise des problemlösenden Lernens dürfte die Aufmerksamkeit der Lernenden eher auf einen Lerngegenstand richten und sie geistig für eine Auseinandersetzung damit anregen.

   "Problemlösendes Lernen motiviert das Lernen von innen, steigert also die intrinsische Motivation und muss daher als eine der wesentlichen Verfahrensweisen angesehen werden, mit deren Hilfe Neugier, epistemisches Verhalten, Interesse und andere Formen kognitiver Lernmotivation angeregt werden können." (Dietrich, G.)

2. Problemlösendes Lernen ermöglicht intensive Lernprozesse und nachhaltiges Behalten von Wissensinhalten. Erfahren Lernende im Lernprozess sich selbst als Handelnde, wenden sie gezielt eigene Kenntnisse und Fähigkeiten an, erfahren sie Schwierigkeiten und eignen sich unter behutsamer Führung der Lehrperson neue Handlungs- und Denkmodelle aktiv und selbsttätig an, so werden sie sowohl die Lernergebnisse, als auch den durchschrittenen Lernprozess vermehrt in ihre geistige Struktur und ihr Gedächtnis integrieren.

3. Das im Lernprozess auf Selbsttätigkeit und letztlich Selbständigkeit angelegte problemorientierte Vorgehen fördert bei Lernenden das flexible Verfügenkönnen über fachspezifische Denk- und Arbeitsweisen; denn einmal erarbeitet, werden diese immer wieder auf die verschiedensten neuen fachimmanenten und überfachlichen Fragestellungen angewendet. Auf diese Weise erfährt der / die Lernende eine grundlegende Unterstützung in der Denkentwicklung, was sich nachhaltig auf das weiteres Lernen auswirkt.

4. Eine Unterrichtsgestaltung, die sich um einen problemorientierten Ansatz des Unterrichts bemüht, wird nicht umhin können, eine fächerübergreifende Sichtweise einzubeziehen und Verbindungen aufzuzeigen. Dies unterstützt die Integration des Gelernten in die individuelle geistige Struktur aller Lernenden.

5. Im problemorientierten Unterricht wird die mündliche und schriftliche Ausdrucksweise der Lernenden gefördert. Diese tragen Arbeitsprozesse und Arbeitsergebnisse der Gruppe / Klasse vor. Sie eignen sich neue Begriffe an und verwenden diese nicht nur im fachbezogenen, mündlichen Sprachgebrauch, sondern auch im schriftlichen Sprachgebrauch, beim Anfertigen von Sachniederschriften, z.B. im Berichtsheft, indem sie erarbeitete Inhalte und Erkenntniswege schriftlich festhalten und so einen sachgemäßen, schriftsprachlichen Ausdruck üben.

6. Eine problemorientierte Unterrichtsweise führt zu einem klaren, anschaulichen Aufbau von Begriffen, mithin zur Klarheit der fachbezogenen Denkprozesse.

10.4.2 Einwände

1. Die problemorientierte Unterrichtsweise legt ein überwiegend induktives Vorgehen nahe. Nicht alle Unterrichtsinhalte lassen sich auf diese Art behandeln.
2. Problemorientiertes Unterrichten erfordert einen höheren Zeitaufwand an Vorbereitung wie Durchführung als viele andere Unterrichtsweisen.
3. Bei den Lernenden werden i.d.R. Grundkenntnisse und Grundfähigkeiten vorausgesetzt, über die eventuell nicht alle einer Gruppe / Klasse verfügen. Vor einer problemorientierten Unterrichtsweise müssen diese erarbeitet, ein- und ausgeübt werden.
4. Das kognitive Niveau der Lernenden (i.A. von der Lehrperson schwer einschätzbar), u.a. auch die Fähigkeit zu eigenverantwortlichem Tun setzt der Art und Weise des problemorientierten Unterrichts Grenzen.
5. Problemorientierter Unterricht erfordert von Lehrenden ein Unterrichtsverhalten, das der Selbständigkeit der Lernenden im Lernprozess Rechnung trägt.
6. Unterrichtsvorbereitungen für einen problemorientierten Unterricht sind anfangs wesentlich umfangreicher (mögliche Lösungshilfen, Materialien zur inneren Differenzierung bzw. Individualisierung usw.), Alternativplanungen (eventuelle Zusatzmaterialien usw.) erfordern bei der Unterrichtsgestaltung neben einer gründlichen Sachkenntnis in erhöhtem Maße methodische Flexibilität.

Werden die genannten Argumente gegeneinander abgewogen, so überwiegen im Hinblick auf eine erhöhte Aufmerksamkeit und das Anregen von Neugier bzw. Interesse an einem Thema bei den Lernenden diejenigen, die für eine problemorientierte Unterrichtsweise sprechen.

Zu bedenken ist dabei: Nicht jeder Unterricht und Lerninhalt in jeder Gruppe / Klasse wird problemorientiert gestaltet werden können. Jedoch sollte überall dort, wo dies von der Sache und den Lernenden her möglich ist, versucht werden, in Richtung der problemorientierten Unterrichtsweise zu arbeiten. Nicht nur die Lernenden profitieren davon. Die didaktische und vor allem methodische Flexibilität der Lehrperson bleibt eher erhalten bzw. erhöht sich im Bemühen um diesen Unterrichtsansatz.

10.5 Didaktisches Prinzip Selbständigkeit beim problemlösenden Lernen

Jedes Üben von Problemlöseverhalten ist zugleich ein Üben der Selbständigkeit; d.h. bei allen Übungen sind die Aufgabenstellungen so zu stellen, dass "das Problemlösen als selbständige Leistung intendiert wird" (Lange, O.). Die Lernenden müssen zum selbständigen Problemlöseverhalten hingeführt werden, und zwar „durch abgestufte Vorgaben von Problemstellungen und Methoden." (Lange, O.) Es ist notwendig, „dass die Schüler möglichst genau diejenigen Handlungen ausführen, die für das Lernen wesentlich sind, d.h. Handlungen, die das beabsichtigte Lernresultat begründen. Gerade in dem Maße, in dem die Person selbst ihre Handlungen motiviert, zweckmäßig auswählt und kontrolliert, kann der Person in nicht trivialem Sinne Selbständigkeit zugeschrieben werden. Die eigentliche Basis der Selbständigkeit liegt im Orientierungsaspekt der Tätigkeit und nicht so sehr im Ausführungsaspekt dieser Tätigkeit.

Die Entwicklung der Selbständigkeit bei Schülern erfordert es, die Schüler zu lehren, sich selbst zweckmäßig zu orientieren, d.h. sie zu lehren, selbst im Hinblick auf ein Ziel hin die erfolgversprechendsten Handlungen zu wählen, zu organisieren, zu kontrollieren und zu motivieren. Schüler, die in eine Problemsituation gestellt werden, ohne die Mittel, sich adäquat auf ihre künftige Tätigkeit hin zu orientieren, haben nur eine Scheinselbständigkeit. ... Ihre Handlungsausführungen werden in solchem Falle notwendig dominiert von Gewohnheiten, Situationsbedingungen und Zufälligkeiten." (v. Oers, B., in: Lange, O.) Eines der größten Missverständnisse hinsichtlich "der Selbständigkeit der Schüler im Unterricht ist, die Meinung, dass die Schüler selbständiger werden können, wenn sie mehr Freiheit erhalten, d.h. wenn sie weniger Vorschriften von außen empfangen." (v. Oers, B.)

Wesentlich für die Selbständigkeit ist der Orientierungsaspekt, und dieser bedingt zweierlei:

1. "Voraussetzung dafür, dass sich Selbständigkeit entwickeln kann, ist ein entsprechend zugestandener Freiraum, d.h. ein entsprechendes Stück Freiheit. Insofern ist Freiheit eine Voraussetzung für Selbständigkeit.
2. Bewiesene Selbständigkeit bewirkt, dass man diesem selbständigen Subjekt weitere Freiheit gewähren kann. Insofern ist Selbständigkeit eine Voraussetzung für weitere Freiheit.

Selbständigkeit und Freiheit bedingen sich gegenseitig und lassen sich nur in stufenweisem Wechselspiel steigern." (Lange, O.)

Es genügt nicht, "zu gewährleisten, dass der Schüler alle erforderlichen Handlungen und Operationen lediglich ausführen kann. Selbständigkeit fängt an, wenn die Person selbst ihren Handlungsplan macht, selbst ihre Handlungen und Operationen wählt, kontrolliert, evaluiert und nötigenfalls berichtigt..." (Gal'perin, P.J.) Es wurde empirisch gezeigt, dass "es für das Lernresultat von wesentlicher Bedeutung ist, dass der/die Lernende individuellen Handlungen eine genau bestimmte und notwendige Struktur gibt.

Durch qualitative Entwicklung dieser Handlungsstruktur nach bestimmten Parametern kann eine Handlung interiorisiert werden zu einer vollwertigen geistigen Handlung. Für die Gewährleistung der gewünschten Struktur ist es notwendig, dass der Lernende von Anfang an eine präzise Vorstellung des Handlungsablaufs hat, dass er weiß, wie er handeln soll: Welche Handlungen ausgeführt werden sollen, in weicher Folge, an welchen Objekten gehandelt werden soll und wie die Handlungen kontrolliert werden sollen. Dieses System von Handlungsvoraussetzungen nennen wir Orientierungsgrundlage der Handlung." (Lange. O.)

Lange stellt einen Stufenkatalog hinsichtlich der Methoden und der Ausgangssituation auf:

"Die Vorgabe der Methoden ist von Einfluss darauf, wie bei einem Problem die Selbständigkeit des Problemlösers beansprucht wird. Methoden können zugänglich sein,

1. weil sie bereits gelernt und für die Lösung dieser Probleme angewendet und eingeübt worden sind;
2. weil sie bereits gelernt und angewendet worden sind, aber noch nicht als eingeübt gelten können;
3. weil sie bereits theoretisch behandelt und verstanden sind, aber noch nicht angewendet werden konnten;
4. weil Hilfestellungen zum Erarbeiten der nötigen Methoden angeboten werden;
5. weil ein Katalog von Methoden angeboten wird, aus dem die brauchbaren selbständig ausgewählt werden sollen;
6. weil die Methoden bereits gelernt sind, aber für die Lösung dieses Problems selbständig abgewandelt werden müssen;
7. weil die Methoden bereits gelernt sind, aber für die Lösung dieses Problems selbständig neu kombiniert werden müssen;
8. weil Hilfsmittel angeboten werden, mit denen es möglich ist, sich die nötigen Methoden selbst zu erarbeiten;
9. weil zugemutet wird, die nötigen Methoden selbst zu erfinden." (Lange, O.)

Problemlösendes Lernen / Handeln der Lernenden ist immer eng mit selbständigem Lernen / Handeln verknüpft:

- Die Lernenden müssen über bestimmte Fähigkeiten und Fertigkeiten verfügen.
- Sie sollten geübt haben, diese Fähigkeiten und Fertigkeiten auf ähnliche Situationen zu übertragen.
- „Lernen erfolgt stets in spezifischen Kontexten mit multiplen Perspektiven und wird auf unterschiedlichen Ebenen durch soziale Komponenten beeinflusst.“ (Reimann-Rothmeier, G)

Durch das Bearbeiten einer neuen Gegebenheit kann sich eine Veränderung oder Ergänzung der bisherigen Fähigkeiten und Fertigkeiten ergeben. Dies müssen die Lernenden erkennen und aufgreifend in ihr Handeln einbringen. (Siehe auch Handlungsorientierter Unterricht'.) Fähigkeiten und Fertigkeiten beziehen sich in erster Linie auf allgemeine und fachspezifische Arbeits- und Lerntechniken, den Umgang mit sachbezogenen Materialien und Hilfsmitteln und das Umsetzen in situationsspezifische Darstellungsweisen z.B. (szenisches Spiel, graphische oder bildliche Darstellungen, Texte, usw.).

10.6 Problemorientierung im Unterricht

Unterrichtsbezogene Problemstellungen lassen sich nach zwei didaktischen Absichten einteilen:

1. den "Bearbeitungsmöglichkeiten";
2. den "Lösungsprozessen." (Lange, 0.)

10.6.1 Didaktischer Ort einer problemorientierten Vorgehensweise

Im Unterricht können Problemlöseaufgaben in der Motivationsphase (z.B. Einstieg) Verwendung finden, ebenso im Laufe einer Unterrichtseinheit, als besondere Unterrichtsphasen, in denen die Selbständigkeit der Lernenden gefordert ist oder ein neuer Gesichtspunkt des Lerninhalts angegangen wird.

Eine Problemaufgabe wird in der Regel am Beginn einer neuen Lehr- bzw. Lerneinheit stehen, und zwar aus gutem Grund. Zum einen ist - wie wir aus der Theorie vom kognitiven Konflikt wissen - ein gut plaziertes Problem das Kernstück der intrinsischen Motivation, die mitten in die Thematik hineinführt, und zum anderen ist eine gelungene Lösung die beste Garantie für das ´Richtig-Verstehen', wie beim entdeckenden Lernens ausgeführt wird. Eine Problemaufgabe eignet sich also vorzüglich als sog. ‚Einstieg', was allerdings nicht heißen soll, dass sie im weiteren Verlauf einer Lerneinheit nicht auch ihren Zweck und Sinn haben könnte.

Eine Forderung an die Problemstellung im Unterricht aber ist unverzichtbar:

Jede Problemaufgabe hat in den Unterricht hinein und nicht aus ihm hinauszuführen!

Die Kinder / Jugendlichen müssen die „sichere Erfahrung machen, dass Denken, Überlegen und Sich anstrengen etwas hervorbringt, was sie auch brauchen und verwerten können." (Joerger, K.)

10.6.2 Problemstellungen im Unterricht - Forderung nach Lebensbezug

Lebensbezug bekommen Aufgabenstellungen (Routine- und Problemlöseaufgaben) durch ihren ´Sitz im Leben', d.h. durch für die Lernenden erkennbare bzw. erfassbar lebensbedeutsame und -praktische ´Situationen mit Realcharakter'. Dabei müssen die Lernenden für beide Bereiche vorbereitet werden: Zum einen für das gewissenhafte, sachrichtige Bearbeiten und Lösen von Routineaufgaben und zum anderen das kreativ und strukturiert denkende Lösen von Problemaufgaben. "Wenn Schule den Anspruch aufrecht erhalten will, dass wir dort fürs Leben lernen, darf sich schulisches Lernen nicht auf Routineaufgaben beschränken .... Problemlöseverhalten ist eine Forderung, die das Leben, repräsentiert durch Alltag und Beruf, an die Schule stellt - ein Lernziel mit langfristiger Gültigkeit. Wenn die heranwachsende Generation aus der Schule entlassen wird, muss diese Fähigkeit entwickelt sein." (Lange, O.)

10.6.3 Möglichkeiten für Ausgangssituationen von Problemaufgaben

Ausgangssituationen von Problemaufgaben können auf verschiedene Weisen gegeben sein:

1 . "Für die Problemstellung vollständig beschrieben; die Angaben für die Problemstellung sind vorstrukturiert; die Beschreibung ist verstehbar formuliert.
2. Die notwendigen Angaben sind vollständig, die Datenmenge enthält keine unnötigen Elemente; die Angaben sind nicht mit Rücksicht auf

die Problembehandlung geordnet; die Beschreibung ist verstehbar formuliert.

3. Die Beschreibung muss noch entschlüsselt werden; sonst wie.
4. Die Datenmenge enthält unnötige Elemente; sonst wie.
5. Die Datenmenge ist unvollständig; sonst wie.
6. Die Datenmenge enthält unnötige Elemente; sonst wie.
7. Schwierigkeiten lokalisierbaren Ursprungs sind aufgetreten; Ausgangssituation muss für die Problemstellung nocherkundet, erkannt und beschrieben werden." (Lange,O.)

10.6.4 Differenzierungsmöglichkeiten bei der Aufgabenstellung

Aufgabenstellungen können nach vier Dimensionen differenziert werden:

1. Komplexitätsgrad des Realitätsbereichs des Problems;
2. Komplikationsgrad der Methodenanwendung;
3. Problemvorgabe;
4. Methodenvorgabe.

10.6.5 Klassifizieren von Problemaufgaben nach Schwierigkeitsgrad

Problemaufgaben lassen sich hierarchisieren. Diese Hierarchie stützt sich "auf die psychologische Anforderungsstruktur der Aufgaben, d.h. auf die Tätigkeit, die eine Person wirklich auszuführen hat und auf die sie sich möglichst adäquat orientieren muss." (v. Oers, B.)

1. "Reproduktive selbständige Arbeiten nach einem Muster - Der Schüler soll unter einem gegebenen oder bereits bekannten Gesichtspunkt bestimmte Elemente aufsuchen. Alle Angaben zum Auffinden des Gesuchten, alle Lösungsverfahren und -prinzipien sind in fertiger Form unmittelbar in der Aufgabe enthalten.
2. Rekonstruktiv-variierende selbständige Arbeiten

   Die Aufgabe teilt die allgemeine Lösungsidee mit, und der Schüler soll selbst ein geeignetes konkretes Lösungsverfahren entsprechend den Bedingungen der Aufgabe entwickeln. An solchen Aufgaben lernt der Schüler auf einfache Weise das Suchen nach konkreten Methoden zur Anwendung seiner Kenntnisse.

3. Heuristische selbständige Aufgaben

   Mit Hilfe bekannter Begriffe versucht der Schüler, eine Aufgabe zu lösen. Der Schüler muss aufgrund einer Analyse der Problemsituation eine zur Beschreibung oder Erklärung geeignete Kombination der Begriffe finden.

4. Schöpferische selbständige Arbeiten

   Der Schüler soll selbst eine allseitige Analyse geben von Erscheinungen, Objekten, Ereignissen in der Aufgabe. Er soll selbst die Probleme und relevanten Fragen formulieren. Er soll auch die zu verwendenden Begriffe finden, Hypothesen aufstellen und einen Plan zur Lösung der Probleme erarbeiten." (Oers, B.)

10.6.6 Die Lehrperson im problemorientierten Unterricht

Der Lehrperson erwachsen bei einer problemorientierten Unterrichtsweise verstärkt u.a. folgende Aufgaben:

- Sammeln, Sichten, ggf. Aufbereiten und Bereitstellen schüler- und sachgemäßen Materials (aktuelles Lernmaterial, Passung);
- Herausarbeiten des Fundamentalen und Exemplarischen im Lerninhalt;
- Analyse der Voraussetzungen und Anforderungen, die der Lerninhalt stellt (Aufgabenanalyse);
- Wahl einer ansprechenden, zielorientierten Ausgangssituation (Motivation);
- Wiederholen bzw. Einüben grundlegender Kenntnisse, Fähigkeiten und Fertigkeiten vor der Erarbeitung des neuen Inhalts (einsichtiges Lernen);
- Bereitstellen von Lernhilfen (Motivations- und Kognitionshilfen) und vertiefenden Aufgaben zur Differenzierung und Individualisierung;
- Unterstützen der Lernenden in ihrer Fragehaltung, was u.U. zwischendurch Gelegenheitsunterricht bedingt (Aus einer geplanten Situation (z.B. Lerngang, aktuelles Ereignis] entstehend!);
- Würdigen des Lernprozesses ebenso wie des Lernergebnisses;
- Schaffen eines äußeren und sachimmanenten Rahmens für die Aktivitäten der Lernenden usw.
- Bei vielen Lehrpersonen sind die W-Fragen verpönt. Solche W-Fragen ermöglichen es Lernenden jedoch, sich aktiv in ein neues Gebiet einzuarbeiten.

- Die Lehrperson wird frühzeitig das Ein- und Ausüben grundlegender fachspezifischer Arbeitsweisen (z.B. Sammeln, Ordnen, Beobachten, Experimentieren, Vergleichen) bei den Lernenden fördern.
- Aufgabe der Lehrperson wäre es u.a. den Lernenden "Strategien zur Bewältigung kognitiver Anforderungen und schulischer Inhalte sowie zur effektiven Auseinandersetzung mit sozialen Situationen" (G. Lauth, in: Lange, O.) zu vermitteln und diese einzuüben. D.h. Kinder sollten lernen, effektiver und selbständiger mit Anforderungen, in denen Sorgfalt, Aufmerksamkeit und organisiertes, geplantes Verhalten notwendig sind, umzugehen.

10.6.7 Unterrichtspraktische Strategien für problemlösendes Lernen

Für verschiedene Inhalte lassen sich gültige Strategien angeben:

1. Die Problemstellung muss "vor dem Handlungsbeginn definiert" werden" und innerhalb des Problems" müssen sich die Lernenden "die verschiedenen Elemente vergegenwärtigen".
2. Die Lernenden müssen „vorausplanend und sequentiell denken sowie Strategien anwenden, Gedanken und Arbeitsmaterialien organisieren".
3. Es sind "vor der Verfolgung eines Handlungsweges verschiedene Lösungsmöglichkeiten zu vergegenwärtigen und zu bewerten".
4. Die Lernenden müssen lernen, "Fehler ruhig zu korrigieren und nicht in Aufregung zu geraten".
5. Für die Lernenden gilt es, "solange am Problem zu bleiben, bis alle Lösungsmöglichkeiten erschöpft sind".
6. Wesentlich ist auch, dass sich die Schüler "selbst für die erfolgreiche Handlung verstärken." (Lauth, G.)

Konkretisiert heißt dies:

1. Der problemorientierte Unterricht beginnt mit einer Anfangssituation, die Aufmerksamkeit, Neugierde und ggf. Interesse bewirkt. Methodisch kämen alle motivationsfördernden Maßnahmen in Frage: Medien (Text, originale Begegnung, Gegenstand [Modell], Bild, Ton, Kurzfilm usw.) in Betracht, ebenso Versuche, Einbeziehen von vorbereitenden Hausaufgaben (einfache Versuche, Beobachtungen) und die ‚plastische' Lehrererzählung. Hilfreich können auch Entscheidungssituationen, Kontraste, überraschende Momente oder die Aussicht des eigenen Tuns sein.

2. Die Lernenden aktualisieren bereits verfügbares Wissen und ihre sachbezogenen Fähigkeiten und Fertigkeiten. Sie erkennen die Problemstellung und benennen sie. In dieser Phase kommt dem Formulieren von Hypothesen ein besonderer Stellenwert zu. Die Lernenden sollen argumentativ ihre Meinungen zusammentragen und aufgrund dieser Arbeitshypothesen erstellen. Die Hypothesen sollten danach in Frageform (u. U. mehrere Fragen) festgehalten werden.
3. Die gefundenen Arbeitshypothesen führen zu Überlegungen des zu beschreitenden Weges bzw. der zu beschreitenden Wege, um die Hypothesen zu überprüfen (Verifizierung bzw. Falsifizierung).
4. Jede(r) Lernende bzw. jede Gruppe arbeitet an der Lösung der Fragen, wendet verfügbare fachspezifische Arbeitsweisen an bzw. erarbeitet sich aufgrund von Hinweisen der Lehrperson sachdienliche neue und verwendet diese gleich (Selbsttätigkeit, Lernen durch Tun, operatives Lernen). Alle Vorgehensweisen und Arbeitsergebnisse werden festgehalten (Klarheit, Schlüssigkeit der Gedankengänge).
5. Alle gewonnenen Erkenntnisse und Arbeitsschritte tragen die Lernenden vor. Sie werden miteinander verglichen und hinsichtlich der Arbeitsprozesse und Arbeitsergebnisse gewürdigt. Die Lehrperson verdeutlicht allen das Exemplarische dieser Problembearbeitung. Jede(r) Lernende hält schriftlich z.B. in einer Art Zusammenfassung die wesentlichen Teile daraus fest.
6. Mit den Lernenden zusammen bzw. von diesen selbst werden ähnliche Problemstellungen herangezogen, bearbeitet und die Tragweite der gewonnenen Methoden und Kenntnisse überprüft (Transfer).

Einen graphischen Überblick über die Vorgehensweise beim Problemlösen gibt die sogenannte auch gruppenbezogene ´Siebensprungmethode´ nach Moust:

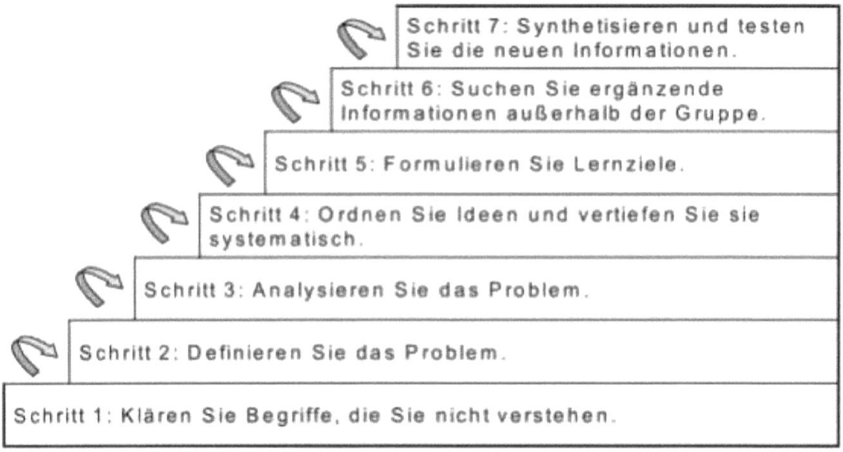

(Moust, J.)

10.7 Soziale Problemstellungen und problemlösendes Lernen

Sollen die Lernenden soziale, häufig stark affektiv geprägte Probleme bearbeiten und mögliche Lösungswege finden, so könnten nachstehende Kriterien behilflich sein:

- "Das Individuum sollte seine Wahrnehmung der Situation als wesentlichen Faktor zur Steuerung seiner Reaktion sehen.
- Das Individuum sollte seine Neigungen zu spontanen automatisierten Schritten unterdrücken und stattdessen die Situation genauer daraufhin analysieren, in welchen Bestimmungselementen der Situation Ungleichgewicht herrscht und damit ein Problem vorliegt.
- Ohne Rücksicht auf die Realisierbarkeit werden in einer ´brain-storming' analogen Situation Verhaltensmöglichkeiten erarbeitet.
- Aus den erarbeiteten Alternativen wird eine Auswahl möglicher und realistischer Wege herausgegriffen.
- Erprobung als schrittweise Anwendung und Umsetzung der erarbeiteten Alternativen." (Lauth, G. in: Lange, O.)

Diese Hinweise sind einerseits teilweise auf einem noch hohen Abstraktionsniveau formuliert und bedürfen der schülerspezifischen Konkretisierung, andererseits stellen sie an jede Lehrperson Forderungen hinsichtlich ihres Verhaltens im zwischenmenschlichen Bereich.

11. Individualisierende - binnendifferenzierende Unterrichtsphasen

Der Anspruch an einen gelingenden Unterricht geht vom Anliegen aus, allen Lernenden im Unterricht gerecht werden zu wollen und zu können. Insbesondere ist in der pädagogischen Literatur wie in Fortbildungen und Beratungsgesprächen oft zu hören, dass eine binnendifferenzierende Gestaltung des Unterricht es ermöglichen würde, alle Lernenden individuell auf zwar verschiedenen Wegen jedoch im Ziel gleich gut zu fördern und vor allem Lernprozesse zu erleichtern. In der Literatur finden sich auch nachdenkliche Stimmen:

"Manche Wörter der Pädagogensprache sind von vielversprechender Allgemeinheit, suggerieren die Lösung schwerwiegender Probleme. "Binnendifferenzierung" ist von dieser Art, klingt nach einem Patentrezept für Unterricht. Dahinter steht, oft noch unangefochten, die hartnäckig aufrecht-erhaltene Vorstellung, dieser habe alle gleich weit auf einem zuvor abgesteckten gemeinsamen Lernweg zu führen, und das könne gelingen, wenn man nur genügend Phantasie und Fleiß aufbringe. ... Nicht weniger illusionär dürfte die Vorstellung sein, es sei im Alltag möglich, jede Stunde so vorzubereiten, dass - bei gleichem Inhalt - alle Schülerinnen und Schüler auf verschiedenen Wegen gleich gut und gern lernen." (v.. d. Groeben, A.) Ein anderer Autor problematisiert ein gleichschrittiges Vorgehen sowie das anschließende Überprüfen und zeigt zugleich wesentliche Aufgaben von Schule auf:

"Der lange Abschied von der großen Illusion" heißt ein Aufsatz von Gerold Becker (in Ahlring, I.), der anschaulich die große Illusion entfaltet, Lernen lasse sich so organisieren, dass Kinder im Gleichschritt zur gleichen Zeit an gleichen Aufgaben das Gleiche lernen - das dann "mit Recht am Stichtag an einheitlichem Maßstab, abgeprüft' werden kann, weil sie ja alle die gleichen Lernchancen hatten. - Auch ein immer noch weiter differenziertes Schulwesen kann uns den Abschied von der großen Illusion nicht ersparen: Ein fünfgliedriges Schulwesen haben wir ja bereits, zählt man die Gemeinschaftsschule hinzu und natürlich auch die gerne schamhaft verschwiegenen Sonderschulen, wenn von unserem "dreigliedrigen" Schulwesen die Rede ist" (Ahlring, I.; 2000). Zugleich betont Becker, dass Kinder heute "mit ungeheurem Wissen bereits in die Schule" kommen und daher "bloße Informationsvermittlung nicht die Hauptaufgabe von Schule sein kann." (Ahlring, I., 2000)

Einer Schule in einer zunehmend komplexer werdenden Umwelt "wachsen neue Aufgaben zu. Sie muss Wissen und Können, Ordnung und

Bedeutung des Wissens in die Lebenswelt der Kinder einbringen und auf diese Welt beziehen, muss Wissen Bedeutung haben und Beziehung - Sinn - stiften.“ (Thurn, S.) Oft finden sich in einer Gruppe / Klasse, so hat es den Anschein, vorwiegend lauter Individualisten, die einer Einzelbetreuung harren. In der Schule wird jedoch in einem Klassenverband gearbeitet und gelernt; somit stellen sich neben inhaltlichen und methodisch-didaktischen vor allem auch erzieherische bis hin zu sozialpädagogischen Fragestellungen. Das Lernen in einer Gruppe bedarf des Vermittelns und Einübens von Verhaltensweisen, die hier ein Lernen erst ermöglichen. “Keine Lehrerin und kein Lehrer kann sich allerdings in 25 oder gar 30 Teile teilen und ständig und zu jeder Zeit mehr als 20-fach reagieren.

Die Lerngruppe braucht als Gruppe Stabilität und Sicherheit um individuelles Agieren und Reagieren auszuhalten, aber auch Gemeinsamkeiten zu ermöglichen. Werden diese Prozesse vernachlässigt, entstehen möglicherweise Konkurrenz und Neid. Gemeinsamkeiten und Gruppenerfahrungen in der Klasse, feste Regeln und Rituale sowie eine Kultur der Rückmeldung und Ergebnispräsentation, die Unterschiedlichkeit akzeptiert und integriert sowie offensiv und konstruktiv mit Ungleichheiten umgeht, sind nötig und müssen aufgebaut werden.“ (Ahlring, I., 2000)

Auf allen Altersstufen sollen die Kinder / Jugendlichen möglichst häufig erfahren, dass das schulische Arbeiten und Lernen sinnvoll ist und Freude machen kann. Die Schule muss die Lernenden ernst nehmen. Die in der Schule verbrachte Zeit ist eine der wichtigsten Lernzeiten für die Kinder / Jugendlichen und sollte schon von daher eine möglichst positiv empfundene Lebenszeit darstellen. Diese Intention verfolgt eine Unterrichtsplanung und -gestaltung, die innere Differenzierung ernst nimmt ; denn “Kinder und Jugendliche sollen weder ständig entmutigt noch ständig überfordert und schon gar nicht gelangweilt - weder nur zum Helfen missbraucht noch zum ständigen Annehmen von Hilfe genötigt und keineswegs unter ihren Möglichkeiten gehalten werden dürfen.“ (Thurn, S.)

11.1 Begriffsklärung - Binnendifferenzierung

Vor weiteren Überlegungen soll zunächst eine genauere Betrachtung der Begrifflichkeit erfolgen. „Mit Differenzierung sind alle didaktischen Maßnahmen gemeint, die individuelle Unterschiede in Angebot und Nachfrage von Unterricht berücksichtigen“ (Sylvester, T.). Entsprechend sind „unter Binnendifferenzierung alle Maßnahmen zu verstehen, die innerhalb einer bestehenden Klasse oder Lerngruppe arrangiert werden. Innere Differenzierung, synonym gebraucht für Binnendifferenzierung, wird auf der Grundlage verschiedenster Überlegungen - z. B. Lernquantum, Arbeitsgeschwindigkeit, Leistungsanspruch, Lernschwierigkeit, Kooperation, Umfang der Lehrerhilfe, Aufgabentyp, aber auch vorhandene Interessen, ... eingeleitet. Die weitestgehende Form von Binnendifferenzierung ist die Individualisierung des Unterrichts." (Sylvester, T.)

1. „Binnendifferenzierung ist der Versuch, Unterrichtsgegenstände so anzulegen, dass deren erhoffte bildende Wirkung alle Schülerinnen und Schülern einer Lerngruppe erreicht, indem möglichst unterschiedliche und vielfältige Anlässe, Methoden und Formen individueller Aneignung bereitgestellt werden. Diese ergeben sich zum großen Teil erst während des Lernprozesses und aus seinem Verlauf, insbesondere aus den Reaktionen der Lernenden.
2. Binnendifferenzierung, so verstanden, ist ein notwendiger Komplementärbegriff zu Offenem Unterricht und kann ein wichtiges Korrektiv dazu sein. Beide sind Kehrseiten einer Medaille. Der eine geht von der Gemeinsamkeit von Unterrichtsgegenständen aus, der andere von der Unterschiedlichkeit der Kinder und ihrer Lernmöglichkeiten. Beide Aspekte ergänzen und bedingen einander. (vgl. Bastian. J)
3. Binnendifferenzierung, ihre Voraussetzungen, Formen, Möglichkeiten und Ergebnisse sind nicht "an sich" zu bestimmen. Sie können unterschiedliche, ja einander ausschließende pädagogische Absichten bedienen. Welche Wirkungen Differenzierung tun soll und tut, ist daher nur vor dem Hintergrund der jeweiligen Schule / Klasse zu klären und pädagogisch einzuordnen, hängt ab von dem "Prinzipienbündel, das man vorlaufend für die Gestaltung von Schule schnürt." (v.d.Groeben, A.; Bönsch, M. 1995)

Ein wichtiger Gesichtspunkt beim Planen binnendifferenzierenden Unterrichts heißt "Angebotsdifferenzierung"; denn "Angebote geben den Schülerinnen und Schülern die Möglichkeit, sich einzuordnen, auszuprobieren, getroffene Entscheidungen zu revidieren oder auch, je nach Schwierigkeitsgrad und Interesse, schwierigere und leichtere Aufgaben miteinander zu kombinieren, sich das Additum einmal zuzutrauen und ein anderes Mal wegzulassen." (Ahlring, I.; 1997) So ist es bedeutsam zu bedenken, dass "Binnendifferenzierung im Normalfall keine Unterrichtsorganisation von bleibender Dauer" (Sylvester, T.) beabsichtigt.

11.2 Ziele inneren Differenzierens

Ein innerhalb der Klasse differenzierender Unterricht verfolgt z.B. folgende Ziele:

- „Schülerinnen und Schüler sollen lernen, selbstständig zu arbeiten.
- Schülerinnen und Schüler sollen lernen, miteinander auszukommen.
- Jeder Schüler soll die seinen Lernvoraussetzungen angemessenen Aufgaben vorfinden oder wählen können (vgl. Diederich, J.).
- Jeder Schüler soll bzgl. seiner individuellen Interessen und Fähigkeiten gefördert werden.
- Jeder Schüler soll bei der Behebung individueller Lerndefizite unterstützt werden.
- Jeder Schüler soll gemäß seines individuellen Lernverhaltens (bevorzugter Lernkanal, kognitiver Stil, Lerntempo, ...) gefördert werden.
- Jeder Schüler soll die Chance erhalten, sich in der Welt, in der wir leben, selbst zu orientieren, Zusammenhänge und Bedeutungen zu verstehen.
- Jeder Schüler soll für Fragen von Verantwortung für die Welt sensibilisiert und an die Übernahme von Eigenverantwortung schrittweise herangeführt werden." (Sylvester, T.)

Homogene Lerngruppen gab es auch in früheren Zeiten nicht. Allenfalls war die Heterogenität weniger groß. In unserer Informations- und Wissensgesellschaft sind jedoch die Lebensverhältnisse und Erfahrungen vieler Schüler/Schülerinnen zunehmend heterogener geworden. Verstärkt wird dieses Phänomen noch durch zunehmende Individualisierungstendenzen. Die Lernenden unterscheiden sich in unterschiedlichst ausgeprägten Faktoren voneinander z.B.:

- nach ihrem persönlichen Erfahrungshintergrund (ihrer kulturellen, nationalen und sozialen Identität, den elterlichen Erziehungsstilen und -einflüssen beispielsweise auf Regelverhalten, Umgang mit Autorität, Leseverhalten, Abstraktionsvermögen, Bewegung usw.),
- nach ihrer Fähigkeit, bestimmte Arbeitstechniken (Ordnen, Entnehmen, Alphabetisieren, Umgang mit Lexika, Registern, Inhaltsverzeichnissen usw.) anzuwenden,
- nach ihren allgemeinen Fähigkeiten (Konzentrations-, Abstraktions- und Transferfähigkeit, künstlerisches und kreatives Ausdrucksvermögen, sportliche Eigenschaften, logisches Denken usw.),

- nach ihrer Motivation (Lust und Freude, sich auf ein Thema einzulassen, sowie Vorverständnis für bestimmte Fächer oder Themen: "Mathe kann ich nicht" oder "Geschichte ist langweilig" usw.),
- nach ihrem Arbeits- und Lerntempo (Zeitplanung, Ausdauer, Konzentration, Organisation, Schnelligkeit beim Schreiben, Zeichnen, Rechnen usw.),
- nach ihren Kenntnissen (kognitive Vorerfahrungen aus Grundschule und Elternhaus, durch unterschiedliches Lese- und Fernsehverhalten usw.) sowie, last but not least,
- nach ihrer Persönlichkeit (Schüchternheit, Motorik, Ängstlichkeit, Offenheit, Extro- bzw. Introvertiertheit, unterschiedliche Lerntypen usw.),
- nach ihrer Arbeitshaltung (zielgerichtetes Arbeiten versus Langsamkeit, Durchhaltevermögen versus Entmutigung und Resignation, Zielvorstellungen, Stolz auf eigene Produkte versus Unsicherheit usw.). (nach Ahlring, I.)

Zugleich bringen die Kinder / Jugendlichen ein enormes, oft ungeordnetes Wissen bereits in die Schule mit. „Nehmen wir dies ernst, müssen wir Wege finden,

- das längst vorhandene, reichlich konfuse und wirre Wissen von Kindern, aufgenommen über Bilder, die Realität und Fiktion für sie nicht mehr unterscheidbar machen, zu ordnen;
- gemeinsam Vereinbarungen zu treffen, was warum notwendiges, allen hilfreiches Wissen ist, das ein gemeinsames solides Fundament für individuelle Aneignung von Welt sein kann;
- individuelle Interessen aufzuspüren, die je einzeln für ihr Leben Bedeutung haben und der Bewältigung des Lebens dienlich sein können;
- mit jedem Kind Aufgaben zu vereinbaren, die es bis an seine Grenzen herausfordern und es zugleich nicht überfordern,
- vielfältige Methoden der eigenen Erarbeitung von Themen bereitzustellen, einzuüben, in Gekonntes zu integrieren;
- die je individuellen Arbeitsergebnisse zu einem für die Gruppe bedeutsamen Ganzen zusammenzutragen, für alle also verfügbar zu machen." (Thurn, S.)

Bevor von Lehrenden "neue" Informationen wie auch immer gegeben werden, gilt es eine „Bestandsaufnahme des Gekonnten, Gehörten, Gewussten, Erlebten, Nachgedachten, ... "(Thurn, S.) zu machen, dieses in einer offenen Atmosphäre zu präsentieren, gemeinsam zu Sichten, zu Strukturieren und ggf. auf Plakaten, in Schaubildern oder in Mind-Maps festzuhalten. Die Lernenden sollen zum einen ihr Wissen präsentieren können, sich dabei ernst und anerkannt fühlen, und zum anderen lernen, gegenseitig bedeutsame Informationen austauschen, sich also zuzuhören und von einander zu lernen. Bei den so in der Klassengruppe offenbarten Kenntnissen, Bildern und eigenen Gedanken kommen auch Einstellungen und Wertungen ((Vor)-Urteile) zur Sprache, die in der Gesamtschau geklärt werden. Bei diesem Sammeln bilden sich bei den Zuhörenden zudem Erinnerungsbrücken oder Assoziationen, die Denkprozesse auslösen und damit Verknüpfungen zu eigenen Erfahrungen bilden. Vorgetragene Empfindungen und Erfahrungen bereichern das je eigene Denken. Ein solcher Erfahrungsaustausch ist gerade für Kinder wichtig und manchmal sogar aufregend. (nach Thurn. S.)

Unterschiede in den bisherigen Lebenserfahrungen wirken sich auf Lernprozesse individuell verschieden aus; einige Faktoren sind förderlich, andere hemmen die Aneigung von neuen Lerninhalten. Ein binnendifferenzierender Unterricht will die jeweiligen Stärken erhalten und ausbauen und auftretende Schwächen beheben helfen.

“Der hohe Anspruch beim binnendifferenzierten Unterricht liegt nun darin, einerseits stärker auf die einzelnen Jugendlichen einzugehen, sie bewusster als Individuen wahrzunehmen, und andererseits für die einzelnen Schüler je angepasste Lernwege und Lernsituationen anzubieten.” (Gautschi, P.) Dieses Eingehen auf einzelne muss ergänzt werden durch gemeinsame Aktivitäten in einer angenehmen Lernatmosphäre. Individuelle und gemeinsame Lernprozesse ergänzen einander. Auch ist darauf zu achten, dass in den mehr selbst-gesteuerten Phasen eine mögliche Dominanz einzelner Lernender vermieden wird.

Die Lernenden benötigen Erfahrungen gelingenden individuellen Lernens, sowie dessen Einbezug in ein sinnvoll erlebtes Miteinander bzw. ein ansprechendes Produkt. Geradezu eine Voraussetzung für einen binnendifferenzierenden Unterricht ist das Bestehen einer dem Lernen förderlichen sozialen Atmosphäre in der Gruppe / Klasse. Fehler gehören zum Lernen dazu. Sie sind Elemente vertieften Nachdenkens und Herausforderung. Erst solch ein Rahmen schafft die Sicherheiten und Freiräume für die Entfaltungsmöglichkeiten des Einzelnen.

11.3 Rituale im differenzierenden Unterricht

Wichtig sind im binnendifferenzierenden Unterricht auch vereinbarte, eingeübte Verhaltensweisen, oft auch Rituale genannt:

•“Rituale der Konfliktregelung, um zu verhindern, dass Stören zum Dauerthema wird und Freiräume im Chaos enden. Solche Rituale könnten sein: ... Klassenrat, Klassenlehrerstunden, Tutorenstunden, "Gesprächsangebot" zur Konfliktvermittlung, usw. Durch gemeinsames Spielen können die Schüler lernen zu gewinnen und zu verlieren, Kompromisse zu schließen und Absprachen zu treffen.

- Rituale der Gesprächsführung, des ruhigen Stundenbeginns, Reden und Zuhören lernen, Einüben von Gesprächs- und Diskussionsstrukturen, Morgenkreise oder Montagmorgenkreise, gezieltes Üben von "Blitzlichtrunden" zum Zuhören und Tolerieren abweichender Meinungen, "Umräumrituale" dort, wo Gruppentische nicht üblich sind usw.
- Rituale der Gemeinsamkeit wie Klassenfeste, Eltern-Kind-Abende mit Vorführungen, Schulfeste, gemeinsame Aktionen, Exkursionen, Gestalten des Klassenraumes, gemeinsames Präsentieren der Unterrichtsergebnisse, Vernissagen usw. Ein solcher Hintergrund bietet sowohl funktionierende Kommunikationsstrukturen als auch solides ′Zu-Hause-Fühlen′." (Ahlring, I.)

11.4 Allseitiges Ansprechen

Den verschiedenen Sinnen des Menschen entsprechen auch verschiedene Lernweisen, und Menschen nutzen ihre Sinneskanäle unterschiedliche stark. Allgemein ist bekannt, dass Lernwege verschieden effizient sind:

Behalten des Gelesenen: 10 %

Behalten des Gehörten: 20 %

Behalten des Gesehenen: 30 %

Behalten des Ausprobierten: 90 %.

Da Lernen ein hochgradig individueller Prozess ist, müssen, um die individuell passenden Sinneskanäle effektiv anzusprechen, dem angemessene Lernangebote vorliegen, sodass "erfolgreiche Lerner ihr eigenes Lernen selbst und bewusst steuern" können und so "in der Lage sind, sich selbst konkrete Ziele zu setzen, ihr Anspruchsniveau zu definieren und Erwartungen zu formulieren." (Gautschi, P.) Ein wichtiges erzieherisches Ziel ist, dass jedes Kind / jede(r) Jugendliche seine Lernweisen, seine Stärken erkennt, diese ausbaut und erkannte Schwächen durch Lernprozesse verringert. Solcherart erfolgreiche Lernende "setzen sich selbst aktiv mit dem "Wie" des Lernens auseinander" (Gautschi, P.) und erwerben damit eine Schlüsselqualifikation: Selbstkompetenz im Steuern der eigenen Lernprozesse.

“Um den Lernprozess günstig zu unterstützen, agieren Lehrpersonen daher in drei Dimensionen: Sie beschäftigen sich erstens wissenschaftlich mit dem Lerninhalt” (Sachdimension, Sachanalyse), “sie gestalten zweitens als Manager Lernwege und Lernsituationen” (didaktisch-methodische Analyse), “um die zur Verfügung stehende Zeit günstig zu rhythmisieren, und sie setzen sich drittens als Coaches mit den Schülern auseinander”(soziale Analyse). “Guten Unterricht können Lehrpersonen dann ermöglichen, wenn es ihnen gelingt, ihr Handeln in diesen drei Rollen optimal zu verknüpfen.” (Gautschi, P.)

11.5 Methodenvielfalt - stimmig und passend

Schülerinnen und Schüler müssen, wollen sie einen Sachverhalt lernen, diesen geistig durchdringen, d.h. sie müssen sich ein je eigenes Bild der Sache entwerfen (Rekonstruktionen im Gehirn), sich davon eine Vorstellung machen. Diesen individuell geprägten Konstruktionsprozess muss jede(r) für sich leisten. Lehrpersonen sollen und können diese Denkprozesse unterstützend fördern, indem sie z.B. vielfältige, sachangemessene Lernwege organisieren, zur Sachauseinandersetzung anleiten und anregen, Bedeutungen verdeutlichen, Lebensbezüge aufzeigen, Denk-Handeln ermöglichen, Lernstrategien vorstellen und begleiten, und die individuell eingeschlagenen Lernwege beratend und klärend begleiten usw. Entscheidend ist eine breit angelegte Ansprache der Lernenden sowohl inhaltsbezogen durch die Auswahl einzelner, prägnanter Facetten des jeweiligen Lerninhaltes als auch durch ermöglichte ansprechende Art und Weisen des Be- und Erarbeitens.

11.5.1 Binnendifferenzierende Unterrichtsformen

Binnendifferenzierung “verträgt sich mit ganz unterschiedlichen Unterrichtsansätzen. ... Formen der Binnendifferenzierung können tendenziell von jedem Lehrer geleistet werden ... , der Wechsel in seinen Unterricht bringt.” (Ahlring, I.; 2000) Hierzu muss in der Unterrichtplanung mit Blick auf die je konkrete Klassensituation eine Unterrichtsgestalt gedacht und entworfen werden, die Kindern/ Jugendlichen „ unterschiedliche Lernzugänge ermöglicht und von daher den verschiedenen Lerntypen eine Chance gibt.” Es gilt dabei auch “Lernhilfen für Schüler zur Verfügung zu stellen.” (Ahlring, I.; 2000)

- Oft eingesetzt werden längere Phasen der Einzel- bzw. Partnerarbeit, in denen Schüler arbeitsgleich oder arbeitsteilig lernen”.

- Eine von den Lernenden gerne angenommene Unterrichtsform ist das “Lernen an Stationen”. Es erfordert beim Planen genaues Sachwissen und eine intensive Sachbetrachtung, ob ein Lerninhalt dafür geeignet ist.
- Verschiedene Formen der selbst gesteuerten Gruppenarbeit, etwa ein Gruppenpuzzle oder eine Fallmethode, eröffnen den Lernenden ebenfalls Freiräume im selbständigen Erarbeiten.
- Bekannt ist die Projektmethode, bei der die jugendlichen auch die inhaltliche Verantwortung für ihr Lernen übernehmen. (nach Ahlring, I.; 2000)

Binnendifferenzierender Unterricht ist von seiner Grundintention her immer schülerorientiert und will diese passend ansprechen.

11.5.1.1 Entscheidungshilfen

Sollen differenzierende Maßnahmen geplant und durchgeführt werden, müssen genaue Vorüberlegungen sowohl inhaltlicher, als auch didaktisch-methodischer Art angestellt werden. Entscheidend ist, zu wissen, welche Fähigkeiten bringen die Lernenden schon mit? Sind diese für ein grundlegendes Erarbeiten ausreichend und können sie mit der Arbeit ausgebaut, erweitert werden? Danach gilt es zu überlegen, ob der Lerninhalt dazu geeignet ist, ihn aus verschiedener Sicht, in unterschiedlicher Weise und bei verschiedenen Anforderungsgraden durch die Schülerinnen und Schüler anzugehen.

- ”Das kann nur gelingen, wenn die Lernbedingungen dazu stimmen. Die Schülerinnen und Schüler müssen frei sein, sich auf ihre Weise auf die Sache einzulassen, auch Fehler zu machen, Umwege zu gehen, und sie müssen ebenso frei sein, sich nach eigener Entscheidung mit anderen zusammenzutun. (Das spricht gegen ihre Vorab-Sortierung nach dem Leistungsvermögen und ebenso gegen die von Arbeitsmaterialien nach dem Schwierigkeitsgrad.) Vor allem müssen sie Zeit haben. Der Druck einer bevorstehenden Klassenarbeit und die Angst davor können das Interesse an jeder Sache kaputtmachen.
- Die wichtigste Lernbedingung ist das Klima, das in einer Gruppe herrscht. Zeit-, Stoff- und Konkurrenzdruck erzeugen Angst. Gelassenheit, ruhige Konzentration und Lernfreude können sich unter solchen Bedingungen kaum herstellen. Sie setzen voraus, dass jedes Kind sich als Person akzeptiert fühlt, dass seine Arbeit ernstgenommen und anerkannt wird. Das ist das wichtigste Pensum sozialen Lernens für die Gruppe, dessen Verlauf und Ergebnis alle individuellen Lernprozesse maßgeblich bestimmen.
- Differenzierender Unterricht ist nicht vorweg vollständig planbar. Er entwickelt sich. Die Art, wie die Schülerinnen und Schüler auf das

Thema "anspringen", sich auf die Sache einlassen, ihre Ideen und Vorschläge, ihre Schwierigkeiten und Probleme bedingen den jeweils nächsten Schritt. Die Arbeit und das Lernen einer Gruppe wird zu einem flexiblen, sich weitgehend selbst steuernden Prozess, dessen Dauer und Ablauf nicht vorab feststehen.

- Das Gelingen dieses Prozesses hängt wesentlich von der Ernsthaftigkeit des Lernens ab. Die Sache selbst und das Interesse an ihr können solchen Ernst erzeugen, ebenso auch eine spielerisch / intellektuelle Herausforderung. Die größte Wirkung hat wohl der Ernstfall der Anwendung, etwa die Herstellung eines bleibenden Produkts, vor allem aber das Lernen am und im "richtigen" Leben (Praktika).
- Das gesamte Arrangement des Unterrichts muss auf Differenzierung angelegt sein. Neben dem jeweiligen Thema haben die Schülerinnen und Schüler andere Aufgaben, an denen sie weiterarbeiten können, so dass Leerlauf und Langeweile nicht entstehen" z.B. Wochenplanaufgaben.
- Die Rolle der Lehrerin / des Lehrers besteht wesentlich darin, diesen Prozess zu beobachten, zu begleiten und zu steuern. Die methodisch-didaktische Reflexion richtet sich darauf, aus den Reaktionen der Schülerinnen und Schüler die jeweils nächsten Schritte abzuleiten, Vorschläge zu entwickeln, die diese auf dem eingeschlagenen Weg ermutigen und fördern, und individuelle Hilfen zu leisten."
- Differenzierende Maßnahmen im einzelnen Fach oder in vom Klassenlehrer / der Klassenlehrerin erteilten Fächer ist die eine Seite. Solche Maßnahmen sollten jedoch eingebettet sein in eine jeweilige Schulkultur, die "darauf angelegt ist, den einzelnen in ihrer Unterschiedlichkeit gerecht zu werden." (nach v.d. Groeben, A.)

Die Lernenden sollten Schule als Lebensraum erfahren können, in dem sie angenommen und als Person anerkannt sind, wo ihre Anliegen ernst genommen werden und gemeinsam nach gangbaren Wegen gesucht wird. Sie sollen sowohl ihre Gruppe / Klasse wie die Schulgemeinschaft insgesamt als bedeutsam für sich erfahren, in der sie Verantwortung übernehmen und sich darin auch in lebensnahen Situationen bewähren können. In Beratungs- und Fördersituationen sollten sie erleben, dass sie als Person akzeptiert und wichtig sind, dass Fehler zum Lernen dazugehören und sie in ihrem Bemühen sowohl von der Lehrperson als auch vor allem in der Gruppe bestärkt und gefördert werden. Hilfen und Anregungen werden so eher als Hilfe zur Selbsthilfe, als Wachstumschancen verstanden und können so besser angenommen werden.

11.5.1.2 Konkrete Anregungen

Die folgenden Hinweise wollen Anregungen geben, ohne Vollständigkeit anzustreben:

- "Arbeitsanweisungen sind knapp, klar und eindeutig zu stellen, damit die Schüler in der Lage sind, ohne Rückfragen selbstständig zu arbeiten. Es hat sich in der Unterrichtspraxis bewährt, Arbeitsanweisungen immer mündlich und schriftlich zu stellen, um den Lernenden jederzeit den Rückgriff darauf zu ermöglichen, ohne die fördernde Arbeit des Lehrers und die Arbeit in den Parallelgruppen zu stören." (Sylvester, T.)
- "Arbeits- und Lerntechniken sind zu vermitteln, Verfahren der Selbst- und Mitschülerkontrolle sind einzuführen." (Sylvester, T.)
- "Es kann mit strukturierender und visualisierender Moderationstechnik in ein Thema eingestiegen werden, eine Phantasiereise kann am Anfang stehen, ein Fall kann vorgetragen oder gelesen werden, Vorerfahrungen können gesammelt, mithilfe einer Collage oder von Mind-Maps verglichen und ausgetauscht, Fragen entwickelt werden. Bilder können zu Assoziationen anregen, ein Spiel kann eine neue Struktur beinhalten, ein Lied in einen Sachverhalt einführen." (Ahlring, I.)
- "Die Vertiefungs- und Bearbeitungsphase sollte dezentral erfolgen, so dass individuellen Neigungen, Lerntempi, Schwerpunkten, Lerntypen und Ansprüchen entgegengekommen werden kann. Die methodischen Inszenierungen solcher dezentraler Phasen sind ebenfalls vielfältig, ihre Gestaltung richtet sich nach Fach, Schwerpunkt, Alter der Schüler, äußeren Bedingungen der jeweiligen Schule und vielem mehr." (Ahlring, I.)

11.6 Anregungen zum Planen binnendifferenzierenden Unterrichts

Das Planen von binnendifferenzierendem Unterricht hat vieles gemeinsam mit dem Planen offener Unterrichtsphasen: Es ist inhaltlich wie methodisch multidimensional, d.h. mehrperspektifisch umfassend anzulegen. Erforderlich ist eine eigene, umfassende Durchdringung des Lerninhalts in sachlicher wie didaktisch-methodischer Sicht. Darauf aufbauend erfolgt die Auswahl entsprechender Materialien und das Antizipieren möglicherweise erforderlicher Anregungen bzw. zusätzlicher Unterstützungsmaßnahmen an sogenannten "Knotenpunkten". "Wichtig ist in diesem Zusammenhang ein didaktischer Vorrat modellartiger Grundmuster verschiedener Formen von Unterrichtselementen, die konzeptionell auf innere Differenzierung angelegt sind." (nach Sylvester, T.) In einem solchen Unterrichtaufbau ist die Lehrperson oft in der Rolle als Moderator(-in), da ein genauer Ablauf nicht planbar ist.

- “Individuelle Still- oder Partnerarbeitsphasen mit unterschiedlichem Material gehören zum Repertoire der Differenzierungsmöglichkeiten. So eignen sich dafür beispielsweise nicht nur verschiedene, selbst entworfene Arbeitsblätter, sondern auch unterschiedliche Aufgaben im Buch oder Arbeitsheft, ein Arbeitsblatt mit Fundamentum und Additum, unterschiedliche visuelle Anregungen (beispielsweise für die Erstellung Freier Texte in Deutsch oder Englisch), Angebote zu unterschiedlichen Lösungsstrategien, Lernkarteien oder ähnliches .
- “Gruppenarbeit ist die bekannteste Form dezentralen Lernens. Sie muss aber stimmig eingeführt und gut vorbereitet sein. Interessantes, erweitern-des Arbeitsmaterial im Klassenraum oder ein Unterrichtsrahmenprogramm verhindern, dass Gruppenarbeit im Chaos endet, wenn einige Gruppen schneller fertig sind oder gelegentlich ein Gruppenmitglied fehlt.
- Langfristige Planarbeit (Wochenplan) ist ein bewährtes Mittel zur Binnendifferenzierung. Haben die Schüler in verschiedenen Fächern langfristig gestellte Aufgaben und Möglichkeiten, ihre dafür benutzten Materialien im Klassenraum aufzubewahren, so ist auf diese Weise ebenfalls gewährleistet, dass unterschiedlichen Lerntempi bei Individual- oder Gruppenlernphasen Rechnung getragen wird. Sinnvollerweise sollten in einer sehr leistungsheterogenen Klasse auch diese Aufgaben entweder nach Schwierigkeitsgrad gestaffelt oder für alle Schülerinnen und Schüler passend und niveaugerecht gestaltet sein.
- Lernwerkstätten lassen die Schüler individuell an unterschiedlichen Aspekten eines Unterrichtsthemas arbeiten. Aufgaben und Bearbeitungszugänge können dabei vielfaltig auf die Heterogenität der Gruppe abgestellt sein.
- Themengebundene Projektarbeit und "Freie Vorhaben" stellen eine sehr anspruchsvolle Art selbstständigen und damit auch binnendifferenzierenden Lernens dar, die jedoch intensiver Vorbereitungs- und Beratungsprozesse bedarf.” (Ahlring, I.)

11.6.1 Eine Art Checkliste

Löhr entwirft mit seinen “20 Fragen als Hilfe für die Unterrichtsplanung” binnendifferenzierenden Unterrichts eine Art Checkliste:

1. “Wie viel meiner Verantwortung will ich an die Schüler abgeben?

2. Über welche Formen kann ich die Schüler an der Planung und Integration beteiligen?
3. Wie kann ich eine behutsame Übernahme von Verantwortung durch die Schüler für das eigene und das gemeinsame Lernen anbahnen?
4. Welche Lernprozesse kann ich individualisieren?
5. Wie lassen sich binnendifferenzierende Maßnahmen zwischen Steuerung und Offenheit planen und im Unterricht durchführen?
6. Welche Sozialformen unterstützen ein prozessorientiertes, interaktives Unterrichtskonzept?
7. Wie kann ich thematische Angebote in Form offener Lerneinheiten im Sinne einer lernerorientierten Differenzierung einsetzen?
8. Wann lasse ich ein Lehrwerk zu und wann benutze ich es als "Steinbruch"?
9. Welche schüleraktivierende Methoden können überwiegend lehrerzentrierte ersetzen?
10. Welche Verfahren oder Methoden im Umgang mit Texten (und Übungen) fallen mir und/oder den Schülern ein?
11. Wie kann ich Ergebnisse, Texte und Fragen von Schülern als Gesprächs- und Lernanlässe verwenden?
12. Wie können die Schüler forschend tätig werden (zum Beispiel um Informationen zu sammeln, Begriffe nachzuschlagen, ein Interview oder eine Umfrage durchzuführen)?
13. Welche sinnvollen (Haus-)Aufgaben können die Schüler aus einem Aufgabenkatalog auswählen oder sich selber ausdenken?
14. Welche Handlungs- und Materialangebote können die Schüler in Freiarbeit oder im Werkstattunterricht bearbeiten oder herstellen?
15. Welche wichtigen Lerntechniken und -strategien müssen die Schüler im Sinne eines lifelong learning erlernen und (ein)üben?
16. Wie kann ich das Lernen so methodenorientiert organisieren, dass die Schüler im Umgang mit unstrukturierten Originalmaterialien in die Lage versetzt werden, eigene Lernprozesse zu planen, durchzuführen und zu evaluieren?
17. Welche Redemittel müssen sich die Schüler aneignen, um die veränderten Unterrichtssituationen sprachlich bewältigen zu können?
18. Wie können die Schüler ihr Ausdrucksvermögen ihrem Lernstand entsprechend schulen und verbessern?

19. Wie gehe ich mit Fehlern im Sinne von Fehlertoleranz und positiver Fehlerkorrektur um?
20. Welche Formen der mündlichen und schriftlichen Lernkontrolle schlagen die Schüler im Laufe der gemeinsamen Arbeit am Thema vor?" (Löhr, H.)

11.7. Differenzierungsmodelle

• Differenzierung nach Anforderungsniveau

In mathematisch-naturwissenschaftlichen Fächern hat sich eine Einteilung nach Anforderungsniveaus in drei Gruppen (L-M-S-Prinzip) in der Praxis bewährt. Jedem dieser drei Anforderungsniveaus werden entsprechende Aufgaben zugeordnet. Idealer Weise sind der Niveaustufe entsprechend farbige Karten zugeordnet. Die Lernenden selbst wählen ihrer Selbsteinschätzung nach ihre zu bearbeitenden Aufgaben aus oder sie bekommen entsprechende Aufgabengruppen zugewiesen (qualitative Differenzierung). Zugleich müssen zu jedem Aufgabenniveau entsprechende "Erarbeitungs- oder Erklärungsmaterialien" bereitliegen, um bei auftretenden Schwierigkeiten zunächst selbständig einen Inhalt erarbeiten zu können. Alle Aufgabenkarten liegen in einer detailliert bearbeiten Form, ggf. als Lösungsschlüssel, Lösungspuzzle oder Lösungswort an zentraler Stelle zum Vergleichen bzw. zur Einsicht bereit. Der/die Unterrichtende wendet sich gezielt einzelnen zu, steht für Fragen bereit, ermuntert und gibt Anregungen (Beratungsfunktion).

Im projektorientierten Unterricht können Beratungen für die Richtung der Weiterarbeit erfolgen, Möglichkeiten der Dokumentation abgestimmt oder etwa in Fragen gruppeninterner Arbeitsteilung unterstützt werden.

• Differenzierung nach der Art des Angesprochenseins

Werden Lernende durch die Art der Themen- und Aufgabenwahl angesprochen, entwickeln sich für das Lernen der gegebenen Inhalte positive Grundstimmungen. Die Inhalte erreichen in ihren sachbezogenen Aussagen die Person, sie werden interessant, einer Auseinandersetzung mit ihnen wird als sinn- und bedeutungsvoll erlebt. Die Lernenden mobilisieren ihre gesamten Fähigkeiten, ein aktiver Handlungsvollzug entwickelt sich und neue geistige Strukturen können aufgebaut und an vorhandene angegliedert werden. Bei diesem selbstbestimmten und selbstverantwortlichen echt forschendem Denk-Handeln sind verschiedene Lernwege möglich und gewollt, können sich so doch nachhaltig wirkende Handlungs-, Denk- und Lösungsstrategien entwickeln. Diese Art der Differenzierung nennt Bönsch

“Interessendifferenzierung”. "Unter Interessendifferenzierung werden die Arrangements verstanden, die einem Lernenden statt Vermittlung und Erarbeitungspflicht die Chance geben, in freier Entscheidung sich auf Inhalte, Handlungen einzulassen, um ein latentes oder manifestes Interesse zu identifizieren, zu entwickeln oder zu verstärken." (Bönsch, M.)

Sylvester unterscheidet beim Prinzip der Differenzierung nach Interesse verschiedene Ebenen nach drei qualitativen Stufen:

- Eine “situative Interessendifferenzierung lässt eine zeitlich eingeschränkte Übernahme von Arbeitsausschnitten durch Schülerinnen und Schüler zu. Dabei haben Schüler bzw. Arbeitsgruppen freie Wahlmöglichkeiten.”
- Eine “thematisch-ausgeweitete Interessendifferenzierung wird charakterisiert durch eine zeitlich ausgedehntere und intensivere Beschäftigung der Lernenden mit Problemstellungen und Verfahren”(Sylvester, T.) des jeweiligen Faches.
- Eine “globale Interessendifferenzierung” weist projektartige Formen auf. “Der Grad an Schülerselbstständigkeit sowie themenspezifischer Bearbeitung weitet sich aus. Interessendifferenzierung erstreckt sich jetzt über eine Sequenz von mehreren Einzelstunden oder Projekttagen.” (Sylvester, T.)

• Differenzierung in der Art der Lehrerzuwendung

“In diesem Differenzierungs-Modell wendet sich die Lehrerin oder der Lehrer über einen längeren Zeitraum, in der Regel dem größten Teil einer Unterrichtsstunde, gezielt einer kleineren Teilgruppe von etwa bis zu acht Schülerinnen und Schülern zu. ... Für derartige Unterrichtsorganisationen sind mehrere Voraussetzungen zu beachten: Die übrigen Lernenden, also der überwiegende Teil der Lerngruppe, müssen vor allem

» gründlich über die zu bewältigenden Aufgabenstellungen informiert sein,

» vorab Gelegenheit für Rückfragen zu inhaltsbezogenen und arbeitsmethodischen Unklarheiten erhalten haben,

» über die erforderlichen Lern- und Arbeitstechniken verfügen,

» für den Fall vorübergehender Lernschwierigkeiten auf angemessene Hilfe durch Lernpartner zurückgreifen können. (nach Sylvester, T.)

An einem solchen Schüler-Lehrer-Fördertisch ist "eine Vielfalt von Unterrichtsszenen denkbar, hier ist eine kleine Auswahl:

» Schülerinnen und Schüler, die gefehlt haben, werden in dieser Organisationsform zusammengefasst. Sie finden schneller Anschluss.

» Für Schülerinnen und Schüler, die die Hürden der letzten Klassenarbeit nicht genommen haben, wird eine angemessene Nachbereitung möglich.

» (Gruppen-)Referate können ohne Zeitdruck vorbereitet werden.

» Problemstellungen mit besonderem Anspruch können gemeinsam diskutiert, gefunden oder gelöst werden.

» In einem ´Produktionsteam´ können Rollenspielszenen gemeinsam vorbereitet werden." (Sylvester, T.)

- Differenzierung durch das Gestalten der Lernumgebung

Mit Bedacht ausgewählte (z.B. geistige und soziale Fähigkeiten, Niveaustufe, Kenntnisstand), aussagekräftige und ansprechende Lernmaterialien, die zur aktiven Auseinandersetzung mit einem Lerninhalt anregen / auffordern, können ein weitgehend selbständiges Lernen fördern. Solche immer wieder benötigten Materialien sollten im Klassenzimmer bereit-stehen: Altersangemessene Fachbücher und Lexika, Lernspiele, Karteien, Untensilien zum Betrachten und Erproben (Lupen, Maßband, Messbecher usw.).

- Gestaltete Lernumgebungen finden sich häufig unter dem Begriff "Lernstationen". -

Beim Lernen an Stationen durchlaufen die Schülerinnen und Schüler meist in beliebiger Reihenfolge vorstrukturierte Stationen, an denen bestimmte Aufgaben zu erledigen sind. Die jeweilige Arbeitszeit an einer Station ist i.d.R. von den Lernenden frei wählbar.

- Offener ist das sogenannte "Büffet-Modell", bei dem den Lernenden bekannte Inhalte vertiefend bearbeitet werden. Ausliegendes Material muss inhaltlich präzise, übersichtlich strukturiert, ansprechend gestaltet und mit der Möglichkeit der Selbstkontrolle versehen sein. Der intendierte unterrichtliche Ablauf sowie die Arbeitsweisen müssen allen klar sein. Die Arbeitsblätter oder Karteikarten enthalten unterschiedliche Aufgabenstellungen und die Lernenden sind frei in der Wahl des von ihnen zu Bearbeiteten. Es ist sinnvoll, dass sie die bearbeiteten Materialien auf einer Art "Laufzettel" vermerken.

- Sind selbständige Lern- und grundlegende Arbeitsweisen bekannt, sowie soziale, eigenverantwortliche Lernformen (Partner- und Gruppenarbeit) eingeübt, können die Schülerinnen und Schüler in das

Arbeiten nach Tages- und Wochenplan eingeführt werden. Eine weitgehend freie Zeiteinteilung, die Wahl von Kooperationsformen und die Entscheidung über die Reihenfolge des zu Bearbeitenden liegt bei den Lernenden. (nach Sylvester, T.)

11.8 Arbeitstechniken zum Differenzieren

Damit Schüler und Schülerinnen erfolgreich im binnendifferenzierenden Unterricht arbeiten können, müssen ihre methodischen Kenntnisse und Fähigkeiten erweitert und ausgebaut werden. Gerade bisher schwächere Lernende können hierbei eine deutliche Förderung erfahren. Die zu schulenden Fähigkeiten umfassen sowohl solche der Selbst- und der Sozial- als auch der Methodenkompetenz. Ein Inhalt kann nur dann sinnvoll in selbständiger Weise erarbeitet werden, wenn ein Grundmaß an Selbstdisziplin und an Lern- und Arbeitshaltung bei der Mehrzahl der Lernenden vorhanden ist: Intensive erzieherische Aktivitäten und Lehrgänge zu grundlegenden Lern- und Arbeitsweisen gehen daher voraus. Die Schülerinnen und Schüler lernen dabei anhand von ausgewählten Inhalten, erhalten unmittelbare Lernhilfen durch Lehrende und erfahren so eigene Stärken, bauen Selbstvertrauen auf und erfahren ebenso, wie sie ihre Schwächen mindern und beheben können. Ein wesentliches Element des Ausbauens der Fähigkeiten des Lernens sind die in den einzelnen Fachgebieten erfahrenen und erprobten sachbezogenen Lern- und Denkstrategien. Entscheidend ist dabei die Erfahrung, dass Umwege, Sackgassen und Fehler zum Denken und Lernen dazugehören: Sie sind das eigentliche "Salz"; denn gelänge alles sogleich perfekt, wäre es langweilig, ohne jede echte Herausforderung. "Solche sachbezogenen Lernstrategien erwirbt man dadurch, dass man sie kennen lernt, übt, darüber nachdenkt und darüber spricht." (Gautschi, P.) Dieses Sprechen, das sprachliche Mitvollziehen der Denkvorgänge, das laute Denken ist ganz wichtig. Beobachten wir jüngere Kinder, so können wir feststellen, dass diese bei noch nicht automatisierten Handlungen sich selbstinstruierend leise vorsprechen: Denk-Handeln ist eine erste Stufe zum gelingenden geistigen Handeln, dem Denken.

11.8.1 Klären und Gewinnen von Arbeits- und Wissensgrundlagen

Um eine erste oder erweiterte Bestandsaufnahme vorzunehmen, haben sich „unterschiedliche Formen bewährt:

- brainstorming - gemeinsam an der Tafel oder in Kleingruppen auf Plakaten - die ungeordneten Begriffe und Bilder werden sodann gemeinsam gesichtet, diskutiert, gewichtet und in eine einsichtige Ordnung gebracht;

- Eltern, Freunde, andere Lehrer, Straßenpassanten, ältere Schülerinnen und Schüler werden zu gemeinsam verabredeten Themen befragt,
- Wissen, Meinungen, Irrtümer, Einstellungen, Urteile werden diskutiert und gewichtet;
- Zeitungen, Zeitschriften, Reiseprospekte werden eine Zeitlang daraufhin gesichtet, was sich in ihnen an Sinnbildern, Bezügen, Anspielungen, Argumentationsmustern finden lässt.
- Fragestellungen entwickeln, gemeinsame Inhalte vereinbaren, individuelle Themen verabreden,...
- Warum sollen wir uns mit dem Thema beschäftigen? Was gibt es daran an Wissenswertem?
- Welche Ausstellungen, Filme, Zeitungen, Fernsehsendungen gibt es zur Zeit zu unserem Thema?"(Thurn, S.)
- In Lexika nachschlagen, weitere Literatur finden, entsprechende Abschnitte bzw. Kapitel finden und orientierend lesen, Zusammenfassungen sinngenau schreiben.
- Schaubilder, Grafiken und Bildmaterial sammeln und auswerten.
- Nachsehen, nachschlagen in Schulbüchern. "Das Zusammentragen der Ergebnisse bringt Nutzen auf unterschiedlichen Ebenen: es provoziert Diskussionen, warum welches Buch was weglässt oder besonders hervorhebt und auch, was (meist: wie wenig) allen Büchern gleich wissenswert und wichtig ist." (Thurn, S.)
- „Auf der Basis des zusammengetragenen und geordneten Wissens kann für Schülerinnen und Schüler einsichtig überlegt werden, welche gemeinsame Grundlage an Kenntnissen für die gesamte Gruppe notwendig sein soll, um ein Thema zu bewältigen ("Was müssen wir alle wissen, können, beherrschen";
- Welche Themen sollen oder können auf dieser gemeinsamen Basis individuell erarbeitet werden ("Was interessiert mich ganz besonders", ...);
- Welche Themen sollten insgesamt vorkommen ("Worüber will ich unbedingt etwas erfahren, auch wenn ich es mir nicht selbst noch zusätzlich erarbeiten kann", ...).
- Präsentationsformen der Ergebnisse beschließen und erarbeiten." (Thurn, S.)

11.8.2 Präsentation von Ergebnissen

Erarbeitetes, sowohl was den Weg, als auch die Ergebnisse betrifft, muss gewürdigt werden. Dies ist um so wirksamer, je breiter die Anerkennung gestreut ist, d.h. eine Präsentation kann einmal in der Klasse selbst, vor einer anderen Klasse, im Raume der Schule oder auch in der Öffentlichkeit stattfinden.

- Es wird gemeinsam überlegt, wie ein Thema am besten präsentiert werden kann.
- Jede Arbeitsgruppe kann z.B. ihr Thema den anderen als Lerngrundlage und Arbeitsmaterial aufbereiten.
- Erarbeitetes wird vorgetragen und mit graphischem oder bildlichem Material verdeutlicht.
- Das gesamt, in der Klasse Erarbeitet wird in einer Ausstellung in der Schule allen anderen Schülerinnen und Schülern vorgestellt.
- Die zusammengetragenen und erstellten Materialien werden zu einer Broschüre zusammengestellt und für Mitschüler und Eltern vervielfältigt.
- "Vortragsstile erproben - vom geübten Vorlesen zum freien Vortrag im Stehen - rhetorische Mittel einsetzen, Körpersprache wahrnehmen,... " (Thurn, S.)

Im Erlernen und mit dem zunehmenden Beherrschen von Lern- und Arbeitsweisen werden die Lernenden selbständiger, können sich eher richtig einschätzen, gehen zielbewusster an eine Fragestellung heran und vorher aufgebrachte Zeit wird nun vielfach wieder aufgeholt durch effektiveres, als sinnvoll erfahrenes schulisches Arbeiten und Lernen.

11.9 Soziales Lernen in differenzierenden Phasen

Binnendifferenziertes Lernen muss bei aller erforderlichen Individualisierung gleichgewichtig die Fähigkeiten zur Zusammenarbeit und des Zusammenführens der einzeln erarbeiteten Teile zu einem gemeinsamen Ganzen umfassen. Soziale Kompetenz gründet auf gelernten sozialverantwortlichen Einstellungen. Sie sollen die Lernenden "nicht konditionieren im Sinne einer die Person von außen steuernden Manipulation, sondern sollen helfen, in moralischer Mündigkeit ein soziales Gewissen zu entwickeln und die daraus resultierenden Normen auch gegen Widerstände durchzuhalten."(Struck, P.) Dabei bedeutet für Teutsch Einstellung "keine starre Konditionierung, sondern ein noch immer elastisches und daher auch anpassungsfähiges Denk- und

Verhaltensschema." (in Struck, P.) Teutsch unterscheidet bei der Entwicklung von Einstellungen drei Komponenten:

1. Kognitive Komponente: "Einsicht in die relevanten Sachverhalte, also Wahrnehmung, Klärung und Beurteilung."
2. Emotionale Komponente: "Die mit den Sachverhalten verbundenen Gefühle und Wertungen." Die Lehrperson wird vor allem auf diese Komponente des Lernens, insbesondere beim sozialen Lernen achten und die emotionalen Bedürfnisse ihrer Lernenden in ihrer Unterrichtsgestaltung zu berücksichtigen suchen.
3. Aktionale Komponente: "Die Summe der Erlebnisse und Erfahrungen im Zusammenhang der relevanten Sachverhalte wie auch die Umsetzung einer Kognition oder Emotion in Aktion." (Struck, P.)

Eine Schule wird für ihre erzieherische Arbeit alle drei Komponenten im Blick behalten, "auch wenn dies oft nur in einem Nacheinander möglich ist: Information wird in Handeln umgesetzt, Verhalten oder Handeln kann reflektiert werden, und Emotionen können sowohl zum kritischen Nachdenken wie auch zum spontanen Handeln anregen." (Struck, P.)

In alle Unterrichtsfächer und insbesonders außerunterrichtliche Aktivitäten sind erzieherische Intentionen eingebettet: Der Lehrer / die Lehrerin ist gehalten, in jedem Fach die den jeweiligen Lerninhalten innewohnenden bzw. dort möglichen sozialerzieherischen Momente anzusprechen und zu vermitteln. Dabei werden Kooperation, Kommunikation, Kritik und Kreativität' (nach H. v. Hentig, H.) anzustreben sein. Gerade in fächerübergreifenden Themenstellungen oder in Phasen, in denen der (auch individuelle) Lernprozess an sich Thema des Unterrichts ist, lassen sich werte- und so-zialbezogene Gesichtspunkte mit einbringen. Dabei erkennen die Schüler(innen) auch, dass es im menschlichen Leben oft nicht um eine Entscheidung zwischen "Gut und Böse" geht, sondern nach begründeten Kriterien zwischen verschiedenen ´Übeln´ oder einem diplomatischen ´Sowohl als auch´ gewählt werden muss. Hier wird dann evident, wie sinn- und wertorientierte Einstellungen für die Lebensbewältigung hilfreich sind. Auch das Gespür bzw. die Erkenntnis der Sinnhaftigkeit des eigenen Lebens leuchtet so auf.

11.10 Lehrerrolle in differenzierenden Phasen

Entsprechend ausgewählte, aussagekräftige und ansprechende Materialien, mit denen sich die Lernenden selbst eine Thematik erarbeiten können, bewirken im binnendifferenzierenden Unterricht bzw. solchen Lernphasen, dass "der Lehrer zum Beobachter und Berater" (Ahlring, I.) wird.

Voraussetzung für das Gestalten binnendifferenzierenden Unterrichts ist eine gründliche Vorbereitung sowohl im sachlichen wie methodischen Bereich. "Sachwissen aufzubauen und anderen beim Aufbau dieses Wissens zu helfen, sachadäquate Lernwege zu organisieren und sachbezogene Lernstrategien zu fördern sind die Kernaufgaben von Lehrpersonen im binnendifferenzierten Unterricht." (Gautschi, P.) Hierzu müssen auch die personbezogenen Strukturen in der jeweiligen Lerngruppe bekannt sein. Methodische Fähigkeiten im Unterrichtsverlauf beziehen sich auf das positive Begleiten von Lernprozessen und das wirksame und doch unaufdringliche Handhaben der Klassenführung. "Schüler, die sich unterfordern, werden ermutigt, sich mehr zuzutrauen; Schüler, die immer wieder an ihren eigenen Ansprüchen scheitern, werden ermuntert, sich realistischer einzuschätzen." (Ahlring, I.) Auch den Schülerinnen und Schülern muss immer wieder verdeutlicht werden, dass „erhöhte Freiräume im Lernen auch eine größere Verantwortung für den eigenen Lern- und Bildungsprozess" (Sylvester,T) bedeuten.

"Damit wird eine deutliche Akzentverschiebung für die Lehrerrolle angebahnt. Lehrende beobachten verstärkt die Prozesse," eröffnen lernendenangemessene Möglichkeiten der Selbststeuerung und „begleiten die jeweiligen Lernwege. Ein grundlegendes Zur-Verfügung-Stehen bei gleichzeitigem Sich-Zurückhalten, behutsames Eingreifen sowie Geduld sind sehr wichtig. Schülerinnen und Schüler müssen "jedoch zunehmend „das landläufige Grundverständnis von dem Lehrer als Pol, den man jederzeit ′anzapfen′ kann, aufgeben" (Sylvester, T.): Zunehmende Selbständigkeit bedeutet eben auch, dass jede(r) sich zunächst entsprechend seinem Vorwissen und seinen Fähigkeiten selbst um die Bearbeitung einer Fragestellung bemühen muss. Hierzu gehört auch die vor und im Bearbeitungsprozess erforderliche Reflexion der Vorgehensweise sowie deren Darstellung bei erforderlichen Rückfragen.

"Die Schüler selbst erhalten die Verantwortung für ihren eigenen Lernprozess." (Ahlring, I.) Eine mehr oder weniger kleine Anzahl der Lernenden, oft bei eher schwächeren und unsicheren Lernenden anzutreffen, wird zumindest zu Beginn oder bei spezifischen Herausforderungen damit Schwierigkeiten haben. Diese Kinder / Jugendlichen gilt es in ihrem momentan aktivierbaren Fähigkeiten / Kompetenzen abzuholen und in einem parallel laufenden, mehr instruktionsorientierten Lern- bzw. Lehrprozess zu unterrichten. Dies gelingt mit Ansätzen des ehemaligen Landschulunterrichts, bei dem mehrere Jahrgänge in einer Klasse sektionsweise unterrichtet wurden. Erforderlich sind dafür geeignete, differenzierende Materialien, mit denen die einen weitgehend selbständig und die anderen anhand von Instruktionen am selben Thema, ggf. bei unterschiedlichem Umfang oder unterschiedlicher Sachtiefe arbeiten können. Ziel sollte sein, die mit mehr

Instruktionen unterrichtete Gruppe sukzessive, so weit als möglich an ein mehr selbständiges / selbstverantwortetes Arbeiten und Lernen heranzuführen.

11.11 Kontrolle des Lernerfolges bei differenzierendem Lernen

Auch binnendifferenzierender Unterricht bedarf der Lernkontrolle sowohl zum Steuern während des Prozesses als auch nach dessen Abschluss. Entscheidend sind jedoch die beiden Gesichtspunkte: Lernprozess und Lernergebnis. Beide gilt es in eine abschließende Lernkontrolle und Bewertung einzubeziehen. Bei der Messung des Lernerfolges gilt es das Grundwissen (Fundamentum) und das erweiterte Wissen (Additum) festzulegen, um dann z.B. eine befriedigende oder bessere Leistung zuzuordnen. Zu einer differenzierenden Lernerfolgskontrolle eignen sich Aufgabenstellungen, die von einer einfacheren Struktur bis zu komplexerer Fragestellung führen. Beide Arten sollten Anforderungen enthalten, die vor einer Sachlösung eine Arbeitsplanung (Niveau!) bedingen und so individuelle, grundlegende Arbeits- und Denkprozesse offenzulegen in der Lage sind (Ansatz: Projektprüfung).

Während des selbständigen Arbeitens der Lernenden sollten gezielt Beobachtungen vorgenommen und die Lernenden zur Dokumentation ihres Vorgehens (z.B. Berichtsheft, Arbeitsschritte mit stichwortartiger Begründung) angehalten werden. So lassen sich Lösungsstrukturen offenlegen und verdeutlichen sowie vor allem auftretende Fehler ′an der Wurzel′ erkennen und beheben. Solche Elemente fließen z.B. in die Bewertung bei Projektprüfungen mit ein. Zudem wird einem oft wenig durchdachtem, häufig sinnlosen ′Drauflloswursteln′ vorgebeugt. In den Klassenstufen 5 und 6 könnten "für die Lernerfolgskontrolle die Schüler differenziert unterschiedliche Materialien erarbeiten. Dabei könnten z.B. Buchstabengitter, Silbenrätsel, Satzreihen-Quiz und Lückentexte entstehen." (Achermann, E.)

11.12 Probleme - Umgang - Vorbeugung

Im folgenden sollen einige Ideen bzw. Möglichkeiten benannt werden, um mit Problemen umzugehen, die bei einem binnendifferenzierenden Unterrichten auftreten können.

Ein grundsätzliches Problem bei Lehrenden ist oft, dass sie in perfektionistischer Art und Weise an das Vorbereiten und Durchführen von Lehr- und Lernprozessen herangehen. Aus konstruktivistischer Sicht ist jedoch klar, dass Lehrende den Lernenden nur ein Angebot zum Lernen machen können! Dies sollte immer didaktisch und methodisch durchdacht sowie auch hinsichtlich angebotener Lernmaterialien qualitativ möglichst hochwertig sein, Hierzu ist es hilfreich, grundsätzlich bei allen Vorbereitungsarbeiten bausteinartig vorzugehen; d.h. bei ein und demselben Thema werden niveaubezogen passende ′Lernbausteine′ zusammengestellt bzw. entworfen. Verschiedenste Verlage bieten solche ′Themenbausteine′ meist in Loseblattform oder sogar mittlerweile digital an, z.T. sogar gesondert nach Kompetenzniveaus geordnet und oft immer wieder sachlich aktualisiert.

Eine solche Arbeitsweise und innere Haltung erlaubt es, für sich selbst druckentlastend zu wirken.

Zudem ist es sinnvoll zumindest am Anfang oder bei bestimmten Situationen oder Gegebenheiten (z.B. Art der Lerngruppe), nur eine Teilphase des Unterrichts differenziert zu gestalten.

Ganz entscheidend bei allen, eine eher offenere Unterrichtsweise intendierenden Lehr- und Lernformen ist es, möglichst verbindliche Absprachen im Kollegium bzw. jeweiligen Fachgruppen vorzunehmen mit dem Ziel einer engeren Kooperation. Dies könnte sogar der Beginn eines Modells sein und zu

Kooperation unter einzelnen Kolleginnen und Kollegen führen. So könnten z.B. Kolleginnen / Kollegen innerhalb der Fachgruppe gemeinsam Materialien sichten (Lehrbücher, Kurzfilme, Arbeitsblattvorlagen, Arbeitshefte, usw.), diese zusammenstellen oder auch selbst ergänzen bzw. neue entwickeln und untereinander austauschen. Insbesondere beim Zusammenstellen bzw. Entwerfen von Lernkontrollen wäre eine solche Kooperation hilfreich und zeitsparend.

Eine vollkommene Individualisierung im schulischen Kontext, d.h. in Gruppen bzw. Klassen mit mehr als 5 bis 8 Lernenden ist nach Aussagen pädagogischer und psychologischer Literatur illusorisch und von einer Lehrperson nicht zu leisten. Bei Stationenarbeit z.B. kann zeitweise eine totale Individualisierung durch Einsatz von Lehr- bzw. Lernprogrammen oder Teilen davon gelingen und auch erfolgreich sein. Solche Lernprogramme sollten jedoch für die Lehrperson abrufbare Berichte über den Umfang und die Tiefe der individuellen Bearbeitung bzw. des jeweiligen Lernprozesses ermöglichen.

Im schulischen Alltag werden binnendifferenzierende Konzepte meist über Arbeitsaufträge und Lernformen (z.B. bei Stationenarbeit oder auch Lernspiralen) realisierbar sein.

Soll in einer Bildungseinrichtung, z.B. einer Schule binnendifferenzierend gearbeitet werden, sind zuvor bzw. parallel Hilfen von außen, z.B. durch

Fachberatung oder Fortbildungen erforderlich mit dem Ziel des Aufbaus bzw. des Konkretisierens oder Verbreiterns der je individuellen Methodenkompetenz innerhalb einer Fachgruppe / eines Kollegiums. Daraus ließe sich gemäß des jeweiligen Bildungsplans ein örtlich bzw. situativ stimmiges Methodencurriculum entwickeln. So könnte der Aufbau einer Methodenkompetenz auf Lernendenseite erfolgen bzw. vorangebracht werden, was zukünftige Lernprozesse sehr unterstützen würde.

Das Verbreitern der je eigenen Methodenkompetenz könnte jede Lehrperson auch als eine Art ´didaktisch-methodisches Projekt´ für sich selbst entwerfen. Hierbei könnten in thematischen ´Vorhaben´ in differenzierenden Phasen sukzessive bestimmte Methoden einer zeitweisen Öffnung des eigenen Unterrichts erprobt werden. Hilfreich wäre die Begleitung eines solchen persönlichen Projekts durch kollegiale Beratung oder Hospitationen.

12. Projektartiges Unterrichten

Dewey ist mit seinem Plädoyer für „denkende Erfahrung“ ebenfalls der Gründungsvater des Projektgedankens. Er hat das Konzept der Projektmethode umfassend begründet. Die wichtigsten mentalen Prozesse, und damit auch Lernprozesse, können nur dann verstanden werden, wenn die kulturellen, historischen und institutionellen Kontexte, in denen sich ein Individuum befindet, in Lehr- und Lernprozesse einbezogen werden. Wissenskonstruktion ist damit vom sozialen Kontext, aber auch vom Handeln nicht zu trennen. (Reinmann-Rothmeier, G. & Mandl, H.)

J. Deweys Idee einer denkenden Erfahrung, die für das Konzept des Projektunterrichts zentral ist, hat das Kernelement eines konstruktivistischen Lernens.

Gudjons plädiert eher für eine stärkere Verklammerung von Projekt und Lehrgang. Realitätsnah dürfte eine Balance zwischen expliziter Instruktion durch die Lehrenden und konstruktiver Aktivitäten der Lernenden sein. Gudjons und andere sehen im schulischen Kontext keine lebensechte Möglichkeit, wie z.B. in Berufsfeldern praktiziert, in Projekten zu arbeiten. Im schulischen Kontext können jedoch für Lehr-und Lernprozesse sinnvoll Elemente daraus in einem projektähnlichen oder projektorientierten Unterricht umgesetzt werden.

Wagenschein M. bringt einen weiteren Gesichtspunkt ein, indem er für ein genetisches Lernen plädiert. Bei einem solchen ′redet′ einerseits die Sache direkt und andererseits bringt die Sache eine geordnete Wissensordnung den Lernenden nahe, sodass diese sachbezogen zum Denken und Lernen angeregt werden. Auf diese Weise können individuelle Erfahrungen im ′Forschen′, d.h. einem interessegeleiteten Tun, gemacht werden.

Bruner J.S. fand, dass das Lernen von Zusammenhängen ein aktiver Konstruktionsvorgang ist, den die Lernenden in einem Prozess der aktiven Hypothesenbildung und –prüfung selbst steuern. Mit dem Postulat für ein entdeckendes Lernen rückte Bruner die Exploration in die zentrale Rolle des Lernens. Beim entdeckenden Lernen setzen sich die Lernenden selbst aktiv mit Problemen auseinander, sammelt eigene Erfahrungen, führen passende Experimente durch und erlangen auf diese Weise neue Einsichten in komplexe Inhalte, Konzepte und Prinzipien.

Projektartiges bzw. projektorientiertes Unterrichten ist eine Unterform des handlungsorientierten Lernens und gilt als ein hervorragendes Mittel, um intrinsische Motivation zu fördern, selbständiges Denken zu entwickeln, erworbenes Wissen anzuwenden, Selbstbewusstsein zu erzeugen und soziale Verantwortung einzuüben. Diese Ziele sollen dadurch erreicht werden, dass die Lernenden ihre eigenen Interessen und Vorstellungen einbringen und Themen und Probleme der natürlichen und gesellschaftlichen Umwelt möglichst frei und selbstbestimmt bearbeiten. Projekte sind produkt- und öffentlichkeitsorientiert und – anders als etwa Lehrgang und Übung – fächerübergreifend angelegt. Auf eine knappe Formel gebracht, kann die Projektmethode als eine Methode des praktischen Problemlösens definiert werden, die den Lernenden im größeren Umfang eigenständiges und konstruktives Arbeiten abverlangt.

12.1 Merkmale eines projektartigen Unterrichts

Das ′Projekt′ ist in seiner reinen Form ein entschultes schulisches Lernen, das grundlegend durch die Merkmale Schülerorientierung, Wirklichkeitsorientierung und Produktorientierung charakterisiert ist:

- *Situationsbezug:*

Gudjons verwendet den Begriff der Situation unter zwei Aspekten. Einmal soll sie den Erfahrungen der Lernenden gerecht werden und nicht so komplex sein, dass auch die Lehrperson darin die Orientierung verliert. Die Situation greift über einen reinen „Fachaspekt“ (verengte fachwissenschaftliche Aufgabe) hinaus. Zum zweiten hat der Begriff der Situation einen pragmatischen Aspekt: Projektorientierter Unterricht als eine Lernsituation soll einen Bezug zum wirklichen Leben außerhalb der Schule haben. Die Lernsituation hat der Lebenssituation der Schüler in der Gegenwart und auch in der Zukunft adäquat zu sein. Im Projektunterricht soll „das Leben wieder am Leben gelernt werden.“ (Gudjons, H.) Dieses Verständnis der Situation hat Parallelen zur Authentizität des situierten Lernens. (vgl.Reinmann-Rothmeier, G., Mandl, H.)

– *Schülerorientierung*:

Im projektorientierten Unterricht haben die Lernenden erhebliche Entscheidungs- und Handlungsspielräume, um ihre Interessen, Vorstellungen und Erfahrungen einzubringen. Gudjons spricht von einem interessenvermittelnden Prozess. Dies ist Wechselspiel zwischen Interpretation der Interessenartikulation der Lernenden durch die Lehrperson und Ermöglichen von neuen Erfahrungen. Lernende können ihre Interessen zu konkreten Absichten im Projektverlauf verdichten. Sie werden so eher zu Subjekten ihres Lernprozesses und können sich mit ihrer Arbeit leichter identifizieren und eher einen nachhaltigen Lernerfolg erzielen. Da Interessen bei Lernenden wechseln können, ist es wichtig, den

Lernenden einen verantwortlichen Umgang mit dem gesamten Erfahrungsprozess im ´Projekt´ zu gewährleisten.

– *Wirklichkeitsorientierung*:

Der projekorientierte Unterricht hat ´Ernstcharakter´. Es geht um die handelnde Aneignung von Realität. Die Lernenden setzen sich handelnd mit komplexen Gegenständen und Problemen des Lebens auseinander und wirken mit ihrer Arbeit in irgendeiner Form – vorstellend, aufklärend, verändernd – auf das Leben zurück. Im ´Projekt´ starten die Lernenden den Versuch, eine zuvor als mangelhaft erkannte Situation in ihren Defiziten aufzuklären, daraus Handlungsperspektiven zu entwickeln, die in konkrete Handlungspläne umgesetzt werden, um so zu einer konstruktiven Verbesserung der Situation beitragen zu können. (Duncker, L., Götz, B.)

Im ´Projekt´ tritt der systematische, theoretische, fachgebundene Unterricht zugunsten des situativen, praktischen, ganzheitlichen Lernens in den Hintergrund. Es wird sorgfältig auf Ziele hin geplant: Abfolge von Arbeitsschritten, einzelne Tätigkeiten, Verteilung von Aufgaben, Zeit, Erstellung von Endprodukten und Auswertung des Projektunterrichts. Im Erstellen und Einhalten des Plans verdichtet sich der Wille, zum Ziel zu kommen. Der ´Projektplan´ ist die Triebfeder im projektorientierten Unterricht, seine organisierende Mitte.

- *Selbstorganisation und Selbstverantwortung:*

Im projektorientierten Unterricht wird von den Lernenden geplant. Sie werden dadurch zur Selbstorganisation und Selbstverantwortung ermutigt. Die Lehrperson plant dabei im Voraus, was geschehen soll (antizipierendes Planen); denn sie „hat die Verantwortung für die Planung der Selbstorganisation“ der Lernenden. (Bastian, H.) Planung in diesem Sinne bedeutet dabei eher einem Entwurf einer didaktischen Landkarte, die ach mögliche, zu bewältigende Lernhürden in den Blick nimmt und so für jeweilige Aktionen der Lernenden viele Wege offen hält. (nach Gudjons, H.) Die Planung ist immer offen und revisionsfähig.

- *Einbeziehen vieler Sinne:*

Im projektorientierten Unterricht sollen möglichst unterschiedliche Sinneswahrnehmungen einbezogen werden. Dies erfolgt durch verschiedene Settings, z.B.: Gespräche, Nachlesen, zusammenfassendes Schreiben, Anfertigen von Skizzen, Entwickeln von szenischen Darstellungen, Entwerfen und Gestalten von Kochbüchern, Erstellen von Dokumentationen, Drehen von Videos, Erkunden von Meinungen

(Interviews), Planen und Durchführen von Ausstellungen, Festen, Versammlungen, usw. So ergänzen sich geistige und körperliche Arbeiten gemäß der Sachanforderungen, die die Handlungsziele und -notwendigkeiten vorgeben. (vgl. Bastian, H, Gudjons, H)

- *Soziales Lernen*:

Wissen wird dynamisch in einer sozial organisierten Aktivität konstruiert, und es verändert sich dialektisch in den Auseinandersetzungen mit den kulturellen Werkzeugen (sozialkonstruktivistische Ansätze) (Law). Merkmale des sozialen Lernens beim projektartigen Arbeiten sind z.B. die gegenseitige Rücksichtnahme, das kooperative Absprechen anstehender Arbeiten, das gegenseitige Rückmelden des aktuellen Arbeitsstandes, das zielgerichtete Zusammenarbeiten, die Koordination der Teilarbeiten zu einem sinnvollen Ganzen.

– *Produktorientierung*:

Ziel- und Angelpunkt der projektartigen Arbeit ist ein konkretes Produkt, dessen Erstellung über einen längeren Zeitraum geht. Als größeres Vorhaben, das mit einem vorweisbaren, dauerhaften, ´öffentlich´ zu präsentierenden Ergebnis abschließt, unterscheidet sich die Projektmethode wesentlich von anderen Formen handlungsorientierten Lernens wie etwa einem Experiment, Praktikum, Rollenspiel. Aus konstruktivistischer Sicht ist das Orientieren an einem Produkt interessant; denn so können Lernende beim Arbeiten am Projektthema Fähigkeiten und Fertigkeiten erwerben, die sie in anderen Situationen anwenden können (Transfer).

- *Interdisziplinarität:*

Ein Arbeiten, das sich projektartig einer Fragestellung widmet muss auch die Einbettung des jeweiligen Themas im realen Leben in den Blick nehmen. Dies ist nur mit einem interdisziplinären Ansatz möglich. Das Erschließen z.B. eines komplexen Lebenszusammenhangs ist nur im Zusammenwirken aller relevanten Fachdisziplinen möglich. Damit ist z.B. ein fächerübergreifendes Team-Teaching durch mehrere Fachlehrer in einem Projekt sinnvoll und geboten. Die Lernenden können so praktisch erfahren, wie es gelingen kann, verschiedene Fächer bzw. das entsprechende Fachwissen im Projekt zu integrieren. Im Ansatz des fächerübergreifenden Vorgehens wird ein problemlösendes Lernen ermöglicht, und es kann die Erkenntnis beiden Lernenden reifen, dass es hilfreich bzw. erforderlich ist alle Zusammenhänge innerhalb eines Themas / einer Aufgabe zu sehen und für Lösungen einzubeziehen.

Wichtig für den projektartigen Unterricht ist es, dass seine Ergebnisse, Einsichten und Erfahrungen dokumentiert und anderen zugänglich gemacht werden. Das Orientieren des Lernens und Arbeitens im Projekt an einem ´Produkt´ macht zum einen eine Bewertung bzw. Überprüfung der gefundenen / umgesetzten Problemlösungen anhand der Wirklichkeit erforderlich, zum anderen erfolgt gerade dieses Bewerten / Überprüfen durch die Lernenden selbst. Mithin bewirkt dies ein Reflektieren des gesamten Vorgehens im Projekt, so insbesondere auch des beschrittenen Prozesses und seine Auswirkungen auf die Qualität des ´Produkts´: Im Rückblick vergegenwärtigen sich die Lernenden ihre während der Projektarbeit gemachten Erfahrungen und können daraus für zukünftiges Arbeiten realistischere Zielvorstellungen und angemessenere Vorgehensweisen erkennen. Dies hat eine orientierende Qualität, d.h. die je eigene Selbsteinschätzung wird wirklichkeitsnaher.

Beim projektartigen Unterricht kommt der Methode der ´advance-organizer´ besondere Bedeutung zu: „Der advance-organizer ist eine vorbereitende, vorausgehende Vernetzung von Lerninhalten in Form einer anregend gestalteten, strukturierten grafischen Zusammenschau des neuen Themenbereichs. Als Lernlandkarte stellt der advance-organizer eine der eigentlichen Stofferarbeitung vorausgehende Lernhilfe dar. Er mobilisiert das Vorwissen und erleichtert die Vernetzung von neuen Informationen mit den bereits bestehenden Gedächtnisstrukturen.

Die Darbietung eines advance-organizer erfolgt während einer einführenden kollektiven Lernphase und dauert in der Regel zwischen 5 und 25 Minuten. Er umfasst ca. 20 bis 40 zentrale Begriffe oder Aussagen zum neuen Lernstoff, die auf verschiedenen Ebenen eine Kodierung erfahren (z.B. Wort, Bild, Erlebnisse, Vergleiche). Ein advance-organizer wird entwickelnd dargeboten, zeichnet sich dadurch aus, dass er verständlich und problemorientiert ist und das Interesse der Lernenden durch einen anregungsreichen und problemorientierten Charakter weckt. Für die Schüler/innen sollte der advance-organizer während des gesamten Lernprozesses verfügbar sein. Es bietet sich an, den advance-organizer allen Lernenden in Kopie auszuhändigen.“ (nach Wahl, D.)

Exkurs: Das lineare und das integrative Modell

Idealtypisch lassen sich beim ´Projektunterricht´ zwei Grundformen unterscheiden: das lineare und das integrative Modell (Apel, J. & Knoll, M.). Beide Modelle sind historisch legitimiert und unterrichtspraktisch relevant.

– Das lineare Modell, um 1880 in der amerikanischen High School eingeführt, gehorcht dem alten didaktischen Prinzip, dass Unterricht, um erfolgreich zu sein, schrittweise vom Einfachen zum Komplexen fortschreiten muss. Es hat zwei Phasen. In der ersten Phase, der „Instruktion", erwerben die Schüler grundlegende Kenntnisse und Fertigkeiten, wie etwa – im Werkunterricht – das „Alphabet" der Werkzeuge und Techniken. In der zweiten, wesentlich kürzeren Phase, der „Konstruktion", wenden sie das im vorhergehenden Lehrgang systematisch erworbene Wissen und Können selbst an, indem sie ein größeres Arbeitsvorhaben (z. B. Tisch, Stuhl, Kommode) eigenständig auswählen, planen und durchführen.

– Das integrative Modell, um 1900 an der amerikanischen Elementary School entwickelt, ist mehr dem natürlichen, ganzheitlichen Lernen verpflichtet. Es besteht im wesentlichen aus drei Phasen:

(1) Projektinitiative: Schüler und Lehrer entscheiden sich für ein bestimmtes Thema oder Problem – z. B. das Leben der Indianer – und überlegen gemeinsam, welches Wissen und Können sie brauchen, um dieses Projekt durchführen zu können.

(2) Vorbereitung: Die Schüler erlernen durch Kurse, Recherchen, Erkundungen etc. speziell die Kenntnisse und Fähigkeiten, die sie zur Verwirklichung des Projekts benötigen.

(3) Detailplanung und Durchführung: Die Schüler präzisieren die ursprüngliche Projektidee (Bau eines Indianerdorfes im Modell) und setzen sie selbständig in die Wirklichkeit um.

Während das integrative Modell mit seiner grundständigen Situations- und Kontextbezogenheit lebensnäher und deshalb motivierender und verständlicher erscheint, hat das – in Deutschland bisher kaum beachtete – lineare Modell durch seine klarere Struktur, geringere Komplexität und kürzere Dauer den Vorteil, dass es leichter organisierbar ist und der Lehrer sich in der zweiten, eigentlichen Projektphase tatsächlich eher – wie immer wieder gefordert – auf seine Beraterrolle beschränken und seine Schüler weitgehend allein arbeiten lassen kann. (Arnold, K.H., Wiechmann, J.,Sandfuchs. U.)

Exkurs: Ein konstruktivistischer 'Projektunterricht'

Das didaktische Ziel, das das Konstruktionsmodell des Lernens realisieren soll, geht dahin, wie man eine Lernumgebung schafft, in der die Schüler Lerninitiative ergreifen, Erfahrungen machen, sie durch sprachliche Artikulation aktivieren und über den gesamten Lernprozess, über die eigene Arbeit und über sich selbst reflektieren. Aneignung von Erfahrungen setzt Eigentätigkeit voraus. Sie leitet neuronale Aktivitäten ein, denen dann das subjektive Erlebnis der Erfahrung folgt. Es ist (noch) nicht alles über die Gehirnaktivität bekannt, welche Tätigkeit welche Areale des Gehirns aktiviert. Noch weniger, wenn es darum geht, welche Gehirnaktivität sich wie zum Erlebnis bindet. Doch auch ohne genaue Kenntnisse neuronaler Aktivitäten, die unsere Tätigkeiten zur Erfahrung überbrücken, ist etwas über das Verhältnis zwischen den beiden bekannt. Man kann aus der Beobachtung der Tätigkeit des anderen ein erstes Indiz gewinnen, ob dieser auf eine Sache konzentriert ist und daraus Erfahrungen sammelt.

Denken ist ein Teil der Erfahrung von aktueller Gehirnaktivität, der in den Bereich des Bewusstseins eingeschlossen ist. Sprachliche Artikulation intensiviert zum einen die schon ins Bewusstsein eingedrungene Erfahrung und kann zum anderen die noch subbewussten Erfahrungen ins Bewusstsein rücken. Das neurowissenschaftliche Verständnis über den Zusammenhang zwischen Eigentätigkeit, Gehirnaktivität, Bewusstsein, Denken und sprachlicher Artikulation bestätigt die Grundidee eines Projektunterrichts, nämlich dass »Eigentätigkeit (...) die „materielle Grundlage der Erkenntnistätigkeit"« ist. (vgl. Gudjons, H.)

Die Affinität zwischen den Begriffen aus dem Konstruktionsmodell wie „Erfahrung", „sprachliche Artikulation" und „Reflexion" durch „Eigeninitiative" und dem Projektgedanken ist aus der oben durchgeführten Analyse unverkennbar. Der Prozess läuft in »Planung und Ausführung von Vorhaben, Erfahren der Folgen des eigenen Tuns, Interpretation und Reflexion der Auswirkungen vor dem Hintergrund vorgängiger Erfahrungen« (Duncker, L.) ab. Dieser Prozess ermöglicht eine Vorstellung von „Entstehen" und macht damit das „Verstehen" leichter. (vgl. Gudjons, H.)

Der 'Projektunterricht' hat – wie gezeigt - in seiner Idee viele konstruktivistische Züge. Bei dessen Umsetzung ist dies aber nicht immer der Fall. Dewey hat schon in seiner Zeit an vielen 'Projekten' bemängelt, sie seien »zu trivial, um bildend zu sein«. Damit hat er auf Defizite an der „denkenden Erfahrung" der Schüler hingewiesen. Dieser Problematik war sich auch Gudjons bewusst. »Sind die Schüler und Schülerinnen – auch im handelnden Unterricht – allerdings lediglich Ausführende von Arbeitsanweisungen, die ihnen andere geben, so sollte man nicht von Projektunterricht sprechen«. *(Gudjons, H.)*

Einige Autoren (etwa Suin de Boutemard 1975, Duncker & Götz 1988, Gudjons 2001) betrachten die Projektmethode als Alternative zum herkömmlichen lehrerzentrierten Unterricht und als zentrales Instrument der inneren Schulreform. Für sie ist nicht die Produktorientierung, sondern die Schülerorientierung das entscheidende Kriterium des Lernens am Projekt. Dabei tauchen zwei Probleme auf: (1) Der Projektbegriff wird über Gebühr erweitert und zum Oberbegriff aller möglichen Methoden offenen Unterrichts erhoben. (2) Die subjektiven Interessen der Schüler gewinnen die Oberhand; sie erhöhen die Gefahr des bloßen Aktionismus und verringern die Wahrscheinlichkeit des kontinuierliches Lernens.
(Arnold, K.H., Wiechmann, J., U. Sandfuchs, U.)

12.2 Ablaufmodell von Projektunterricht

Soll eine Einheit im Lehr- und Lernprozess in Form eines unterrichtlichen Projekts konzipiert werden, bietet sich das von Traub entwickelte „Kleingruppenprojektmodell“ an. Es integriert die von Wahl entwickelte Sandwich-Methode. Diese geht lernpsychologisch-konstruktivistisch davon aus, dass jede lernende Person ihre subjektiven Erfahrungen und Theorien, ihre Vorkenntnisse, bisherigen Lernstrategien, ihre subjektiv geprägte Lernmotivation, ihr spezifisches Lern- und Arbeitstempo, kurz ihre Individualität in die Lernprozesse einbringt. Dem will die Sandwich-Methode Rechnung tragen, indem sie nach Informationsphasen solche mit der Möglichkeit zur individuellen Auseinandersetzung damit einschiebt. Das Sandwichprinzip ist ein planvoll gestaltetes Arrangement, in dem sich die Lernenden einerseits aktiv mit den vermittelten Inhalten auseinandersetzen und ihnen andererseits auch thematische und lernstrategische Orientierungen angeboten werden.

12.2.1 Sandwich-Methode

Grundidee der „Sandwich-Methode“ ist es, eine für Lernende rezeptive Phase

(z.B. ein Referat) in eine vorbereitende und eine nachbereitende Aktivitätsphase einzubetten. Die vorbereitende Phase (= Sandwich-Deckel) dient der Ausrichtung der Aufmerksamkeit auf den Inhalt der rezeptiven Phase (= Sandwich-Füllung), die nachbereitende Phase (= Sandwich-Boden) dem Durcharbeiten des Aufgenommenen.

Vorbereitende Phase (Sandwich-Deckel)

Sie beinhaltet: Ziele benennen, Kontext erläutern, Agenda bestimmen / festhalten. Die Lernenden erhalten Gelegenheit, sich auf das Thema / den Lerninhalt einzustellen, ihr Vorwissen zu aktivieren, thematische Erwartungen zu entwickeln oder Fragen im Hinblick auf das Thema bzw. den Inhalt zu formulieren.

Rezeptive Phase (Aufnahmephase)

Ein Impulsreferat oder ein kurzer Vortrag stellt wesentliche Teile des zu erarbeitenden Themas / Inhalts vor (Informationsvermittlung).

Aktive Phase

Es werden passende, ggf. auch differenzierende Aufgaben und Übungen bearbeitet, um das Gehörte zu verarbeiten, die wesentlichen Teile zu vertiefen und individuell durchzuarbeiten. In dieser Phase findet auch ein erstes Speichern statt und die gewonnenen Erkenntnisse werden beispielhaft angewendet.

Nachbereitende Phase (Sandwich-Boden)

Hier geht es um das Einbetten der gewonnenen Erkenntnisse größere Zusammenhänge. Auch wird das Wesentliche zusammengefasst und z.B. graphisch oder skizzenhaft verdeutlicht. im Sinne von: „Das muss / will ich mir merken!"

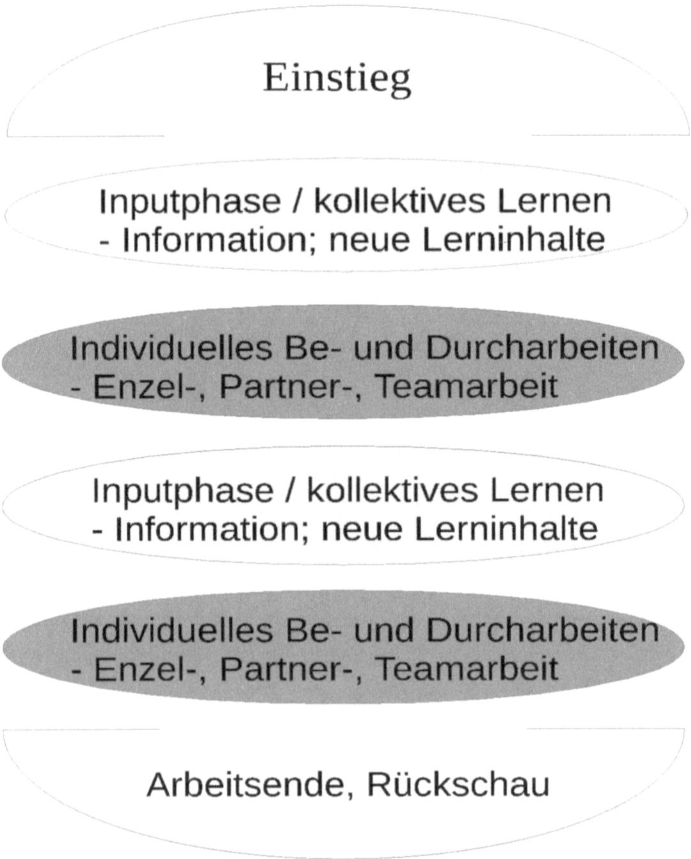

(nach Wahl, D.)

12.2.3 Phasen eines projektartigen Unterrichts

Nach Frey setzt sich das Grundmuster eines Projektverlaufs aus folgenden Komponenten zusammen:

1. Projektinitiative
2. Projektskizze
3. Projektplan
4. Projektdurchführung
5. Beendigung des Projektes
6. Fixpunkte
7. Metainteraktion

Projektinitiative;

Hier geht es um Ideen, Themen und ggf. Gegebenheiten mit denen sich die Lernenden beschäftigen wollen. Jede(r) kann Vorschläge machen (brainstorming). Allerdings wird damit noch nicht geklärt, ob daraus tatsächlich ein Projekt entsteht.

Projektskizze;

In einem vereinbarten Rahmen werden die eingebrachten Elemente der Projektinitiative besprochen und bewertet. Damit es zu einer Projektskizze kommt, sind zwei Aspekte wichtig:

- Es wird ein „Rahmen für die Auseinandersetzung" mit der Projektinitiative abgesteckt. Zum einen kann ein Zeitlimit vereinbart, zum anderen können Regeln für die Auseinandersetzung vorgegeben werden.
- In der Phase der eigentlichen Auseinandersetzung mit den eingebrachten Elementen der Projektinitiative wird abgewogen und bewertet, was umgesetzt werden kann. Hier ist ein konstruktiv-kritisches Miteinander entscheidend.

Am Ende dieser Phase steht bestenfalls eine Projektskizze, andernfalls der Abbruch.

Projektplan;

Nun erfolgt das gemeinsame Entwickeln des Tätigkeitsfeldes. Die Lernenden legen konkret fest, was genau mit welchem Ziel und in welcher Zeit von wem zu tun ist. Sie sollten dabei auch sogenannte ´Meilensteine´ oder ´Fixpunkte´ vorsehen: Das sind ´Reflexionspausen´im Arbeitsprozess, in denen das bisher Erarbeitete sowie der Prozess dorthin sowohl in inhaltlicher als auch sozialer Sicht genau betrachtet und die nächsten Schritte genauer festgelegt werden. sie konkret festlegen, was zu tun ist. Dabei gestalten sich auch die bildungsbedeutsamen Dinge.

Exkurs: „Meilensteine" - „Fixpunkte" im projektorientierten Arbeiten

Fixpunkte und"Meilensteine" oder „Fixpunkte" können zum einen fest eingeplant werden oder auch je nach Bedarf im Laufe des Projektes erforderlich sein..

"Meilensteine" sind nach Frey Metainteraktionen. Sie bedeuten, dass während der Projektarbeit bewusst Pausen einzulegen sind, um z.B. Kommunikations- oder Beziehungsprobleme aufzuarbeiten. Es gilt das eigene Tun aus einer passenden Distanz zu reflektieren. Dies ist nicht nur für die Arbeitsatmosphäre, sondern auch für das Lernen im und anhand eines Projekts wichtig (Metalernen); denn es macht aus „einfachem Tun bildendes Tun." (Frey, K.)

„Der Fixpunkt ist das Mittel gegen blinde Betriebsamkeit, Orientierungslosigkeit und fehlender Abstimmung zwischen Einzelnen und Teilgruppen. Der Fixpunkt dient als organisatorische Schaltstelle. Er wird bei Bedarf eingeschoben. Da die Projektmethode auf der einen Seite informelle, sich allmählich entwickelnde Aktivitäten anregt, muss sie auf der anderen Seite Hilfen zur Stabilisierung vorsehen." (Frey, K.)

Projektdurchführung;

Dies umfasst den konkreten Umsetzungsprozess. Jede(r) Lernende führt die ihm zugeteilten bzw. gewählten Arbeiten durch. Dabei kann auch eine Zusammenarbeit oder eine Arbeitsteilung stattfinden, z.B. wenn jemand früher mit seinem Part aufgrund seiner individuellen Fähigkeiten fertig ist.

Projektabschluss;

Ein projektartiger Unterricht kann auf drei Weisen beendet werden:

- Bewusster Abschluss: Die Arbeiten im Projekt haben zum Ziel geführt: Ein wie immer geartetes Produkt ist entstanden und fertiggestellt. Dieses

Produkt wird nun vorgestellt oder 'veröffentlicht', z.B. in der Schulaula, in anderen Klassen, den Eltern, durch eine Aufführung (z.B. Theaterstück) oder in einer Ausstellung der Gemeinde.

- Rückkoppelung zur Projektinitiative: Alle Beteiligten setzen sich zusammen und überschauen den gesamten Prozess bzw. alle Prozesse, die während des Projekts stattgefunden haben bzw. durchlaufen wurden: Ein Anfang-Endvergleich oder ein IST-SOLL-Vergleich findet statt.
- Das Projekt läuft aus: Es ist z.B. kein Produkt im eigentlichen Sinne entstanden, jedoch wurden zahlreiche neue Denk- und Herangehensweisen erprobt und gelernt. Überlegungen werden angestellt, welche davon im Alltag ein- oder umgesetzt werden sollten.

Der oben dargestellte Ablauf eines projektartigen Unterrichts ist als Orientierungshilfe zu verstehen. So wäre es z.B. möglich ein umfangreicheres Projekt so aufzuteilen, dass ein ähnlicher Ablauf in jedem Teil stattfindet. Auch benötigt ein projektartiges Unterrichten einen geeigneten schulischen Rahmen, der eine offenere Unterrichtsform begünstigt oder unterstützt.

12.3 Grenzen und Chancen des projektartigen Unterrichts

Im Gegensatz zu der von von Glasersfeld vertretenen radikalkonstruktivistischen Forderung, jegliche traditionelle passive Lernform aus der Schule auszutreiben, hält Gudjons den Lehrgang, mit dem er in erster Linie den Frontalunterricht im Sinne hat, für unverzichtbar. „Wenn das Lernen in der natürlichen Lebensumwelt nicht mehr ausreicht, um die in einer Kultur gesammelten Erfahrungen, Erkenntnisse und Fertigkeiten zu vermitteln, dann setzt die Übermittlung in Form des systematisch geordneten und methodisch geplanten Unterrichts ein (...). Der Unterricht muss also das in der 'Projektarbeit' Gelernte auf die Systematik eines Faches, Lernbereiches oder einer Wissenschaft beziehen, wenn er diese Integration nicht den (mit dieser Aufgabe alleingelassenen und folglich völlig überforderten) Schülergehirnen überlassen will.

Im 'Projektunterricht' ist grundsätzlich die Ergänzung durch Elemente des Lehrgangs sinnvoll, um eigene Erfahrungen in systematische Zusammenhänge einzuordnen, vorliegende „fremde Forschungsergebnisse“ mit eigenen Erfahrungen und Erkenntnissen zu vergleichen, ja auch um den Anschluss an den vom Bildungsplan vorgesehenen Kanon von Fachinhalten zu halten.“ (Gudjons, H.) Im schulischen Kontext wird projektähnlich gearbeitet. Dies zum einen, weil die Bildungspläne bestimmte Inhalte vorgeben und auch fachspezifisch bestimmte Vorgaben machen und zum anderen, weil der ´Ernstcharakter des Berufslebens´ in der Schule fehlt. Zudem ist die Lerngruppe nicht mit einer nach speziellen Kriterien zusammengestellten realen Projektgruppe in Berufsfeldern vergleichbar.

„Anzumerken ist, dass der Lehrgang die Projektarbeit „ergänzt" und in sie integriert wird. Der Lehrgang muss als Baustein (Modul) des Unterrichts der ´Projektarbeit´ dienen, nicht umgekehrt. Im Konzept des ´Projektunterrichts sind verschiedene Aspekte berücksichtigt. Die personexternen Aspekte wie „Situationsbezug" und „soziales Lernen" und der bildungspolitische Aspekt „Gesellschaftliche Praxisrelevanz" sind ebenfalls darin einbezogen. Es ist daher umfassender als das Konzept des Konstruktionsmodells, bei dem der Konstruktionsprozess der Gehirnaktivität und der organismusinterne Aspekt des Lernens im Vordergrund stehen. Die Konstruktivität des Lernens ist aber auch im ´Projektunterricht´ auf keinen Fall gering geschätzt, wie seine Merkmale verdeutlichen: „Orientierung an den Interessen der Lernenden", „Zielorientierung in der Projektplanung", „Selbstorganisation und Selbstverantwortung", „Einbeziehen vieler Sinne" und „Produkt-orientierung". Auch die Rezeption des konstruktivistischen Lernkonzepts im Projektgedanken (vgl. Gudjons, H.) zeigt deutlich, wie nah die beiden Konzepte einander stehen.

Bei realen Projekten in der Industrie oder im Bauwesen werden die Projektziele von der obersten Managementebene vorgegeben, das Ausarbeiten der Details wird dann der Projektleitung bis hin zum Gewinnen geeigneter Mitarbeiterinnen / Mitarbeiter überlassen. Bei Ausschluss des Letzteren, sind die Gesichtspunkte und auch der angedachte Ablaufplan geeignet, als Rahmenvorgaben bzw. Hilfen für das Planen und Ausgestalten von schulischen Lern- und Arbeitsprozessen zu dienen. So könnte z.B. das Vorbereiten auf eine Lernkontrolle, das Ausarbeiten eines Referats, die Vorbereitung auf eine Prüfung, usw. in einer projektartigen Vorgehensweise bestehen. Entscheidend sind hierbei auch die „Meilensteine" und „Fixpunkte", die zur Selbstreflexion oder einem passenden Austausch mit „Leidensgenossen" in gezielt gesetzten Pausen anregen. Eine Lernstrategie kann auch als ein Lernweg unter methodischer Perspektive verstanden werden. Damit kann projektorientiertes Lernen eine praktikable individuell passend auszugestaltende Lern- und Arbeitsstrategie sein.

Anlagen

Anforderungsprofil für Schüler bei projektartigem Unterricht
- Beispiel mit Fachtexten -

A: „Gruppenbildung

Tätigkeit 1: Schüler bestimmen die Gruppengröße

Tätigkeit 2: Schüler einigen sich über die Gruppenbesetzung

Tätigkeit 3: Schüler bilden Gruppen

Tätigkeit 4: Schüler wählen einen Gruppensprecher

Tätigkeit 5: Schüler verteilen Gruppenrollen

Tätigkeit 6: Schüler stellen Gruppenregeln auf

Tätigkeit 7: Schüler regeln die Gruppendisziplin

B: Textarbeit

Tätigkeit 1: Schüler lesen und analysieren selbständig Texte

Tätigkeit 2: Schüler schulen Verständnis für Textzusammenhänge

Tätigkeit 3: Schüler setzen sich mit der Fachsprache auseinander

Tätigkeit 4: Schüler arbeiten mit Fremdwörtern

C: Arbeitsplanung

Tätigkeit 1: Schüler erfassen die Problemstellung

Tätigkeit 2: Schüler suchen nach Lösungen

Tätigkeit 3: Schüler nutzen bei der Informationssuche verschiedene Medien

Tätigkeit 4: Schüler erstellen einen Arbeitsplan

Tätigkeit 5: Schüler verteilen die Aufgaben innerhalb der Gruppe D: Ausführung

D: Arbeitsschritte

Tätigkeit 1: Schüler führen Arbeitsschritte selbständig aus

Tätigkeit 2: Schüler wenden technische Verfahren an

Tätigkeit 3: Schüler beherrschen je nach Situation die angemessene Arbeitstechnik

Tätigkeit 4: Schüler überwachen die Systematik im Projektverlauf

E: Gruppenprozesse

Tätigkeit 1: Schüler fördern das Arbeitsklima in der Gruppe

Tätigkeit 2: Schüler arbeiten effektiv in der Gruppe zusammen

Tätigkeit 3: Schüler bemühen sich um eine gute Beziehung zu den Lehrern

Tätigkeit 4: Schüler bemühen sich um Konfliktlösungen

Tätigkeit 5: Schüler motivieren ihre Gruppenmitglieder

Tätigkeit 6: Schüler handeln zielstrebig

Tätigkeit 7: Schüler vermeiden Ablenkung

Tätigkeit 8: Schüler verfolgen konsequent ihre Ziele

F: Präsentation

Tätigkeit 1: Die Gruppe präsentiert ihre Projektarbeit

Tätigkeit 2: Schüler nutzen den Umgang mit Medien

G: Bewertung

Tätigkeit 1: Die Gruppe bewertet ihr Projektergebnis“

(siehe Greiner, K.)

Anforderungprofil für Lehrpersonen bei projektartigem Unterricht

A: „Projektunterricht auf Eignung im konkreten Fall prüfen

Tätigkeit 1: Lehrer informieren sich über Projektunterricht.

Tätigkeit 2: Lehrpläne nach Möglichkeiten für Projektunterricht analysieren.

Tätigkeit 3: Unterrichtspläne mit Freiräumen für Projektunterricht erstellen.

B: Konstrukte für Projektunterricht festlegen

Tätigkeit 1: Mögliche Lösungswege vorausdenken.

Tätigkeit 2: Kollegen für Projektunterricht gewinnen bei fächer- oder klassenübergreifenden Themen.

Tätigkeit 3: Rahmenbedingungen für mögliche Projektideen der Schüler schaffen.

Tätigkeit 4: Projektunterlagen erstellen (Leittexte, Versuchsreihen, Bedienungsanleitungen usw.).

Tätigkeit 5: Projektumgebung vorbereiten (z.B. Räume, Hilfsmittel, Medien, Maschinen, Geräte, Werkzeuge, Materialien usw.).

Tätigkeit 6: Übungsstationen einrichten.

C: Aufgaben der Lehrpersonen während der Schüler-Aktivphase

Tätigkeit 1: Für angenehme Lernumgebung sorgen.

Tätigkeit 2: Metakommunikation einplanen.

D: Gruppenprozesse begleiten

Tätigkeit 1: Lehrer bemühen sich um eine gute Beziehung zu den Schülern

Tätigkeit 2: Lehrer bemühen sich um Konfliktlösungen

E: Präsentation

Tätigkeit 1: Umfeld für Präsentation mit den Schülern abstimmen und vorbereiten

Tätigkeit 2: Öffentlichkeit mit den Schülern über Präsentation informieren

F: Bewertung

Tätigkeit 1: Jury besetzen

Tätigkeit 2: Bewertungsregularien mit der Jury abstimmen

Tätigkeit 3: Meinungsbarometer der Schüler einsetzen

G: Abschlussbesprechung

Tätigkeit 1: Bilanz ziehen über das durchgeführte Projekt

Tätigkeit 2: Verbesserungen für die Zukunft“ (siehe Greiner, K.)

Kleingruppenprojektmodell nach Traub

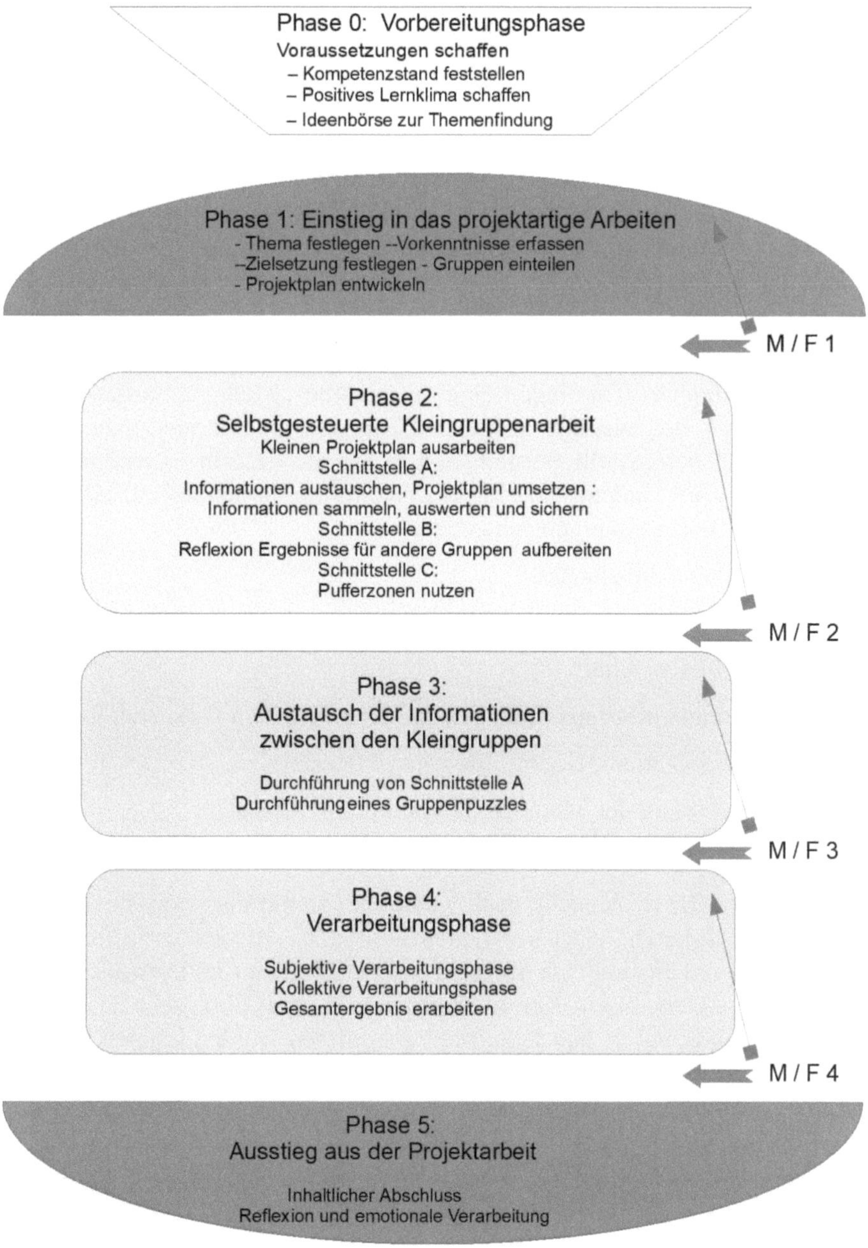

(nach Traub, S.)

13. Aktives Lernen fördernde Lehrmethoden

Können sich Schüler und Schülerinnen sachbezogen und individuell passend aktiv in ihre Lernprozesse einbringen, so bleibt zum einen die Aufmerksamkeit erhöht (Aufmerksamkeitsspanne) und zum anderen werden Inhalte ausdauernder und vertiefter bearbeitet (Bearbeitungstiefe). - Um dies möglichst oft zu erreichen, sollten für die jeweilige Situation und das Thema / den Lerninhalt stimmige Arbeits- oder Unterrichtsmethoden eingesetzt werden. Diese sollten sowohl ein individuelles Auseinandersetzen mit einem Thema als auch einen Austausch der jeweils gewonnenen Einsichten oder Erkenntnisse, d.h. ein diskursives Sprechen darüber z.B. in einer Kleingruppe ermöglichen.

In der Literatur, vor allem jedoch mittlerweile im Internet auf verschiedensten Homepages von Hochschulen und Universitäten, oft auch auf Landesbildungsservern finden sich sogenannte „Methodenkoffer", in denen in mehr oder weniger präziser Form einzelne lernaktivierende Arbeitsmethoden vorgestellt werden. Sofern Sie als Leserin / Leser noch wenig Erfahrung im Umgang und Einsatz solcher Methoden haben, sollten Sie auf genaue Beschreibungen achten, z.B.:

- Voraussichtlicher Zeitbedarf;
- geeignet für welche Gruppengröße;
- geeignet für welches Alter;
- welche individuellen Voraussetzungen sollten erfüllt sein (Lernende);
- erforderliche Ausstattung (Raum, Mobiliar, Material);
- genaue Beschreibung der Methode (Vorbereitung, Ablauf);
- pädagogischer Zielbereich der Methode.

Haben Sie eine Ihrer Ansicht nach passende Sammlung von für Ihre Zielgruppe geeigneten Arbeitsmethoden gefunden, so wäre es hilfreich, wenn Sie jede Arbeitsmethode für sich z.B. ausdrucken und jeweils auf eine Karteikarte kleben. Auf Karteikarten deshalb, weil diese sehr flexibel sind und z.B. auch mit in den Unterricht genommen werden können, was zu Anfang hilfreich ist. Es kommt dabei zunächst weniger auf ´so viel als möglich´ an, sondern eher auf wenige an, die von Ihnen zeitnah einsetzbar und erprobbar sind, um so Sicherheit im konkreten Einsatz solcher Arbeitsmethoden zu gewinnen. Nach und nach lässt sich diese Sammlung ergänzen, um ein eigenes Methodenreservoir aufzubauen, mit dem schon selbst Erfahrungen gesammelt werden konnten.

In vorausgegangenen Texten, z.B. beim Thema Ergebnissicherung, wurden schon einige Arbeitsmethoden eher kursorisch benannt oder vorgestellt. Nachfolgend seien beispielhaft einige genauer beschrieben.

13.1 Lehr- und Arbeitsmethoden für aktives Lernen / Arbeiten

Die Lernenden arbeiten dann intensiver, wenn sie zum einen der Inhalt besonders anspricht, wenn er z.B. aus ihren Lebensumfeld stammt bzw. aktuelle Bezüge hat und aufgrund der Fragestellung interessante oder gar zunächst befremdliche Aspekte aufweist. Zum anderen können auch ´klassische´ Inhalte durch eine ansprechende methodische Be- und Erarbeitungsweise interessant für die Lernenden sein. Dies trifft besonders auf Bereiche des individuellen Lernens kombiniert mit kooperativem Lernen zu. Ein solches Lernen erlaubt höhere gemeinsame und individuelle Freiräume bei einer klaren Zielsetzung als Rahmen.

Die unten genannten Methoden sind Beispiele für kooperative Lernmethoden, die einen hohen, sachbezogenen Aufforderungscharakter mit einer jeweiligen intensiven Kooperation kombinieren. Die Methoden sind sowohl in den höhren Grundschulklassen wie in der Klassen der Sekundarstufe I einsetzbar. Sie können eher ´träge´ schulisch Lernenden auch aufgrund der jeweils klaren Vorgaben und Rahmensetzungen zu erhöhter sachlich orientierter Arbeit bringen, vor allen dann, wenn mehrer Gruppen am selben Thema arbeiten und anschließend in einer Präsentation ihre Vorgehensweise sowie die gemeinsam in der Gruppe gefundenen Ergebnisse begründend vorstellen müssen sowie das Feedback dazu erhalten.

Murmelgruppen

Prägnantes Merkmal:

- Kurze Diskussion von Fragestellungen in 2-er oder 3-er Gruppen.

Ablauf:

- Zunächst wird das Thema kurz einzeln durchdacht (Notizen).
- Impulsfragen werden in 2-er oder 3-er Gruppen diskutiert.
- Arbeitsanweisung: „Suchen Sie sich Teilnehmer, mit denen Sie heute noch nicht oder kaum gesprochen haben und diskutieren Sie 4 Minuten die folgende Fragestellung(en): „…"
- Anschließend Rückmeldungen z.B. ins Plenum.

Voraussichtlicher Zeitbedarf:

- Zeitlich klar begrenzt (wenige Minuten).

Geeignete Gruppengröße:

- Beliebige, in Kleingruppen unterteilbare Gruppe.

Geeignetes Alter:

- Ab der 3. Grundschulklasse.

Individuelle Voraussetzungen:

- Keine bei altersangemessener Aufgabenstellung.

Erforderliche Ausstattung:

- Bewegliches Mobiliar, separierbare Sitzgruppen, ggf. Notizblätter.

Pädagogischer Zielbereich - Ergebnis/Wirkungen:

- Teilnehmende bilden sich eine Meinung und formulieren ihren Standpunkt.
- Erkenntnis von Paul Watzlawick: „Woher soll ich wissen, was ich denke, wenn ich noch nicht darüber gesprochen habe."
- Der Austausch klärt eigene Vorstellungen. Ein ´Gesamtbild´ entsteht.
- Belebt Plenumsdiskussionen, da sich alle Teilnehmer in den Diskussionen einen Standpunkt erarbeitet haben und ihre Ressourcen aktiviert wurden.

Eignet sich für:

- Themen, bei denen ein mehr oder weniger umfangreiches Vorwissen besteht. Im Sprechen beim Austausch klärt sich die je eigene Vorstellung. Beim Zuhören erfolgt ein Ergänzen und Vertiefen.
- Lernende erfahren, dass ein genaues Zuhören neue interessante Aspekte eröffnen kann.

Think-pair-share

Prägnantes Merkmal:

Diese Methode bereitet die Lernenden über zwei kurze Arbeitsschritte darauf vor, ihre (Vor)Erfahrung, ihr Wissen oder ihren Standpunkt im Plenum einzubringen. Allen liegt eine Frage- oder Aufgabenstellung vor.

Ablauf:

Think: Jede Person überlegt sich Lösungen in einem individuellen, schriftlichen, etwa zweiminütigen Brainstorming.

Pair: Danach tauschen sie ihre Ideen mit dem Nachbarn oder der Nachbarin aus und gleichen sie ab (drei Minuten).

Share: Die Paare werden aufgefordert, ihre Ergebnisse mit dem Plenum zu teilen.
Alternative: Die Paare suchen sich ein weiteres Paar, mit dem sie ihre Ergebnisse austauschen und abgleichen. Die jeweiligen Gruppen bringen ihr Ergebnis ins Plenum ein (drei Minuten).

Voraussichtlicher Zeitbedarf:

- Mindestens ca. 8 bis 10 Minuten).

Geeignete Gruppengröße:

- Beliebige, in Kleingruppen unterteilbare Gruppe.

Geeignetes Alter:

- Ab ungefähr der zweiten Hälfte der 3. Grundschulklasse.

Individuelle Voraussetzungen:

- Keine bei altersangemessener Aufgaben- bzw. Themenstellung.

Erforderliche Ausstattung:

- Flexibles Mobiliar, Möglichkeit Sitzgruppen zu bilden.

Pädagogischer Zielbereich - Wirkungen/Ergebnis:

- Bei den Teilnehmenden wird ihr themabezogenes Vorwissen aktiviert und durch die anschließenden Gespräche mit ergänzenden Sichtweisen konfrontiert. Das Finden eines je gemeinsamen Fazits bewirkt nochmals ein genaues Durchdenken des Themas.
- Fachliche Fragestellungen werden durch die Experten effizienter kommuniziert und abgestimmt.

Eignet sich für:

- Situationen, in denen diskursive Prozesse zu erwarten sind, vor allem in größeren Gruppen, um alle zu aktivieren und einzubeziehen.
- Settings, in denen das Wissen jeder einzelnen Person aktiviert und fürs Plenum bereit gestellt werden soll.
- Bearbeitung von Themen, die emotionsstärker besetzt sind.

Walt-Disney-Methode

Prägnantes Merkmal:
Frage- oder Aufgabenstellungen werden aus drei Blickwinkeln betrachtet und diskutiert.

Ablauf:
Es werden je Gruppe drei Personen benötigt, die jeweils eine spezifische Rolle besetzen und spielen:
- *Der Träumer:* Er ist subjektiv orientiert und begeistert, enthält sich jedoch eines praktischen Urteils zu der Idee oder Analyse.
- *Der Realist*: Er nimmt einen pragmatisch-praktischen Standpunkt ein, entwickelt Aktivitätsideen und -pläne, untersucht die erforderlichen Arbeitsschritte und Ressourcen.
- *Der Kritiker:* Er fordert heraus und prüft die Ideen der anderen. Er bringt konstruktive und positive Kritik ein und hilft mögliche Fehlerquellen zu identifizieren.

Alternative: Es kann noch eine vierte Rolle belegt werden:
- *Der Neutrale:* Er hat die Aufgabe als Berater, als Rückfrager oder als Beobachter.

Voraussichtlicher Zeitbedarf:
- Mindestens 20 bis 30 Minuten, da sich jede(r) in seine Rolle ´einfühlen´ und Argumente zurechtlegen muss.

Geeignete Gruppengröße:
- Beliebig..

Geeignetes Alter:
- Lerngruppenspezifisch ab Mitte Klasse 4.

Individuelle Voraussetzungen:
- Interesse, ein Thema in dieser Art anzugehen. Fähigkeit, sich in eine bestimmte Rolle hineinzuversetzen und diese so real wie möglich in der Situation auszufüllen.
- Fähigkeit zum genauen Beobachten; erhöhtes Aufmerksamkeitsniveau.

Erforderliche Ausstattung:
- Je Gruppe ein extra Raum mit Möglichkeit für Sitzgruppen. Notizblöcke für Beobachterpersonen.

Pädagogischer Zielbereich - Wirkungen/Ergebnis:
- Besonders bei stark diskursiven Themen beiden Teilnehmenden einen Perspektivenwechsel zu ermöglichen.
- Die Breite der individuellen Reflexion wird erhöht und Kompromisse lassen sich leichter finden.

Eignet sich für:
- Die Methode kann sowohl von Klein- als auch Großgruppen angewendet werden.
- Sie ist besonders hilfreich, wenn es darum geht, Ideen und Visionen zu konkretisieren und praxistauglich zu gestalten.
- Durchdenken und Erproben rollenkonformen Verhaltens.

Fishbowl-Diskussionen

Prägnantes Merkmal:

- Teil einer größeren Gruppe diskutiert Fragestellung stellvertretend für Gesamtgruppe, andere Teilnehmer können Diskussion kommentieren.

Ablauf:

- Große Gruppe bildet einen Innen– und Außenkreis.
- im Innenkreis wird eine zu diskutierende Fragestellung besprochen.
- Außenkreis beobachtet Diskussion und wird von Zeit zu Zeit eingeladen, die Diskussion im Innenkreis zu kommentieren.
- Variation: ein Stuhl im Innenkreis bleibt leer und kann von Teilnehmern des Außenkreises für kurze Zeit besetzt werden, um der Diskussion weitere Impulse zu geben oder eigene Perspektiven beizutragen.

Voraussichtlicher Zeitbedarf:

- Je nach Thematik mindestens 30 Minuten.

Geeignete Gruppengröße:

- Für thematisch arbeitende Großgruppen (ganze Klasse aktiv).

Geeignetes Alter:

- Ab ca. der achten Klasse.

Individuelle Voraussetzungen:

- Bereitschaft und Fähigkeit, sich in Diskurse einzulassen und diese aktiv zu gestalten versuchen (Argumentierenkönnen).

Pädagogischer Zielbereich - Wirkung/Ergebnis:

- Ermöglicht Meinungsbildungs- und Klärungsprozesse auch in größeren Gruppen.
- Ermöglicht Differenzierung von Sichtweisen und Diskussion unterschiedlicher Standpunkte.
- Erfahrungen von Distanz und Nähe: Eigenes, sozialverträgliches Abgrenzen üben.

Eignet sich für:

- Situationen, in denen Diskursive Prozesse in größeren Gruppen geführt werden müssen, aber die Gruppe zu groß ist, um alle mit einzubeziehen.
- Settings, in denen Wissen einer Gruppe von Spezialisten dem Plenum zur Verfügung gestellt werden soll
- Bearbeitung von Themen, die emotional stark besetzt sind.

Stationengespräche

Prägnantes Merkmal:

- Kleingruppen diskutieren unterschiedliche Impulsfragen an „Stationen" im Raum und halten ihre Ergebnisse schriftlich fest.

Ablauf:

- Impulsfragen werden auf Flipchart-Papier an Wänden/Pinnwänden im Raum aufgehängt.
- Kleingruppen rotieren im Uhrzeigersinn im 5-Minuten Takt an den Wänden vorbei, bearbeiteten die Fragestellungen, notieren ihre Erkenntnisse stichpunktartig auf den Flipcharts.
- Die nächsten Gruppen, die an den Stand kommen, ergänzen die Diskussionsergebnisse der vorigen Gruppen und kommentieren diese mit Symbolen: „!" für „ausgesprochene Zustimmung", „?" für „klärungsbedürftig", ein „Blitz-Symbol" für „Widerspruch".
- Anschließendes „Sharing" im Plenum.

Voraussichtlicher Zeitbedarf:

- Je nach Zahl der Kleingruppen; bei 3-er Gruppen, 6 Stationen und 30 Lernenden: Mindestens 30 Minuten.

Geeignete Gruppengröße:

- Klassenstärke: Bis ca. 30 Personen.

Geeignetes Alter:

- Bei altersangemessenen Aufgaben ab Mitte 3. Klasse.

Individuelle Voraussetzungen:

- Freude am gegenseitigen Austausch.

Erforderliche Ausstattung:

- Möglichkeit eine entsprechende Zahl an Stationen, deutlich räumlich getrennt aufzubauen. Notizblöcke oder Hefte für die Notizen, Schreibzeug, Flipchartblätter, Markerstifte.

Pädagogischer Zielbereich - Wirkung/Ergebnis:

- Aktiviert Ressourcen aller Teilnehmenden.
- Klärt eine Vielzahl von Fragestellungen in kurzer Zeit.

Eignet sich für:

- Auswertung von Inputphasen bzw. Vorträgen;
- Vorbereitung von nächsten „Themenblöcken";
- als interaktives Element zwischen zwei größeren Themenblöcken im Rahmen von Doppelstunden oder eines längeren Vortags;
- Wenn ein(e) Referent(-in) auf den Ergebnissen dieser interaktiven Sequenz inhaltlich aufbauen möchte;
- zur Aktivierung der Teilnehmenden nach „Pausen- oder Mittagstief".

<u>Methode 6-3-5</u>

Prägnantes Merkmal:

Eine Kreativtechnik (brainwriting), die in einer Gruppe neue, ungewöhnliche Ideen fördert.

Ablauf:

- Es werden Gruppen mit je sechs Personen gebildet.
- Alle Teilnehmenden erhalten ein gleich großes Blatt Papier. Dieses wird in drei Spalten (vertikal) und in sechs Reihen (horizontal) aufgeteilt: Hat danach 18 Kästchen.
- Jede(r) Teilnehmende in der jeweiligen Gruppe wird aufgefordert, im ersten Kästchen jeder Spalte eine Idee (insgesamt drei) zu notieren.
- Jedes Blatt wird danach (je nach Schwierigkeitsgrad der Aufgabe nach etwa drei bis fünf Minuten) von allen in der Gruppe im Uhrzeigersinn weitergereicht.
- Die nächste Person versucht nun, die bereits genannten Ideen aufzugreifen, zu ergänzen und weiterzuentwickeln. Sie notiert dies in die nächsten drei Kästchen. (Dieses Vorgehen geschieht so lange, bis alle Teilnehmenden dran waren.)
- Die Gruppen stellen ihre Ergebnisse im Plenum vor.

Voraussichtlicher Zeitbedarf:

- Je nach Aufgabenstellung, mindestens 45 Minuten.

Geeignete Gruppengröße:

- Klassenstärke: Bis ca. 30 Personen.

Geeignetes Alter:

- Bei altersangemessenen Aufgaben ab Mitte 4. Klasse.

Individuelle Voraussetzungen:

- Freude an neuen Ideen und einem gegenseitigen Austausch.

Erforderliche Ausstattung:

- Möglichkeit von entsprechenden Sitzgruppen; DIN A3 Blätter mit 18-er Einteilung; Schreibzeug.

Pädagogischer Zielbereich - Wirkung/Ergebnis:

- Austausch von Ideen in Gruppen.

Eignet sich für:

- Geeignet für Problemstellungen mittlerer Komplexität.
- Viele Ideen in relativ kurzer Zeit; vermeidet ein ′Zerreden′.
- Ergänzung und Vertiefung einer überschaubaren Thematik.
- Klarer Ablauf; Konzentration auf das individuell thematisch Wesentliche.

Placemat activity

Prägnante Merkmale:
Diese Arbeitsform ist eine Art Gruppenarbeit und ein Bestandteil kooperativen Lernens. Es ist eine andere Form von think-pair-share.
Ablauf:
- Es werden Gruppen zu je drei bis fünf Mitgliedern eingeteilt. Jedes Gruppenmitglied einen bestimmten Auftrag.
- Jede Gruppe erhält ein ´Placemat´, ein ´Platzdeckchen´. Das Placemat hat eine Größe eines A3 oder A2-Blattes.
- Alle erhalten einen Auftrag zu einem bestimmten Thema.
- Jede(r) Teilnehmende schreibt seine Gedanken, Ideen oder sein Wissen auf einen Teil des Placemat.

Think: (Nachdenken+Schreiben): Jede(r) notiert in seinem Segment eigene Gedanken zu der Aufgabe (ca. fünf Minuten).
Pair (stummes Vergleichen): Jede(r) liest die Notizen der anderen und stellt Rückfragen bei Verständis- oder Leseproblemen (ca. fünf Minuten).
Share (Teilen und Konsens finden): Die Mitglieder jeder Gruppe entscheiden gemeinsam, welche der notierten Gedanken in die Mitte des Blattes geschrieben werden sollen. Anweisung z.B.: Maximal fünf Hauptpunkte! (ca. 10 Minuten).
Jede Gruppe präsentiert dann ihre Arbeitsergebnisse z.B. in einer ´Vernisage´.
Voraussichtlicher Zeitbedarf:
- Je nach Aufgabenstellung, mindestens 45 Minuten.

Geeignete Gruppengröße:
- Klassenstärke: Bis ca. 30 Personen.

Geeignetes Alter:
- Bei altersangemessenen Aufgaben ab Mitte 4. Klasse.

Individuelle Voraussetzungen:
- An Regeln halten, Freude am gegenseitigen Austausch.

Erforderliche Ausstattung:
- Möglichkeit von entsprechenden Sitzgruppen; DIN A3 bzw. A2-Blätter; Schreibzeug.

Pädagogischer Zielbereich - Wirkung/Ergebnis:
- Selbstständiges Erschließen eines Themenbereichs.
- Klar strukturierter Informationsaustausch in Gruppen.

Eignet sich für:
- Geeignet für Problemstellungen mittlerer Komplexität.
- Viele Ideen in relativ kurzer Zeit; vermeidet ein ´Zerreden´.
- Ergänzung und Vertiefung einer überschaubaren Thematik.
- Klarer Ablauf; Konzentration auf das individuell thematisch Wesentliche.
- Intensiver sachbezogener Austausch von Meinungen.

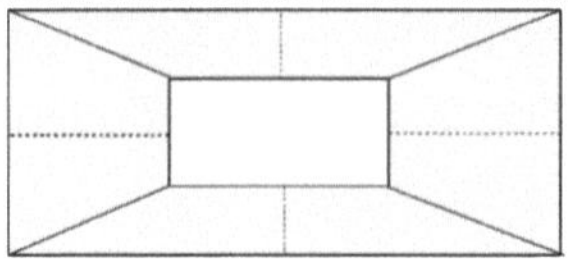

Kugellagermethode (Gesprächszirkel)

Prägnante Merkmale:

Aktives Zuhören bei kooperativem Lernen. Ein bis maximal drei Gesichtspunkte werden angehört und inhaltlich frei wiedergegeben.

Ablauf:

- Zu einer gegebenen Thematik macht sich jede(r) zunächst individuell Gedanken (ca. 3 bis 5 Minuten).
- Die Teilnehmenden setzen sich in zwei gleich großen Gruppen in einen inneren und einen äußeren Kreis, die sich gegenseitig zugewandt sind.
- Zunächst erklärt die Person im Innenkreis ihre Ausarbeitung (Sichtweise) der Person außen, die nur zuhört (maximal zwei Minuten). Moderatorperson läutet.
- Anschließend fasst die zuhörende Person die ihr wesentlichen Elemente frei zusammen. Die zuerst vortragende Person innen kontrolliert und verbessert (maximal eine Minute). Moderatorperson läutet.
- Anschließend berichtet die äußere Person der innen sitzenden Person ihre Gedanken, während diese aktiv zuhört. Dann erfolgt von dieser eine Zusammenfassung (maximal eine Minute). Moderatorperson läutet.

Die außen sitzende Person rückt nun zwei Plätze gegen den Uhrzeigersinn weiter. Bei mehreren Gesichtspunkten rückt beim zweiten Durchgang die innen sitzende Person drei Plätze weiter usw., sodass alle alle Gesichtspunkte ausgetauscht haben.

Voraussichtlicher Zeitbedarf:

- Je nach Aufgabenstellung, mindestens 60 Minuten.

Geeignete Gruppengröße:

- Klassenstärke: Bis ca. 30 Personen.

Geeignetes Alter:

- Ab etwa 8. Klasse.

Individuelle Voraussetzungen:

- An Regeln halten, achten auf genaue Äußerungen, intensive Konzentration.
- Lehrperson nimmt die Moderation wahr.

Erforderliche Ausstattung:

- Möglichkeit zum Sitzen im größeren Kreis. Glocke für Moderator.

Pädagogischer Zielbereich - Wirkung/Ergebnis:

- Mehrfaches Vortragen festigt das Benannte.
- Klar strukturierte Form des Austauschs.

Eignet sich für:

- Geeignet für auch anspruchsvollere Probleme (höhere Komplexität).
- Viele Ideen in relativ kurzer Zeit; vermeidet ein ′Zerreden′.
- Ergänzung und Vertiefung einer Thematik.
- Breiter Austausch von Meinungen / Sichtweisen.
- Klarer Ablauf; Konzentration auf das individuell thematisch Wesentliche.

Drei-Schritte-Interview

Prägnante Merkmale:

Eine Methode des kooperativen Lernens mit gezieltem Fragen und aktivem Zuhören.

Ablauf:

- Die Lernenden werden in Gruppen zu je drei Personen: A, B, C eingeteilt.
- Im ersten Schritt interviewt Person A die Person B, wobei Person C als Beobachtende Notizen über wichtige Aussagen macht (ca. 2 Minuten).
- Im zweiten Schritt interviewt Person B die Person C, wobei Person A als Beobachtende Notizen über wesentliche Aussagen macht (ca. 2 Minuten).
- Im dritten Schritt interviewt Person C die Person A, wobei Person B als Beobachtende Notizen über wichtige Aussagen macht (ca. 2 Minuten).
- Die A, B, C - Personen bilden sodann je eine Gruppe, in der sie ihre Beobachtungen gemäß ihrer Notizen austauschen (ca. 15 Min).

Der Zeitraum für jedes Interview wird vorher von der Lehrperson (Moderation) themenbezogen festgelegt.

Voraussichtlicher Zeitbedarf:

- Je nach Thema, mindestens 20 Minuten.

Geeignete Gruppengröße:

- Klassenstärke: Bis ca. 30 Personen.

Geeignetes Alter:

- Je nach Thema ab Mitte der 4. Klasse.

Individuelle Voraussetzungen:

- An Regeln halten, achten auf genaue Äußerungen, intensive Konzentration.

Erforderliche Ausstattung:

- Möglichkeiten zum Sitzen gemäß der Gruppenzahl (größerer Raum bzw. zwei Räume). Gong für Moderatorperson.

Pädagogischer Zielbereich - Wirkung/Ergebnis:

- Bezieht Vorwissen der Lernenden ausdrücklich ein.
- Klarer Ablauf; Konzentration auf das individuell thematisch Wesentliche.

Eignet sich für:

- Geeignet für auch anspruchsvollere Probleme (höhere Komplexität).
- Viele Ideen in relativ kurzer Zeit; vermeidet ein ´Zerreden´.
- Breiter Austausch von Meinungen / Sichtweisen.
- Nachfolgende Unterrichtsphasen können darauf aufbauen.

Bienenkorb

Prägnante Merkmale:

Kooperatives Lernen im Austausch, gezieltes Fragen, genaues Zuhören in Bewegung.

Ablauf:

- Dem Einsatz der Methode geht eine Phase mit Informationen oder eine intensive Einzelarbeit voraus.
- Die Moderationsperson benennt die ´Regeln´ und den Zeitplan.
- Mehrere ´Nachbarn´ bilden eine Gruppe mit maximal 5 Personen.
- Sie besprechen, zum Beispiel im gemeinsamen Gehen die Informationsinhalte.
- Sie tragen ihnen aufgekommene Fragen zu den Inhalten vor und jede(r) Teilnehmende trägt seine Sicht / seine vorläufigen Gedanken zur Klärung bei.
- Bleibt etwas unklar, wird dies notiert, um es dem Referenten als Frage zu stellen.
- Die Fragen werden im Plenum beantwortet.

Voraussichtlicher Zeitbedarf:

- Je nach Thema, mindestens 20 Minuten.

Geeignete Gruppengröße:

- Klassenstärke: Bis ca. 30 Personen.

Geeignetes Alter:

- Je nach Thema ab Mitte der 4. Klasse.

Individuelle Voraussetzungen:

- An Regeln halten, genaue Fragen stellen, im Austausch auf Gesagtes eingehen bzw. dies weiterentwickeln, Konzentration aufs Thema.

Erforderliche Ausstattung:

- Möglichkeiten zum Sitzen gemäß der Gruppenzahl (größerer Raum bzw. zwei Räume), vorhandene Möglichkeit z.B. im Freien zu Gehen. Gong für Moderatorperson.

Pädagogischer Zielbereich - Wirkung/Ergebnis:

- Klärt ein Thema durch das gemeinsame Bearbeiten der aufkommenden Fragen.
- Klarer Ablauf; Konzentration auf das individuell thematisch Bedeutsame.

Eignet sich für:

- Selbstgesteuerter Austausch zum Thema mit Einbringen eigener Erfahrungen bzw. Vorwissen.
- Bringt die Gruppe in Bewegung zum Nachdenken.
- Übt im vertrauten Kreis thematische Fragen zu entwickeln und zu stellen.
- Klärt ein Thema durch das gemeinsame Bearbeiten der aufkommenden Fragen.
- Breiter Austausch von Meinungen / Sichtweisen.
- Vermeidet nach Informationsphasen den Drang zu ´Seitengesprächen´.
- Nachfolgende Unterrichtsphasen können darauf in ruhiger Atmosphäre aufbauen.

Allen oben genannten aktivierenden Lehr- und Lernmethoden gemeinsam ist ein hoher Anteil kooperativen Lernens, d.h. dass die Lernprozesse im vorwie-gend sprachlichen Austausch unter den Lernenden stattfinden. Das sprachliche Niveau und die Begrifflichkeiten beziehen orientieren sich dabei am Sprachgebrauch der Lernenden. Brüning und Saum haben die Prinzipien kooperativen Lernens in einer übersichtlichen Grafik zusammengestellt:

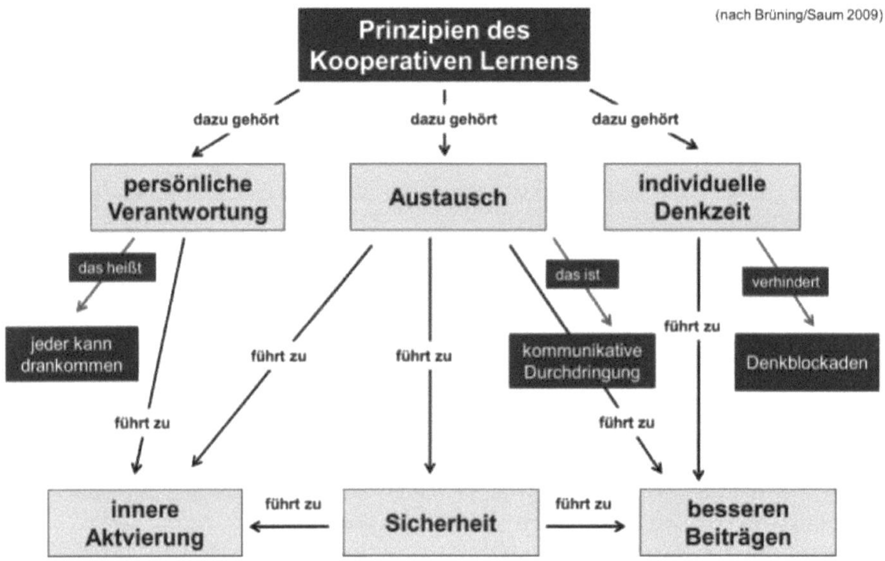

14. Lernen mit digitalen Medien

Eine der wichtigste Fähigkeiten jedes Menschen ist die des Lernenkönnens, d.h. jedes menschliche Gehirn ist in der Lage, sich an Umweltveränderungen lernend anzupassen. Das Gehirn strukturiert sich selbst um (Aufbau neuer oder Abbau nicht mehr benötigter Nervenverbindungen) aufgrund von Nervensignalen der menschlichen Sinnesorgane. Das Denken und Handeln wird bzw. bleibt flexibel und adaptiv, um in der jeweiligen Umwelt bestmöglich überleben zu können. Allgemein ist Lernen ein Prozess, „der als Ergebnis von Erfahrungen relativ langfristige Veränderungen im Verhaltenspotential" bewirkt (Koch, I.).

Verstärkt wird es erforderlich, die Wahrnehmung des Lehrangebots durch den Lerner, seinen Lernprozess und seine Lernvoraussetzungen als Grundlage für den Lernerfolg zueinander in Bezug zu setzen. Dies betrifft sowohl das rezeptive Lernen bei oder nach einer Instruktion als auch das aktive und selbstgesteuerte Lernen mit Interaktionen und gegebenen Lernmaterialien. Jedes Lernen fußt auf einem subjektiven, individuellen Wahrnehmen: Entscheidend ist, was vom Lehrangebot kommt bei Lernenden jeweils an (Anknüpfungen, Vorwissen).

In aktuellen Reformansätzen für einen zeitgemäßen Unterricht nimmt die Bedeutung digitaler Medien vor allem mit Blick auf ein ´personalisiertes Lernen´ zu. (Bray, B. / McClaskey, K.) Unter `Personalisiertem Lernen´wird ein mehrdimensionales, an (reform)pädagogische Traditionen anknüpfendes Konzept verstanden, das vielfältige Überschneidungen mit herkömmlichen Vorstellungen individueller Förderung aufweist. In der Literatur wird es unterschiedlich bestimmt. (siehe Stebler, R., Pauli, C. & Reusser, K.)

14.1 Gestalten von aktivierenden Lernumgebungen

Jede Lehrperson sollte bestrebt sein, bei einem Thema eine für ´ihre´ Lerngruppe jeweils passende Lernumgebung zu schaffen. Eine solche Lernumgebung besteht aus einem Arrangement möglichst stimmiger Lehr- und Lernmethoden, Lehr- und Lerntechniken, Lernmaterialien und -medien. Eine Lernumgebung kann mehr gegenstandsorientiert (Instruktion) oder mehr situiert (Konstruktion) sein. ´Stimmig´ bedeutet in diesem Zusammenhang, dass jede Lehrperson jeweils entscheiden muss, welche Zugangsweise zu einem Lerninhalt / Thema für ´ihre´ konkrete

Lerngruppe bei gegebenen Bedingungen am voraussichtlich effizientesten fürs Lernen ist. So oft als möglich wird, ′da der Wurm dem Fisch schmecken muss und nicht dem Angler′ eine Lehrkraft auf eine situative, personalisierte Lernumgebung achten; denn hier liegt der Schwerpunkt auf der Förderung von selbstständigen Lernaktivitäten. Es wird davon ausgegangen, dass durch diese die Lernenden ihre Kenntnisstrukturen bzw. Verhaltensänderungen selbst konstruieren bzw. konstruieren und auch rekonstruieren sollen.

„Lehrkräfte sollen differenzierende Lernarrangements anbieten, bei denen durch den variablen Einsatz von Methoden, Sozialformen und Materialien die Lernwege der Einzelnen so gestaltet werden, dass eine optimale Passung zu deren individuellen Bedürfnissen erreicht wird." (Trautmann, M & Wischer, B.)

Aus Fachtexten lassen sich einige zentrale Dimensionen einer auf situatives, personalisiertes Lernen ausgerichteten Unterrichtsgestaltung erkennen:

- Anpassung der Unterrichtsangebote an die personalen Voraussetzungen und Bedürfnisse der Lernenden;
- Aufbau personaler Kompetenzen, ganzheitliche Förderung der Persönlichkeit;
- Ermöglichung von selbstgesteuertem Lernen auf eigenen Wegen
- Förderung der Selbstverpflichtung und Verantwortungsübernahme der Lernenden;
- Orientierung an der Idee der Gemeinschaftsbildung, des Miteinander- und Voneinander-Lernens. (siehe Stebler, R., Pauli, C. & Reusser, K.)

Ziele des Einsatzes digitaler Medien sind das bessere Anpassen der unterrichtlichen Lehr- und Lernprozesse an die individuellen Voraussetzungen der Lernenden. Digitale Medien können dabei verschiedene Funktionen übernehmen. In amerikanischer Literatur werden verschiedene Einsatzmöglichkeiten und Funktionen genannt. Dort werden drei Konzepte unterschieden: Differenzierung, Individualisierung und Personalisierung.

- *Konzept Differenzierung:* Hier steuert zuförderst die Lehrperson die Prozesse mit dem Ziel, Gruppen oder auch einzelnen Lernenden mit ähnlichen Voraussetzungen erforderliche Lernaktivitäten und Lerninhalte passend zuzuordnen, um ihnen im je individuellen Lernprozess Unterstützung anzubieten. Dabei kommen vor allem sogenannte

Lernplattformen zum Einsatz, die durch die in ihnen implementierten Werkzeuge jeweils passende Aufgaben, Lerninhalte, interaktive Bausteine, Wahlaufgaben, Zwischenspeicherung, usw. und auch Werkzeuge für den Austausch, z.B. digitale Auswertung des Arbeitens von Lernenden mit einer Rückmeldung an die Lehrperson bieten. (siehe Petko, D.) Mittlerweile gibt es Lernplattformen, die auf unterrichtlichen Einsatz ausgelegt sind. In ihnen besitzt die Lehrperson Administratorenrechte, sodass sie den Lernenden z.B. über eine Vernetzung zum Schulserver einzeln oder auch für Gruppen spezifische Aufgaben oder Aufträge zuordnen und zur Verfügung stellen kann.

- *Konzept Individualisierung:* Auch hier steuert zuförderst die Lehrperson die Prozesse, um insbesondere einzelnen Lernenden passende Lernaktivitäten, Lerninhalte und Unterstützungsangebote anzubieten. Hat sich eine Schule z.B. bei einem Verlag oder sonstigen Lernmittelanbieter einen Zugang zu dessen Server gekauft, so kann ein solches Angebot auch online abgerufen werden. Interessant dabei ist, dass insbesondere passende Unterstützungsangebote von Lernenden individuell auch von zuhause online abgerufen werden können. So können Lernende individuell an bestimmten Themen arbeiten und die Lehrperson erhält, beim Anbieter abrufbar, über den aktuellen Lernstand jedes(r) Teilnehmenden Rückmeldung. Bei hochwertiger, passender Lernsoftware, die auch multimediale und interaktive Elemente enthält sowie zudem adaptiv hinsichtlich des Lernstandes ist, kann mit Hilfe eines Computers so eine bestmögliche Individualisierung erfolgen. (siehe Petko, D.)

- *Konzept Personalisierung:* Hier können die Lernenden selbst (und eigenverantwortlich) ihre Lernziele, Lernaktivitäten und zu bearbeitenden Lerninhalte zusammen mit dem gewünschten Grad an Unterstützung durch das Programm auswählen. Auch die Art und den genauen Zeitpunkt für eine Lernkontrolle kann von den Lernenden selbst bestimmt werden. In der Literatur gibt es Anregungen, dass die Lernenden dann auch die jeweilige Software bestimmen können sollten (Personal Learning Environments, PLE). Mit Blick auf gegebene Bildungspläne würde Letzteres grundlegende Fragen aufwerfen. Bei Unterrichtsweisen, die im australischen Hinterland erforderlich und geboten sind, mag dies ein gangbarer Ansatz sein, da er rein outputorientiert ist. Konsequenter Weise liegen bei obigem Modell auch die Administratorrechte bei den Lernenden, die so die softwaremäßige Lernumgebung voll an ihre individuellen Bedürfnisse anpassen können.

„Differenzierte und individualisierte Lehrformen sowie personalisierte Lernformen schließen sich ebenso wenig aus wie die parallele Nutzung verschiedener Plattformen. Zudem bietet sich der Einsatz vieler weiterer Medien an. Die didaktischen Potenziale lassen sich grob in fünf Bereiche einteilen: Medien als Informations- oder Präsentationsmittel (z.B. Internetrecherchen, verdeutlichende, ansprechende Kurzvideos und Simulationen), Medien als Werkzeug und Arbeitsmittel (z.B. zur Gestaltung von Texten, Bildern, Audio- und Videodokumenten, Mindmaps), Medien zur Lernberatung und zur Kommunikation (z.B. mit Chats, Foren, Weblogs oder Social Networks), Medien zur Prüfung und Beurteilung (z.B. mittels interaktiven Prüfungen, E-Portfolios) sowie für organisatorische Aspekte und zur integrierten Gestaltung von Lernaufgaben und Werkzeugen zu ihrer Bearbeitung (z.B. mittels Lernplattformen, Schülerinformationssystemen, Schuladministrationssoftware).“ (siehe Petko, D.; Schmid, R.; Pauli, C.; Stebler, R.;Reusser, K.)

Die folgenden Gestaltungsprinzipien, gelten auch für digitale oder multimediale Lernumgebungen:

- „Lernprozesse sollten von authentischen Problemsituationen ausgehen, damit sie für die Lernenden aufgrund ihrer Bedeutsamkeit einen Anreiz bieten, sich mit bestimmten Fragestellungen auseinander zu setzen. Das bedeutet folglich, dass Wissen immer situativ und kontextgebunden erworben wird.
- Kontextspezifisch erworbenes Wissen sollte nicht auf einzelne Situationen beschränkt bleiben, es sollte derselbe Inhalt in unterschiedliche Kontexte eingebettet werden, um den Transfer und den flexiblen Umgang von und mit Wissen zu erleichtern.
- Neben multiplen Kontexten sollten auch unterschiedliche Perspektiven auf einen Inhalt aufgeführt werden (multiple Perspektiven)
- Lernen ist ein Prozess, der neben der individuellen und selbstgesteuerten Konstruktion von Wissensstrukturen immer in soziale Kontexte eingebettet ist.
- Lernen bedarf der instruktionalen Unterstützung durch den Lehrenden bzw. das Lehrangebot.“ (Kohnen, M.)

Auch bei erhöhter Heterogenität einer Lerngruppe muss das Arrangieren einer passenden Lernumgebung im schulischen ´Alltagsgeschäft´ machbar sein, d.h. es bedarf einer Adaption des/der Lehrenden. Leutner betrachtet verschiedene Adaptionsprinzipien, die sich an dem Zweck und der Art der Realisation orientieren. Ein Zweck der Adaption könnte demnach sein, die

Selbstregulation der Lernenden individuell zu unterstützen. Ein anderes Adaptionsprinzip stellt die Regulierung der Lernzeit dar. (Klauer, K. & Leutner, D.) Bei dieser Thematik rückt auch der Begriff des 'Lernwegs' in den Fokus.

Charakteristisch für einen Lernweg ist die Abfolge eines bestimmten Reak-tionsschemas, Dieses wird durch die Lernenden gesteuert:

1. Wahrnehmen des Lerngegenstands entsprechend individueller Perspektiven (didaktisch, methodisch, lernprozessorientiert),
2. als Folge des Auseinandersetzens mit dem ersten Lerngegenstand, folgt eine Entscheidung zur Wahrnehmung des nächsten Lerngegenstands, bei dem sich Punkt 1 wiederholt. Hier können sich jedoch die perspektivischen Gegebenheiten anders verhalten, sodass hier nicht der gleiche Verlauf wie beim zuvor betrachteten Lerngegenstand zu beobachten sein muss.

In diesem Schema stellt sich die Frage, welche Faktoren die Entscheidung, sich mit dem nachfolgenden Lerngegenstand auseinander zu setzen, beeinflussen. (nach Kohnen, M.)

Die Herausforderung ist, dass erfolgreiche Lernprozesse nur an Äußerungen bzw. dem Verhalten der Lernenden beobachtet bzw. erkannt werden können, diese jedoch nicht unbedingt mit deren tatsächlichen (geistigen) Vorstellungen übereinstimmen müssen.

Vom Lehrenden aus gesehen muss die 'Didaktische Analyse' aus der die Unterrichtsplanung erwächst, hierzu eine Idee liefern. Nach Helmke wäre ein erweiterter Lernwegbegriff, der mehr aus dem Blickwinkel der Lernenden erfolgt, stimmiger. Ein erweiterter Lernwegbegriff und ein darauf aufbauendes Modell muss Lehr- und Lernprozesse aus dem Blick der Lernenden her sehen und aufbauen, was heißt, vermehrt Möglichkeiten bzw. Lernphasen zu eröffnen, in denen die Lernenden aktiv und selbstbestimmt ihre jeweiligen Lernprozesse vollziehen können. Dies knüpft an das Modell der intrinsischen Motivation an, bei der Bedürfnisse nach Selbstbestimmung (Autonomie), Kompetenz (Erfahren von Handlungsfähigkeit) und das soziale Eingebundensein (z.B. Lerngruppe, Klasse) tragend sind.

„Menschen haben den intrinsischen (angeborenen) Wunsch, ihre Umwelt zu erforschen, zu verstehen und 'in sich aufzunehmen' (assimilieren). Die Motivation zur aktiven Auseinandersetzung mit der Umwelt ist bereits in den frühesten Stadien der Entwicklung gegeben und braucht keine Anleitungen und äußeren Zwänge. Sie ist eine wesentliche Grundlage für den Erwerb kognitiver Fähigkeiten und bestimmt zugleich die Entwicklung des individuellen Selbst.“ (Ceci, E. & Ryan, R.)

An dieser Stelle können digitale, multimediale und / oder individualisierende Lernarrangements (Lernprogramme), bei geeigneten Themen / Lerninhalten gezielt in Lernphasen eingesetzt, hilfreich sein.

14.1.1 Lernen mit multimedialen Medien

Im Berliner Strukturmodell wird die Interdependenz von vier zentralen am Unterricht beteiligten Faktoren (Entscheidungsfeldern) postuliert, wobei Medien neben Thematik (Inhalt), Methodik und Intentionalität (Lernziel) ein gleichberechtigtes Entscheidungsfeld darstellen. Medien wirken in diesem Modell auf die vermittelten Lerninhalte zurück. Durch ihre Formqualitäten können sie Lerninhalte intensivieren, verfremden, akzentuieren oder verwässern. Das Modell sieht Medien jedoch aus einem technokratischen Blickwinkel (Zweckrationalität) und übersieht den kommunikativen Aspekt der Interaktionen von Lehrenden und Lernenden.

„Die Art und Weise, wie ich einen Unterrichtsinhalt an Kinder herangebracht habe, ist zugleich bestimmend für die Art und Weise, in der dieser Gegen-stand in einem Kind lebendig wird. Das bleibt gewissermaßen wie Eierschalen an dem Gegenstand haften.“ (nach Dichanz, H.) Die Art gewählter Medien und deren Einsatz beeinflusst Lerninhalte, wie sie wahrgenommen und verarbeitet werden. Medien erfüllen eine Kommunikationsfunktion im Lehr- und Lernprozess. Sie müssen daher auch hinsichtlich ihrer Intentionen und spezifisch für jeweilige Adressaten betrachtet werden. Auch müssen sich Lehr- und Lernprozesse aufgrund der Mediatisierung im Umfeld der Lernenden verändern, eingedenk, dass sie weiterhin hinsichtlich ihres bildungsmäßigen Outputs folgende fünf Funktionen erfüllen muss:

- *Lehrfunktion:* Schule soll Schülerinnen und Schülern Wissen und Fertigkeiten vermitteln, die sie benötigen, um in der außerschulischen Lebenswelt bestehen zu können.
- *Transferfunktion:* Sie soll kulturelle und moralische Werte von einer Generation an die nächste vermitteln.
- *Zertifikatsfunktion:* Schülerinnen und Schüler sollen für einen weiteren Schulbesuch oder eine berufliche Ausbildung vorbereitet werden. Diese Qualifizierung wird mit einer Bescheinigung nachgewiesen.
- *Aufklärungsfunktion:* Die Schülerinnen und Schüler sollen zu kritischem Vernunftgebrauch und autonomem Handeln befähigt werden.

- *Sozialisierungsfunktion:* Schüler sollen zu verantwortlichem Handeln gegenüber ihren Mitmenschen und der Umwelt erzogen werden. (nach Breiter, A.; Ritter, M.)

Im Unterricht soll, so eine Forderung, den Lernenden eine grundlegende Medienkompetenz vermittelt werden. Dies bedeutet zum einen ein Handhabenkönnen und zum anderen Fähigkeiten wie Medien / Medieninhalte kritisch zu reflektieren bzw. zu bewerten, sprich ihre jeweiligen Aussagen, Darstellungen und Intentionen zu erkennen und einzuschätzen (Aufklärungs- und Transferfunktion).

Ein Medieneinsatz in Lehr- und Lernprozessen, insbesondere der von digitalen Medien, verändert Unterrichtsmethoden hin zu mehr Methodenvielfalt. So könnte mit Multimediaeinsatz sich der Grad des selbständigen und eigenverantwortlichen Erwerbs von Kenntnissen, das Erkennen von Zusammenhängen, z.B. durch Simulationen, hin zu einem mehr ganzheitlichen Lernen entwickeln (Individualisierung), was auch das Arbeiten in Lerngruppen (Partner- und Gruppenarbeit) verändern würde (soziales Lernen, Kommunikation). Auch widerspäche ein eher stärker von der Lehrperson konzipierten Unterricht einem Einsatz z.B. des Internets mit seinen hypermedialen Angeboten, da diese eine hohe Offenheit aufweisen und nur sehr bedingt eingeschränkt werden können. Moderierend könnten hier nur Arbeitsaufträge und ggf. softwaremäßige Begrenzungen / Steuerungen (u.a. blindschalten des Bildschirms) wirken. Um jüngere Lernende gezielt an den sinnvollen Gebrauch des Internet heranzuführen, bietet es sich an, Teile davon auf den Server zu laden und bausteinartig zu nutzen. Eine gute Adresse hierfür sind die zahlreichen Kinderhomepages oder auch die Wissensdatei zu Sachthemen, die kosten- und werbefrei von der Medienwerkstatt Mühlacker betreut wird: www.wssenskarten.de.

Werden Angebote und Möglichkeiten des Internet gezielt genutzt, so können über Skype- oder E-Mailkonten weltweite Kontakte auch in fremden Sprachen aufgebaut, gepflegt und in den Unterricht eingebracht werden. Zugleich müssen die Lernenden, die das Internet nutzen, über die Möglichkeiten und Gefahren, die damit einher gehen immer wieder informiert werden. Auch die Schnittstelle „Schulserver" stellt eine enorme Herausforderung für die diesen betreuende Person dar hinsichtlich der Absicherung und Einschränkung abrufbarer Inhalte bzw. Homepages.

Multimedial unterstütztes Lernen bedarf in erster Linie der intensiven Fortbildung der Lehrpersonen, die damit arbeiten wollen. Sie müssen das Für-und-Wider des Einsatzes ebenso beherrschen wie eine klare Sicht auf gegebene Gefahren haben, um diese zu vermeiden oder zumindest stark einzuschränken. Auch gilt es Fähigkeiten zu entwickeln, um Lernprogramme hinsichtlich ihrer Programmstruktur, der Art der inhaltlichen Darbietung sowie Funktionen des ´Werkzeugs´ Computer oder Smartphone in einem vorgesehenen Lernprozess einschätzen zu können, z.B.:

- *Übungsprogramme*: Trainieren Einzelthemen, u.a. ´pauken´ Vokabeln;
- *Tutorsysteme:* Wollen den Neuerwerb von Fertigkeiten unterstützen;
- *Intelligende (adaptive) tutorielle Systeme:* Es wird zunächst der Kenntnis-stand der Lernenden ermittelt, um danach mit angepassten Lerninhalten und -schritten die neuen Lerninhalte zu vermitteln. In neueren Versionen dieser Programmart sind immer wieder solche Abfrageroutinen eingebaut, die dann nachfolgende Lernangebote steuern. Oft finden sich auch Lernspiele am Ende einer Lektion, um deren Erreichen zu belobigen.
- *Simulationsprogramme:* Sie sind zur Darstellung komplexer Zusammenhänge hilfreich, die sich oft in der Realität der Beobachtung entziehen. Zumal die Lernenden durch das Einstellen oder Eingeben entsprechender Parameter die Darstellung bzw. den Ablauf einer Simulation beeinflussen und dadurch Wechselwirkungen besser erkennen und beurteilen können.
- *Mikrowelten:* Sie stellen eine besondere Art von Simulation dar, da sich mit ihnen z.B. naturwissenschaftliche Gesetze oder logische Zusammenhänge erproben lassen (z.B. Programmiersprache LOGO (Autor: Papert)). Mikrowelten dienen dem Fordern eines analytischen Problemlösens. (nach Schaumburg, H.)

All diese multimedialen Angebote sind passend eingesetzt in der Lage kurzzeitig individualisierte Lehr- und Lernprozesse einzuleiten, um grundlegende Kenntnisse und Fähigkeiten aufzubauen und zu festigen bzw. komplexe, alltagsnahe Probleme damit nachzustellen und somit anzugehen (individuelle Wissens- und Rekonstruktion). Sie bieten den Lernenden zudem die Möglichkeit, bestimmte Lerninhalte immer wieder zu bearbeiten bis sie über diese tatsächlich flexibel selbst verfügen können (Lern- und Tainingsskills).

Multimedial unterstütztes Lernen bedarf der ansprechenden Ausstattung für jede(n) Lernende(n), was heißt, dass genügend Computer und Lernprogramme vorhanden sein müssen, am besten noch schulintern vernetzt mit einem zentralen Server.

Multimediale Lernumgebungen sind als Lernarrangements, „die speziell für den Lernprozess strukturiert sind und in denen die multimediale Präsentation von Informationen mit dem Computer eine zentrale Stellung einnimmt. Hierbei steht der Begriff Lernumgebung sowohl für das multimediale Informationsangebot als auch das hierdurch strukturierte Lernumfeld. [...] Unter einem Lernprogramm wird hier Software verstanden, die eine eigenständig lauffähige Programmstruktur besitzen.“ (Eilks et. al., 2004)

Ziele des Einsatzes von Multimedia sind u.a. mit deren Repräsentationen Hilfen für den Aufbau individueller, sachlicher Vorstellungen, Gedankengebäude optisch und akustisch zu veranschaulichen sowie Vorgänge (oft real nicht sichtbar) zu simulieren und zu modellieren. Damit sollen meist Themen und z.B. naturwissenschaftliche für die Lernenden eher fassbar und damit besser verständlich werden. Manche Lernprogramme bieten auch inhaltlich passende Möglichkeiten der Interaktion im Programmablauf, sodass eine Art ′digitales Experimentieren′ stattfinden kann (aktives Lernen). Das entscheidende Kriterium für den Einsatz eines Lernprogramm ist die Möglichkeit, dieses an die Bedürfnisse der je Lernenden zu adaptieren!

In der Literatur finden sich grundlegende Prinzipien für ein multimediales Lernen:

- Das Multimediaprinzip (Multicodierung) besagt, dass mit Texten und Bildern besser gelernt wird, als nur mit Textpräsentation. Sinnvolle Text und Bildkombinationen sind besonders lernwirksam.
- Das Kontiguitätsprinzip sagt aus, dass räumliche und zeitliche Nähe von text- und Bilddarstellungen den Wissenserwerb mehr fördert als eine getrennte Präsentation von Texten und Bildern. Deren gleichzeitige Präsentation verhindert eine geteilte Aufmerksamkeit (Split-Attention-Effekt).
- Das Kohärenzprinzip warnt vor einer Überfrachtung der Texte/Bilder mit unnötigen Informationen.
- Das Redundanz-Prinzip sagt z.B. aus, dass die gleichzeitige Darstellung von geschriebenem und gesprochenem Text lernabträglich ist.
- Das Prinzip der individuellen Unterschiede bezieht sich auf die anderen Prinzipien und gibt an, dass sich in Abhängigkeit der Lernereigenschaften (z.B. Vorwissen etc.) die Ausprägung der Prinzipien verändern kann.
- Das Multimodalitäts-Prinzip oder Modalitäts-Prinzip besagt, dass die audiovisuelle Darstellung bildlicher und textueller sprachlicher Informationen den Wissenserwerb mehr fördert, als die nur visuelle Darstellung der gleichen Information. Demnach ist der Einsatz eines

gesprochenen Textes zur Erläuterung eines Bildes besser als ein geschriebener Text zu einem Bild. (siehe Klauer,K. & Leutner, D.; Unterbrunner, U.)

Multimediale Medien stellen ein vielfältiges Angebot bereit, das jedoch genau hinsichtlich seiner sachlichen Qualität und Einsatzfähigkeit fürs Lernen überhaupt und für eine bestimmte Lernendengruppe im besonderen begutachtet und ausgewählt werden muss. Auch multimediale Medien können Lerninhalte ´nur´ darstellen, die dann von den Lernenden aktiv er- und bearbeitet und, so irgend möglich, im realen Leben verankert werden müssen. Multimediale Medien können bei der ´Konstruktion´ eines Lerninhalts hilfreich sein, die ´Rekonstruktion´, das präzise Durcharbeiten eines Lerninhalts muss jede(r) Lernende selbst leisten: Auch ein sehr gutes Lernprogramm ist nur ein Werkzeug der Veranschaulichung, Denken, Merken und Transfer sind auch weiterhin angesagt und unabdingbar für ein tieferes und nachhaltiges Verständnis einer Thematik.

In einer Metanalyse hat Zwingenberger die Lernerfolge multimedialer Lehrmaterialien betrachtet und führt u.a. folgende Ergebnisse auf:

- Simulationen, Hypermedia und Drill- & Practice- Anwendungen zeigen größere Lernerfolge als Print-Medien im Vergleich.
- Simulationen bieten im Rahmen der Multimediamöglichkeiten den größten Lernerfolg.
- Deklaratives Wissen kann gut durch Hypermedia- und Simulationsprogramme gelernt werden.
- Simulationen eignen sich zum Aufbau metakognitiven Wissens. (Zwingenberger, A.)

14.1.2 Medienunterstützung bei Lernschwierigkeiten

Gerade bei Kindern / Jugendlichen mit aktuellen oder auch permanenten Lernschwierigkeiten wären verstärkt differenzierte und personalisierte Lernangebote mit implementierten Unterstütungsmöglichkeiten sehr hilfreich. Da bei diesen Lernenden vor allem auch der Beziehungsaspekt bei ihren Lernprozessen eine erhöhte Bedeutung hat, sollte ein technisch-digital angebotenes und stattfindendes Lernen in einen sozialen Kontext eingebunden sein, sprich in einer Lerngruppe oder Schule mit den Lernenden zur Verfügung stehenden Lehrpersonen stattfinden.

Um eine anhaltend wachsende Motivation zum Lernen aufrechterhalten zu können es für Lehrpersonen dieser Zielgruppe wichtig, beim Lernen die Anforderungen für jeden Einzelnen individuell gestalten zu können, um so ein Konzept zu erstellen, das sich den jeweiligen Stärken und Schwächen anzupassen in der Lage ist und damit eine erfolgreiche Bearbeitung von Aufgaben zu ermöglichen.

Lernende mit Lernschwierigkeiten sind nur durch Individualisierung der Lehr- und Lernprozesse angemessen zu fördern; denn je nach Lernbereich, aktivierbaren, individuellen Fähigkeiten sind die Aufgaben entsprechend auszuwählen bzw. zu stellen, damit sie erfolgreich bearbeitet werden können.

„Bei der Auswahl von Zielen und Inhalten und im Unterricht selbst müssen also die Schüler/innen als Subjekte mit ihren individuellen Fähigkeiten und Schwächen im Mittelpunkt stehen, denn sie allein sind Maßstab des Unterrichts.“ (Wittke, U.)

14.2 Lernen im Einsatz von digitalen Medien

Das Arbeiten und Lernen mit digitalen Medien, sprich mit Lernprogrammen, ist eine Seite des Umgangs damit. Eine interessante und stark die Lernenden aktivierende Seite ist das mehr kreative Einsetzen von Geräten, um selbst sachbezogene ´Medienteile´ zu produzieren: Jedes Smartphone hat eine Foto- und Filmkamera mit Mikrofon eingebaut, dasselbe gilt für die meisten Tabletcomputer, vor allem wenn sie für den Bildungsbereich hergestellt sind. In jedem dieser Geräte steckt auch eine mehr oder weniger große Speicherkarte (16GB - 32GB reichen), um ein ´Aufnahmeprodukt´ (Foto oder Videoclip) abzuspeichern und beliebig oft erneut, z.B. mit Änderungen zu produzieren. Dieses Produkt kann dann auch leicht unter den Lernenden ohne größere Qualitätsbeeinträchtigung weiterkopiert werden.

Ein solches Arbeiten wurde erst in jüngster Zeit möglich, nachdem zum einen die entsprechenden Geräte mit optisch und akustisch guter Ausstattung recht preisgünstig für jedermann zur Verfügung stehen und zum anderen die Programme, die eine digitale Bearbeitung von z.B. Fotos, Videoclips und Tonspur vielfach kostenfrei (opensource, freeware) oder bei nur geringen Kosten (shareware) zur Verfügung stehen. Auch kostet eine solche Produktion, da die Geräte ja zur Verfügung stehen und allenfalls ´Akkuaufladekosten´ anfallen, nur einen marginalen Betrag. Mit so gut wie jedem Computer oder Laptop können diese Programme installiert und dann mit relativ geringer Einarbeitungszeit genützt werden. In der Schule können so verschiedene ´Projektgruppen´ z.B. am selben Projektthema arbeiten und je eigene kreative Produkte erstellen, die anschließend vergleichend gewürdigt werden.

Beim eigenständigen Produzieren von digitalen ´Produkten´ erfahren die Lernenden zum einen, wie ihr Gerät mit seinen jeweiligen Teilen kreativ und sinnvoll für ein Lernprojekt eingesetzt werden kann und zum anderen, welche Möglichkeiten der Anpassung / Veränderung von ´Wirklichkeit´ mit den Fähigkeiten des Gerätes möglich sind; sprich, welche Manipulationen der Wahrnehmung in einem entsprechenden Setting durch Ton (Hintergrundmusik), bewegtem Bild und gesprochenem Wort (Kommentar / Erzählung / Bericht) für einen ´unbedarften´, in der Produktion nicht beteiligten Betrachter möglich sind (Medienerziehung konkret).

14.2.1 Vorgehensweise - vom Planen zum digitalen Produkt

Ein derartiges Einsetzen digitaler Medien erfolgt projektartig und handlungsorientiert: Die eigentlichen sowohl inhaltlichen, methodischen als auch medialen Lernprozesse finden während dem Entwerfen und Erstellen der jeweiligen thematischen Produkte statt. Ein entscheidender Vorteil eines solchen Projekts ist, dass sich die Lernenden alle inhaltlichen und produkttechnischen Elemente selbst erarbeiten müssen, um dann erprobend zur für sie geeignetsten Variante zu finden.

Solche Projekte bieten sich sowohl für technische, naturwissenschaftliche, sprachliche oder auch gestalterisch-künstleriche Themen an. Die Rolle der Lehrperson dürft dabei, da die meisten Lernenden über bereits mehr oder weniger intensiv gemachte Erfahrungen mit ihrem Gerät (Handy, Smartphone, Computer) verfügen darin bestehen, dass sie je passend zu den situativen Gegebenheiten der Lernenden das Thema (z.B. Rahmenthema) und das Ziel mit jeweilig passenden Teilzielen sowie die verbindlich vorgesehene Zeit für das Erstellen des Produkts vorgibt. Soll ein solches Projekt mit der gesamten Klasse durchgeführt werden, sollten die wichtigsten Inhalte zunächst gemeinsam erarbeitet werden. Hieraus ergeben sich die möglichen Teilthemen. Eine Darstellung in Form von Mind-Maps oder Concept-Maps ist hilfreich; denn sie wirken wie ein advance-organizer für das Arbeiten in den zu bildenden Lern- und Arbeitsgruppen. Zu den wichtigen Inhalten zählt auch das Thema: Projektartiges Arbeiten; Erfordernisse und Vorgehensweisen.

Das Rahmenthema, die Teilthemen und stichwortartig die zentralen Inhalte sollten auf einem Plakat jederzeit einsehbar sein. Zu Anfang sind auch Informationen sehr wichtig über:

- Welche Materialien stehen zur Verfügung?

- Wo finden sich themenbezogene Informationen (z.B. Lehr- und Handbücher, Versuchsbeschreibungen, Internetadressen, usw.).
- Welche grundlegenden Fähigkeiten / Fertigkeiten sind erforderlich?
- Wie arbeiten wir?

Nun stellt die Lehrperson den geplanten Projektrahmen vor, der zusammen mit den Lernenden noch präzisiert werden kann/sollte und dann als gemeinsamer Projektrahmenplan entworfen, auf einem Plakat festgehalten und mit dazu passend genauen Absprachen (Marksteine / Fixpunkte (Stand / Reflexion / Ausblick) versehen wird (z.B. auf farbigen Karten).

Jetzt erfolgt der Beginn der eigentlichen Arbeit in den Gruppen:

- Bilden der Lern- und Arbeitsgruppen;
- wählen eines Sprechers / einer Sprecherin mit koordinierenden Aufgaben;
- wählen des Teilthemas jeder Lern- und Arbeitsgruppe passend zum Gesamtthema, das bearbeitet werden soll;
- Jede Lern- und Arbeitsgruppe entwirft ihren je eigenen, zum Projektrahmenplan passenden Projektplan. Hierin muss auch bedacht werden, welche Fähigkeiten oder Informationen erforderlich sind, über welche Mitglieder der Lerngruppe bereits in welcher Breite/ Tiefe/Genauigkeit verfügen und welche davon für alle als ´Handwerkzeuge´ verfügbar sein müssen. Jede Lerngruppe muss wahrscheinlich einen eigenen ersten Lernplan erstellen, um solche ´Handwerkszeuge´ anhand von entsprechendem Informationsmaterial zu erwerben, was ein Erproben und Üben einschließt.
- Erster Fixpunkt / Markstein!

Diese erste Phase ist sehr wichtig, damit die Teilnehmenden sich in das gemeinsame Arbeiten einfinden können: Die Lehrperson ist hier in der Funktion der Projektgesamtleitung intensiv gefordert: Genaues Beobachten, Beraten, ggf. Besprechen (inhaltlich-thematische Klarheit) und Intervenieren (vor allem bei sozialen Spannungen).

In den weiteren Phasen steht für die Lehrperson mehr das Beobachten und Beraten (auf Anforderung) sowie das Achten auf das Einhalten des Projektrahmenplan mit den Marksteinen / Fixpunkten und deren Ausgestaltung im Mittelpunkt der Tätigkeit.

15. Lernen mit spielerischen Elementen

Der Mensch spielt nur, wo er in voller Bedeutung des Wortes Mensch ist, und er ist nur da ganz Mensch, wo er spielt. Friedrich von Schiller (1759-1805)

In der Literatur wird Spielen „als besondere Verhaltensqualität höher entwickelter Organismen beschrieben, bei der durch spielerische Verhaltens-weisen Handlungsmuster eingeübt werden, die für das Überleben von Bedeutung sind. Spielen kann dabei als ein exploratives Verhalten angesehen werden, bei dem Verhaltensweisen ausprobiert und perfektioniert oder Bewegungsabläufe koordiniert werden, um schneller, umsichtiger und zweckmäßiger reagieren zu können. ... Das Spielverhalten hat Auswirkungen auf das Wachstum der Großhirnrinde und auf die Verknüpfung zentralnervöser Strukturen.“ (nach Kauke, M.)

In der Literatur finden sich verschiedenste Beschreibungen für den Begriff ´Lernspiel´. Lernspiele haben eindeutig eine didaktische Funktion, sind eine Lernmethode und damit zielgerichtet. Sie kleiden ein intensionales Lernen, sei dies kognitiv oder sozial, mit spielerischen Elementen ein und fungieren so als Lernhilfe. Lernspiele können auch ein ´Probehandeln´ beinhalten. Kurz: Lernspiele sind „spielerische Tätigkeiten in Unterrichtssituationen.“ (Kube, K.)

Spielen und spielen können ist eine Grundform menschlichen Tuns. Es ist jedem heranwachsenden Menschen schon seit der Kinderzeit vertraut bzw. sollte es sein. Im spielerischen Tun wird die Umwelt nachahmend und erprobend erkundet, werden Grenzen der je eigenen, gerade aktivierbaren Fähigkeiten erfahren, und ausgeweitet, auch ´Misserfolge´ erlitten und durchgestanden sowie Kontakte zu Mitmenschen geknüpft. Beim Beobachten jüngerer Kinder wird deutlich, mit welcher Ernsthaftigkeit und Energie sie an spielerische Aktivitäten herangehen und wie lange sie diese auszuführen bereit bzw. in der Lage sind. Je jünger die Kinder sind, je mehr bevorzugen sie Spiele mit hohem Bewegungsanteil. Mit zunehmendem Alter wechseln die Spielinteressen, teils geschlechterspezifisch, teils interessengeleitet zu verschiedenen meist anspruchsvolleren Spielearten, z.B. kreative oder darstellende Spiele, Konstruktionsspiele, spielerisches Forschen (z.B. Esperimentiersets) oder Technikspiele mit Bauplänen. Altersunabhängig sind mehr oder weniger soziale Spiele, die in einer Spielgemeinschaft durchgeführt praktisch lebenslang eine hohe Bedeutung einnehmen. Mit Spielen wird meist unbeschwertes Tun, Spaß und auch Herausforderung, Abenteuerliches verbunden; es ist der Gegenpol zu Arbeit. Spielen hat somit einen hohen

Aufforderungscharakter und spricht tiefliegende, intrinsisch motivierte Haltungen an. Zudem haben Spiele Einfluss auf die geistige (kognitive, affektive, psychomotorische) Entwicklung eines Menschen. Im Spielen werden sich selber tragende dynamische Momente (Überraschungen, Handlungen) wirksam. Zudem fördert das Üben und Erproben von spielbezogenen Strategien auch ein kreatives, mehrdimensionales Denken. Dies machen sich Lernspiele zu nutze, jedoch müssen sie entsprechend aufgebaut oder konstruiert sein; denn sie müssen zum einen verschiedene geistige Niveaus ansprechen und zum anderen eine Art ´Glücksfaktor´ enthalten, so dass für jede(n) Spielende(n) eine erkennbare Wahrscheinlichkeit besteht, ggf. mit Wissen, Strategie, einem ´Quäntchen Glück´ und Taktik das Spielziel zu erreichen. Lernspiele sind auch eine Erziehung hin zum Spielen wollen bzw. können.

15.1 Lernspiel - Motivation - Ziele

Eine wesentliche Aufgabe für Lehrpersonen ist es, die Lernenden täglich so anzusprechen, dass Lernprozesse stattfinden können. Abwechslungsreiche Unterrichtselemente, eine klare Gestaltung, ein flüssiger, gegliederter Verlauf, ansprechendes, aktivierendes und passend aufbereitetes Lernmaterial, dem Beachten stimmiger, anerkannter Motivationskonzepte sowie ein differenziertes Feedbackverhalten können dazu beitragen, Lernende nachhaltig zu schulischen Lernprozessen anzuregen. Spielen und Lernen fordern das Gehirn in ähnlicher Weise mit dem Unterschied, dass Spielen i.d.R. mit positiven Emotionen und Lernen mit meist wechselnden, eher verhalten positiven Emotionen verbunden ist. Bei beidem ist das Gehirn hoch aktiv: Spielen ist für es positive Arbeit. An die positiven Emotionen beim Spielen wollen Lernspiele anknüpfen. Sie stellen daher ihre Lerninhalte in einer veränderten, eher ungewohnten Art dar, ´verfremden´ sie damit und lassen einen anderen Blick zu. Lernspiele sind methodisch ´verfremdet´ aufgebautes Lernen und haben ihren didaktischen Ort ebenso wie unerwartete, neue Problemstellungen mit Alltagsbezügen. Lernspiele wollen die Aufmerksamkeit bzw. Neugier und auch das Interesse der Lernenden wecken. Dabei gilt es immer zu beachten, dass die Anforderungsniveaus für die Lernenden so ausgewählt sind, dass sie eine Herausforderung darstellen, jedoch weder unter- noch überfordern, da beide ein anhaltendes, aufmerksames und engagiertes Auseinandersetzen mit einem Lerninhalt herabsetzen würde.

Eine Lehrperson muss vor Einsatz eines Lernspiels somit analysieren, auf welchem Kompetenzstand sich die Lernenden bezüglich ihres Verhaltens- und Handlungsrepertoirs befinden, um Erfolgserlebnisse im Spielverlauf zu ermöglichen und Handlungskompetenz erfahrbar zu machen. Um passende Lernspiele auswählen oder selbst konstruieren zu können, muss eine Lehrperson so gut als möglich das aufgabenbezogene Vorwissen der Lernenden einschätzen können: Welche Wissensbestände sind gegeben, welche möglichen Wissenslücken beeinflussen das Spiel oder sollten durch z.B. Ereignis- oder Informationskarten aufgefangen werden. Jedes Lernspiel verfolgt spielimmanent bestimmte Ziele. Diese müssen bei der Auswahl bzw. beim Konstruieren klar sein, am besten schriftlich formuliert; denn die mit dem ´Spiel´ intendierten Lernziele sollten vom Niveau her angemessen und inhaltlich richtungs- und handlungsweisend sein. Werden Ereignis- und/oder Informationskarten verwendet, so muss deren textliche Sprache zum einen gut verständlich (einfache Sprache) und zum anderen inhaltlich stimmig sein. Im Lernspiel selbst sollten in seinen Elementen verschiedene Teilziele erreicht werden können, die auch unterschiedliche, passende Anforderungen an die ´Spielenden´ stellen können.

Anspruchsvollere Lernspiele beziehen auch das Wissen von Lernstrategien mit ein, sodass ´Spielende´ im Spiel immer wieder ihr Strategiewissen aktivieren bzw. daraus eine passende Strategie auswählen müssen.

Lernspiele können auch Elemente enthalten, die das Abwägen der am geeignetsten erscheinenden Handlungsabfolge(n) beinhalten, die vom ´Spielenden´ noch überschaut werden können. Hier müssen die Strategien so gewählt werden, dass sich daraus ein sinnvoller, zielführender Handlungsplan ergibt. Die ´Spielenden´ müssen dabei ihre vorhandenen Ressourcen möglichst so in eine effiziente Reihenfolge bringen, damit sie ihr Arbeitsgedächnis so gering wie möglich belasten, d.h. sich alles situativ Spielrelevante auch merken können. In Lernspielen erfahren ´Spielende´ auch das Einnehmen einer Beobachterposition. Dabei gilt es sowohl Aktionen der Mitspielen-den als auch die je eigenen Aktionen wertfrei zu beobachten, um daraus Schlüsse für mögliche weitere eigene Spielzüge zu ziehen: Wer korrekt und genau beobachten kann ist so im ´Spiel´ klar im Vorteil. Dies gilt auch für viele alltagsrelevante Situationen.

Spiele, so auch Lernspiele, haben ihre ganz eigene Dynamik und Wertigkeit für die ´Spielenden´; denn zum einen ist das Spiel immer mit einer Art ´Ernstcharakter´ versehen: Bei jedem Spiel gilt es Spielregeln genauestens zu beachten und auch bei den Mitspielenden auf deren Einhaltung zu drängen; und zum anderen stellt jedes Spiel gewisse Anforderungen, die es möglichst gut zu erfüllen gilt; denn jede(r) Spielende will ja schließlich im Spielprozess möglichst weit kommen oder je nach Spielart auch gewinnen.

Es kommt auf den Anspruch, d.h. die intendierten Ziele sowie auf eine auch inhaltlich stimmige Konstruktion bei Lernspielen an, dann kann mit einem geeigneten Spielformat, z.B. Wettbewerb oder Kooperation, sowohl ein forschendes, selbst gesteuertes als auch entdeckendes Lernen durch den Spielanreiz und eine erhöhte Lernaktivität ermöglicht werden.

15.2 Lernspiele in Lehr- und Lernprozessen

Spielerische Tätigkeiten sind freies, nur an die Spielregeln gebundenes Handeln. Da ein enger Zusammenhang zwischen Handeln und Denken (siehe Handlungsorientierung) gegeben ist, werden beim Spielen kognitive Strukturen sowie Muster sozialer Interaktionen angeregt und gefördert. Eine Lehrperson muss bedenken, dass spielerisches Lernen eher prozessorientiert ist; mithin ein Leistungszuwachs eher einem ′Beifang′ gleicht. Somit wird klar, dass Lernspiele ihren spezifischen Wert haben, jedoch durch andere Lehr- und Lernmethoden ergänzt werden müssen. Jedoch haben Lernspiele einen entscheidenden Einfluss auf weitere Lehr- und Lernprozesse (vgl. Einsiedler): Jede Spieltätigkeit erhöht die Aufmerksamkeitsspanne, die Ausdauer bzw. das Durchhaltenkönnen, die Arbeitshaltung, die Frustrationstoleranz und verstärkt die Selbsttätigkeitserfahrung (Selbstvertrauen), was sich positiv auf nachfolgende, mehr kognitiv fordernde Lernprozesse auswirkt. Auch können durch geeignete Lernspiele ein problemorientiertes Denken und Problemlösen für Lernende ′entspannter′ angeregt werden. In den auf ein Lernspiel folgenden kognitiven Lernphasen wird im Lernspiel Erfahrenes auf reale Situationen bzw. Anforderungen übertragen.

Bei Lernspielen geht es um einen didaktisch durchdachten Einbezug der Spielelemente in Phasen von Lernprozessen. Durch ihren Spielcharakter, bei dem Leistungsgedanken sekundär sind, ermöglichen sie eine emotional entspanntere Aufnahme von Informationen, können Neugier im Themenfeld wecken bzw. eine sachbezogene Auseinandersetzung z.B. gemeinsam mit Mitspielenden anregen. Nach Scheuerl ähnelt ein Lernspiel einem gebundenen Experimentieren, wobei den Spielenden die Lernanstrengung im Spiel selbst unbemerkt bleibt. Lernspiele bieten auch die Möglichkeit, das Einhalten von Regeln oder ′Spielrollen′, das Ansprechen von Regelverstößen oder, so im Spiel vorgesehen, das Aushandeln von Spielregeln zu üben. Ebenso findet in Lernspielen ein Ein-und Abschätzen einer (Spiel-)Situation statt, gefolgt von der individuellen Entscheidung für ein angemessenes Verhalten (Schulung des Perspektivwechsels, Empathie). Lernspiele können so ein ′Probehandeln′ ermöglichen. Diese Erfahrungen im Lernspiel stärken die jeweilige Sozialkompetenz und Kommunikationsfähigkeit, was sich i.d.R. positiv in anderen, ein Kooperieren erfordernden Lebenssituationen auswirkt.

Je jünger die Lernenden sind, desto eher sind sie für Lernspiele zu gewinnen. Bei älteren Lernenden erhöht sich i.d.R. die Motivation, wenn sie mit technikgestützten ´Lernspielen´ angesprochen werden. Verschiedenste Untersuchungen bestätigen eine erhöhte Lernbereitschaft und einen erhöhten Lernerfolg nach einem Einsatz passender spielerischer Lernarrangements. „Die positiven Aspekte von Lernspielen stützen besonders den Bereich des Vorstellungs- und Erfahrungshorizonts bei Kindern und Jugendlichen. Durch fiktive Spielsituationen reagieren Kinder bei plötzlich eintretenden Umweltveränderungen entspannter, da sie über einen hohen Grad an Flexibilität und Vorstellungskraft verfügen.“ (Hansen, N.)

Im sprachlichen Bereich bietet sich der Einsatz von spielerischen Elementen z.B. beim Vokabellernen, bei szenischen Darstellungen von z.B. sozialen Problemen und bei Rollenspielen an. Solche sozialen Spielmomente fördern die Empathie, indem sie den Perspektivwechsel fordern bzw. ermöglichen (gestärkte Sozialkompetenz).

Im sozialkundlichen oder kaufmännischen Bereich bieten sich Simulationen in Form von Planspielen an. Bei Letzteren durchdenken Lernende eine Problemstellung und entwickeln Lösungsstrategien bzw. -ansätze.

Im naturwissenschaftlichen Bereich bieten sich z.B. softwaregestützte Simulationen an, die einem Spielhandeln ähneln, jedoch mehr strukturiertes, sachbezogenes Denken erfordern.

15.2.1 Lernspielzeit - Beobachtungszeit

Die Bildungspläne weisen in den zu erreichenden Kompetenzen auch die Sozialkompetenz aus. Für Lehrpersonen ist es eine Herausforderung bzw. schwierig diese präzise zu ´messen´. Am ehesten ist dies möglich bei Unterrichtsformen, die eine hohe Interaktion der Lernenden untereinander aufweisen: Bei Gruppenarbeiten, bei Lerntheken in Gruppenform, bei Stationenarbeit z.B. mit Helfersystem. Noch bessere Möglichkeiten für das Beobachten / Beurteilen von Sozialkompetenz bieten die Interaktionen der Spielenden bei Lernspiele, die in Spielgruppen stattfinden. Lernspiele lassen i.d.R. viel Raum für je persönliches Agieren gemäß der Spielregeln. Im Spiel zeigen sich wesentliche Ausprägungen des allgemeinen sonstigen Verhaltens der Spielenden. Zudem sind die Spielenden i.d.R. so mit den Gegebenheiten des Spiels beschäftigt, dass ihnen ein Beobachtetwerden kaum auffallen dürfte. Bei Lernspielen, bei denen der Spielmodus variiert werden kann, also Aushandlungsprozesse unter den Spielenden stattfinden können, gewähren die Lernenden grundlegende Einblicke in ihr Sozial- und Kommunikationsverhalten.

Für die Beobachtung sollte sich die Lehrperson klare Beobachtungskriterien zusammenstellen und die Beobachtung in verschiedenen Spielphasen zunächst stichwortartig beschreibend festhalten, um darauf aufbauend erst ihre Ergebnisse in ein Raster zu übertragen.

Grundsätzlich sollte die Lehrperson alle Situationen im schulischen Alltag nutzen, die ein Beobachten des Sozial- und Kommunikationsverhaltens von Lernenden ermöglichen. Beobachtungen bei Lernspielen sind dabei ein ´Baustein´.

15.3 Resume

Lernspiele müssen mit Bedacht gewählt werden. Sie sind nur bei für eine spielerisch-selbsttätige Herangehensweise geeigneten Lerninhalten sinnvoll einsetzbar. Sie sind eine Lernmethode, die ein Lernen bei hoher Selbsttätigkeit und regelbezogener Selbststeuerung ermöglichen will. Dabei können ´Spielende´ sich Lerninhalte (z.B. Sachverhalte, Zusammenhänge) im spielerischen Tun aneignen und/oder übend festigen. Die in spielerische Elemente eingekleideten Lerninhalte schaffen eine fürs Lernen verbesserte emotionale Gestimmtheit der ´spielend´ Lernenden, was sowohl bei kognitiven als vor allem bei sozialen Themen ein erhöhte Aufmerksamkeit als auch ein i.d.R. vertiefteres Beschäftigen mit den jeweiligen Inhalten bedeutet: Die positive emotionale Gestimmtheit bewirkt ein rascheres und leichteres Verankern der im Spiel bearbeiteten Inhalte im Gedächtnis. Damit dies ein Lernspiel erreichen kann, müssen die darin aufbereiteten Inhalte unbedingt sachlich korrekt und didaktisch sinnvoll, ihre Darstellung ansprechend, die Spielregeln überschaubar und klar sowie in die Spielform überraschende, Entdecken fördernde Elemente (z.B. Rätsel) integriert sein.

Anhang

Kriterien für die Wahl von Lernspielen

a) Unterrichtsbezogene Kriterien:

- Didaktisch legitimierbarer Spielanlass;
- Erreichen der intendierten Lernziele;
- Ziele des Bildungsplans / Kompetenzen sind durch die Spielkonzeption erreichbar;
- Spielform ist ansprechend und fördert das Lernen.

b) Spielweisebezogene Kriterien:

- Offenheit gegenüber den Lernenden hinsichtlich der Lernmethode, der angestrebten Lernziele sowie der Möglichkeit sozialer Beobachtung;
- Lernspiel als ein Angebot; es bestehen ggf. individuell Alternativen;
- Bestimmung der Spieldauer – inklusive Möglichkeit des Spielabbruchs;
- Gewissheit fehlender direkter Leistungsbeurteilung;
- Möglichkeit der freien Partnerwahl;
- größeres Repertoire an Wahl- und Entscheidungsmöglichkeiten;
- attraktive Materialien;
- bindende Spielregeln;
- Eintauchen in eine ´Spielwelt´ möglich;
- ansprechende bzw. spannende Spielidee vorhanden;
- Spielidee, bei der spannende Momente mit entspannten wechseln;
- Lernende handeln mit Spaß am ´Spielen´;
- Gelegenheit zu intensiver Interaktion und Kommunikation;
- Emotionen sind erlaubt (sozialverträglich);
- Fairness und Respekt setzen die Verhaltensmaßstäbe;
- enthält sowohl kooperative Elemente als auch Wettbewerb.

(nach Forkel, A.)

Beispiele für Erdkunde / Geographie für Elemente von Lernspielen

Gebirge und Nebenflüsse entlang des Rheins in Deutschland

Mit der Lösung des Buchstabenrätseln erfährst du die Namen der Gebirge entlang des Rheintales sowie große Nebenflüsse des Rheins.

ZGIKIN: ______

WDSZACWRHAL: ___________

KCAENR: ______

LADONEWD: ________

RLZÄEFP: _______- RABGENDL: ________

MNIA: ____

HKUCÜRNS: ________

UTNUAS: ______

EHNA: ____

HANL: ____

OELSM: _____

IFELE: _____

WRWDESAETL: __________

GSEI: ____

NARLDSUEA: _________

RHUR: ____

Trage die Namen der Gebirge und Nebenflüsse in die Karte ein.

Großlandschaften Deutschlands - Merkmale

1. Löse die Buchstabenrätsel. Du erhältst Merkmale der Großlandschaften Deutschlands.

ectiesihetcssnnhG:

iiezstnEe:

tiganegFlreeb:

csbwhhiSäce lAb:

neSe:

etiew bnEee:

aoeturSm:

tareh hkeiclctasnhK:

ietnagbrgeleF:

äegrToltr:

ecslüitnhsk tblsFesut:

adninseIl:

rwlwcahdzSa:

nnnmredEoä:

siuetenltfS:

olrttärsmUer:

rutratdeElm:

ämmeD:

letchseGr:

ersierdatseeNr:

brugpeefRgim:

scelelawgrmnehzrsnaagubeS:

eowleäännlrM:

tonM nlcaB:

wcrfsihlctathiM:

sieeK nud adneS:

ceihisRehsn girifcehegSrbee:

knbebnerciehüeeDcsnug:

tzclneeehuGrgsn:

ncloSehl:

sösL:

iegohHbrcge:

tandcöndaeBelhsrfn:

usknuimsalV:

hgäoelMünern:

atdutiBnnssen:

2. Ordne den entsprechenden Namen der Großlandschaften die passenden Merkmale zu!

Alpen	Alpenvorland	Oberrheinische Tiefebene	Südwestdeutsches Schichtstufenland	Mittelgebirgsschwelle	Norddeutsches Tiefland

Alpen

Das _ _ _ _ _ _ _ _ _ _ _ _ der _ _ _ _ _ erstreckt sich über rund _ _ _ _ _ _ hakenförmig vom _ _ _ _ _ _ _ _ _ _ _ bis an die Westgrenze _ _ _ _ _ _ _ _ . Die Alpen sind ein junges _ _ _ _ _ _ _ _ _ _ _ _ _ _ _ mit _ sowie alten _ _ _ _ _ _ _ _ _ _ _ _ _ _ _ .

Ihr derzeitiges Aussehen wird von _ _ _ _ _ _ _ _ _ und _ _ _ _ _ _ _ _ _ _ bestimmt. Eine Zeit besonders starker _ _ _ _ _ _ _ _ _ _ _ _ _ war die _ _ _ _ _ _ _ _ vor rund 12000 Jahren. Damals bedeckten _ _ _ _ _ _ _ _ _ _ fast die gesamte _ _ _ _ _ _ _ _ _ _ _ _ _ . Nur einzelne _ _ _ _ _ und _ _ _ _ _ ragten aus dem Eis hervor. Das langsam fließende _ _ _ _ _ _ _ _ _ _ _ _ _ _ räumte weicheres _ _ _ _ _ _ _ _ weg und schuf aus V-Tälern breite _ _ _ _ _ _ _ _ _ _ _ mit steilen _ _ _ _ _ _ _ _ . Viele _ _ _ _ _ _ _ _ _ _ _ _ _ münden dort hoch am _ _ _ _ _ _ _ _ ins Haupttal ein.

Eine Linie vom _ _ _ _ _ _ _ _ _ über das _ _ _ _ _ _ _ _ _ über den _ _ _ _ _ _ _ _ _ _ _ _ _ zum _ _ _ _ _ _ _ _ _ teilt die Alpen in _ _ _ _ _ _ _ _ _ und _ _ _ _ _ _ _ _ _ _ ein. Die _ _ _ _ _ _ _ _ _ weisen eine _ _ _ _ _ _ _ _ _ _ _ _ _ mit Gestein aus dem _ _ _ _ _ _ _ _ _ _ _ auf. Diese _ _ _ _ _ _ _ _ _ _ _ _ _ wird im _ _ _ _ _ _ _ und _ _ _ _ _ _ von aus _ _ _ _ _ _ _ _ _ _ _ _ _ gebildeten Gebirgsteilen eingerahmt, den _ _ _ _ _ _ _ _ _ _ _ _ und _ . Die Zentralzone wird zudem sowohl im _ _ _ _ _ _ _ als auch im _ _ _ _ _ von großen in _ _ _ _ . _ _ _ - _ _ _ _ _ _ _ _ _ _ verlaufenden _ _ _ _ _ _ _ _ _ _ eingegrenzt. Die _ _ _ _ _ _ _ _ _ _ weisen meist höhere _ _ _ _ _ _ _ _ _ _ _ _ _ auf. Hier liegt mit dem _ _ _ _ _ _ _ _ _ _ auch der höchste _ _ _ _ der _ _ _ _ _ _ . In den _ _ _ _ _ _ _ _ _ _ fehlt die Region der _ .

Der _ _ _ _ _ _ _ _ _ Teil an den Alpen beschränkt sich auf ein schmales Gebiet der _ .

Setze in den Text die jeweils passenden Wörter ein.
deutsche | Nördlichen Kalkalpen | Zentralzone | 1200 km | Berg | Faltengebirge | Kalkalpen | Trogtäler | Erdinnern | Überformung | Gebirgskernen | Gletscher | Zentralzone | Mont Blanc | Westalpen | Splügenpass | Ungarns | Westalpen | Alpen | Süden | Norden | Ostalpen | Grate | West.Ost-Richtung | Westalpen | Südlichen Kalkalpen | Seitentäler | Deckenüberschiebungen | Abtragung | Gebirgszüge | Eiszeit | Südlichen | Talzügen | Flanken | Alpenregion. | Kalkgestein | Ostalpen | Nördlichen | Alpen | Gestein | Hochgebirge | Bodensee | Rheintal | Gletschereis | Hebungen | Comersee | Talhang | Kämme | Süden | Mittelmeer | Norden

Große Städte Frankreichs

Im Buchstabenrätsel sind die wichtigsten Städtenamen Frankreichs versteckt.

B	R	N	G	Q	M	Ü	L	L	H	A	U	S	E	N	O
E	O	E	I	N	I	Z	Z	A	S	L	I	L	L	E	Y
S	R	R	N	M	N	K	P	N	A	N	C	Y	C	U	L
T	T	P	D	N	E	C	A	E	N	L	Y	O	N	V	A
R	F	B	A	E	E	S	R	C	T	I	D	A	N	T	R
A	T	O	O	M	A	S	I	R	-	V	C	E	N	R	L
S	O	J	R	D	I	U	S	E	E	D	S	O	Y	N	C
S	U	T	L	I	M	E	X	I	T	K	M	M	M	F	I
B	L	C	E	J	A	P	N	M	I	R	E	Y	C	N	L
U	O	H	A	O	R	W	T	S	E	H	R	G	O	L	C
R	U	A	N	N	S	N	I	L	N	U	H	C	G	I	R
G	S	M	S	G	E	I	C	B	N	M	N	F	W	M	O
P	E	T	Y	G	I	I	O	C	E	A	Q	K	Y	O	U
C	Y	Q	N	J	L	D	M	F	S	Z	D	A	I	G	E
O	X	A	N	K	L	B	R	E	S	T	W	V	R	E	N
S	N	A	N	T	E	S	B	T	O	U	R	S	Z	S	I

Zeichne die Städte in die Karte ein.

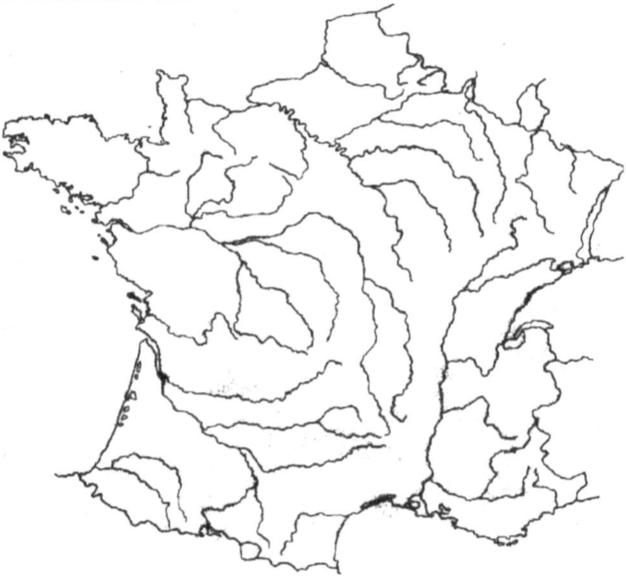

Flüsse und Ströme in Frankreich

Im Rätsel finden sich die wichtigsten Flüsse und Ströme Frankreichs.

Deutsche Inseln in der Ostsee

Z	B	D	B	U	M	M	A	N	Z	D	L	Z	N	Q
D	C	M	W	U	Z	N	F	U	S	E	D	O	M	O
Q	N	U	O	V	B	N	E	E	O	K	R	I	K	E
G	O	H	L	I	F	L	H	V	U	N	O	X	C	L
O	Q	B	L	I	E	A	M	B	B	E	S	L	D	I
G	R	E	I	F	S	W	A	L	D	E	R	O	I	E
H	V	G	N	O	M	W	R	P	O	E	L	D	R	C
A	D	R	Ü	G	E	N	N	S	F	T	W	O	N	O
E	M	N	I	X	H	I	D	D	E	N	S	E	E	B

Das Rätsel verbirgt die deutschen Ostseeinseln. Nehme deinen Atlas zur Hilfe.

Beschrifte die Karte mit den passenden Namen!

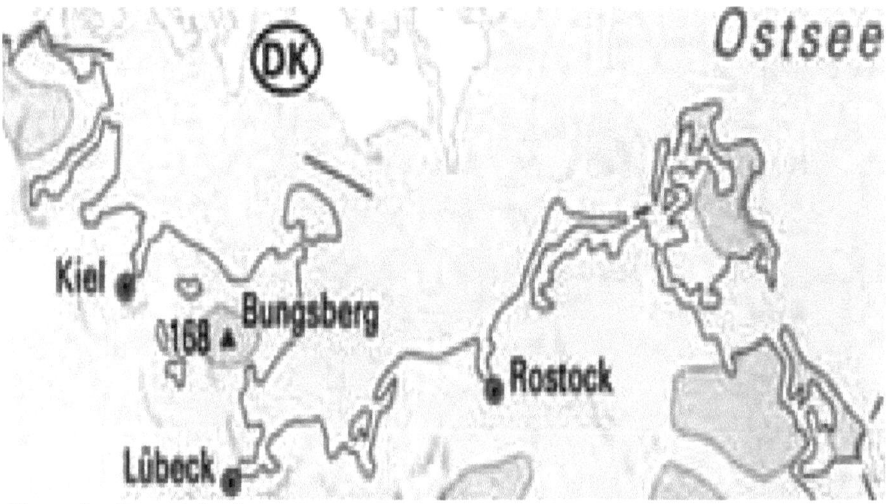

(Karte der Ostseeküste)

.

Lösung: 1. GREIFSWALDEROIE 2. HIDDENSEE 3. FEHMARN 4. UMMANZ 5. WOLLIN 6. USEDOM 7. RÜGEN 8. POEL

16. Lernen fördern - Erhalten der Aufmerksamkeit

Unter „Aufmerksamkeit“ wird ein Zustand verstanden, der sich durch eine gesteigerte Wachheit zeigt. Er selektiert weniger und ist auf alle Elemente einer Situation gerichtet. Konzentration setzt Aufmerksamkeit voraus und zeichnet sich durch ein gezieltes Fokussieren auf eine Situation / einen Gegenstand aus.

"Konzentration ist eine neulateinische Wortbildung und bedeutet sinngemäß: Verdichtung, Sammlung, Zusammenfassung, Gruppierung um einen Mittelpunkt. Nach der strengen Auslegung der Psychologie bedeutet Konzentration so viel wie inneres Beteiligtsein, Vertiefen in einen Sachverhalt, ungeachtet peripherer Reize." (Spandl, O.P.) Mit anderen Worten bedeutet Konzentration ein Zusammenfassen aller geistigen Kräfte einer Person auf ein bestimmtes Ziel hin. Bei allen Konzentrationsleistungen ist das Mitwirken von Motivation sowie dasjenige des Willens zu bedenken. Bewusste und gezielte Aufmerksamkeit ist ein Merkmal von Konzentration.

"Die Aufmerksamkeit ist eine wichtige Grundfunktion beim Lernen. Der Lernvorgang und die Gedächtnisleistung werden durch eine hohe Aufmerksamkeit stark gefördert. Die Aufmerksamkeit lenkt unsere Gedanken in eine bestimmte Richtung und hält sie darin fest. Sie schaltet anfangs bewusst, später unbewusst alle störenden Sinneswahrnehmungen aus." (Spandl, O.P.) Gezielte, länger dauernde Aufmerksamkeit bezeichnen wir als Konzentration. Konzentration ist auch ein willentliches Zuwenden. Alle bisher gelernten geistigen Fähigkeiten werden aktiviert, koordiniert und auf die zu lösende Fragestellung gerichtet. Dies ist höchste geistige Arbeit und erfordert sowohl Anstrengung als auch Ausdauer. Ein Individuum ist hierzu nur dann bereit, wenn dies seinen Interessen, Erwartungen oder personspezifischen Einstellungen entspricht.

Damit zeigt sich, dass Konzentration und Aufmerksamkeit eng mit Motivation und Motiv zusammenhängen. Ist ein Mensch konzentriert bei der Sache, so zeigt er auch eine sachbezogen, dem konkreten oder geistigen Tun angemessene Lern- oder Arbeitshaltung. Konzentration bzw. Aufmerksamkeit zeigt sich in einem selbständigen, aktiven Zuwenden, Tun und Leisten. Dies schließt 'Zwang' aus. "Zusammenfassend lässt sich feststellen, dass die Konzentration eine Sonderform der Aufmerksamkeit darstellt...Ein Mensch ist nur dann konzentriert, wenn er sein Bewusstsein auf einen bestimmten Gegenstand hin einengt und alles, was sonst noch um ihn herum vorgeht, nicht wahrnimmt:

- Konzentration ist ein zielgerichtetes Anspannen des Willens.

- Konzentration ist ein abgeschirmtes Ausschalten störender Wahrnehmungen. - Konzentration ist ein gegliedertes Ordnen des Denkens.
- Konzentration ist ein hellwacher Zustand der Aufnahmebereitschaft.
- Konzentration ist ein filterndes Erinnern des Wissens.

Die Konzentrationsfähigkeit ist die Fähigkeit der Zusammenfassung der geistigen Kräfte zur Bereitstellung der frei verfügbaren Energie, um diese für eine auszuführende Leistung aufmerksam und durchhaltend einzusetzen." (Spandl, O.P.) Die Konzentrationsfähigkeit ist von körperlichen und seelischen Faktoren abhängig. Sie benötigt für ihre volle Ausprägung körperliches und geistiges Entspanntsein sowie Erholung, Frische und Lebenskraft (Vitalität). Gradmesser der Konzentrationsbereitschaft sind "Antriebsniveau, heitere Stimmung, Extraversion, Anstrengungsbereitschaft und Leistungsvertrauen." (Spandl,O.P.)

Alle Lernleistungen haben als Grundvoraussetzung die Fähigkeit einer angemessenen Aufmerksamkeit und Konzentration. Zunehmend in der Grundschule, aber gerade auch in der Sekundarschulen haben wir es oft mit Lernenden zu tun, die sich nicht oder nur unvollkommen auf die geforderten Arbeiten 'konzentrieren' können. Haben diese Lernenden alle Defizite in ihrer Konzentrationsfähigkeit? Eine angemessene Einschätzung des Schülerverhaltens ermöglicht erst das Unterscheiden zwischen Konzentrationsschwäche und Konzentrationsstörungen:

- Unter Konzentrationsschwäche wird ein "angeborener oder durch schwere Schädigung herbeigeführter Konzentrationsmangel, der nicht zeitweilig, sondern durchgehend und überall zu beobachten ist" (Spandl, O.P.) verstanden.
- "Bei den Konzentrationsstörungen handelt sich nur um zeitweilig andauernde Aufmerksamkeitsstörungen." (Spandl,O.P)
- Konzentrationsstörungen sind "partielle, teil- und zeitweise wirksame Beeinträchtigungen. Zu ihnen zählen auch die Erscheinungen, die durch Ermüdung entstanden sind oder mit schlechtem Befinden zusammenhängen, ferner die Aufmerksamkeitsschwankungen, die durch den Einfluss von Jahres- und Tageszeiten hervorgerufen werden, die Folgen der Ablenkbarkeit bei Störempfindlichen." (Knehr, E. / Krüger, K.)

In der Schule gilt es solche Konzentrationsstörungen mit ihren fatalen Wirkungen auf die Lernprozesse durch geeignetes pädagogisches Handeln zu vermindern.

16.1 Erste Kriterien für die Vermutung einer Konzentrationsstörung

Von einer Konzentrationsstörung kann nur gesprochen werden, wenn der zeitliche Umfang zur Aufmerksamkeit "ständig unter den Erfahrungswerten der Altersgruppe liegt." (Dutschmann,A.) Kinder bzw. Jugendliche können sich durchschnittlich im Alter von:

- "5 bis 7 Jahre 15 Minuten
- 8 bis 9 Jahre 20 Minuten
- 9 bis 10 Jahre 25 Minuten
- 12 Jahre und älter 30 Minuten." (Dutschmann, A.)

auf eine Sache konzentrieren. Ein Kind ist damit nur dann als konzentrationsgestört oder konzentrationsschwach zu bezeichnen, wenn es dauernd oder meistens diese Werte erheblich unterschreitet.
Jedes Kind / jede(r) Jugendliche besitzt von Natur aus Aufmerksamkeitsbereitschaft. Diese wird je nach den Qualitäten seiner Umwelt mehr oder weniger gefördert durch die Art und Weise sowie den Umfang der Anregungen, Aufgaben und Handlungen, die ihm ermöglicht werden. Angesprochen ist dabei in erster Linie das Elternhaus. Kommen die Kinder in den Kindergarten und schließlich in die Schule, so muss dort versucht werden, ausgleichend und fördernd für die Konzentrationsfähigkeit der einzelnen Kinder zu wirken. Dabei ist zu bedenken, dass Schwierigkeiten im Konzentrationsvermögen multifaktorell bedingt sind. Sie können von Erb-, Umwelt- und Entwicklungsfaktoren ausgelöst werden.

16.2 Ursachen von Konzentrationsstörungen

A) Reizüberflutung

Eine durch die Informationsflut aus der Umwelt auftretende Reizüberflutung begünstigt Konzentrationsstörungen: In unserer, von Technik und modernen Medien geprägten Umwelt, sind die Kinder / Jugendlichen einer Vielzahl von Reizeinwirkungen ausgesetzt. Sie nehmen gegenüber früheren Generationen eine viel größere Zahl von Reizen meist parallel auf und müssen diese z.T. widersprüchlichen Reize auch noch verarbeiten. Jeder Mensch hat aber nur eine begrenzte Kapazität des Arbeitsgedächtnisses zur Aufnahme und Verarbeitung von Informationen und damit zur Konzentration. Reicht diese nicht aus, so werden Reize nicht mehr wahrgenommen und damit auch nicht mehr geistig verarbeitet. Dies erklärt auch, dass z.B. montags viele Lernende nur eine geringe

Aufnahmefähigkeit besitzen. Sie haben am Wochenende meist in den Medien viel gehört und gesehen und sind jetzt noch mit diesen Eindrücken beschäftigt. Kommen nun in der Schule neue Reize bzw. Eindrücke hinzu, so reichen diese zum einen meist nicht aus, um diejenigen vom Wochenende zu übertreffen: Das Langzeitgedächtnis wird nicht erreicht. Zum anderen können sich beide überlagern und die neuen Inhalte können nicht richtig verarbeitet werden; sie haben nur eine kurze Behaltensrate. In beiden Fällen gelangen "die meisten Reize wegen des begrenzten Aufmerksamkeitsfeldes" (Spandl, O.P.) nicht über das Kurzzeitgedächtnis ins Langzeitgedächtnis der Lernenden.

B) Entwicklungsphasen

Kinder und Jugendliche weisen Phasen größerer und geringerer Belastbarkeit und Leistungsfähigkeit auf (z.B. bei Wachstumsschüben, in der Pubertät). Zudem werden in Lehr- und Lernprozessen noch viel zu einseitig das optische und akustische Wahrnehmungsvermögens beansprucht. Gerade in 'Krisenzeiten', in Zeiten mit geringer Aufmerksamkeitsfähigkeit der Lernenden, sind Lernweisen hilfreich, die die zu selbstgesteuerter, sachbezogener Aktivität anregen.

C) Einflüsse des Elternhauses

In den ersten Lebensjahren ist das Sprechen mit dem Kind sowie das Vorlesen oder Begutachten von Bilderbüchern sowie das Fördern des Spielens jedes Kindes wesentlich. Spielen in seinen vielfältigsten Formen ist die 'Arbeit' des Kindes, d.h. es ist in einer der Erwachsenenarbeit ähnlichen Weise zu sehen und benötigt somit seine ungestörte Zeit. Stellen die Eltern an ihr Kind Forderungen, so müssen diese sowohl qualitativ als auch quantitativ auf dieses Kind abgestimmt sein. Die Art und Weise von Hilfen richten sich u.a. nach den Maximen der Ermutigung, dem Fördern der Selbständigkeit und dem Vermitteln von Erfolg. Wird auf die genannten Gesichtspunkte zu wenig oder gar nicht eingegangen, so treten Konzentrationsstörungen selbst in intakten Familien vermehrt auf; d.h. die Gegebenheiten und die Atmosphäre im Elternhaus stellen grundlegende Faktoren für die Konzentrationsfähigkeit eines Kindes bzw. Jugendlichen dar.

"Zuerst müssen die elementaren Bedürfnisse gestillt sein, ehe die darüber liegenden auftreten können, dass sich also beispielsweise der Wunsch nach Selbstgestaltung erst dann entwickelt, wenn das Kind in Bezug auf Liebe, Geborgenheit und soziale Anerkennung bereits positive Erfahrungen gemacht hat." (Knehr, E. / Krüger, K.) Grundlegendes Vertrauen in die Personen, von denen es abhängig ist, muss gegeben sein, damit sich das Kind seiner

Umwelt weitgehend unbelastet und frei erobernd intensiv zuwenden und so Erfahrungen der eigenen Fähigkeiten selbständig machen kann

D) Schulische Einflüsse

Mit fortschreitendem Alter eines Kindes nimmt schon in der Vorschulzeit "die Fähigkeit des Kindes immer mehr zu, sich bewusst auf ein Ziel einzustellen und ihm zuliebe auf anders gerichtete Wünsche und Bedürfnisse zu verzichten. Es gilt als Merkmal der ´Schulreife´, wenn ein Kind bereits in der Lage ist, eine altersentsprechende Aufgabe zu übernehmen, ob sie ihm verlockend erscheint oder nicht, und sie bis zum Ende durchzuführen, auch wenn sie ihm streckenweise oder überhaupt keinen Spaß macht. Es muss in diesem Fall bewusste Aufmerksamkeit aufbringen, weil es vom Geforderten nicht unwillkürlich angesprochen wird." (Knehr, E. / Krüger, K.) In der Schule findet oft eine "quantitative und qualitative Überforderung" statt. "Bereits der übliche Schultag mit seiner täglichen Verzettelung in vier bis fünf sehr unterschiedliche Unterrichtsfächer strapaziert die Konzentrationsfähigkeit des Schülers." (Spandl,O.P.) Auch die Dauer der täglichen und wöchentlichen Schulzeit birgt belastende Momente in sich.

Problematisch ist die Häufung von Klassenarbeiten, Tests oder sonstigen Leistungskontrollen; denn "bei Häufung von Prüfungen bleibt es z.B. fraglich, ob die unter diesen Umständen gezeigten Leistungen dem wirklich vorhandenen Wissen und Können entsprechen." (Spandl,O.P.) Ein inhaltlich eng auf fachwissenschaftliches Arbeiten ausgerichteter Unterricht kann ebenfalls Konzentrationsstörungen begünstigen. Weitere schulische Faktoren für Konzentrationsstörungen sind z.B . die Art des Schulgebäudes, die Klassenzimmergestaltung, die Lehrer-Schüler- bzw. Schüler-Schüler-Beziehung und die überwiegende Art der Gestaltung des Unterrichts jeder Unterrichtsstunde (u.a. Motivation, Unterrichtsaufbau, Unterrichts-methoden, Differenzierung) ebenso wie die Gestaltung des Schulvormittags als Ganzes. Des weiteren sollten alle Lehrenden, die die Konzentrationsfähigkeit ihrer Schüler(-innen) fördern wollen bedenken:

- Einbeziehen der "Gesetzmäßigkeiten der körperlichen Entwicklung von Kindern und Jugendlichen" in die Planung des Unterrichts;
- Vermeiden von einseitig intellektuellem Leistungsdruck;
- Einbeziehen von Ermutigung und Erfolgsrückmeldungen;
- Anordnen und Quantifizieren des Lernstoffes in sinnvollen Einheiten;
- Einplanen von differenzierenden und individualisierenden Elementen;
- Bedenken unterschiedlicher Lerntempi der Schüler;

- Reflektieren und Einbeziehen lernpsychologischer Erkenntnisse;
- Beachten didaktischer Prinzipien (Unterrichtsprinzipien) bei der Unterrichtsgestaltung;
- Rhythmisieren des Unterrichts u.a. durch musischen Elemente im Unterricht;
- Konsequentes Achten und Beharren auf Verhaltensregeln in der Klasse;
- Ermöglichen des Klassenlehrerprinzips wo immer möglich;
- interessante, klar strukturierte und einsichtige Unterrichtsführung;
- Bedenken von Anspannung und Entspannung im Schulalltag;
- angenehme Lernatmosphäre (Lüftung, Raumgestaltung usw.).

16.3 Konzentrationsfähigkeit fördern

Eltern zuhause wie Lehrende in der Schule haben bei der Förderung eines unter Konzentrationsstörungen 'leidenden' Kindes folgende Aufgaben:

- Erarbeiten eines "Langzeitprogramms" "Es setzt das Erkennen der Ursache (Ursachen) voraus und die sich daraus ergebenden Änderungen in der Einstellung und dem Verhalten" (Knehr, E. / Krüger, K.) zum Kind oder Jugendlichen.
- Maßnahmen, die die aktuelle Situation meistern helfen.

16.3.1 Lernklima

Wesentliches Moment aller Handlungsmöglichkeiten ist das Schaffen eines für das Kind bzw. Jugendlichen angenehmen Lernklimas. Dies gilt sowohl für das häusliche wie das schulische Arbeitsfeld. Nur in einer von Lernenden unmittelbar positiv erlebbaren Atmosphäre wird sich deren Lernwilligkeit zeigen und steigern. Insbesondere in der Schule sollten Eltern und Lehrende partnerschaftlich zum Wohle jedes/jeder Lernenden zusammenarbeiten, was gegenseitige Achtung und Offenheit ebenso bedingt wie das Informieren und Transparentmachen schulisch vorgesehener bzw. getroffener Entscheidungen und Maßnahmen.

Jede(r) Lernende muss die eigene Leistungsfähigkeit erfahren können, Fehler sind als Objekte bzw. Situationen des Lernens zu begreifen. Somit sind Druck, Angst, Tadel und destruktive Kritik untaugliche Erziehungsmittel: "Jedes Misstrauen, das ich einem Menschen entgegenbringe, verändert diesen Menschen. Es macht ihn ebenso faul und dumm, wie ich es in meinem Misstrauen von ihm erwarte. Jedes Vertrauen verwandelt in positivem Sinne. Man kann den anderen Menschen geradezu besser und tüchtiger machen, indem man ihn für besser und tüchtiger hält." (Bollnow, O.F)

16.3.2 Problem der «Ettikettierung«

Gefragt ist sachbezogene, förderliche, aufbauende Kritik. Der Begriff der 'Faulheit' ist bei Konzentrationsstörungen völlig unangebracht . Gesunde Lernende sind aktiv und bestrebt, ihre Umwelt zu 'erobern'. Für das Aufrechterhalten dieser Aktivität und Neugier ist u.a. die Frage: Wie reagieren Erwachsene auf diese Leistungswilligkeit des/ der Lernenden Kindes; wie bei Misserfolgen? Kein Mensch steht eigenen Misserfolgen gleichgültig gegenüber, auch wenn dies äußerlich so scheint. Jede Person weist Stärken und Schwächen auf; werden gerade auch diese Stärken gesehen und bestätigt, um daraus die Kraft zu gewinnen, die Schwächen anzugehen und zu verringern?

16.3.3 Leistungswille - Erfolg - Arbeitsweisen

Selbständigkeit, Selbsttätigkeit und eigengesteuertes, zielgerichtetes Verhalten im Sinne von Steigerung der schulischen Leistungen lassen sich nur durch Erfolge und das Gefühl der eigenen Leistungsfähigkeit in den geforderten Bereichen erreichen. Hierzu gehört wesentlich auch das Einteilen und Planen der je eigenen Arbeitsweise, wobei Pausen zentrale Momente des Arbeitsrhythmusses sind. Solche personspezifischen Arbeitsweisen sind genauso wichtig wie die Lerninhalte selbst.

Mit erfolgreich praktizierten, sachgerechten Arbeitsweisen wächst unabhängig von der momentan erreichten 'Note' das Gefühl der eigenen Leistungsfähigkeit, die Durchhaltebereitschaft, die Arbeitshaltung und damit langfristig die Leistungswilligkeit und mithin die Ichstärke. "Wer einem 'Willensschwachen' helfen will, muss zuerst erkannt haben, an welcher Stelle der Ablauf der Willenshandlung stockt, welcher Schritt nicht mehr gelingt .

Schon die Notwendigkeit, der Ursache nachzugehen, unter Umständen mit dem Kind / Jugendlichen zusammen zu überlegen, wo auf einmal der ´Sand im Getriebe´ ist - schafft eine der Konzentration dienliche Atmosphäre." (Knehr, E. / Krüger, K.) Durch gezielte Maßnahmen, in Absprache mit den Eltern, kommt der Grundschule im Erhalt und Fördern der Konzentrationsfähigkeit eines Kindes eine große Bedeutung zu.

"Besonders wichtig ist das Einüben von regelhaften und immer wiederkehrenden Tätigkeiten: Gewohnheitsbildung und Routine sind sowohl für ein soziales System wie die Schulklasse von Bedeutung als auch für das Individuum selbst. Automatisierte motorische Gewohnheiten ebenso wie habitualisierte soziale Umgangsformen entlasten den einzelnen von höheren Bewusstseinsleistungen wie Aufmerksamkeit, Konzentration und Entscheidungsaufwänden." (Spandl, O.P.) Wird von Lehrenden das Lernen des Lernens angestrebt, so kommen sie nicht umhin, auch Entspannungsmöglichkeiten und -übungen mit den Lernenden einzuüben

Solche Übungen hätten z.B. ihren Platz nachdem ein 'Knotenpunkt' innerhalb des Lerngegenstandes erarbeitet worden ist, um im Anschluss an die Entspannungsphase die Tragweite und Tragfähigkeit des Erkannten zu erproben." Unterrichtsmethodisch bieten sich hier Elemente offener Unterrichtsformen an, die zum einen Zutrauen in die Fähigkeiten signalisieren und zum anderen bedacht experimentierendes Lernen, das Gewinnen eigener Erfahrungen und Ergebnisse ermöglichen. So kann ein gesundes Selbstvertrauen und damit Selbstkonzept wachsen.

16.3.4 Schülerorientierte Lehr- und Lernprozesse

Hilfreich für das Fördern der Konzentrationsfähigkeit ist ein an den Lernenden orientierter Unterrichtsaufbau. "Um diesem hohen Anspruch eines 'schülerorientierten Unterrichts' gerecht zu werden, müssen die Lehrenden über ein breites Spektrum von Unterrichtsmethoden und -verfahren" (Spandl,O.P.) flexibel verfügen können. Elemente eines schülerorientierten Unterrichts sind spielerische Lernformen, handelndes Lernen, entdeckende Lernverfahren usw.

Bei den Maßnahmen zum Erhalten und Verbessern der Konzentrationsfähigkeit der Lernenden werden die Lehrenden das Ansprechen der verschiedenen Wahrnehmungskanäle bzw. daran vorwiegend orientierten Lerntypen (z.B. visuell, optisch, akustisch) ebenso bedenken wie einen sachbezogenen Wechsel der Arbeits- und Sozialformen (z.B. Abwechslung der Anforderungen, erneute Motivation usw.) im Unterrichtsverlauf.

Der Begriff der 'Anschauung' hat seinen Stellenwert im konzentrationsfördernden Unterricht ebenso wie jener des Exemplarischen. Die Lehrenden werden positive Ansätze in der Arbeit der Schüler und Schülerinnen verstärken und jede(n) im individuellen Bemühen bestärken. Emotionale Erfolgszuversicht und Erfolgsfreude steigern die Lernwilligkeit und das je persönliche Anspruchsniveau der Lernenden.

Im Tages- wie im Wochenlang werden eingedenk der optisch-akustischen Reizüberflutung außerhalb der Schule 'Zeiten der Besinnung, der Ruhe' im

Unterricht vorzusehen sein: Zeiten der stillen Betrachtung z.B. eines Inhalts oder Üben von Alleinarbeit.

16.4 Steigern der Konzentrationsfähigkeit - Möglichkeiten

Soll die Konzentrationsfähigkeit aller oder einzelner Lernenden gefördert werden, so ist der/die Lehrende im unterrichtlichen Verhalten besonders gefordert, was z.B. eine umfassende, gezielt flexible Unterrichtsvorbereitung und klar strukturierte Unterrichtsgestaltung ebenso bedingt wie einen bewusst förderlichen Umgang mit den betreffenden Schülerinnen und Schülern. Oberste Ziele sind die Erhaltung und Förderung von Lernwilligkeit und Selbständigkeit. Erste, grundlegende Ansätze sind verschiedenste Lernhilfen. Diese umfassen zum einen das Fördern und Ermöglichen von selbständiger Arbeit, zum anderen das Vermitteln und Einüben von Arbeitsweisen, z.B. das Einüben von Lerntechniken und das Einteilen der verlangten Arbeiten (Reihenfolge, Arbeitsschritte, Pausen usw.).

Soll die Konzentrationsfähigkeit eines einzelnen Kindes / Jugendlichen gefördert werden, so sind Trainingsphasen von "3 - 5 Minuten" (Spandl, O.P.) am effektivsten. Trainiert werden sollten die optische und akustische Wahrnehmung. Eltern können bei der Erledigung der Hausaufgaben die Konzentrationsfähigkeit ihrer Kinder beobachten und fördern durch das Vorschlagen, Besprechen und Einrichten angemessener Arbeitsbedingungen bzw. Unterstützen passender Arbeitsweisen (z.B. Zeiteinteilung, Einhalten von Pausen). Diese Thematik wäre z.B. auch ein Gesprächspunkt für Klassenpflegschaftsversammlungen. Hausaufgaben müssen selbständig erledigt werden (können), d.h. die Eltern sollten zwar Anteil nehmen aber nicht die Arbeiten für die Kinder erledigen.

Unterstützen der Kinder bzw. Jugendlichen bedeutet: Angemessene Arbeitsweisen fördern, Fehler selbst finden lassen (Anregungen dazu geben), anhand des Heftes die Vorgehensweise der Lehrperson herausfinden --> Aufgaben, die das Kind nicht selbst lösen kann, sollten, in Absprache mit der Lehrperson, vermerkt werden. Konzentrationsfähigkeit und Lernwilligkeit können die Eltern fördern, indem sie schon geringe Fortschritte im Arbeitsverhalten anerkennen und verstärken.

16.4.1 Konzentrationsfähigkeit in der Sekundarstufe I

Viele Lehrende stellen Konzentrationsstörungen bei einzelnen Lernenden fest. Diese müssen vorrangig angegangen werden, um weitergehendes

Lernen und Arbeiten zu ermöglichen. Zur Auflockerung, Überleitung usw. innerhalb von Übungsphasen lassen sich Konzentrationsübungen gezielt in den Lernprozess einflechten. "Um Konzentration gezielt trainieren zu können müssen die Übungen innerhalb eines klar umrissenen Zeitrahmens stattfinden. ... Der Schwerpunkt des aktiven Konzentrationstrainings liegt darin, die eigene Konzentrationsfähigkeit zu erkennen." (Ortner, R.) Spandl nennt u.a. folgende Übungen:

- „Geduldsspiele: Ausmalen von Bilder" (deutlich gegliedert, Steigerung in den Feinheiten) z.B. geometrische Formen, erdkundliche, biologische oder geschichtliche Bilder, Muster zeichnen usw.
- Suchen von Figuren auf Vixierbildern oder Ankreuzen von 'Fehlern' auf scheinbar gleichen Bildern" (häufig in Zeitschriften zu finden).
- „Sortierübungen: Gegenstände nach Größe, Form und Farbe sortieren, Legespiele wie Memory" (ließe sich mit Lerninhalten verbinden) "und Puzzles (normale und lerninhaltbezogene)" spielen lassen.
- „Tastübungen: Gegenstände sollen durch Betasten erkannt werden" (Gegenstände liegen entweder verdeckt unter einem Tuch oder dem spielenden Schüler sind die Augen verbunden.).
- Buchstabenkreisel: Eine Scheibe mit Buchstaben wird gedreht, der bei einer Markierung zu stehen kommende Buchstabe wird als Anfangs- End- oder Mittelbuchstabe eines Wortes genommen.
- 'Zuwerfen' von Worten: Dabei muss ein Schüler ein Wort sagen und einen anderen aufrufen. Mit dem Endbuchstaben des genannten Wortes bildet er nun ein neues Wort usw.
- Das Finden von Reimen und Reimwörtern.

Für viele Lernende hilfreich ist z.B. beim Lernen von Vokabeln, Gedichten o.ä. zuhause, das bildliche Vorstellen sowie laute Vorsprechen (optisches und akustisches Gedächtnis). Soll das Konzentrationsvermögen einzelner Kinder bzw. Jugendlicher gezielt gefördert werden, so ist daran zu denken, dass diese wahrscheinlich bei bestimmten Gegebenheiten Konzentrationsfähigkeit besitzen, aber bei schulischen Anforderungen solche weniger oder kaum aufweisen. Daraus ergibt sich, dass die Lehrenden versuchen müssen, Inhalte auszuwählen, um die Lernenden überhaupt ansprechen zu können (Beobachtung, Befragung).

Versäumte Lerninhalte können zunächst nur in ihren Grundzügen, dem unbedingt Erforderlichen, aufgeholt werden. Es wird ein längerer, kontinuierlicher Prozess zu bedenken und durchzuhalten sein, um die Konzentrationsfähigkeit der Lernenden zu steigern. Wesentliches Moment dieses Prozesses ist die Aktivierung der Lernenden in sachbezogener Form. Hilfreich sind dabei, weil kindgemäß ansprechend, spielerische

Elemente, die z.B. zu Beginn möglicherweise noch garnichts direkt mit Lerninhalten zu tun haben brauchen, da zuerst die Einstellung zur Schule 'verändert' werden soll. Spiele und Übungen vielfältigster Art erlauben, die Konzentrationsfähigkeit zu schulen (Spielesammlungen). Die Spiele sollten vor allem die Ausdauer, die Merkfähigkeit, das genaue Sehen, das Nachdenken o.ä. fördern. Dabei kommen einzelne Spielinhalte und Spielformen zu Anfang häufiger vor, sodass die Lernenden Erfolge erfahren und aus ´Funktionslust' mitmachen.

Lehrende werden bedenken, dass im Berufsleben auch nicht dieselbe Arbeit ununterbrochen während z.B. 45 Min. bzw. nur dann durchgeführt wird, sondern in persönlich unterschiedlichen Abständen kleinere Pausen (1 - 2 Minuten) eingelegt bzw. sachbezogene fächerübergreifende Gesichtspunkte einbezogen werden. Selbst beim Wechsel der Arbeitsformen muss z.B. dieses kurzfristige 'Abschalten' von Lernenden diesen zugestanden werden, da die Unterrichtsgestaltung sich am fiktiven Durchschnittschüler orientieren muss.

Entscheidend für ein Festigen der in der Schule trainierten Konzentration ist die Zusammenarbeit mit den Eltern. Im Gespräch mit diesen müssen die schulischen Maßnahmen erläutert und in ihren Zielen offengelegt werden. Für das häusliche Lernen ist das Fortführen und Einhalten vereinbarter Regeln wesentlich, so auch die Thematik: 'Einführen und Üben bestimmter Arbeitsweisen', bzw. zur bewussten Pausengestaltung während eines intensiven Lernprozesses. Dabei ist folgende Unterscheidung hilfreich:

- "Minipause: Dauer 5 Minuten, Abstand alle 30 Minuten; Pausentätigkeit: Aufstehen, Fenster öffnen" (Spandl, O.P.); Kurztätigkeiten unabhängig vom Lerninhalt:
- "Teepause: Dauer 15 bis 20 Minuten, Abstand alle zwei Stunden; Pausentätigkeit: Etwas trinken und essen" (Spandl,O.P.); entspannende, völlig andere Tätigkeiten;
- "Erholungspause: Dauer ein bis zwei Stunden, Abstand nach vier Stunden; Pausentätigkeit: Essen, Musik hören usw." (Spandl, O.P.)

Soll die Konzentrationsfähigkeit der Lernenden gefördert bzw. erhalten werden, so sind beim Vermitteln und Erarbeiten der Lerninhalte folgende Aspekte zu beachten:

- Schaffen bzw. ermöglichen einer entspannten Lernatmosphäre;
- Wahrnehmen der pädagogischen Führungsaufgaben in der Klasse, d.h. Kontrolle und Steuerung der sozialen Interaktionen und Lernaktivitäten sowohl was Lehrer(in) und Schüler(innen) als auch Schüler und Schülerinnen betrifft;

- harmonisches Einbeziehen differenzierender und individualisierender Maßnahmen im Lernprozess;
- anpassen der Lernziele und Lernstufen an die Situation der Lernenden, Fördern des Erkennens des 'roten Fadens' im Unterrichtsverlauf, Einsetzen von 'advance-organizers' (Ausubel);
- das Lernen selbst ist bewusst gestalteter Gegenstand von Lernprozessen, d.h. Lösungsverfahren und Lernweisen werden an geeigneten Lerninhalten beispielhaft erfahren und erprobt, Bewusstmachen dieser Arbeitsweisen, d.h. Ansprechen der Lernweisen und gezielte Übungen dazu;
- rasche und genaue Rückmeldungen über den jeweiligen Lernerfolg;
- Einplanen und durchführen von Pausen: "Minipause nach 15 - 30 Minuten", je nach Klassenstufe bzw. Klassensituation "(2 - 5 Minuten, Fenster öffnen, bewußt atmen)." (Keller, G.)

Solche Pausen sind im Unterricht z.B. beim Wechsel der Arbeitsformen praktizierbar. Viele Schulen gliedern ihren Vormittag durch eine zweimalige 'große Pause' und erreichen damit eher eine höhere Arbeitswilligkeit der Lernenden in der fünften und sechsten Unterrichtsstunde. Diese Pausenregelung lässt sich lernpsychologisch untermauern. Bei intensivem Lernen ist spätestens nach 1 1/2 bis 2 Stunden eine 15 - 20 minütige Pause angebracht, um z. B. eine kleine Mahlzeit zu sich zu nehmen und sich etwas Bewegung zu verschaffen. Anschließendes Arbeiten lässt sich eher konzentriert durchführen.

16.4.2 Kurz zusammengefasst

In einem Unterricht, der die Lernwilligkeit und Aufmerksamkeit der Lernenden fördern und erhalten will, werden nicht allein Inhalte vermittelt, sondern anhand der Inhalte erfahren die Lernenden zugleich Lernhilfen, die ihnen zeigen, wie sie ähnliche Prozesse angehen, wie sie sich ähnliche Inhalte verfügbar machen können, d.h. Einprägetechniken, Wiederholungstechniken, Techniken der Informationsbeschaffung und -verarbeitung usw. und zwischen einzelnen Lernphasen erkennen und erfahren die Lernenden die Notwendigkeit von bewussten Pausen mit Entspannungsübungen, um danach konzentriert weiterzuarbeiten.

16.4.3 Akustische Wahrnehmung fördern

In der Literatur findet sich eine Unterscheidung zwischen Hören und Zuhören. Für Imhof sind beide aktive kognitive Prozesse. Hören ist dabei eher unspezifisch. Zuhören intentional und zielgerichtet durch bewusste Selektion der Sinnesreize. Zudem werden diese beim Zuhören komplexer verarbeitet als beim Hören, was bedeutet, sie werden in Gedächtnisinhalte integriert, um Sinn zu konstruieren und die Bedeutung des Gehörten zu erschließen. Bei diesem Integrieren in vorhandene kognitive Strukturen während des Zuhörprozesses wird der jeweilige personale, situative und inhaltliche Kontext berücksichtigt. Die komplexen psycho-neuronalen Vorgänge beim Zuhören beanspruchen nach Imhof Konzentration und damit ´energetische Aktiviertheit´. Zuhören ist anstrengend und kann ermüden. Dies muss bei einem Fördern der akustischen Wahrnehmung bedacht werden. (nach Imhof, M.)

Möglichkeiten der Schulung der akustischen Wahrnehmung wären: Das Unterscheiden und Zuordnen von Geräuschen, das "Ergänzen eines Dialogs, das Erraten eines zusammenhängenden Handlungsablaufes, das Ergänzen von lückenhaften Aussagen, das Zuordnen von Begriffen" (Spandl, O.P) usw. Solche Übungen ließen sich in viele Unterrichtsstunden einbauen. Im Fach Musik bieten sich darüber hinaus vielfältige Möglichkeiten mit dem Orff'schen Instrumentarium. Dabei wird "effektives Lernen durch das Erleben des Tones als Ganzheit in bindender Aufmerksamkeit durch äußere und innere Spannung möglich. Das Zusammenspiel von Auge, Ohr, Motorik und Sensibilisierung ist ohne Konzentration nicht zu verwirklichen." (Spandl, O.P.)

Im Sachunterricht können verschiedene Geräusche mit einem Aufnahmegerät aufgezeichnet und den Lernenden zum Erkennen und Benennen vorgespielt werden. Eine Variation ist das laut und leise Darbieten von Lauten und deren Erkennung (gleichzeitige Übung für 'Leisesein'). Die Lernenden ordnen dabei z.B. die Geräusche entsprechenden Begriffen (Namen) zu.

Eine andere Möglichkeit z.B. zur gleichzeitigen Festigung des Rechtschreibens wäre das Buchstabenbestimmen. Dazu bekommen die Lernenden Arbeitsblätter mit entsprechend der Buchstabenzahl eines Wortes markierten Stellen. Die Lehrperson bzw. ein Schüler nennt den zu markierenden Laut (Buchstaben), dann wird das Wort vorgelesen und die Lernenden markieren die Stelle, an der der Buchstabe vorkommt: z.B. Wort: Staffel; markiert werden die Selbstlaute. Die Lernenden sehen auf ihrem Blatt: _ _ _ _ _ _ _, und markieren nun die Stelle der Selbstlaute: _ _ x _ _ x _ . Die Selbstlaute könnten auch eingetragen werden. Werden in Wörtern die Schreibweise und Sprechweise bei Schärfung und Dehnung parallel dargestellt, lassen sich bei schwächeren Lernenden Rechtschreibschwierigkeiten verringern. Zu dieser Übung erhalten die Lernenden die Anweisung, schnell gesprochene Selbstlaute mit " * " und langsam gesprochene Selbstlaute mit " ___ " zu markieren. Nach der Markierung wird der 'Geheimschrift' das passende Wort zugeordnet: Z.B. Wort 'Lamm' = . * .. ; 'lahm' = . __ .. ; usw. Die Wörter sind in einem, den Lernenden angemessenen Tempo zu diktieren. Hilfreich bei dieser Übung ist auch der 'Takt' der Wörter (z.B. ein kurzer Laut wird durch einmal Klatschen, eine langer durch zweimaliges Klatschen dargestellt.).

16.4.4 Optische Wahrnehmung fördern

Die optische Wahrnehmungsfähigkeit und Konzentration ließe sich durch bildhafte Vergleiche vielfältigster Art, sowie durch Suchbilder, Ausmalbilder mit Zahlen als Farbcodes, Labyrinthspiele, gezielten Bildbetrachtungen usw. schulen. Viele solcher 'Vorlagen' können, von der Lehrperson auf ihre Tauglichkeit untersucht, Zeitschriften oder dem Internet entnommen werden. Diese konzentrationsfördernden Maßnahmen könnten im regulären Unterrichtsablauf vielfältig eingebracht werden und bieten sich u.a. als sinnvolle Arbeit in Vertretungsstunden an.

Weitere Möglichkeiten stellen das Zählen bestimmter Buchstaben in einem Satz, einer Zeile, einem kleinen Abschnitt dar. In kurzen, häufigen Übungen eingesetzt lässt sich die Wahnehmungsfähigkeit z.B. auch durch das kurze Aufdecken eines Wortes, eines klar gegliederten, einfachen Bildes, das die Lernenden anschließend schreiben bzw. beschreiben fördern.

Soll die Wahrnehmungs- und die Merkfähigkeit geschult werden, so kann z.B. ein Bild aus einem Schülerbuch dahingehend verwendet werden, dass die Lernenden z.B. fünf Minuten Zeit erhalten, sich das Bild genau einzuprägen, die Lehrperson stellt danach genaue Fragen zum Bild, die die Lernenden beantworten.

Im Rechnen ließen sich 'Buchstabenaufgaben' einsetzen: A = 3; B = 5; C = 8: Aufgabenform z.B.: A + B - C.

16.4.5 Entspannungsübungen

Wesentliche Voraussetzung für jegliche Konzentration sind ausreichendes Lüften des Raumes und ein anatomisch fachgerechtes Mobiliar. In der Grundschule können mit den Lernenden in den Unterrichtspausen Entspannungsübungen, die dem Verkrampfen der Rücken- und

Nackenmuskeln vorbeugen, spielerisch durchgeführt werden. Wird dies regelmäßig gemacht, so wenden die Kinder diese Kenntnisse häufig unbewusst zukünftig selbst an. Entspannungsübungen sind nicht unbedingt sehr zeitaufwändig.

Verschiedene Übungen können in kurzer Zeit für die Entspannung verhärteter Muskelpartien effektiv eingesetzt werden. Hierzu zählen z.B. Stecken und Beugen der Arme, dto. der Beine, Arme- und Beinekreisen und Rumpf- oder Kopfdrehen ebenso wie isometrische Übungen (kurzzeitiges Anspannen bestimmter Muskeln und anschließendes Lockern), Atemübungen (z.B. Einatmen, (kurz die Luft anhalten, Ausatmen usw.). Spandl nennt mehrere Übungen: "Der Schüler legt das Kinn auf die Brust. Dadurch werden die Muskeln noch stärker angespannt. Dann erhält der Schüler die Anweisung, den Kopf soweit als möglich zu drehen. ... Man spannt Hals- und Nackenmuskeln so stark wie möglich an; auch der Atem soll angehalten werden. Nach ein paar Sekunden lässt man langsam locker. ... Gegen einen steifen Nacken hilft es auch, den Kopf vorsichtig zu rollen. ... Schultermuskeln können entspannt werden, indem man die Schultern hochhebt und dann nach unten drückt und sich dabei zurückbeugt, um dann wieder langsam ausatmend die Schultern wieder in die normale Haltung zurückzubringen." (nach Spandl, O.P.) Auch die folgenden Übungen sind nach einer " intensiven Lernphase angebracht:

1. "Verschränkt die Hände hinter dem Kopf und drückt die Ellbogen weit nach hinten. Bleibt in dieser Stellung und zählt langsam bis fünf. Jetzt loslassen und die angespannten Muskeln lockern.

2. Atmet tief ein, haltet die Luft an, strafft und presst dabei eure Bauchmuskeln. Bleibt in dieser Stellung und zählt bis fünf. Jetzt ausatmen und die angespannten Muskeln lockern.

3. Streckt die Beine nach vorn und drückt die Fußspitzen nach unten, bis ihr ein leichtes Ziehen verspürt. Bleibt in dieser Stellung und zählt langsam bis fünf. Jetzt loslassen und die angespannten Muskeln lockern.

4. Lasst die Arme schlaff herunterhängen, den Kopf nach vorne hängen und schließt die Augen. Jetzt sagt jeder innerlich zu sich: "Ich bin ruhig und entspannt." Bleibt in dieser Stellung bis ich euch ein Zeichen" (Ton, Melodie) "gebe. Nach zwei Minuten: "öffnet die Augen. Kehrt in die Ausgangslage zurück. Schüttelt die Arme aus." (Keller, G.)

In der Grundschule lassen sich zudem viele Bewegungsspiele an den Tischen durchführen, die verschiedene rhythmische Bewegungsabläufe aufweisen (z.B. mit Musik als 'Taktgeber' usw .).

Beispiele für Konzentrationsübungen

Vergleiche die Bilder, finde die Unterschiede.

Original

Verändertes Bild

17. Lernen will gelernt sein – Lernen mit Methode

Die Zielsetzung einer flexiblen, lebenslangen Lernbereitschaft intendiert Arbeits- und Lernformen, die ein zunehmend selbständiges Lernen, sprich eine selbständiges Informationsgewinnen, - aufbereiten und -verarbeiten sowie -wiedergeben ermöglichen; denn "Bildung ist mehr als fachspezifischer Kenntniserwerb. Bildung zielt im weiteren Sinne auf inhaltlich-fachliches Lernen, auf methodisch-strategisches Lernen, auf sozial-kommunikatives Lernen und nicht zuletzt auf affektives Lernen." (Klippert, H.)

Grundlegende Kenntnisse eines methodischen Lernens bauen auf dem Wissen des derzeitigen Lernverhaltens auf. Darauf aufbauendes Methodenwissen wird sowohl in Form eines Lehrganges wie in einer mehr offenen, Erprobungen intendierenden Unterrichtsgestaltung, u.a. Freiarbeitsphasen mit einer hohen Selbständigkeit der Lernenden erarbeitet werden. Zu bedenken ist hier: Jede Einseitigkeit in der Art des Lernarrangements setzte problematische wirkende (Lern-)Barrieren. Es gilt zum einen an exemplarischen Inhalten allgemeine und fachliche Grundkenntnisse und zum anderen tragfähige geistige Fähigkeiten und Fertigkeiten aufzubauen, um Voraussetzungen für ein zukünftig selbständiges ′Sich Orientieren′, Einarbeiten und Bearbeiten bei verschiedensten Fachgebieten zu schaffen.

Ziel ist ein verantwortliches Mitwirken in der Gesellschaft angesichts der unüberschaubar anwachsenden Wissensinhalte, der wachsenden Informationsmengen und dadurch gegebener Manipulationen und der sich rasch wandelnden technischen und wirtschaftlichen Entwicklungen zu ermöglichen. Damit gewinnt das Lernen von allgemeinen und insbesondere exemplarischen Grundkenntnissen und -fertigkeiten immer größere Bedeutung.

17.1 Selbständigkeit – Selbsttätigkeit

Diese Ansätze gründen auf der Arbeitsschulbewegung, wo schon Gaudig (1917) und Guyer (1952) fordern, "den Schüler selbst zum Träger des Lernprozesses zu machen". Voraussetzung jedes selbständigen Arbeitens ist die klassische Aussage Gaudigs: "Der Schüler muss Methode haben", d.h. für ein selbständiges Arbeiten benötigen die Lernenden entsprechende allgemeine und fachbezogene methodischen Kenntnisse und Fähigkeiten; kurz: zumindest ein gesichertes, jederzeit verfügbares grundlegendes lern- und arbeitsmethodisches Repertoire ist nötig.

17.1.1 Erste Elemente und Ansätze eines Lerntrainings

Auch bei lernmethodischen Planungen ist zu bedenken, dass Lernprozesse ganzheitlich, entwicklungsspezifisch und interessenorientiert geleitet sind. Wo wäre hierbei anzusetzen?

In Befragungen stellte H. Klippert fest, dass viele Lernenden in den folgenden Bereichen meist Defizite haben:

- "Den Lernstoff längerfristig zu behalten sowie den eigenen Lernerfolg treffend einzuschätzen;
- im Unterricht zielstrebig zu arbeiten sowie etwaige Schwierigkeiten beim Lernen zu überwinden;
- umfangreiche Materialien / Texte konzentriert durchzuarbeiten und das Wesentliche daraus zu entnehmen;
- wichtigen Lernstoff zusammenzufassen und entsprechende Berichte übersichtliche zu gliedern und zu gestalten;
- Klassenarbeiten frühzeitig vorzubereiten sowie den Lernstoff gezielt zu üben und zu wiederholen;
- vor der Klasse frei zu reden oder nach eigenen Stichworten einen kleinen Vortrag zu halten;
- bei Diskussionen auf die Mitschüler einzugehen und so zu reden, dass diese aufmerksam zuhören;
- an der Tafel etwas zu erläutern oder trotz Unsicherheit einen mündlichen Beitrag zu liefern." (Klippert, H.)

Es gilt demnach Lernenden systematisch grundlegende Sach- und Handlungskompetenzen sowohl hinsichtlich der im Lernen angesprochenen Gehirnfunktionen, des eigenen Lernverhaltens (Vorzüge und Defizite, d.h. Suche nach Optimierungsmöglichkeiten) als auch in Trainingsform mit konkreten Hilfen (Lerntechniken) zu vermitteln, um so eine wachsende Zuversicht in die eigenen Fähigkeiten, in das eigene Können, d.h. in die "Selbststeuerungs- und Selbstbestimmungsfähigkeit - und damit Mündigkeit" (Klippert, H.) zu ermöglichen und zu festigen.

17.2 Methodisches Lernen – Schlüsselqualifikationen

Gerade in einer wachsenden Informationsgesellschaft sind ´alterungsbeständige´ Fähigkeiten, auch Schlüsselqualifikationen genannt, wie z.B. "selbständig zu arbeiten, zu entscheiden, zu planen, zu organisieren, Probleme zu lösen, Informationen auszuwerten, Prioritäten zu setzen, kritisch-konstruktiv zu argumentieren usw." (Klippert, H.) Voraussetzungen, um sich in der Informationsflut zurechtzufinden, Informationen angemessen einzuordnen und insbesondere Beeinflussungsversuche und -tendenzen von Medien und sonstigen Informationsträgern zu erkennen. Insbesondere letzteres weist auf die Bedeutung der Lernmethodik für ein demokratisches rechtsstaatliches Gemeinwesen hin.

17.2.1 Methodenkategorien

Ein Vermitteln von Kenntnissen und Fähigkeiten in der Lernmethodik benötigt gezielte Einführung, Erarbeitung und Übung sowie regelmäßige Wiederholung und Vertiefung in echt handlungsorientierter Unterrichtsgestaltung ("aktive Auseinandersetzung, tätiges Begreifen" (Klippert, H.)); denn die Lernenden sollen verschiedene Möglichkeiten erproben, um ein für sie je individuell fass- und gangbares Methodenrepertoire aufbauen zu können.

Klippert gliedert die erforderliche Methodenkompetenz in zwei Gruppen:

a) Makromethoden: "Gruppenarbeit, Planspiel, Metaplanmethode, Fallanalyse, problemlösendes Vorgehen, Projektmethode, Leittextmethode, Schülerreferat, Facharbeit, Unterrichtsmethodik, Feedback-Methoden etc.

b) Mikromethoden:

1) Elementare Lern- und Arbeitstechniken

   Lesetechniken, Markieren, Exzerpieren, Strukturieren, Nachschlagen, Notizen machen, Karteiführung, Protokollieren, Gliedern/Ordnen, Heftgestaltung, Visualisieren/Darbieten, Bericht schreiben, Arbeitsplanung, Arbeit mit Lernkartei, Mnemotechniken, Arbeitsplatzgestaltung, etc.

2) Elementare Gesprächs- und Kooperationstechniken

   Freie Rede, Stichwortmethode, Rhetorik, Fragetechniken, Präsentationsmethoden, Diskussion/Debatte, aktives Zuhören, Gesprächsleitung, Zusammenarbeiten, Konfliktmanagement, Metakommunikation, etc.." (Klippert, H.)

Die genannten Makromethoden sind komplex und setzen eine Reihe von Fähigkeiten aus dem Bereich der Mikromethoden voraus. Von daher gebietet sich für ihren Aufbau bzw. ihren unterrichtlichen Einsatz zunächst die Erarbeitung und Sicherung grundlegender Mikromethoden. Solch grundlegende Methoden des Lernens ermöglichen erst fächerübergreifendes Denken und damit Fähigkeiten wie Bezüge herstellen, Genese einer Sache betrachten, Sachverhalte aus verschiedenen Perspektiven betrachten usw.

17.2.2 Lernmethodische Sequenzen

Grundlegende Inhalte der Lernmethodik, insbesondere im Bereich der Lern- und Arbeitstechniken, könnten in einer Art ´Kompaktkurs´, z.B. in Projektform, aber auch immer wieder als ´Einschübe´ im regulären Unterricht erarbeitet werden. Dieser Unterricht gliedert sich in lernmethodische Sequenzen bei denen fachliche Inhalte Mittel zum Zweck sind. Nach beispielhaftem Erarbeiten erproben, vergleichen und besprechen die Lernenden möglichst selbsttätig Lern- und Denkstrategien. Dieses konkrete und geistige ´Durchspielen´ von Lern- und Arbeitsverfahren ist ein wesentliches Element der Aneignung einer aktuell möglichen Lern- und Arbeitsweise.

Die gewonnenen Erfahrungen bauen, im weiteren Lernprozess unterstützt und erweitert, einen flexiblen Denk-, Lern- und Arbeitsstil auf. Sachinhalte, an denen Lern- und Arbeitsmethoden beispielhaft gezeigt werden können, sollten bevorzugt problemhaltige, offene und zum entdeckenden Lernen geeignete Fragestellungen aufweisen. Ein wichtiger Faktor in einem Lernmethodik vermittelnden Unterrichts ist genügend Zeit zum bewussten Erproben.

17.3 Haltungen und Einstellungen

Methodisches Lernen zielt auf erhöhten Lernerfolg und durch selbständiges, zielstrebiges Arbeiten zunehmendes methodisches und fachliches und damit echtes, individuell wachsendes und sich stabilisierendes Selbstvertrauen der Lernenden: Mithin fördern und stärken Kenntnisse und Fähigkeiten in der Lernmethodik positive Haltungen und Einstellungen zur persönlichen (geistigen) Kompetenz und unterstützen eine wachsende, sich stabilisierende Motivation im Sinne einer Bereitschaft zu lebenslangem Lernen. Von diesen Wirkungen profitieren auch die Lehrenden; denn die Rückmeldungen im Unterricht sind eher positiv durch vermehrt sozial- und sachangemessenes Arbeiten der Lernenden. Das Vermitteln von Lernmethoden ist zugleich ein Hauptkriterium jeder Erziehung: Die Lernenden zur Selbständigkeit führen. Die eigene Funktion wendet sich so vermehrt der gezielten Beratung, Unterstützung und Ermutigung zu.

17.4 Schulprofil

Ein gezieltes Einbeziehen des Vermittelns von Lernmethodik wäre ein lohnendes Element eines zu gestaltenden Schulprofils; denn "wer die inhaltliche Leistungsfähigkeit der Schule sichern will, der sucht nach Möglichkeiten, die die arbeitsmethodische und soziale Leistungsfähigkeit der Schülerinnen und Schüler stärken. Sowohl die gängigen Lern- und Arbeitstechniken als auch die immer bedeutsamer werdenden Kommunikations- und Kooperationsformen sind Teile eines erweiterten Lernbegriffs dieser Schulen. Methodenlernen und fachliches Lernen sind aufeinander bezogen." (Bastian, J.)

17.5 Fördern der Lernfähigkeit

17.5.1 Fächerübergreifendes Lernen

Das Fördern der Lernfähigkeit bezieht alle Fächer je mit ihren spezifischen Ansätzen ein und ist damit eine grundlegend fächerübergreifende Arbeitsweise. Viele Lernmethoden sind in ihrer ´Hochform´ recht komplex. Ihr sukzessiver Aufbau erfolgt in für die Lernenden erprob- und handhabbaren Teilelementen.

17.5.2 Zeitliche Ansatzpunkte

Ansatzpunkte des Einführens von Lernmethoden sind zum einen die ersten Schulwochen bzw. der Zeitraum nach der Halbjahresinformation sowie bei auftauchenden Lernschwierigkeiten.

17.5.3 Methodische Ansätze

Hilfreich ist auch, bei neuen, komplexeren Inhalten schon bei der Einführung und ersten Durchgliederung auf bekannte Lernmethoden hinzuweisen und deren Anwendung beispielhaft aufzuzeigen. Bei Neueinführung in Lernmethoden gilt es zunächst Fragen der je eigenen Lerntechnik bewusstzumachen, sie in ihren Möglichkeiten und Grenzen zu analysieren, Ergänzungen oder Alternativen vorzuschlagen, zu erläutern und zu erklären sowie solche ´neuen´ Lernansätze beispielhaft und konkret handelnd zu erproben, um die gewonnen Lernmethoden schließlich einzuüben sowie immer wieder bewusst aufzugreifen. Entscheidende erste

Schritte ergeben sich somit aus dem Bewusstmachen des individuellen Lernverhaltens. Es gilt dabei u.a. Fähigkeiten des sachbezogenen, gezielten Beobachtens und unvoreingenommenen Reflektierens des eigenen Verhaltens einzuüben.

17.5.4 Nachdenklichkeit

Eine oft übersehene wesentliche Haltung im Gewinnen von Selbst- wie Sachkenntnis ist die Fähigkeit der "Nachdenklichkeit", des "nachdenklichen Zögerns", wobei "Nachdenklichkeit als Unruhe des Fragens und Suchens mit der ´Freiheit des Abschweifens´"(Malycha, A.) verstanden wird. Alle Bemühungen zielen darauf, den Lernenden zu helfen, einsichtig und bewusst aufgrund eigener Erfahrungen einen individuell angemessenen, möglichst optimalen Lern- und Arbeitsstil aufzubauen.

17.5.5 Fachmethoden

Fachwissenschaftliche Methoden haben nur insofern ihre Berechtigung in der Schule, als sie Elemente zu einem entdeckenden, nachschaffenden Forschen und geistigen Durchdringen eines Sachverhaltes liefern und Möglichkeiten bzw. Anregungen zur Weiterbildung eröffnen können.

17.6 Zur Lernmethodik motivieren

Bei der Organisation und Ausgestaltung von Trainingseinheiten zur Lernmethodik sind folgende Fragen zu beantworten:

- Wann lernen die Schüler / Schülerinnen gerne?
- Wie können sie die Bedeutsamkeit und Sinnhaftigkeit ihrer Anstrengungen erfahren?
- Wie lässt sich der Sachinhalt interessant machen?
- Wie kann eine förderliche Kausal-Attributierung aufgebaut werden?
- Womit und wobei können sie Erfolgserlebnisse erfahren?
- Wie lässt sich eine eher entspannte, angenehme Lernatmosphäre erzielen?

17.6.1 Inhaltliche Kriterien

Auszuwählende Inhalte, um daran lernmethodische Fähigkeiten und Fertigkeiten einzuführen, zu erarbeiten und zu trainieren sollten aus dem Lebens- und Interessenkreis der Lernenden stammen und eine Sache problembezogen klar, zugänglich und bedeutsam darstellen; denn die Erfahrungen im selbständigen, effektiven Bewältigen von Aufgaben zielen auf eine wachsende intrinsische Motivation.

17.7 Konzentration, Aufmerksamkeit

Die Konzentrationsfähigkeit und -intensität ist individuell von Situation zu Situation verschieden, da jeder Mensch die auf ihn wirkenden Reize anders aufnimmt. Ein Reiz bewirkt dann die volle Aufmerksamkeit, wenn er in Qualität und Quantität auf das individuelle Optimum abgestimmt ist. Dabei verstehen wir unter "Konzentration die Fähigkeit, die unstete, frei schweifende Aufmerksamkeit für längere Zeit auf eine Sache auszurichten."(Mels, H.) Großen Einfluss auf die Konzentrationsfähigkeit haben:

- die derzeitige sachliche und persönliche Motivation bzw. das Interesse an einer Sache;
- die momentane Gemütslage (Anspannung, Ausgeglichenheit usw.)
- die Zeitvorgaben (Zeitdruck versus Zeithaben)
- verfügbare Arbeitstechniken, um an eine Fragestellung erfahrungsgemäß optimal herangehen bzw. sie angemessen bearbeiten zu können.

17.7.1 Lernpausen – Entspannung

Ein wichtiges Element zum Aufrechterhalten der Konzentrationsfähigkeit ist das Einhalten von Lernpausen.

- "Je nach Lernstoff sollte man immer wieder kurze Unterbrechungen einlegen (20 - 30 Sekunden), quasi Gedankenpausen, in denen ungestört postmentale Prozesse ablaufen können (unbewusste, nachwirkende Verarbeitungsprozesse).
- Minipausen sind drei bis fünf Minuten lang und sollten je nach Lernstoff alle 25 bis 30 Minuten erfolgen. Auch kann dabei vom Arbeitsplatz aufgestanden werden.

- Kurzpausen müssen nach ungefähr zwei Stunden Lernzeit eingeplant werden. Sie dauern 15 bis 20 Minuten, dabei soll die Lernatmosphäre unbedingt verlassen werden.
- Nach drei bis vier Stunden ist die Erholungspause anzusetzen. Diese Pause umfasst eine bis zweieinhalb Stunden und kann sich günstigerweise mit einem natürlichen Einschnitt im Tagesablauf - wie der Essenszeit - überschneiden.

Pausen sind um so wirkungsvoller, je deutlicher sie sich von der vorhergehenden und nachfolgenden Lernzeit unterscheiden. Zu beachten ist der Anfangswiderstand nach Pausenende, dessen Grad steigt, je länger die Pause war."(Kleinschmidt, G.)

17.7.2 Wahrnehmungsübungen (Beispiele)

a) Optische Wahrnehmung

- Memoryspiele fördern z.B. das Behalten graphischer Elemente
- Realbild oder detailreiche Zeichnung beschreiben (Was zeigt das Bild alles? Was ist über/neben/unter/hinter/vor ...? (optische Gliederung, Raumvorstellung))
- Kim-Spiele (Gegenstände kurz betrachten; abgedeckt benennen; entfernte benennen)
- Nachlegespiel (geordnete Gegenstände kurz betrachten; wenn abgedeckt nachlegen)
- Suchbilder (In der Zeichnung versteckte Gegenstände suchen.)
- Fehlersuchbilder (Fehler in zwei ähnlichen Bildern finden.)
- Bildvergleich (Nach Vorlage aus mehreren Bildern dasselbe herausfinden.).

b) Akustische Wahrnehmung

- Was ´klingt, raschelt, kratzt, usw.´ da? (Bei geschlossenen Augen Gegenstand benennen bzw. Geräuschart beschreiben.)
- Wo kommt der Ton / Laut her? (Bei geschlossenen Augen Richtung zeigen.)
- Einen Rhythmus hören und ihn nachklatschen

c) haptische Wahrnehmung

- Abgedeckte Gegenstände betasten und beschreiben (Art, Schwere, Form, Oberflächenbeschaffenheit).

17.8 Gedächtnis

Denken wie Lernen gründen auf Fähigkeiten des Gehirns, Informationen mehr oder weniger lang zu speichern. Dieses Einprägen, Speichern, Erinnern und Wiedererkennen von Informationen ist ein komplexer Vorgang. Für die Erklärung der Gedächtnisleistungen ist das "Dreispeicher-Modell" hilfreich. Dieses Modell unterscheidet zwischen Sinnesgedächtnis (Ultrakurzzeitspeicher), Kurzzeitspeicher und Langzeitspeicher.

17.8.1 Sinnesgedächtnis

Das Sinnesgedächtnis (Momentgedächtnis oder Ultrakurzzeitgedächtnis: Speicherzeit ca. 10 - 20 Sek.) wird als erstes im Lernprozess gefordert, indem einerseits im Gehirn die Informationen ohne bewusst gesteuerte Aufmerksamkeit wenige Sekunden gespeichert werden, andererseits gehen viele Ablenkungen und Aufmerksamkeitsstörungen auf das Sinnesgedächtnis zurück.

17.8.2 Kurzzeitgedächtnis

Kommt den Eindrücken weitere Bedeutung zu, d.h. erfolgt gezielt weitere sachbezogene Aufmerksamkeit, so entsteht im Gehirn eine "Gedächtnisspur" im Kurzzeitspeicher (geringer Speicherumfang, Speicherzeit: wenige Minuten). Das Kurzzeitgedächtnis ist ein "aktives Speichersystem, das schon auf Codierungen bzw. Verschlüsselungen angewiesen ist, da es nicht mehr als etwa sieben Informationsblöcke aufnehmen und verarbeiten kann. ... Eine bevorzugte Kodierung im Kurzzeitgedächtnis neben visueller und semantischer Verschlüsselung scheint ein akustischer Code zu sein. ... In letzter Konsequenz hat die aktive Sprachfähigkeit Einfluss auf die Gedächtnisleistungen. Will man die Gedächtnisfähigkeit verbessern, müsste man somit grundlegend bei der aktiven Sprachfähigkeit ansetzen."(Kleinschmidt,G.)

17.8.3 Langzeitgedächtnis

Ist die intensive Aufmerksamkeit weiterhin auf eine bestimmte Sache gerichtet, so wird diese in das Langzeitgedächtnis übertragen, sogenannte "Informationsmoleküle werden im Gehirn gebildet und abgelegt.

Voraussetzung für diese biochemische Langzeitspeicherung ist, dass die Lernstoffe mit bereits vorhandenem Wissen assoziiert, von positiven Gefühlen begleitet, gut strukturiert und wiederholt sind. Ein auf diese Weise ins Langzeitgedächtnis gelangter Lernstoff kann dort lebenslang gespeichert bleiben."(Keller, G.) Jegliche selbständige Arbeit beruht auf im Langzeitgedächtnis gespeicherten Inhalten, nämlich gesichertem Grundwissen sowie grundlegenden geistigen Fähigkeiten und Fertigkeiten.

17.9 Lernen mit allen Sinnen

Die das Lernen steuernden Gehirnfunktionen werden durch Sinnesreize ausgelöst (Sehen, Hören, Riechen, Fühlen). Ein Reiz oder eine Reizkette wird um so eher aufgenommen und behalten, je mehr Sinnesbereiche, d.h. Eingangskanäle, angesprochen und aktiviert werden, wobei jeder Mensch von ihm bevorzugte Lernkanäle bzw. Lernwege entwickelt. Wahrnehmen und Erfahren sind zentrale Handlungen in denen alle Sinne aktiv sind; denn Wahrnehmen ist mehr als sehen, es ist (hinein-)hören, aufspüren, vergewissern und Erfahren ist erkunden, handeln, befragen, prüfen, ausprobieren, um so zum Erkennen, Durchschauen, Verstehen zu gelangen.

Umfang und Art der Wahrnehmung und damit auch das Merken und Behalten eines Lernstoffes hängt eng mit auf bisherigen Erfahrungen beruhenden Assoziationsfeldern zusammen. Zudem sind Sinneswahrnehmungen eng an Gefühle gekoppelt. Sind zahlreiche Assoziationen, d.h. geistige Vernetzungsmöglichkeiten gegeben, um so intensiver verankert sich ein Lernstoff im Gedächtnis. Die Fähigkeit des Gehirns, Assoziationen aufzubauen vermindern sich in Anspannungssituationen. "Erst wenn wieder Entspannung eingetreten ist, beginnen die Assoziationsfelder des Gehirns erneut zu arbeiten, wir beginnen wieder mit der Umwelt ´zu spielen´, das Lernen kann weitergehen."(Popp, W.) Gerade beim Vermitteln von Lernmethoden müssen möglichst viele Sinne angesprochen werden.

17.9.1 Lerntypen

Jeder Mensch benützt die ihm zugänglichen Lernkanäle in unterschiedlichem Grade. Einzelne Lernwege werden dabei individuell verschieden bevorzugt, d.h. eine Person nimmt mit ihnen Informationen am leichtesten auf. So lassen sich einzelne Lerntypen klassifizieren, wobei in der Realität Reinformen selten sind, jedoch meist deutliche Präferenzen bestehen:

"Wer durch Sehen und Beobachten lernt, gehört zum visuellen Lerntyp.

Wer durch eigenes Tun und nachvollzogene Handlungen lernt, wird als haptischer Lerntyp bezeichnet.

Der Gesprächstyp lernt durch die sprachliche Auseinandersetzung und das Verstehen im Dialog.

Der verbal-abstrakte Lerntyp nimmt am besten durch das Lesen und Hören von abstrakt dargebotenem Wissensstoff auf.

Beim auditiven Lerntyp steht das Zuhören im Vordergrund."(Skowronek,H.)

17.10 ´Vergessen´ - ein beim Lernen missliches Phänomen

Schon O.F. Bollnow sagte, dass "Lernen, will es nicht vorschnell der Vergessenheit anheimfallen, ein ´meditatives Verweilen´ braucht."(Keck, R.W.) Das allseitige Betrachten eines Lerngegenstandes will neben dem Vermitteln und Einüben von Einpräge- und Merkhilfen Gedächtnishemmungen vermeiden helfen. In allen Lernphasen können sich verschiedene Gedächtnisinhalte überlagern, d. h. sich gegenseitig hemmen und so ein "Vergessen" bewirken. Besonders gefährdet ist der Bereich des Kurzzeitgedächtnisses, das nur ca. 7 verschiedene Informationseinheiten gleichzeitig fassen kann.

17.10.1 Vergessenskurve

Aus der Gedächtnispsychologie kennen wir den Verlauf der Vergessenskurve, die mit zunehmender Ferne zum Einprägezeitraum stark abfällt. Sie sagt uns, dass schon kurz (1 - 3 Tage) nach dem ersten Erlernen ohne Wiederholung der Großteil des Gelernten wieder vergessen ist. Nach dem dritten Tag sind nur noch rund ein Fünftel des zuvor Gelernten erinnerbar. Wir können diesem ´Vergessen´ aber mit durchdacht geplantem Vorgehen vorbeugen:

- Inhaltlich sinnvolle Pausen in den Arbeitseinheiten einplanen und einhalten,
- im Vermitteln des Lernstoffes verschiedene Sinne ansprechen,
- Assoziationsmöglichkeiten anbieten,
- bei wesentlichen Aussagen Redundanzen schaffen,
- die Inhalte klar und sinnvoll gliedern, Gedankenketten als ´roter Faden´ aufbauen
- zentrale Aussagen in sachbezogen übersichtlicher Form visualisieren bzw. in maximal siebener Gruppen ordnen.

Nahezu alle Gedächtnishilfen (Mnemotechniken) bauen auf Assoziationen, d.h. vor allem unmittelbaren, meist bildhaften Vorstellungsverbindungen und damit der individuellen Phantasie auf. Solche ´Bilder´ sollen zum einen plastisch und zum anderen prägnant und klar unterschieden sein. Auch ist "schon das Bemühen um eine Assoziation ein behaltensfördernder Nebeneffekt."(Mels, H.)

17.10.2 Lern- und Gedächtnishemmungen

In der Literatur werden verschiedene Lern- und Gedächtnishemmungen unterschieden, so die pro-und retroaktiven Hemmungen die Ähnlichkeitshemmungen und die emotionalen Gedächtnishemmungen.

Pro- und retroaktive Hemmungen treten auf, wenn "der Lernstoff zeitlich dichtgedrängt vermittelt bzw. angeeignet wird."(Keller, G.)

• Prokaktive Hemmung

Eine proaktive Hemmung liegt dann vor,wenn "die zuerst gelernten die Erinnerung der nachfolgend gelernten Stoffeinheiten beeinträchtigen.

• Retroaktive Hemmung

Stören die später gelernten den Abruf der zuerst gelernten Stoffeinheiten, spricht man von retroaktiver Hemmung." (Keller, G.)

Für die Lehrenden bedeutet die beiden Arten der Gedächtnishemmung, dass sie sowohl das Lerntempo als auch den Umfang der einzelnen Teilschritte im Unterricht so bemessen müssen, dass sie von den Lernenden in ihre geistige Struktur integriert werden können. Nach einer intensiven Lernphase ist z.B. ein Wechsel der Arbeitsform vorzunehmen bzw. eine Lockerungsphase (Rückblick, spielerische Lernmomente, sachbezogene, ansprechende Eigentätigkeit usw.) vorzusehen.

• Ähnlichkeitshemmung

Weisen Lerninhalte zueinander große Ähnlichkeiten auf und werden sie hintereinander gelernt, so behindern sie sich gegenseitig beim Einprägen im Gedächtnis. Müssen im Verlaufe eines Lernprozesses ähnliche Inhalte angeeignet werden, so ist auf eine deutliche (Lernen mit allen Sinnen), differenzierende Merkmale hervorhebende Strukturierung zu achten.

Für eine Unterrichtsstuktur sowie das selbständige Lernen bedeutet dies,

- dass z.B. Vokabeln mittel Assoziationen, eingebettet in Situationsbezüge gelernt werden.
- dass Lerninhalte aus zwei Fremdsprachen erst nach einer andersartigen Lernphase angegangen werden.
- dass sprachliche Lerninhalte auch sprachlich, d. h. laut sprechend zu lernen sind.
- dass Lerninhalte klar und übersichtlich zu gliedern, fragend zu erarbeiten sind.
- dass zentrale Stichworte markiert und in "Abstracts" zusammenzufassen sind.
- dass Lerninhalte, wo immer möglich, in Schaubilder, Diagramme, Strukturbilder, Flussdiagramme usw. umzusetzen sind.

17.10.3 Rhythmisierung

Die Unterrichtsgestaltung orientiert sich zwar im Aufbau an der Sache (Sachstruktur), den Lerninhalten (Zugänglichkeit), rhythmisiert aber den Vermittlungsprozess flexibel nach der von den Lernenden in der jeweiligen Situation realisierten bzw. realisierbaren Aufnahmekapazität. Diese Rhythmisierungen im Unterrichtsverlauf sollten mit den Lernenden bewusst reflektiert werden, um dann als Modell das selbständige Lernen steuern zu helfen. Um insbesondere retro- und proaktive Hemmungsprozessen vorzubeugen empfiehlt sich das bewusste Planen von Lernpausen (Arbeitsplanung: Tages-, Wochenplan, Vorbereitungsplan auf eine Arbeit, eine Prüfung usw.).

Alle diese Elemente wollen möglichst alle Sinne (Hören, Sehen, Handeln usw.) ansprechen. Schwierige Lerninhalte lassen sich auch durch mnemotechnische Hilfen, sogenannte Gedächtnisstützen, einprägen.

Eine "abstrakt-verbale Verschlüsselung der Lerninhalte" (Keller, G.) wird gedächtnisfördernd aufbereitet im Einbezug der die rechte Hirnhälfte ansprechenden Funktionen (Bilder, Farbe, Muster, Rhythmus, Musik (siehe Suggestopädie), Ganzheit, Raum, Phantasie). Dadurch werden die

Lerninhalte besser und zugleich mehrfach im Gedächtnis verankert, d.h. Lern- und Gedächtnishemmungen treten in geringerem Umfang auf.

17.11 Einprägen und wiederholen

Aus der Lernpsychologie wissen wir, dass besonders der Anfang und das Ende eines Prozesses sowie Markantes, Herausragendes, Verblüffendes usw. im Prozessverlauf selbst behalten werden. Hier können wir uns oft sowohl an die Aussagen als auch detailliert an verschiedenste ´Nebensächlichkeiten´ (Bilder, Töne, Gerüche, Stimmungen) erinnern. Dazwischen wissen wir noch so etwa kursorisch die für uns wesentlich oder interessant erscheinenden inhaltlichen ´Generallinien´. Bei Lernbeginn müssen wir aber zu Anfang eine ´Anlaufphase´ von ca. 15 Minuten vorsehen, in der wir Leichteres, rasch Erledigbares bearbeiten sollten.

17.11.1 Systematisches Wiederholen

- ”Die erste Wiederholung eines Lernstoffes sollte gleich nach der ersten Informationsaufnahme, etwa in den ersten 10 Minuten erfolgen.
- Die zweite Wiederholung ist einen Tag später durchzuführen, wozu einige Minuten genügen.
- Eine dritte kurze Wiederholung ist eine Woche später notwendig.
- Nach einem Monat ist eine vierte Wiederholung vorzusehen.
- Die letzte Wiederholung sollte nach einem halben Jahr erfolgen." (Keller, G.)

17.11.2 Art der Wiederholungen

Die Art und Weise der Wiederholungen hat maßgebliche Auswirkungen auf den Behaltensgrad. So sind häufige, abwechslungsreiche Kurzwiederholungen u.a. im Sinne der Grundsätze des operativen Durcharbeitens und Übens (Neuorganisation, Umstrukturierung, Zusammenfassung) für abrufbereite Gedächtnisinhalte besonders bedeutsam. Häufig benötigte Verfahrens- und Gedankenabläufe gilt es in ihrem strukturellen Aufbau zu klären und dann zu automatisieren. Wichtig ist, dass in diese Kurzwiederholungen nur diejenigen Lerninhalte aufgenommen werden, die für das weitere Lernen grundlegend sind (elementare Kenntnisse, Fertigkeiten und Fähigkeiten). Neben dem Sichern von grundlegenden Kenntnissen und Fähigkeiten wird so z.B. auch die geistige Flexibilität, Strukturierungsfähigkeit und Ansprechbarkeit (Sensibilität) gefördert, was weitere Lernprozesse günstig beeinflusst.

Konkret heißt dies, dass Wiederholungsphasen zentrale Elemente jedes Lehr- und Lernprozesses sind.

17.12 Lernstrategien

Für eine erste Orientierung in einem Sachgebiet sind Strukturbilder mit ´Kurzbeschreibungen´, sogenannte ´advance- organizer´, hilfreich (Quellen: Inhaltsverzeichnisse, Lexika usw.).

17.12.1 Übungsgesetze

Lernstrategien müssen die bekannten Übungsgesetze berücksichtigen:

- "Der Behaltensgrad ist am größten, je kürzer der Abstand des Übens zur Information.
- Baldiges und in kurzen Abständen praktiziertes, verteiltes Üben ist besonders erfolgreich.
- Ein Lernstoff wird um so besser behalten, je gegliederter und strukturierter er erarbeitet wird.
- Der Erreichbarkeitsgrad, die Variation und das individuelle Lerntempo bestimmten den Lernerfolg wesentlich mit.
- Der Lernerfolg wird besonders gefördert durch wechselndes individualisierendes und differenzierendes Üben in Gruppen.
- Übung soll nicht nur auf reproduzierendes Lernen, sondern auf Transfer zu anderen Zusammenhängen ausgerichtet werden"(Keller, G.)

17.12.2 Mindmapping

Eine einfache und effektive Lernstrategie zum Festhalten des Wesentlichen von Gesprächen, Ideen und Gedanken, dem Visualisieren von Arbeitergebnissen, zum Darstellen von Zusammenhängen und Aussagen in Sachtexten und zum Vorbereiten von Arbeiten und Prüfungen ist z.B. das ´mind-mapping´. Es ist eine Art Strukturskizze auf z.B. einem DIN A4-Blatt.

In der Blattmitte steht das Thema, von diesem zweigen Hauptäste (Hauptaspekte, Oberbegriffe) ab, die sich weiter in Seitenäste (Unterbegriffe z.B. mit Skizzen) aufgliedern. So können die wesentlichen Aspekte einer Thematik auf einen Blick erfasst und memoriert werden.

17.12.3 Kooperatives Lernen

Die Arbeit in Gruppen gewinnt ihren Wert aus der Verschiedenheit der Gruppenmitglieder und der produktiven Zusammenarbeit bei der gemeinsamen Lösung einer Fragestellung oder eines Problems. Daher ist die Art der Gruppenzusammensetzung wichtig: Die Gruppenmitglieder müssen im Persönlichen wie im Sachlichen zur Zusammenarbeit bereit und fähig sein, d.h. sie müssen sich gegenseitig helfen, sich beraten, sich differenziert einer Sache zuwenden und gemeinsame Entscheidungen finden und durchtragen können; denn so wächst die Selbständigkeit jedes Gruppenmitgliedes.

17.13 Lernen mit Methode

Bevor ein Lernen im Bereich der Lernmethodik einsetzen kann, müssen die aktuell praktizierten Lernweisen und Lernwege geklärt und bewusst gemacht werden. Dies ist ein sehr persönliches Geschehen; denn hinter allen derzeitigen Vorgehensmustern stecken i.d.R. große individuelle Bemühungen mit allen dazu gehörenden Höhen und Tiefen und einer grundlegenden Tendenz, sich ja nicht verunsichern zu lassen. Werden in einer offenen, entspannten Atmosphäre Grenzen der eigenen Lern- und Arbeitsweisen sichtbar und im Anschluss praktikable Änderungs- und Verbesserungsmöglichkeiten konkret beispielhaft erläutert und testend erfahren, so ist die Bereitschaft zu deren Aufnahme in das Verhaltensrepertoire recht wahrscheinlich.

17.13.1 Bewusstmachen des Lernverhaltens

Beim Lernverhalten ist zu bedenken, dass sich Denken und Lernen (vgl. Piaget, Aebli, Ausubel u.a.) durch das Wechselspiel zwischen Anpassung eigener Denkstrukturen an die neuen Erkenntnisse und Erfahrungen (Akkomodation) und der aktiven Einpassung der neuen Erfahrungen in die vorhandenen Denkstrukturen (Assimilation) vollziehen.

Eine Reflexion des eigenen Lernverhaltens kann bei den Lernenden durch:

- Ausfüllen und Auswerten eines Fragebogens
- Erproben der Lernweise und ihrer Effektivität
- Erproben der Kapazität einzelner Wahrnehmungskanäle
- Erproben der Konzentrationsfähigkeit und Ausdauer erfolgen.

Die individuelle Zeitplanung beim Lernen kann sich beim durch Bearbeiten von ´Probeinhalten´ zeigen:

a) Im Unterricht

- Die Lernenden bekommen ein Arbeitsblatt (Text, Bilder, Grafiken) z.B. mit dem Hinweis vorgelegt, die Inhalte in einer vorgegebenen Zeit zu beherrschen.

b) Zu Hause

- Ein Arbeitsauftrag ist zuhause zu erledigen. Hierzu erhalten die Lernenden ein Arbeitsblatt auf dem sie ihre Lernweise und die verwendete Zeit eintragen.
- Die Lernenden sollen auf einem Arbeitsblatt während z.B. drei Tagen protokollartig für jedes Fach die Art der Erledigung der Hausaufgaben und die dafür aufgewandte Zeit vermerken.

Bei der Auswertung, die ein hohes Maß an gegenseitigem Vertrauen voraussetzt, gilt es zu verdeutlichen wie und mit welcher Energie und welchem Zeitaufwand sich die Lernenden um ihre Lernaufgabe bemühen bzw. sich drücken und diese hinausschieben. Sie erhalten so ein Gespür für eine sinnvolle eigene Arbeitsplanung gerade um mehr Zeit für andere Interessengebiete zu haben.

17.13.2 Lernen mit Musik

Vielfach argumentieren Lernende für das Hören von Musik beim Lernen. Die Fragwürdigkeit und Kontraproduktivität dieses Verhaltens kann verdeutlicht werden, indem z.B. an verschiedenen Tagen eine bestimmte Anzahl von Begriffen oder Vokabeln einmal ohne dann mit Musik einzuprägen sind. Jeweils eine Stunde später wird der Behaltensteil überprüft.

Etwas anderes ist es, wenn bewusst unter Anwendung der Kenntnisse der Suggestopädie Lerninhalte aufbereitet und dann mit einer bestimmten ´Hintergrundmusik´ gelernt werden.

17.13.3 Texte auswerten

Das Lesende Auswerten von Textinhalten ist einer der häufigsten Lernwege und ein höchst aktiver Prozess bei dem komplexe Dekodierungs- und Verarbeitungsvorgänge im Gehirn ablaufen:

"Zu den Verarbeitungsprozessen beim Lesen gehören:

- subsemantische Prozesse (Blickbewegung der Augen und Wiedererkennen der gespeicherten Wortbilder bzw. über den Umweg der phonetischen Umkodierung),
- semantisch-syntaktische Prozesse (Analyse von Bedeutung und Zusammenhang),
- zyklische Verarbeitung (Bildung von grundlegenden Bedeutungseinheiten, die kurzfristig im Kurzzeitspeicher abgelagert werden und durch Herstellung von Kohärenzen ins Langzeitgedächtnis überführt werden),
- inferentielle Verarbeitungsprozesse (Schlussfolgerungen aus dem Gelesenen),
- elaborative Prozesse (Vernetzung der Textinformationen mit dem gespeicherten Vorwissen),
- reduktive Prozesse (große, komplexe Informationsmengen durch ´Superzeichen´ neu organisieren und durch Makrostrukturierung verdichten, bündeln und reduzieren)."(Mels, H.)

Jede Lesemethodik zielt auf ein aktives Bearbeiten eines Textes. Zentral interessierende Fragen an den Textinhalt und die gezielte Suche nach Antworten sowie deren Reflexion aufgrund des Vorwissens erfordern einen hohen Grad an Motivation, Aufmerksamkeit und Konzentration beim Lesen.

17.14 Inhaltswahl und Gestaltung methodischen Lernens

Entscheidend für die Auswahl eines Inhaltes zum methodischen Lernen ist einmal seine Zugänglichkeit, "dass mehrere Eingangskanäle benutzbar werden, um so die Bildung von Assoziationen und deren Verarbeitung zu erleichtern, und zum anderen die Bedeutsamkeit der Sache bzw. Problemstellung für die Lernenden; denn sie soll wo immer möglich in einem nachvollziehbaren Zusammenhang mit der Lebenswelt und den Interessengebiete stehen. Jede Einführung in einen Sachverhalt sollte einen Überblick über die Sache und die möglichen methodischen Wege" und Aneignungsweisen "einschließen. Der Überblick enthält die Grundidee des

Lernstoffes" sowie die Grundlagen möglicher Lernmethoden, "Hinweise auf übergeordnete Zusammenhänge und Lösungswege, gleichwohl bleibt die Problemstellung offen und fordert eine Entscheidung heraus. Dieser vorstrukturierte Überblick aktiviert die Lernenden" durch Fragen wie:

- "Was weiß ich schon von der Sache?
- Was will ich wissen?
- Woher und wie kann ich mir Informationen verschaffen?"(Keller, G.)
- "Was verstehe ich nicht (Begriffe, Worte, Sätze, Abschnitte, Beziehungszusammenhänge)?
- Wo können die Ursachen für das mangelnde Verstehen liegen (neue, unbekannte Informationen, unbestätigte, unvermutete Erwartungen?
- Wie kann ich zu einem besseren Verstehen gelangen (mehrmals lesen, Hypothesen aufstellen und überprüfen, Verringerung der Lesegeschwindigkeit, Quellenstudium, Befragungen)."(Bollnow, O.F.)

Das methodische Arrangement, in Frage und Impuls durchdacht gegebene Denkanstöße und Strukturierungshilfen bahnen sowohl sachliche wie methodische Einsichten an. So ermöglicht z.B. die Methode des ´mind-mapping´ erste Orientierungen. Im Anbahnen methodischen Lernens erproben und erfahren die Lernenden Kenntnisse im Umgang mit Arbeitsmitteln, grundlegende Erarbeitungstechniken und das Arbeiten in verschiedenen Sozialformen. Ein klarer, die induktive Methode bevorzugender Aufbau der Lernsequenzen fördert besonders die schwächeren unter den Lernenden.

Problemlösende Informationsverarbeitung als Unterrichtskonzeption mit ihrem hohen Anteil an innerer und äußerer Aktivität der Lernenden spricht sowohl alle Sinne an und fördert darüber hinaus das selbständige Weiterlernen, da neben Grundeinsichten und Begriffen an exemplarischen Beispielen Lösungsstrategien angewandt bzw. erarbeitet werden. Jeder Einzelne lernt, wie er lernen kann und erwirbt durch die vielfältige Anwendung die Fähigkeit, Problemstellungen selbständig anzugehen und zu lösen.

17.15 Hinweise, Anregungen und Trainingselemente

Im Folgenden erhalten Sie verschiedenste Hinweise und Anregungen zu fördernden Bereichen:

17.15.1 Wichtige Schlüsselqualifikationen,

eine überblickartige Zusammenstellung:

- **"Förderung der Fachkompetenz**

  Systematisches Vorgehen, genaues Arbeiten, Identifikation mit der Arbeit, Leistungsbereitschaft, Verantwortungsbewusstsein, Qualitätsbewusstsein, Sicherheitsbewusstsein, Selbstkontrolle, Sauberkeit am Arbeitsplatz, Optimierung von Arbeitsabläufen, wirtschaftliches Denken, umweltbewusstes Denken, rationelles Denken, Zeitgefühl für Arbeiten, Ausdauer, Durchhaltevermögen, Gefühl für notwendige Kontrollen, Qualitätssicherung, vorausschauendes Denken, flexibles Disponieren, Umstellungsfähigkeit, Entwickeln von Verbesserungsvorschlägen

- **Förderung der Methodenkompetenz**

  Lernwilligkeit, Lernfähigkeit, Einsicht der Notwendigkeit zur selbständigen Weiterbildung, Beherrschen von Lerntechniken, Erkennen des eigenen Lerntyps, Gedächtnistraining, Konzentration, Entscheidungsfähigkeit, Transferfähigkeit, logisches Denken, Systemdenken, Problemlösefähigkeit, Analogieschlüsse ziehen können, Decodierungsfähigkeit, Abstraktionsfähigkeit, Fremdsprachenlernen, Planungsfähigkeit, Überblick über auszuführende Arbeit erlangen, Erkennen von Arbeitszielen, Auffinden von Informationsquellen, Selbständiges Erarbeiten von Informationen, wirtschaftliches Auswerten von Informationen, Wichtiges von Unwichtigem unterscheiden können, Ergebnisse zusammenfassen, Weitergabe von Informationen

- **Förderung der Sozialkompetenz**

  Kooperationsfähigkeit, Integrationsfähigkeit, Gruppenverhalten, Einfühlungsvermögen, Kollegialität, soziale Verantwortung, Mitverantwortung, sachliche Argumentation, mündliches Ausdrucksvermögen, schriftliches Ausdrucksvermögen, Bereitschaft zum Erfahrungsaustausch, Offenheit, arbeitsteiliges Verhalten, kundengerechtes Verhalten, positive Einstellung zum Beruf, Interesse, Eigeninitiative, Selbständigkeit, Selbsteinschätzung, Selbstvertrauen, Selbstbewusstsein, Einsatzbereitschaft, Kreativität, Flexibilität, Toleranz, Gewissenhaftigkeit, Sachlichkeit, Mobilität, Kritikfähigkeit, Selbstkritik, Zuverlässigkeit."(Hörner, H.)

17.15.2 Qualitätsstufen des Übens

A) "Wiederholen - Reproduktives Üben I

- häufig verteilte Wiederholung;
- gleiche Wiederholungsbedingungen schaffen.

Ziele: Sichere Wiedergabe des Gelernten ohne es zu verändern;

- Festigung des Gedächtnisbesitzes;
- Automatisierung;
- Einprägen.

B) Anwenden - Reproduktives Üben II

- Von der gewohnten Darstellung abweichen;
- strukturidentische Aufgaben stellen;
- Lehrstoff wird durchstrukturiert;

Ziele: Sichere Anwendung erlernter Fertigkeiten und Fähigkeiten;

- Erlerntes sichern;
- im eigenen Erfahrungsbereich anwenden;
- keine Neuleistung;
- geistige Beweglichkeit wird nicht gefordert;

C) Umstrukturieren - Produktives Üben I

- Veränderung des Lehrstoffes unter verschiedenen Bedingungen

Ziele: Veränderung und sachgemäßes Transferieren auf neue oder strukturähnliche Situationen;

- Sachzusammenhänge herstellen;
- Gestaltungsleistung.

D) Erfinden und Entdecken - Produktives Üben II

- wechselnde Fragestellungen;

Ziele: Neuleistungen auf der Basis des Erfahrungs- und Wissensbereichs;

- Lösungen, Strategien finden;

- Kreativität;
- neue Sachprobleme entdecken."(Petermann, U.)

17.15.3 Elemente des Vokabellernens

Hinweise: "Der Weg eines neuen lexikalischen Elements von Ultrakurzzeitgedächtnis zum Kurzzeitgedächtnis ist nur erfolgversprechend, wenn

- verschiedene Wahrnehmungsebenen (z.B. Auge, Ohr, Stimmung) und
- verschiedene Fertigkeitsebenen (z.B. graphisch, phonetische, motorisch)

  beschritten wurden."(Ott-Schwander, R.)

Ideenliste zum Erarbeiten und Üben:

- In-Beziehung setzen bereits bekannter Wörter mit der neuen Thematik (bildhafte Skizzen, Tabellen usw.);
- Assoziationen von neuen mit bekannten Begriffen;
- Ober- und Unterbegriffe (Baumbilder);
- Wortfelder und Funktionsskizzen;
- spielerische Einbettung in Sprechhandlungen (Pantomime, Situationsspiel, Sketch usw.);
- Wörterrätsel (Buchstaben-, Silben-, Kreuzworträtsel);
- Lückentexte.

17.15.4 Fragebogen zur Situationsklärung

Der Fragebogen ist als Gesprächsgrundlage gedacht. Er kann dem Bewusstmachen von konkreten Ansätzen bzw. der Notwendigkeit des Verbesserns und Effektivierens der derzeitigen Lern- und Arbeitsweisen dienen. (nach Lorenz, U.)

"Wie ich lerne. Kreuze das Zutreffende an!

Merkmal	**4**	**3**	**2**	**1**
Ich habe Schwierigkeiten mit den Hausaufgaben überhaupt anzufangen. Das zeigt sich in Ablenkungen wie Spielen, Lesen, Musikhören.	oft	manchmal	kaum	fast nie
Ich erreiche bei den Hausaufgaben das. was ich mir vorgenommen habe.	nie	selten	häufig	meistens
Mündliche Aufgaben erledige ich am Schluss.	immer	meistens	ab und zu	selten
In welcher Reihenfolge ich die Hausaufgaben erledige, überlasse ich dem Zufall.	immer	meistens	selten	nie
Der Zeitdruck bei Klassenarbeiten macht mir zu schaffen.	sehr	gelegentlich	kaum	nicht
Am Tag vor der Klassenarbeit lerne ich:	besonders	etwas mehr	gezielter	genau wie sonst
Meine Schwächen in den einzelnen Fächern kenne ich.	ganz genau	ziemlich genau	ungefähr	nicht genau
Vor Klassenarbeiten habe ich Angst.	immer	meistens	manchmal	selten
Bei Klassenarbeiten habe ich Dinge vergessen, die ich vorher genau gekonnt habe.	fast regelmäßig	kommt oft vor	gelegent-lich	nie
Einen festen Arbeitsplatz habe ich zu Hause.	nie	manchmal	meistens	immer
Ich werde am Arbeitsplatz gestört.	regelkmäßig	sehr oft	häufig	ganz selten
Meine Notizzettel sind :	wertlos	kaum lesbar	gut lesbar	brauchbar
Für bestimmte Aufgaben benutze ich eine Bibliothek, suche nach Texten oder Zeitungsartikeln zum	nie	ganz selten	häufig	manchmal

verlangten Thema.				
Beim Deutschaufsatz verfehle ich das Thema:	fast immer	sehr oft	manchmal	nie
Die Gliederung für einen Aufsatz mache ich am liebsten hinterher.	ja	sehr oft	manchmal	nie
Beim Lesen eines längeren Textes erkenne ich das Wesentliche auf Anhieb.	fast nie	sehr selten	manchmal	nie
Ich versuche, mich beim Lesen neuer Stoffe an ähnliche, mir bekannte Gebiete zu erinnern.	nie	selten	häufig	fast immer
Ich behalte Vokabeln für den nächsten Tag ganz gut, habe viele nach einigen Tagen aber schon vergessen.	ja	kommt vor	oft	nein
Ich mache beim Lernen gezielte, vorher geplante Pausen.	nein	gelegentlich	oft	fast immer
Es fällt mir schwer, nach der Pause wieder anzufangen.	ja	meistens	manchmal	nie
Ich lerne mit Musikuntermalung.	immer	meistens	manchmal	nie
Ich werde bei den Hausaufgaben von den Eltern ´überwacht´.	ja	meistens	manchmal	nie
Ich bin (ich wäre) dankbar für die Hausaufgabenüberwachung durch die Eltern.	unbedingt	ja	gelegent-lich	auf keinen Fall
Ich arbeite für bestimmte Fächer mit Kameraden zusammen.	nie	selten	häufig	regelmäßig
Wie viel Spaß mir ein Unterrichtsfach macht hängt vom Lehrer / der Lehrerin ab.	nur	sehr stark	etwas	überhaupt nicht
Ich bin ´faul´ und darüber ärgere ich mich selbst.	nein	ich bin nicht ´faul´	so ist es	manchmal

Es gibt Fächer, für die ich gerne arbeite.	kein einziges	eins	zwei	mehrere
Wenn ich etwas verstanden habe, arbeite ich meistens ganz gern.	trotzdem nicht	gelegentlich	häufig	so ist es
Wenn ich etwas nicht verstanden habe, frage ich den Lehrer / die Lehrerin.	nie	manchmal	oft	immer
Es gibt Lehrer / Lehrerinnen, vor denen ich Angst habe.	ja, einige	ja einen / eine	manchmal	nein
Ich frage nicht, weil ich Angst habe, wegen ´dummer´ Fragen ausgelacht zu werden.	genau	ja, meistens	kommt vor	nein
Eigentlich gehe ich gerne zur Schule.	nein	manchmal	meistens	ja
Summe der angekreuzten Felder je Spalte:	x 4	x 3	x 2	x 1

Ergebnisse der Spalten

Gesamtsumme der Punkte

Auswertungshinweis:

Punktezahlen	33 - 50	Keine echten Lernschwierigkeiten;
	51 - 114	Einige Lernschwierigkeiten, Lerntips bringen Nutzen;
	115 - 132	Gravierende Lernschwierigkeiten, Lerntips allein genügen nicht,“ (Lorenz, U.)

17.15.5 ´Vorwiegender Lerntyp´

Name: .... Klasse: ....

Es gibt verschiedene Lernwege. Die folgenden Fragen können Dir zeigen, auf welchen Lernwegen Du etwas im Gedächtnis behältst. Kreuze das Kästchen

- 3 an, "wenn Du dadurch viel behältst

- 2 an, wenn Dir auf diesem Weg einiges im Gedächtnis bleibt,

- 1 an, wenn Du bei diesem Vorgehen nur wenig behältst.

Merkmal	3	2	1
Du liest einen Text ein paar Mal durch.			
Dein Lehrer trägt längere Zeit etwas vor.			
Du schreibst aus einem Text Stichwörter heraus.			
Du stellst Dir einen Text in Bildern vor			
Jemand liest einen Text vor.			
Du fertigst zu einem Thema eine Zeichnung an.			
Ein Mitschüler / eine Mitschülerin erklärt dir etwas.			
Ein Fachlehrer / eine Fachlehrerin zeigt einen Film.			
Du rechnest in Mathematik einige Übungsaufgaben.			
Der Lehrer / die Lehrerin erklärt dir etwas.			
Du schreibst schwierige Wörter ein paarmal auf.			
Du schaust dir eine Abbildung im Lehrbuch genau an."			

(Eicher, G.)

Anmerkung zur Auswertung:

Der Kurztest kann neben den benutzten Lernkanälen auch bevorzugte Lernweisen aufzeigen und so zur Reflexion beider Bereiche beitragen.

Angesprochene Sinneskanäle sind

Hören/Sprechen: 2, 5, 7, 10

Sehen/Lesen: 1, 4, 8, 12

Handeln/Schreiben: 3, 6, 9, 11

(Eicher, G.)

17.15.6 Ich lerne Vokabeln

Oft bekommen Lernende nicht gesagt oder haben es wieder vergessen, wie sie sich am besten Vokabeln erarbeiten und einprägen können, Die nachfolgenden Anregungen wollen hier helfen:

- Jeweils 8 bis 10 Vokabeln bilden einen Lernblock.
- Ich spreche die Vokabeln und ihre Bedeutung nacheinander laut.
- Ich spreche die Vokabel und stelle mir ihre Bedeutung bildlich vor.
- Ich spreche die Vokabel, schließe die Augen und stelle mir das Schriftbild vor.
- Ich benutze ein hälftig gefaltetes DIN A5-Blatt zum Abdecken.
- Ich spreche die abgedeckten Vokabeln dann die Bedeutung und vergleiche.
- Ich lese die Bedeutung, schreibe die abgedeckten Vokabeln und vergleiche.
- Ich übe die Vokabeln in umgekehrter Reihenfolge.
- Ich schreibe schwierige Wörter auf einen Memozettel: (Vorderseite: Vokabel; Rückseite: Bedeutung).
- Ich spreche die Vokabel auf Kassette: Bedeutung, 5 sec. Pause, Vokabel.
- Ich lerne mit der Kassette: Bedeutung hören, Vokabel sprechen usw.
- Ich spreche kurze Sätze auf Kassette: Bedeutung, ca. 10 sec. Pause, Satz in der Fremdsprache.

17.15.7 Lernkartei

Ein Lernkarteisystem bietet sich vor allem beim Faktenlernen an (Begriffe, geschichtliche Daten, Vokabeln usw.). Das Format einer Lernkarte sollte maximal die Größe DIN A6 haben. Die zu lernenden Daten werden auf den Karteikarten notiert: Vorne z.B. der Begriff, auf der Rückseite seine (bildhafte) Erläuterung. Benötigt wird dann noch ein Karteikasten mit fünf Einteilungen: Das erste Fach ist das schmalste, die anderen vier werden zunehmend breiter, am breitesten ist das letzte Fach.

Die Karten im ersten Fach beinhalten die aktuell neuen Daten und werden nacheinander abgefragt. Bei falscher Antwort wandert die Karte hinten in den Stapel im ersten Fach, bei richtiger Antwort kommt die Karte hinten in den Stapel des zweiten Faches. Sind alle Karten vom ersten ins zweite Fach gewandert, so beginnt dort der Durchlauf wie oben beschrieben mit der Maßgabe, dass bei gekonntem Begriff die Karte ins nächste Fach und bei nicht gekonntem Begriff wieder ins erste Fach wandert usw. Ist eine Karte vom vierten ins fünfte Fach gelangt, dürfte der jeweilige Begriff fest im Gedächtnis verankert sein und die Karte kann z.B. ins thematische Archiv (ggf. zu einem Gesamtwiederholungsdurchlauf) wandern. Beim Lernen mit dieser Karteimethode setzt die hohe Wiederholungshäufigkeit starke Verarbeitungsprozesse bei unmittelbarer Lernkontrolle und Erfolgsrückmeldung in Gang. Zugleich erfordert diese Methode aber ein hoch motiviertes und ausdauerndes Arbeitsverhalten.

17.15.8 Checkliste zur Lernplanung

Die folgenden Anregungen helfen, das je eigene Lernen besser zu planen:

- Vor dem Lernen eine kleinere Mahlzeit zu sich nehmen, damit während des Lernens der Blutzuckerspiegel und damit die Konzentrationsfähigkeit möglichst konstant bleiben.
- Bereitlegen von Notizblättern, um Nebengedanken skizzieren und somit rasch mit der Bearbeitung der anstehenden Lerninhalte weiterfahren zu können.
- Alle für die Lernarbeit benötigten Arbeits- und Hilfsmittel bereitlegen, andere Dinge vom Arbeitstisch wegräumen.
- Arbeitsplan der anstehenden Lernaufgaben erstellen, dabei nach Muss-, Kann- und Sollaufgaben gliedern und erledigte Aufgaben abhaken.

  -- Bei der Planung auf Tätigkeitswechsel achten.

-- Gezielt Pausen einplanen (genaue Pausenzeit und -tätigkeit vorsehen): Nach ca. 30 - 45 Min 5 Min. Pause; nach ca. 60 - 90 Min 15 - 20 Min Pause.

-- In der ersten Arbeitsphase das Wichtigste vornehmen.

-- Mit etwas zügig Erledigbarem bzw. Leichtem beginnen.

-- Eine Aufgabe immer zuerst erledigen, bevor eine neue aufgegriffen wird.

– Abwechselnd angenehme und unangenehme Aufgaben bearbeiten.

-- Zwischen das Bearbeiten ähnlicher Stoffe eine Beschäftigung mit davon deutlich verschiedenem Inhalt vorsehen.

-- Die wichtigsten Lernstoffe noch am selben Tag ein erstes Mal wieder holen.

- Umfangreichere Lerninhalte in sinnvolle Teilbereiche gliedern und diese nacheinander bearbeiten.
- Sachlich schlüssige Gliederung von Ausarbeitungen, systematische Ablageordnung vornehmen.
- Immer am selben Arbeitsplatz lernen.
- Vor dem Lernen und in den Lernpausen für gute Belüftung sorgen.
- Auf angemessen helles, blendfreies Licht achten.

17.15.9 “Ich kann mich nicht konzentrieren!”

Tipps zum Entspannen und Fördern der Konzentration:

1. ”Am einfachsten legst Du eine kurze Pause ein, indem Du dreimal tief Luft holst - dreimal tief durch die Nase ein- und ausatmest. Wenn Du dabei noch die Augen zumachst, spürst Du besonders gut, wie ruhig Du wirst.
2. Setz Dich entspannt aufrecht hin und reibe Deine Handflächen aneinander, bis sie richtig warm sind. Stell Dir vor, Du formst eine Kugel.

   Leg nun die Hände mit der warmen Innenseite auf Deine Augen.

   Atme ruhig und regelmäßig durch die Nase ein und aus und genieße die entspannende Wärme, die von den Hängen auf die Augen übergeht.

   Nach etwa einer Minute lässt Du die Hände locker in den Schoß sinken und öffnest ganz allmählich die Augen.

3. Setz Dich entspannt aufrecht hin und schließe die Augen.

Nun setzt Du Deine vier Fingerkuppen (Zeigefinger, Mittelfinger, Ringfinger, kleiner Finger) einer jeden Hand unterhalb des Haaransatzes auf die Stirn auf.

Beim Ausatmen fährst Du mit den Fingerkuppen nach unten über Dein Gesicht und Deinen Hals, bis hin zur Brust. So kannst Du alle Verspannungen aus Deinem Gesicht wegnehmen.

Beim Einatmen setzt Du wieder oben an.

Nach einer halben Minute läßt Du die Hände locker in den Schoß fallen und öffnest ganz allmählich die Augen.

4. Setz Dich entspannt aufrecht hin.

Nun massiere mit den vier Fingerkuppen einer jeden Hand systematisch die Kopfhaut. Die Daumen ruhen an den Schädelseiten.

Wenn Du mit sanftem, leichtem Druck massierst, dann wird Deine Kopfhaut gut durchblutet, und Du kannst Dich viel besser konzentrieren.

Wenn Du Deine Augen schließst, kannst Du das angenehme belebende Gefühl genießen."(Rabenstein, R.)

17.15.10 Lernen mit allen Sinnen - Ansprache von ´Lernkanälen´

Beim Lernen ist es wichtig, möglichst viele Sinneskanäle anzusprechen; denn das Gehirn kann so Lerninhalte vielfältiger verknüpfen und sich so diese besser einprägen.

Hören:

- Texte laut vorlesen, Vokabeln laut sprechen;
- Berichte und Kurzvorträge anhören;
- Tonmedien abhören;
- Fragen stellen.

Sehen:

- Skizzen, Bilder und Diagramme entwerfen und auswerten;
- Stichworte und Kernaussagen notieren;
- Fragen notieren;
- bildhafte Übersichten und Vorgehensabläufe entwerfen und auswerten.

Riechen und Fühlen:

- Eindrücke der sächlichen Lernumgebung aufnehmen;
- Atmosphäre in der Lerngruppe erspüren und einordnen;
- Wechselwirkungen und eigene Position in der Gruppe.

Handeln:

- Experimente durchführen;
- Lerninhalte strukturieren;
- Texte durchgliedern und Markierungen anbringen;
- Exzerpte anfertigen.

usw.

17.15.11 Auswerten von Texten

Sollen Inhalte von Sachtexten bearbeitet und gelernt werden, können diese Anregungen hilfreich sein:

• Erstellen eines optimalen Spickzettels:

- Unterteilung des Textes in Abschnitte;
- Überschrift zu jedem Abschnitt finden;
- Unterstreichen von Schlüsselwörtern;
- Ergänzung der Schlüsselwörter durch stichwortartige Anmerkungen (Tabellenform);
- Anordnen der Überschriften und Schlüsselwörter in bildhaft dem Thema zugeordneter Form (Baumform, Struktogramm, ´Mind-Map´ u.ä.).

• Aneignen von Inhalt und Textstruktur:

- (Nach-)Erzählen;
- Text lesen / hören;
- Notizen machen (DIN A7-Blätter);
- Notizen ordnen;
- Notizen auf Kernaussagen reduzieren (Unterstreichungen, Stichworte);
- Erzählgliederung erstellen (DIN A6/A5-Blatt: Stichworte gliedern).

17.15.12 Effektive Leseweise

Je effizienter die Leseweise, desto besser können die gelesenen, wesentlichen Inhalte erkannt und zusammenhangswahrend herausgelöst werden.

1. Lesevorbereitung:

- "Leseabsicht klären, Zielvorstellungen";
- Texte sichten und auswählen;
- "Vorwissen in Erinnerung rufen;
- Überblick über Text verschaffen (advance- organizer als Organisationshilfen).

2. Lesen:

- Im ersten Durchgang schnell lesen.
- Beim zweiten Durchgang mit Markierungen bzw. Unterstreichungen arbeiten.

3. Nachbereitung:

- Strukturierte Übersicht erstellen (Beziehungsskizze, Baum- oder Flussdiagramm usw.)."(Mels, H.)
- Wesentliche Inhalte zusammenfassen (Exzerpt, Abstract).
- Zu wesentlichen Inhalten Fragen und Antworten entwerfen.
- Inhalte in eigenen Worten wiedergeben.
- Inhalte in bekanntes Beziehungsgeflecht einordnen.

Anmerkung: Die Lesegeschwindigkeit muss sich nach der Qualität des Textinhaltes (Neuigkeitsgehalt, sachliches Vorwissen, Abstraktionsgrad, Verständlichkeit, Übersichtlichkeit und gegebener subjektiver Verfassung) richten.

17.15.13 Übungsliste zum Vorbereiten einer Nachschrift

Sollen Lernende auf eine Nachschrift (Diktat) vorbereiten werden, geben nachfolgende Hinweise hilfreiche Anregungen, die ggf. individuell angepasst werden sollten:

1. Lesen

- "Ich lese den Text.
- Ich suche die Lernwörter.
- Ich zähle die Buchstaben jedes Lernwortes.
- Ich schließe die Augen und stelle mir das Lernwort vor.
- Wie heißt der ... Buchstabe des Lernwortes.
- ´st´ im Lernwort ein anderes Wort versteckt?

2. Sprechen, Hören

- Ich lese den Text laut und deutlich vor.
- Ich lese den Text in Flüstersprache, dann immer lauter.
- Ich lese die Lernwörter vor.
- Ich lese die Lernwörter in Flüstersprache, gedehnt, ...
- Ich buchstabiere das Lernwort mit offenen, mit geschlossenen Augen.
- Die ´Schallplatte´ ist kaputt; alle Lernwörter oder jedes 2., 3., ... Wort zweimal, mehrmals lesen.
- Ich flüstere das Lernwort, mein(e) Partner(in) liest es mir von den Lippen ab.

3. Lautmalen

- Ich klatsche jedes Lernwort und zähle die Silben.
- Ich ´schreibe´ das Lernwort in die Luft, auf die Bank, in die Hand,...
- Ich ´schreibe´ das Lernwort auf den Rücken meines Partners.
- Ich ´schreibe´ das Lernwort in die Luft - erkennt es mein(e) Partner(in)?

4. Schreiben

- Ich schreibe die Lernwörter auf.
- Ich ordne die Lernwörter nach Merkmalen und schreibe.
- Ich schaue ein Lernwort genau an, decke es ab, schreibe es auswendig und vergleiche dann.
- Ich baue die Lernwörter buchstabenweise auf und ab.
- Ich zeichne Wortrahmen für die Lernwörter.
- Ich ordne die Lernwörter nach dem ABC.
- Ich ordne die Lernwörter nach ihrer Länge.
- Ich kreuze die Lernwörter in der Wörterliste an.
- Ich schreibe die Lernwörter in ´Geheimschrift´.
- Ich ´koche´ eine Buchstabensuppe für meinen Partner.
- Ich schreibe ein Silbenrätsel für meine Partnerin.
- Ich lese mir Satz für Satz gründlich durch, decke ihn ab, schreibe ihn auswendig auf und kontrolliere.

5. Nachdenken

- Ich überlege mir Merkmale zu jedem Wort (Mitlauthäufung, Anzahl der Buchstaben, Silben, Selbstlaute, ...).
- Ich suche und schreibe viele Verwandte zu einem Lernwort.
- Ich überlege mir und schreibe einen Satz zu einem Lernwort.
- Ich suche und schreibe möglichst viele Reimwörter zum Lernwort.
- Ich überlege mir die Wortart.
- Ich überlege und schreibe die Einzahl / Mehrzahl zu jedem Namenwort.
- Wird das Wort so geschrieben wie es gesprochen wird?
- Für die Lernwörter überlege und zeichne ich mir ein Rätsel.
- Ich beschreibe meiner Partnerin ein Lernwort (Buchstabenzahl, Silbenzahl, Wortart, ...).
- Ich lese die Lernwörter aufmerksam und versuche mir möglichst viele zu merken.
- Kenne ich eine Regel?" (Rabenstein, R.)

17.15.14 Schreiben von Aufsätzen

Auch fürs Schreiben von Aufsätzen gibt es Aspekte, deren Einhalten das Entwerfen und Anfertigens eines Aufsatzes erleichtern können:

- „Schreibe nicht gleich drauf los.
- Schreibe zunächst auf, was dir zum Thema einfällt.
- Gliedere diese Stichwortliste grob: Einleitung - Hauptteil - Schluss.
- Überlege, welche Stil- und Gestaltungsregeln zu beachten sind.
- Halte den jeweiligen Stil durch!
- Wortwiederholungen sollten nicht zu oft vorkommen.
- Bilde möglichst kurze Sätze.
- Mach einen Absatz, wenn ein Gliederungspunkt beendet ist.
- Baue zwischen den Aufsatzteilen harmonische Überleitungen ein.
- Überprüfe immer mal wieder, ob du beim Thema geblieben bist.
- Bleibe beim Wesentlichen, verlier dich nicht in Einzelheiten.
- Sieh den Aufsatz am Schluss nochmals nach Rechtschreib-, Grammatik- und Ausdrucksfehlern durch."(Keller, G.)

17.15.15 Sachaufgaben richtig lösen

Das Bearbeiten von Sachaufgaben fällt zahlreichen Lernenden eher schwer. Vor allem das Dechifrieren und Herausfinden der zum Lösen entscheidenden Zusammenhänge ist oft schwierig. Bei vielen Sachaufgaben sind solche Zusammenhänge durch ´Schlüsselwörter´ erkennbar. Die nachfolgenden Anregungen können dabei hilfreich sein:

1. Lies den Text gründlich und genau durch.
2. Schreibe heraus, was gegeben und was gesucht ist.
3. Suche die ´Schlüsselwörter´ und Sachbeziehungen.
4. Fertige eine Skizze zum Sachverhalt an.
5. Setze die Sachbeziehungen in einen Zahlausdruck um.
6. Rechne zunächst überschlagsmäßig.
7. Durchdenke das ´Überschlagsergebnis´ auf seine Aussagefähigkeit.

   Kontrolliere evtl. nochmals Deinen Denk- und Rechenweg.
8. Berechne genau und vergleiche mit der Überschlagsrechnung.

9. Überprüfe bei Differenzen Deine Rechnung.
10. Formuliere einen Antwortsatz.

17.15.16 Mein Arbeitsplatz

Beim Arbeiten und Lernen ist ein geeigneter Arbeitsplatz mit einer lernförderlichen Ausstattung sehr hilfreich. Alles Benötigte hat seinen Platz, das Konzentrieren auf die anstehenden Aufgaben fällt leichter, auch, weil alles Ablenkende vom Arbeitsplatz verbannt ist. Die folgenden Hinweise wollen Anregungen für einen geeigneten Arbeitsplatz geben:

- Freier, in der Höhe der Körpergröße angepasster Arbeitstisch;
- (Roll-)Unterschrank oder Schubladen für Schreibuntensilien;
- in der Höhe und Neigung verstellbarer Arbeitsstuhl mit verstellbarer Rückenlehne und Sitzprofil;
- angemessen helle Beleuchtung (Schreibtischlampe, Deckenleuchte);
- Regal in Armreichweite für häufig benutzte Nachschlagewerte;
- Papierkorb;
- Ablageschale bzw. Utensilienbehälter auf der Arbeitsfläche (Lineal, Geodreieck, Buntstifte, Marker und meistbenutztes Schreibzeug.

So möglich:

- ungestörter Arbeitsraum;
- Pinwand für ´Merkzettel´;
- Computer, Bildschirm oder Tablet (ohne Unterhaltungsspiele).

17.15.17 “Methodenkiste” - ein Auswahlangebot

Die nachfolgenden Ausführungen wollen hilfreiche Anregungen zu Arbeitsformen und Lerntechniken für selbständiges Lernen bieten. Jede(r) Lernende muss selbst entscheiden, welche davon passend sind, diese erproben und danach regelmäßig einsetzen, damit sie für ihn/ sie zu einer Art Arbeitsrituale werden, was ungemein entlastend wirken kann: “Ich kann das! Ich habe passende Arbeitsweisen, die sich schon bewährt haben!”

1. "Das Thema erfassen und begreifen:

- Spontane Einfälle sammeln (z.B. ´Brainstorming´);
- Mit kurzen, persönlichen Einzeläußerungen Stellung nehmen (´Blitzlicht´);
- Das Thema szenisch darstellen (Stegreif-, Rollenspiel);
- Auf kleinen Zetteln (DIN A7, A6) Fragen, Stichworte, Meinungen schreiben, an die Wand/Tafel heften, sie sortieren und zu einem Themenplan gliedern (Metaplantechnik);
- Angefangene (Impuls-)Sätze vollenden;
- Phantasien, utopische (Kurz-)Aufsätze zum Thema schreiben;
- Sprech- und Denkblasen ausfüllen;
- Ideen, Gedanken, Vorstellungen zeichnerisch darstellen;
- Bilder (weiter-)zeichnen, malen;
- Bildüberschriften finden;
- Bilder (Fotos, Karikaturen) auswählen, zuordnen;
- zu Bildern Geschichten schreiben.

2. Einen (Arbeits-)Plan entwerfen und ihn ausführen:

- Informationsmaterialien besorgen;
- in Bibliotheken, Archiven, Museen nachforschen;
- Fragen an Materialien formulieren und beantworten;
- Informationsmaterialien analysieren, auswerten, interpretieren;
- zählen, messen, vergleichen;
- untersuchen, experimentieren;
- teilnehmen, beobachten, befragen, interviewen;
- erkunden, besichtigen, begehen;
- bewusst mit verschiedenen Sinnen wahrnehmen und erleben (fühlen, riechen, schmecken, sehen, berühren, hören);
- Spuren suchen;
- skizzieren, zeichnen;
- notieren, protokollieren;
- Stichwortskizze anfertigen;

- praktisch arbeiten und gestalten;
- Gegenstände herstellen, basteln;
- Tonaufzeichnungen, Fotos, Videoaufnahmen anfertigen;
- spielen, knobeln, (ent-)rätseln, entschlüsseln;
- sammeln, dokumentieren, zusammenstellen;
- eine (Lern-, Aufgaben-)Kartei anlegen;
- ein Archiv anlegen.

3. Lernergebnisse darstellen und anwenden

- Karten anfertigen, in Karten (Umrisskizzen) eintragen;
- (Tafel)bilder zeichnen, Folie herstellen;
- Berichte anfertigen, Materialien zusammenstellen;
- Dokumentationen, Quellensammlungen erstellen;
- Thesen formulieren, konträre Meinungen gegenüberstellen;
- Aufgaben für Mitschülerinnen und Mitschüler formulieren;
- einen Lückentext mit oder ohne Hilfestellungen entwerfen;
- Übungen zur Wiederholung oder Vertiefung entwerfen, z.B. Verwenden eines Programms ´Aufgabengenerator´;
- Fehlergeschichten schreiben;
- Wandzeitungen gestalten, Plakate entwerfen;
- Collagen anfertigen;
- Flugblätter entwerfen (Layoutprogramm verwenden;
- (spannende) Geschichten schreiben;
- Reportage, Hörspiel entwerfen;
- Foto-, Bilder-, Dia-Reihen, Video-Sequenzen erstellen;
- einen Führer, einen Katalog, einen Prospekt, eine Broschüre, eine (illustrierte) Zeitung erstellen;
- einen (Geschichts-)Fries entwerfen;
- Bildergeschichten zusammenstellen, einen Comic entwerfen;
- Lieder texten;
- eine Pro- und Contra-Debatte, ein Streitgespräch führen;
- eine Talk-Show durchführen;

- Spiele entwickeln (Brett-, Würfelspiele);
- ein Puzzle anfertigen (mit Grafikprogramm aus einem Bild);
- ein Memory- oder Dominospiel herstellen (mit Grafikprogramm);
- Modelle basteln (u.U. mit 3D-Druck herstellen);
- eine Rallye entwerfen (z.B. Gemeinde-Schnitzeljagd);
- szenische Darbietungen vorführen (z.B. historische Szenen als Rollenspiele), Rollenkarten entwerfen;
- Personen (Betroffene, Experten) in die Darstellung mit einbeziehen;
- eine Ausstellung gestalten (mit den Materialien der Lernenden);
- Versammlungen besuchen (z.B. Gemeinderatsbesuch);
- an Kundgebungen teilnehmen (Achtung: Schule muss politisch neutral sein!);
- (Leser-)Briefe schreiben (Lehrperson: Keine Berufsbezeichnung nennen, sprachlich respektvoll formulieren);
- Eingaben machen, Anfragen richten (z.B. Lernenden schreiben an den Gemeinderat, die Bürgermeisterin), respektvolle, jedoch klare Sprache;
- Anträge stellen (sachlich, respektvolle Sprache);
- Beiträge für die Schulzeitung schreiben (Lernende als Journalisten; Schulleitung einbeziehen, falls im Schulgelände verteilt werden soll);
- Unterschriftenaktionen durchführen;
- einen Informationsstand gestalten."(siehe Vester, F.)

Anhang

Eine Art ´Checkliste´ von Unterrichtsformen

<table>
<tr><th colspan="5">Heimat- und Sachunterricht: Formen des Unterrichts</th></tr>
<tr><th>Unterrichtsform</th><th>Arbeitsformen</th><th>Sozialformen</th><th>Arbeitstechniken</th><th>Medien / Materialien</th></tr>
<tr><td>• Lehrerdarbietung</td><td>Erzählung, entwickelnder Vortrag, Lesung, Vorführung, Demonstration</td><td>Plenum: frontal, Halbkreis od. Sitzkreis</td><td>erzählen, vortragen / zuhören, zuschauen, nachvollziehen, ...</td><td rowspan="2">„Stimme“, Tafel, Karte, Schaubild, Folie, Text, Film, Video, Dia, Tonband, Modelle, Alltagsgegenstände, Computerpräsentation</td></tr>
<tr><td>• gelenkter Lehrer-Schüler-Dialog</td><td>Lehrer-Schüler-Gespräch (fragend-entwickelnd)</td><td>frontal, Sitzkreis</td><td>zuhören, antworten, fragen, vermuten, folgern, ...</td></tr>
<tr><td>• Bearbeiten / Nacharbeiten einer vom Lehrer vorgegebenen Aufgabe</td><td>Texte/Bücher anschauen, lesen; ordnen u. bezeichnen; Arbeitsblätter bearbeiten</td><td rowspan="2">Einzelarbeit, Partnerarbeit, Gruppenarbeit</td><td rowspan="2">lesen, schreiben, rechnen, zeichnen, malen, darstellen, zuordnen, schneiden, kleben, hantieren, experimentieren, vergleichen, Hypothesen bilden, folgern, diskutieren, fragen, Informationen suchen, sammeln und dokumentieren, Hefte und Bücher gestalten, ...</td><td>Texte, Schülerbücher, Arbeitshefte, -blätter, „Labormaterialien“, ... Übungsprogramme</td></tr>
<tr><td>• Lernzirkel
• Wochenplan
• Freie Arbeit</td><td>Beobachtungen machen, experimentieren; mit Karteien od. Lexika arbeiten; Vorträge oder Ausstellungen vorbereiten; etwas herstellen, aufbauen, gestalten; ...</td><td>Bilder, Modelle, Alltagsgegenstände, Karteien, Sachbücher, Lexika, Lernspiele, Werkzeuge, Rohmaterialien, Multimedia-Lexika, Lernprogramme, offene Anwendungen (Text, Grafik, Layout)</td></tr>
<tr><td>• Gespräch</td><td>Kreisgespräch, Rollen-, Theater-, Puppenspiel, ...</td><td>Sitzkreis, Gruppen-, Partnerarbeit</td><td>fragen, zuhören, argumentieren, diskutieren, ...</td><td>evtl. „Gesprächshilfe“, Puppen, Requisiten, ...</td></tr>
<tr><td>• Lerngang</td><td>Beobachtungen, Erkundungen, Befragungen, ...</td><td>Plenum, später evtl. Gruppenarbeit</td><td rowspan="2">anschauen, zuschauen, zuhören, fragen, ...</td><td rowspan="2">Karten, Hilfsmittel, Erkundungs-, Beobachtungs- oder Fragebögen, „Spezialist(inn)en“, ...</td></tr>
<tr><td>• Gäste im Unterricht</td><td>Erzählung, Vorführung, Befragung, ...</td><td>Halbkreis, Sitzkreis, frontal</td></tr>
<tr><td>• Spiel</td><td>Kreisspiele, Brett-, Karten-, Würfelspiele, szenische Spiele, ...</td><td>Plenum, Kreis, Gruppen-, Partnerarbeit</td><td rowspan="2">breite Palette der aufgeführten Techniken</td><td>Spiele, Requisiten, Spielprogramme, Simulationen</td></tr>
<tr><td>• Projekt</td><td>ganze Palette der aufgeführten Formen</td><td>Plenum, Gruppen-, Partnerarbeit, selten Einzelarbeit</td><td>unterschiedlichste Medien und Materialien zur Informationsbeschaffung, Produktgestaltung und Präsentation, Hypermedia Arbeitsumgebungen</td></tr>
</table>

(Greve, F.)

18. Lehr- und Lernprozesse effizient vorbereiten

- Strategien und Haltung -

Das Vorbereiten auf eine anstehende Lern- oder Unterrichtseinheit ist für Lehrpersonen als Experten untrennbar mit den konkret örtlich situativen Gegebenheiten und darauf sich ergebenden Anforderungen verbunden. Unterricht planen zu können ist grundsätzlich lehr- und lernbar. In dieser Hinsicht bringen sowohl angehende als auch erfahrene Lehrpersonen vom Studium und der Seminarausbildung breite Kenntnisse mit, die jedoch wachgehalten und gepflegt werden müssen. König u.a. bezeichnen diese Planungskompetenz als entscheidend für die im Unterricht geforderte „didaktische Adaptivität, d.h. ein fachunspezifischer Aspekt der Planungskompetenz – die fachunspezifische (also didaktische und nicht fachdidaktische) Fähigkeit, einen adaptiven Unterricht zu gestalten, indem Vorwissensunterschiede und kognitive Heterogenität der Lerngruppe bei der Unterrichtsplanung explizit berücksichtigt werden.

Die zu leistende Adaptivität kann sich auf verschiedene Momente der Planung beziehen, etwa auf die verschiedenen Entscheidungsfelder der Unterrichtsplanung wie der Intention, der Thematik, der Methodik und der Medien.“ Was in dieser Aufzählung fehlt ist der zentrale Aspekt der im Lernprozess von den Lernenden zu bearbeitenden Aufgaben, die den jeweiligen Gruppen von Lernenden, deren Auffassungs- und Leistungsfähigkeit angemessen entsprechen muss. In der Vorbereitung geht es somit im „ein konzeptionelles Wissen über didaktische Maßnahmen und Strategien, die erst einen adaptiven Unterricht ermöglichen... Im Mittelpunkt des Unterrichts steht, konstruktivistischen Überlegungen folgend, die eigenständige Auseinandersetzung der Lernenden mit dem Gegenstand.“ (König, J. u.a.) Voraussetzungen dafür zu schaffen und anzubieten, dass eine ′Auseinandersetzung′ der Lernenden mit dem Lerngegenstand′ stattfinden kann, das macht die Planung einer Expertenperson für Lehr- und Lernprozesse aus. Dies um so mehr, als Peterßen die Fähigkeit zu planen als „Kernfähigkeit handlungsfähiger Menschen“ betrachtet.

18.1 Eigene Haltungen - als Grundlagen

Die Grundlagen für die Chance auf gelingende Lehr- und Lernprozesse liegen weit vor der konkreten unterrichtlichen Tätigkeit und sie haben viel mehr mit der Person des/der Lehrenden zu tun. Gemeint ist die aus vielfältigen Erfahrungen der angehenden oder bereits tätigen Lehrperson gewachsene innere Haltung zu Lehr- und Lern- sowie

Erziehungsprozessen. Zentral sind ein inneres, tiefes und gefestigt-belastbares Verbundensein mit jungen Menschen. Dies umfasst auch ein Neugierigsein auf die Fähigkeiten, Fertigkeiten, Denk- und Handlungsweisen junger Menschen sowie eine grundlegende Freude auf ein gemeinsames Tun und Gestalten. Solche Erfahrungen stammen meist aus der Zeit des eigenen Heranwachsens oder aus Zeiten der Orientierung nach dem Schulabschluss und wurden bei der Mitwirkung in oder Leitung von Jugend- oder jungen Erwachsenengruppen gewonnen (Feuerwehr, Soziales Jahr (z.B. an Heimsonderschulen, Jugendhäuser), Technischem Hilfswerk, Pfadfindergruppen, kirchliche Jugendarbeit, usw.).

Hier konnte erprobend erfahren werden, was es heißt und heißen kann, mit Heranwachsenden oder jungen Erwachsenen zu arbeiten. Fehlen solche Erfahrungen, dann ist es um so wichtiger, während des Studiums möglichst breite Erfahrungen im angestrebten Berufsfeld zu sammeln, z.B. durch ein Mitwirken in den Semesterferien bei Veranstaltungen von sozialen Trägern, die ein Ferienprogramm für Kinder und Jugendliche anbieten.

Eine weitere, für das Gestalten von Lehr- und Lernprozesse wichtige eigene Haltung ist eine reflexive Neugier auf sich selbst in zwischenmenschlichen Begegnungen, die Bereitschaft und Fähigkeit über sich selbst und seine Handlungsmotive sowie Handlungsintentionen nachzudenken, um auch in kritischen, belastenden Situationen Ideen und Methoden zur Handlungsfähigkeit aufzubauen. Dies mag auch Erfahrungen von Geduld und Ungeduld, von ´Hinfallen´ und ´Wiederaufstehen´, von ´Wechsel´ und ´Beständigkeit´, von leidvoller Distanz und freudiger Nähe beinhalten, wichtig dabei ist das Aufbauen von Geduld und Achtsamkeit bei sich selbst.

Ebenso bedeutsam für ein gelingendes Vorbereiten auf und von Lehr- und Lernprozessen ist die eigene Freude am selber Lernen; eine Art ´gleisende Neugier und Aufmerksamkeit´ im Blick auf jetzt berufspezifisch Interessantes: Sprich, ein beständig im Blickbehalten der studierten sowie dazu affiner Fachgebiete. Eine kontinuierliche Planung umfasst die je eigene Weiterbildung (z.B. regionale Fortbildungskurse und solche auf Lehrerakademien). Wichtig ist, dass diese nach der Tagung genau ausgewertet werden. Zur eigenen Fortbildung gehört auch das regelmäßige Lesen und Auswerten zumindest einer berufsbezogenen pädagogischen und fachdidaktischen sowie einer allgemeinen, dem Tätigkeitsfeld entsprechenden Fachzeitschrift.

18.2 Strategien des Vorbereitens auf Lehr- und Lernprozesse

Das Vorbereiten auf Lehr- und Lernprozesse beginnt weit vor der aktuell anstehenden Planung für konkrete eine Lern- oder Unterrichtseinheit. Dieses Vorbereiten knüpft an den letzten Abschnitt bei ´Haltungen´ an und umfasst ein vorausschauendes Einlesen und sich Befassen mit unterrichtsbezogen anstehenden Themen.

Arbeiten Sie vorwiegend mit dem Computer, so sollten Sie sich eine Ordnerstruktur auf Ihrer Festplatte / Ihrem USB-Stick passend zu Ihrem bevorzugten Arbeitsstil und zu Ihren Fächern überlegen. Empfehlenswert ist eine ´Baumstruktur´ mit thematischen Ordnern, die jeweils etwa höchstens fünf Unterordner aufweisen sollten. Jeder Ordner sollte mit einem kurzen, thematisch passenden Stichwort benannt sein. Je tiefer ein Ordner in der Unterstruktur steht, desto konkreter ist sein Inhalt mit Blick auf Unterricht.

Zu empfehlen ist, die letzten zwei Wochen der ´großen Ferien´ für solches vorausschauendes Einlesen und Planen zu verwenden; denn daraus erwächst u.a. der strategisch angelegte Stoffverteilungsplan fürs kommende Schuljahr. Konkret bedeutet dies:

- In welchen Lerngruppen / Klassen werde ich (voraussichtlich) tätig sein?

  Welche Informationen liegen über diese Lerngruppen vor (Zusammensetzung, Arbeits- und Lernverhalten, ´Leistungsniveau´ usw.)?

  - Welche Erkenntnisse kann hierzu die Entwicklungs-, Lern- und Pädagogische Psychologie liefern? Was muss ich unbedingt beachten (max. drei Dinge!); ggf. weitere je maximal drei den Quartalen zuordnen.
  - Was wären für dieses Schuljahr wichtige pädagogische Arbeitsschwerpunkte, z.B. Lernmethodik, Lernstrategien, Arbeitshaltung, usw.. Wo muss eine engere Kooperation, wo lediglich Rahmenabsprachen mit den anderen, mit der Lerngruppe arbeitenden Kolleginnen / Kollegen stattfinden?
  - Welche Ausstattung hat ´meine´ Schule in diesen Bereichen?

  Damit sind etliche der in didaktischen Analysen genannten Punkte schon abgedeckt.

- Welche Fächer werde ich unterrichten?

  - Überblickartiges Einlesen in die wichtigsten fachlichen Elemente. Hilfreich sind dabei z.B. schulbezogene ´Handbücher´ zu den Fächern oder Artikel in jeweiligen Fachzeitschriften bzw. online-Angebote von Verlagen (GS, Sek I / Sek II).

- Welche Kompetenzen sind dabei mit den Lernenden zusammen zu erarbeiten bzw. aufzubauen (z.B. kognitiv, sozial)?
- Welche fachliche Ausstattung stellt die Schule bereit?
- Beginn mit dem fachlich-strategischen Stoffverteilungsplan.

  Der fachlich-strategische Stoffverteilungsplan ist ein Übersichtsplan fürs gesamte Schuljahr! Dort unbedingt die Ferienabschnitte, freien Tage und Feiertage vermerken. Bei sogenannten ´Langfächern´ (D, M, E, usw.) alle sechs Unterrichtwochen eine davon als ´Nullwoche´, d.h. ohne neue Inhalte vorsehen (Pufferzeit u.a. für Unvorhergesehenes).

  Alles wird im Raster des strategischen Stoffverteilungsplans vermerkt (am besten digital, da erhöhte Flexibilität möglich).

  - Zusammenstellen der thematischen Einheiten.
  - Zuordnen der zu erreichenden ´Kernkompetenzen´.
  - Zuordnen der Großthemen.
  - Zuordnen möglicher Unterrichtsmethoden.
  - Was steht im eingeführten Lehrwerk? Was kann davon verwendet werden? Gibt es ein Arbeitsheft, wenn ja, welche Teile sollten unbedingt bearbeitet werden?
  - Sichten eigener bzw. Zusammenstellen weiterer Materialien (u.a. Filme, Beamer mit Computer; was muss ´vorbestellt´ werden; was sollte / muss ich selbst noch erstellen, bis wann?).

Darauf baut der am besten halb- oder vierteljährlich zu erstellende Stoffverteilungsplan auf. Dieser ist detaillierter und präzisiert die im fachlich-strategischen Stoffverteilungsplan vermerkten Dinge. Je genauer dieser ausgearbeitet wurde, desto rascher lässt sich der darauf aufbauende Stoffverteilungsplan erstellen. Er kann je nach Ausführung schon eine Vorbereitung für eine Unterrichtseinheit darstellen (effizenteres Arbeiten). Empfehlenswert ist ein ca. vierteljährliches Erstellen des detaillierteren Stoffverteilungsplans; denn zum einen ist er näher an der unterrichtlichen Realität, zum anderen ist er schneller in den kürzeren Ferienabschnitten erstellt.

Die beiden Stoffverteilungspläne sollten sie zusammen mit eingesetzten Arbeitsblättern unbedingt archivieren bzw. in geeigneter Weise abspeichern (mindestens auf zwei verschiedenen Speichermedien), um sie in den Folgejahren als Arbeitsgrundlage zu haben. Haben Sie frei zugängliche und für schulische Zwecke freigegebene digitale Medien eingesetzt, so sollten diese auch gespeichert werden.

Die konkreten Unterrichtseinheiten bzw. deren genauere Ausarbeitung bauen auf dem detaillierten Stoffverteilungsplan auf. Es ist empfehlenswert, wo immer möglich, von der Gesamtstruktur her ganze Unterrichtseinheiten in einer projektartigen Weise vorzubereiten. Jede Unterrichtseinheit wird in passende thematische Untereinheiten gegliedert, die auch mehrere Unterrichtsstunden umfassen können.

Diese Untereinheiten sollten bausteinartig vorbereitet werden, ein Baustein nach dem anderen, was zwar terminlich genau geplant werden muss, jedoch eine gewisse Flexibilität dabei eröffnet. Am Ende einer solchen Untereinheit liegt ein ′Markstein′, eine Reflexionsphase, deren Ergebnisse oder Erkenntnisse in die Planung bzw. Ausarbeitung der nächsten Untereinheit einfließt usw..

Damit ist zum einen der gesamte Lehr- und Lerninhalt im Blick und zum anderen können Teile davon flexibler und passender auf Einzelstunden übertragen werden. Die Vorbereitung auf eine Einzelstunde sollte, außer bei z.B. Unterrichtsbesuchen (z.B. Jahresbesuch, Bewerbungsbesuch), auf maximal ein DIN A5 Blatt, besser auf eine kleine Karteikarte DIN A6, passen. Darauf sind dann nur die wichtigsten Punkte für diese eine Unterrichtsstunde, z.B. Kompetenzen (Lernziele), Einstieg, ′Knotenpunkte′, Methode, Material, Tafelgrobskizze, Hausaufgaben kurz stichwortartig notiert.

Ein Vorteil dieser Vorgehensweise ist, dass immer die gesamte Unterrichtseinheit sowie die Untereinheiten in der Vorbereitung vorliegen und damit im Blick sind, was bewirkt, dass bei erforderlichen Anpassungen deutlich flexibler, z.B. durch Umschichten von Teilen, agiert werden kann.

Auch für die Lehrperson schafft eine solche Vorgehensweise erfahrungsgemäß eine mental stabilere, weil belastbare Grundlage: Sie fühlt sich inhaltlich, didaktisch und methodisch sicherer, kann ggf. präzise und fundiert argumentieren, was gegenüber Schülerinnen / Schülern, Eltern, der Schulleitung oder gar der Schulaufsicht hilfreich und entscheidend sein kann. Zudem liegen mit den beiden Arten von Stoffverteilungsplänen und das bausteinartige Ausarbeiten der thematischen Unterrichtseinheiten die wesentlichen Elemente sowohl einer didaktischen Analyse als auch vorausschauende, terminliche und der jeweiligen Lerngruppe adaptiv zugeordnete Überlegungen und Entscheidungen (Differenzierung, Aufgabenwahl usw.) vor. Dieses Gerüst zeigt und beinhaltet eine fundierte, professionellen Vorbereitungsarbeit, die aufgrund der oben angeregten, regelmäßigen und reflektierten Weiterbildung bestens auf zukünftige Herausforderungen vorbereitet sein lässt.

18.3 Eigene Arbeitsweise - eine praktische Idee

Das Berufsfeld einer Lehrerin / eines Lehrers beinhaltet vielfältige, oft vor allem mental sehr herausfordernde Situationen. Daher ist es wichtig, diesen durch individuell passende, zur Gewohnheit werdende Rituale ´ruhende´ Pole entgegenzusetzen. Solche Rituale könnten sein:

Ritual am Morgen zuhause:

Sie sehen ca. 15 Minuten zur körperlichen Aktivierung vor: Leichte Bewegungen von Armen, Beinen und Rumpf; kurze Dehn- und leichte Kraftübungen; Duschen; Anziehen; Frühstücken; die Tagesstruktur kurz andenken; Gang oder Fahrt zur Arbeit, um dort ca. 15 Min. bis. 20 Min. in Ruhe vor Beginn des Arbeitstags anzukommen.

Ritual am Morgen an der Arbeitsstelle:

Ankommen (Fenster in der Nähe des Sitzplatzes im Lehrerzimmer öffnen; an den ´Stammplatz´ sitzen und zwei drei Mal tief durchatmen); richten der Materialien für diesen Arbeitstag (z.B. Nach Fächern einordnen von Arbeitsblättern in einen Ordner mit Falttaschen, Anfertigen von Kopien.); Sichten des heutigen Stunden- bzw. Terminplans; sofern ein Computer zur Verfügung steht, Checken von dienstlichen Mails; Arbeitsstruktur für den Tag bei Vertretungsstunden anpassen; Unterlagen für anstehende Schüler- oder Elterngespräche zurechtlegen, usw.

Ritual innerhalb des Tages:

Bewusst immer wieder kurze (ca. 2 Min,) ´Pausen´ in jeder Unterrichtsstunde vorsehen, währenddessen die Lernenden selbständig arbeiten; in den großen Pausen mindestens ein Drittel davon ruhig am Platz sitzen oder herumgehen; etwas Trinken (mindestens 750 ml. am Vormittag) und leicht Verdauliches essen.

Ritual am Arbeitsende in der Schule:

Aufräumen des Sitzplatzes; Blick in den Terminkalender (Was ist für morgen noch zu erledigen?); Anfertigen von Kopien für den nächsten Tag (Ablage im eigenen Fach des Lehrerzimmerschranks oder einer Tischablageschale); im Aushang nach einem Vertretungsplan schauen; Bestücken der Schultasche (zu korrigierende Arbeiten, durchzusehende Arbeitshefte, usw.); ggf. kurze Absprachen mit Kolleginnen / Kollegen für den/die nächsten Tag(e); den nächsten Arbeitstag kurz reflektieren (Alles soweit vorbereitet, was jetzt erforderlich ist?); ggf. Notizen ins Beobachtungsheft machen.

Gang oder Fahrt nach Hause.

Ritual zu Hause:

Nach dem Ankommen etwas Trinken (z.B. Stilles Wasser); Kommunikation z.B. mit Familienmitgliedern; eine leichte Mahlzeit einnehmen; sich ca. 15 Min. Bewegung verschaffen (z.B. Gymnastik, Rücken- oder leichtes Krafttraining);

Arbeitsbeginn: Zu Erledigendes aus der Schultasche entnehmen und auf dem Schreibtisch ordnen; nach Prioritäten die zu erledigenden Arbeiten ordnen; was rasch erledigbar ist erledigen (2- oder 5-Minutenregel); Stoffverteilungspläne einsehen: Beginn mit den Tagesvorbereitungen für den nächsten Tag (Kurzstundenvorbereitungen), Besonderheiten für bestimmte Lernende aussuchen / erstellen;

- *Kurzpause* -

zeitlich nahe neue Unterrichtseinheit(en) strukturieren (Kompetenzen (u.a. Lernziele) Ablauf, Kerninhalte, Methoden, Materialien, usw.) entwerfen, zusammenstellen, bereitlegen (ggf. fürs Kopieren am nächsten Tag in die Schultasche stecken);

Notizen für den nächsten Tag / die nächsten Tage machen; PIN-Wand aktualisieren;

- *längere Pause (ca. 15 Min.; Essen, Trinken, kurz bewegen)* -

Beginn mit Korrekturarbeiten (Was rasch erledigt werden kann zuerst.).

<u>Vorbereiten des Arbeitsendes zu Hause:</u>

Den vergangenen Arbeitstag kurz vor dem ´inneren Auge´ revue passieren lassen (ca. 5 Min. bis 10 Min.):

• Was habe ich bearbeitet / abgeschlossen (erledigt)?

• Was ist mir leicht gefallen, wo habe ich mich schwer getan?

• Was ist mir gelungen (welche Fähigkeiten konnte ich dabei einsetzen)?

• Wobei habe ich Fehler gemacht?

- Wie kann ich meine Kenntnisse bzw. Fähigkeiten ausbauen?

- Kurznotiz (persönliche To-do-Liste).

• Wie bin ich mit meinen Unzulänglichkeiten mental umgegangen?

- Kurznotiz (Reflexion „ruhiger Moment“)

• So gut wie möglich mentales Abschließen und Verabschieden des örtlich schulischen Teils des Arbeitstages.

• Freizeit genießen, gestalten.

Bei dieser Reflexionsarbeit lernen Sie aktiv am Gewesenen, an den gemachten Erfahrungen, nehmen nochmals bewusst ihre in der jeweiligen Situation aufgetretenen Körpersignale und ihre „inneren Mitarbeiter“ wahr, lächeln vielleicht über die eine oder andere Ihrer Aktionen, setzen eine grimmige Miene bei gemachten Fehlern oder festgestellten Unzulänglichkeiten auf, „hauen“ dabei vielleicht auch Mal „auf den Tisch“ (Der „innere Mitarbeiter“, Ihre Emotion, will gesehen und gewürdigt werden.). Dieser Rückblick kann mental anstrengend sein, ist jedoch für Ihre eigene Psychohygiene ungemein wichtig; denn so haben Sie eine Chance eher Ihren inneren Frieden mit dem durchlebten Arbeitstag zu machen und entspannter in die Nacht zu kommen.

Dies kommt Ihrem ebenso wichtigen und zu gestaltenden Privatleben zugute, das Sie sich mit Ihrem konzentrierten, oft anstrengenden, weil alle verfügbaren Energien einfordernden, engagiert geplanten und gestalteten Arbeitseinsatz redlich verdient haben. Philosophisch betrachtet: Nehmen Sie diesen vergangenen Arbeitstag mit allen seinen Höhen und Tiefen mit einer Haltung der Demut als Geschenk des Lebens an Sie an, würdigen Sie die gemachten Erfahrungen als Lern- und geistige Wachstumsangebote.

Sind Sie auf dem Weg eine solche Haltung zu entwickeln? Vielleicht erproben Sie bereits Ansätze davon, dann bin ich mir sicher, dass Sie bei allen beruflichen oder privaten Herausforderungen Ihre innere Balance immer wieder erreichen können, was sich sehr förderlich für Ihre Gesundheit und insgesamt auf Ihre Lebensgestaltung auswirken wird.

Literatur

Abendroth, D; Lernen durch Lehren als individualisierendes Unterrichtsprinzip; www.Idl.de; abend@uni-bremen.de, o.J.

Achermann, E. / Gautschi, P. / Rüegsegger, K.; Lernpartnerschaften - Im Tandem und in Gruppen gemeinsam lernen. Aarau 2000.

Aebli, H. / Steiner, G.; Probleme der Schulpraxis und die Erziehungswissenschaften, Bd. 1, Stuttgart 1975.

Ders.; Zwölf Grundformen des Lehrens, Stuttgart 2006.

Apel, H. J. & Knoll, M.; Aus Projekten lernen. Grundlegung und Anregungen, München 2001.

Aepkers, M. u.a.; Endeckendes, Forschendes, Genetisches Lernen, Baltmannsweiler 2002.

Ahlring, I. / Brömer, B. / Croß, B.; Selbständigkeit erwerben. In: Die Deutsche Schule, H 2/1992.

Ahlring, I.; Praxis Schule 5 - 10, Heft 2, Braunschweig 1997

Ders.; Es führen viele Wege nach Rom..., Muster und Module binnendifferenzierenden Unterrichts, in: Praxis Schule 5-10, Heft 6, Braunschweig 2000.

Apel, J. / Knoll, M.; Aus Prpjekten lernen, München 2001.

Arnold, R. / Müller, H.J.; Ganzheitliche Berufsbildung; in: Pätzold, G. (Hrsg.); Handlungsorientierung in der beruflichen Bildung. Frankfurt 1992.

Arnold, K.H., Wiechmann, J., U. Sandfuchs. U., (Hrsg.); Handbuch Unterricht, Bad Heilbrunn 2006.

Artelt, C.; Strategisches Lernen. Münster 2000.

Ders.; Lernstrategien in der Schule; in: Mandl H., Friedrich H.F. (Hrsg.): Handbuch Lernstrategien, Göttingen 2006.

Aurin, K.; Schlüsselqualifikationen in der pädagogischen Diskussion - Kritische Sichtung des Begriffs; in: Wollenweber, H./Bitz, F. (Hrsg.): Schlüsselqualifikationen in der Realschule, Köln 1994.

Ausubel, D.P.; Psychologie des Unterrichts, Bd. 1, Weinheim 1974.

Bäuml-Roßnagl, M. A.; Eine neue Schule zur Jahrtausendwende;in PW 11/1990.

Balke-Melcher, C.; Lernschwierigkeiten, Verlauf - Intervention, Hildesheim 2015.

Bart, K.; Früherkennung und Prävention von Lernstörungen, Köln 2005.

Basten, K.H.; in: zeitnah, Nov. 1999.

Bastian, H. G.; Musik(erziehung) und ihre Wirkung. Eine Langzeitstudie an Berliner Grundschulen, Mainz 2000.

dto.; Deutscher Bundestag, WD 9 – 060, Berlin 2007.

Bastian, H.; Freie Arheit + Projektunterricht. In: Pädagogik, H. IO, Braunschweig 1993.

Bastian, J.; Offener Unterricht. Zehn Merkmale zur Gestaltung von Übergängen. In: PÄDAGOGIK, Heft 12, Braunschweig 1995.

Ders.; Lern- und Arbeitstechniken, Pädagogik, H 1; 1995.

Bastian, J. & Gudjons, H. (Hrsg.); Theorie des Projektunterrichts. Hamburg 1997.

Bauer, R.; Schülergerechtes Arbeiten in der Sekundarstufe 1: Lernen an Stationen, Berlin 1997.

Ders. (Hrsg.); Schule als Lern- und Lebensort gestalten, Berlin 2001.

Beck, E.; Lernen mit und ohne Netz. In: Beiträge zur Lehrerbildung, H. 11/2000.

Becker, G.; Der lange Abschied von der großen Illusion, Lemwege differenziert gestalten; in: PS 5-10, H 2, Braunschweig 1997.

Ders., u.a.; Die Helene-Lange-Schule (Wiesbaden), DAS ANDERE LERNEN. Entwurf und Wirklichkeit, Hamburg 1997.

Bieber, G.; "Logikspiele": Kann man spielend Problemlösen lernen? in: mathematik lehren, H 52, Seelze 1992.

Biller, K.; Integrative Bildung zur Vorbeugung gegen schulisches Umbehagen, in: PW 4/1987.

ders., Integrative Bildung als Rahmenkonzept fŸr einen sinnorientierten Unterricht, in: PW 4/1987.

Bönsch, M.; Differenzierung im Unterricht - Maßnahmen zur Optimierung von Lernprozessen;i n: Lehrer Schüler-Unterricht, H. 3, 1995.

Ders.; Differenzierung in Schule und Unterricht: Ansprüche, Formen, Strategien. München 1995.

Ders.; Variable Lernwege - Ein Lehrbuch der Unterrichtsmethoden, Stuttgart 1995.

Bollnow, O.F.; Vom Geist des Übens, Freiburg 1978.

Bray, B. & McClaskey, K.; Make learning personal: The what, who, wow, where, and why. Thousand Oaks 2015.

Breiter, A.; IT-Management in Schulen. Neuwied 2001.

Brommer, U.; Schlüsselqualifikationen. Stuttgart 1993.

Brüning, L. & Saum T.; Erfolgreich Unterrichten durch Kooperatives Lernen 1. Strategien zur Schüleraktivierung, Essen 2009.

Case, R.; Die geistige Entwicklung des Menschen – Von der Geburt bis zum

Erwachsenenalter, Heidelberg 1999.

Correll, W.; Lernpsychologie, Donauwörth 1967.

de Jong, K., Arbeiten in Teams; in: Führen und Leiten in dynamischer Balance; Wiesbaden 2017.

Ders.; Coaching – ein Führungsansatz; in: Führen und Leiten mit Struktur und Methode, Wiesbaden 2018.

Dichanz, H.; Medien aus unterrichtstheoretischer Sicht; in H. Dichanz et al. (Hrsg.), Medien im Unterrichtsprozess. Grundlagen, Probleme, Perspektiven, München 1974.

Deci, E., Ryan, R.; Die Selbstbestimmungstheorie der Motivation und ihre Bedeutung für die Pädagogik. Zeitschrift für Pädagogik, 39, 1993.

Deppe, E.; Spielend lernen – lernend spielen; in: Spielzeit: Spielräume in der Schulwirklichkeit, JH, Seelze 1995.

Diederich, J.; Studienhilfe: Differenzierung im Unterricht; in: WPB 31/1979.

Dietrich, G.; Unterrichtspsychologie der Sekundarstufe, Donauwörth 1972.

Döring, S.; Lernen durch Spielen, Weinheim 1997.

Dräger, J. & Müller-Eiselt, R.; Die digitale Bildungsrevolution. Der radikale Wandel des Lernens und wie wir ihn gestalten können. München 2015.

Drescher, R. / Hurych, F.; Schülerorientierter Unterricht, Regensburg 1977.

Duncker, L.; Zwischen Erfahrung und Belehrung, in: PW 2/1991.

Duncker, L., Götz, B.; Projektunterricht als Beitrag zur inneren Schulreform, Ulm 1984.

Dutschmann, A.; Mein Kind kann sich nicht konzengtrieren - was tun, Freiburg 1979.

Edelmann, W., Wittmann, S.; Lernpsychologie, Weinheim 2012.

Egle, J.; Gehirngerechtes Lehren und Lernen - Worauf Lehrkräfte achten sollten; in: Schulmagazin 7-8/2009.

Ders., Gehirngerechtes Lehren und Lernen – worauf Lehrer/innen achten müssen, o.J..

Egle, J./Schweiger, M.; 5 Konsequenzen der Gehirnforschung für das Lehren und Lernen; in: bildung + science 2/2007.

Eckinger, L.; Lernen durch Erfahrung, in u/e 4/1990.

Eichner, G. u.a.; Erfolgreiches ´Vokalbellernen´ im Englischunterricht; in; unterrichten/erziehen, H 1, 1988.

Eilks, I., Flintjer, B., Krilla, B., Möllenkamp, H. und Wagner, W.; Computer und Multimedia im Unterricht heute; CHEMKON 11 Nr.3, 2004.

Eilks, I., Witteck, T., Pietzner, V.; Multimedia aus dem Internet –Motivierend, aber immer auch lernförderlich?, PdN Chemie Heft 4/59, 2010.

Einsiedler, W.; Lehrstrategien und Lernerfolg, Weinheim 1976.

Einsiedler , W. / Härle, H., (Hrsg.); Schülerorientierter Unterricht, Donauwörth 1976.

Ders.; Die neuen Lern- und Lehrformen des Grundschullehrplanes; in R. Olechowski & W. Wolf (Hrsg.), Die kindgemäße Schule, Wien 1990.

Eipper,M.; Sehen-Erkennen-Wissen, Renningen 2001.

Elke, A.; Unterrichten zur Förderung von selbstreguliertem Lernen in der Berufsbildung, Lehrervoraussetzung, Lehrerentwicklung und Perspektiven - Eine Interventionsstudie, Basel 2007.

Fackelmann, J.; Konzentrationstraining; in: Die Scholle, H 7, Ansbach 1979.

Forkel, A.; Entdeckendes Lernen mit Lernspielen im Unterricht der Sekundarstufe I, Köln 2009.

Frensch, P. A.; One concept, multiple meanings: on how to define the concept of implicit learning; in M. A. Stadler & P. A. Frensch (Eds.), Handbook of implicit learning, Thousand Oaks 1998.

Friedrich, H.F.; Selbstgesteuertes Lernen – sechs Fragen, sechs Antworten, o.O. 2008.

Friedrich, H. F. / Mandl, H.; Analyse und Förderung selbstgesteuerten Lernens, in: Weinert, F. E. / Mandl, H. (Hrsg.), Psychologie der Erwachsenenbildung, Göttingen 1997.

Frey, A.; Kompetenzstrukturen von Studierenden in der ersten und zweiten Phase der Lehrerbildung; Eine nationale und internationale Standortbestimmung, Landau 2008.

Frey, K.; Die Projektmethode, Weinheim 2002.

Fuchs, C.; Selbstwirksam Lernen im schulischen Kontext, Kennzeichen – Bedingungen – Umsetzungsbeispiele. Bad Heilbrunn 2005.

Garlichs, A. / Groddeck, N; Erfahrungsoffener Unterricht, Freiburg 1978.

Gaudig, H.; Die Schule im Dienste der werdenden Persönlichkeit"; in: Meyer, H., 1987.

Gautschi, P.; Binnendifferenzierung; in PS 5-10, H 6, Braunschweig 2000.

Geißler, E.; Analyse des Unterrichts, Bochum o.J..

Girgensohn, K.; Kompetent zum Doktortitel: Konzepte zur Förderung Promovierender. Wiesbaden 2010.

Glaser, B.; Realisierungsansätze für einen problemorientierten Biologieunterricht in der Hauptschule, PW Heft 4, Donauwörth 1986.

Goetze, H.; Wenn Freie Arbeit schwierig wird ...; Stolpersteine auf dem Weg zum Offenen Unterricht. In: Reiß, G./Eberle, (Hrsg.), Offener Unterricht, freie Arbeit mit lernschwachen Schülerinnen und Schülern. Weinheim 1995.

Greiner, K.; Projektunterricht in der gewerblichen Berufsschule, Koblenz-Landau 2010.

Greve, F.; Unterrichts- und Arbeitsformen, Freiburg 2000.

Groeben, N. u.a.; Forschungsprogramm Subjektive Theorien. Eine Einführung in die Psychologie des reflexiven Subjekts, Tübingen 1988.

v.d. Groeben, A.; Binnendifferenzierung, in: Päd. H 12, Braunschweig 1997.

Grünke, M.; Fördermethoden - Zur Effektivität von Fördermethoden bei Kindern und Jugendlichen mit Lernstörungen; Eine Synopse vorliegender Metaanalysen; in: Kindheit Und Entwicklung, 15(4) 2006.

Gudjons, H.; Frontalunterricht – neu entdeckt, Bad Heilbrunn 2003.

Grzesik, J.; Operative Lerntheorie, Bad Heilbrunn 2002.

Ders.; Handlungsorientiert Lehren und Lernen. Projektunterricht und Schüleraktivität, Bad Heilbrunn 2001.

Hänsel, D. (Hrsg.); Handbuch Projektunterricht, Weinheim 1999.

Hansen, N.; Spielend lernen? Lernspiele in divergierendem Fächerkontext der Sekundarstufe I und II und ihre Auswirkungen auf Lernerfolg und Motivation bei Kindern und Jugendlichen, Duisburg 2010.

Hammes-Schmitz, E.; Bedingungsanalyse von Lernstörungen, Köln 2011.

Hasselhorn, M., & Gold, A.; Pädagogische Psychologie, Erfolgreiches Lernen und Lehren, Stuttgart: 2006.

Hauer, S.; Das Lernen Lernen; in: Lehren und Lernen, H4, 1984.

Heinzel, H.: Empirische Fallstudie und vergleichender Sachstandsbericht zur Offenheit in Unterricht, Schule und deren Umfeld, Siegen 2006.

Heller, K. / Horst Nickel, H.; Psychologie in der Erziehungswissenschaft, Bd. III, Unterrichten und Erziehen, Stuttgart 1978.

Helmke, A., & Weinert, F.E.; Unterrichtsqualität und Lehrerprofessionalität: Diagnose, Evaluation und Verbesserung des Unterrichts, Unterrichtsqualität erfassen, bewerten, verbessern, Seelze-Velber 2014.

Henninger, M. & Mandl, H.; Fostering reflection in the training of speechreceptive action. (Forschungsbericht Nr. 157). München 2003.

v. Hentig, H,; Schule als Erfahrungsraum, Stuttgart 1973.

Herold, M. / Landherr, B.; Selbstorganisiertes Lernen, Baltmannsweiler 2003.

Hermann, G.; Lernspiele im handlungs- und erfahrungsorientierten Geschichtsunterricht. In Geschichte in Wissenschaft und Unterricht. Bd 55.-1, Seelze-Velber 2004.

Herrmann, U. (Hrsg.); Neurodidaktik. Grundlagen und Vorschläge für gehirngerechtes Lehren und Lernen; Weinheim/Basel 2006.

Hille, K; Wie kommt das Wissen in den Kopf?; in: didacta 2/2008.

Hörner, H.; Zur Bildungstheorie und Didaktik von Schlüsselqualifikationen; in: Lehren und Lernen, H 1, 1992.

Huber, A.A.; Kooperatives Lernen – kein Problem. Effektive Methoden der Partner- und Gruppenarbeit, Leipzig 2004.

Hurlock, E.; Die Entwicklung des Kindes, Weinheim 1970.

Ibler, M.; Sprachlehre und Rechtschreiben in Arbeitsaufgaben, Donauwörth 1971

Imhof, M.; Zuhören, Psysychologische Aspekte auditiver Informationsverarbeitung, Göttingen 2003.

Jäger, P.; Der Erwerb von Kompetenzen als Konkretisierung der Schlüsselqualifikationen - eine Herausforderung an Schule und Unterricht, Passau o.J.

Jank, W.; Ergebnissicherung im Unterricht, in: PB 11/1987.

Jenewein, K.; Handlungsorientiertes Lernen in der Berufsbildung; in: lehren und lernen, Heft 98, Flensburg 2010.

Jenewein, K. / Nickolaus, R.; Handlungsorientierung kontrovers – eine Diskussion -; in: lehren und lernen, Heft 98, Flensburg 2010.

Joerger, K.; Lernprozesse bei Schülern, Stuttgart 1975.

Jenert, T.; Ganzheitliche Reflexion auf dem Weg zu Selbstorganisiertem Lernen, o.O. 2008.

Johnson, D.W., Johnson, R.T., Holubec, E.J.; Kooperatives Lernen, Kooperative Schule, Mülheim 2005.

Jürgens, E.; Zur Geschichte: Wichtige reformpädagogische Vorläufer der Freiarbeit; Heinsberg 1994.

Kasper, H.; Schulmüdigkeit und Schulqualität, in: Grundschule 11/1990.

Kasztner, A.; Fördert Reflexion die Anwendbarkeit des Gelernten?: Eine empirische Untersuchung eines Ausbildungsganges. Books on Demand 2009.

Kauke, M.; Spielintelligenz, Spielend lernen – Spielen lehren, Heidelberg 1992.

Keck, R.W.; Selbstlernprozesse im Unterricht, Begründung und Darstellung des methodischen Lehrens und Lernens; in: unterrichten/erziehen, H 4, 1989.

Keller, G.; Lernen will gelernt sein, Ein Lerntraining für Schüler, Heidelberg 1984.

Ders.; Lehrer helfen lernen, Donauwörth 1985.

Ders.; Pädasgogische Psychologie griffbereit, Donauwörth 1994.

Kemper, M./ Klein, R.; Lernberatung. Gestaltung von Lernprozessen in der beruflichen Weiterbildung, Hohengehren 1998.

Klauer, K. J. & Leutner, D.; Lehren und Lernen. Einführung in die Instruktionspsychologie, Weinheim 2007.

Klein, H.; Die Entwicklung von Sprache und Denken im Grundschulalter, in: Die Neue Grundschule 1982.

Kleinschmidt, G.; Das Lernen zu lehren aus der Sicht der Unterrichtsgestaltung; in: PW, H 2, 1990.

Klewitz, E. & Mitzkat, H. (Hrsg.); Entdeckendes Lernen und offener Unterricht, Braunschweig 1977.

Dies.; Entdeckendes Lernen; in: LJ Heft 1, München 1986.

Kliebisch, U.W.; Die Tricks für bessere Gespräche mit Schülerinnen und Schülern, (Materialien für die Schulpraxis), Hamm 1997.

Klippel, F.; Spieltheoretische und pädagogische Grundlagen des Lernspieleinsatzes im Fremdsprachenunterricht, Hochschulschriftren RXI, Bd. 93, Frankfurt /M 1980.

Klippert, H.; Gewusst wie; in: Pädagogik, H 1, 1995.

Ders.; Kommunikationstraining, Übungsbausteine für den Unterricht II. Weinheim/Basel, 1996².

Ders.: Teamentwicklung im Klassenraum, Weinheim 1998.

Knehr, E. / Krüger, K.; Konzentrationsstörungen bei Kindern, Stuttgart 1976.

Koch, I.; Konditionieren und implizites Lernen; in Müsseler, J. (Hrsg.): Allgemeine Psychologie, Berlin 2008.

König, J. & Buchholz, C. & Dohmen, D.; Analyse von schriftlichen Unterrichtsplanungen: Empirische Befunde zur didaktischen Adaptivität als Aspekt der Planungskompetenz angehender Lehrkräfte, ZfE, V 18, N2, 2015.

Köpp, W.; Handelnd denken - denkend handeln; in: LJ Heft 1, München 1986.

Kolb, G.; Kind und Fernsehen, in: LJ-Grundschulmagazin 3/1990.

Kohnen, M.; Individualisierendes Lehren und Lernen anhand einer multimedialen Lernumgebung, Duisburg-Essen 2010.

Konrad, K. & Wagner, A.; Lernstrategien für Kinder, Hohengehren 1999.

Krapp, A.; Interesse; in: D. H. Rost (Hrsg.): Handwörterbuch Pädagogische Psychologie, o.O. 2006.

Kreuzer, K.; Handbuch der Spielpädagogik; Das Spiel im frühpädagogischen und schulischen Bereich. Bd 2. Düsseldorf 1983.

Kube, K.; Spieldidaktik, Düsseldorf 1977.

Lange, O. (Hrsg.); Problemlösender Unterricht und selbständiges Arbeiten von Schülern, Oldenburg 1982.

Lankes, E.M.; Vom Amtlichen Lehrplan zum Klassenlehrplan, München 1992.

Lauth, G.W. / Brunstein, J.C.; Wirkfaktoren beim Lernen; in Interventionen bei Lernstörungen - Förderung, Training und Therapie in der Praxis, Göttingen 2014.

Lehmann, J.; Das Spiel zwischen Simulation und Konstruktion; in Lehmann, J. (Hrsg.); Simulations- und Planspiele in der Schule, Bad Heilbrunn 1977.

Lemke, B.; Nichtbewusste Informationsverarbeitungsprozesse und deren Bedeutung für das Lernen; o.J.

Löhr, H.; Let e hold your hand, in: PS 5-10, H 2, Braunschweig 1997.

Lohaus, A., Vierhaus, M.; Entwicklungspsychologie des Kindes- und Jugendalters für Bachelor, Berlin Heidelberg 2015.

Lorenz, U.; Aber ich habe doch den ganzen Nachmittag gelernt; in: 5 bis 10 Schulmagazin, H 1, 1994.

Maas, R.; Sinnorientierung als bestimmendes Merkmal von Erziehung und Unterricht, in: 5 bis 10 Schulmagazin 6/1993.

Maetschka, H.J.; Denken - Sprechen - Lernen, in: LJ Heft 1, München 1986.

Malycha, A.; Projekt ´Lernen lernen´; in: Pädagogik, H 1, 1995.

Mandl, H., Koop, B. und Dvorak, S.; Aktuelle theoretische Ansätze und empirische Befunde im Bereich der Lehr- und Lern- Forschung – Schwerpunkt

Erwachsenenbildung, München 2004.

Mandl, H. und Koop, B.; Blended-Learning: Forschungsfragen und Perspektiven, Forschungsbericht 182, München 2006.

Martenstein, R.; Förderung der Lern- und Behaltensleistung durch Aktivierung des Vorwissens, Oldenburg 2016.

Marticke, R.; Spielend lernen im Chemieunterricht, 2. Auflage, Köln 2008.

Mels, H.; Das Lernen lernen - die Vermittlung von Lerntechniken; in: Hauptschulmagazin, H 7/8, 1989.

Mertens, E. & Potthoff, U.; Lern- und Sprachspiele im Deutschunterricht. Zusammenwirken von Lernen und Spielen, Berlin 2000.

Merziger, P.; Entwicklung selbstregulierten Lernens im Fachunterricht. Studien zu Bildungsforschung, Opladen 2007.

Messner, H.; Die kompetente Lernerin, der kompetente Lerner. In: forum schule heute, H. 4/1998.

Metzger, C.; Lernstrategien, Wie fördern Lehrer das selbständige Lernen? in: Zeitschrift für Berufs- und Wirtschaftspädagogik. Bd. 85, Heft 4/1989.

Meyer, H.; Unterrichtsmethoden Bd.2, Frankfurt 1987.

Meyer, H. / Jank, W.; Handlungsorientierter Unterricht; in: Didaktische Modelle, Berlin 2002.

Mietzel, G.; Wege in die Entwicklungspsychologie, Weinheim 2002[4].

Millar, S.; Psychologie des Spiels. Ravensburg 1973.

Miller, R.; Beziehungsdidaktik, Weinheim 2016.

Moust, J., Bouhuijs, P., Schmidt, H.; Problemorientiertes Lernen, Wiesbaden 1999.

Müller, F.; Lernspiele im Unterricht; in Zeitschrift für Pädagogik. Heft 3, Weinheim und Basel 2005.

Neumann-Mayer, U.-P.; Didaktischer Leitfaden zur Konstruktion von Lernspielen. Jahresheft, seelze 1995.

Neuweg, G.H.; Mehr lernen, als man sagen kann; Konzepte und didaktische Perspektiven impliziten Lernens, Weinheim 2000.

Oerter, R.; Erfolgssicherung durch Übung und Wiederholung aus psychologischer Sicht, in: PW 1, Donauwörth 1988.

Oers, B.; Mathematisches Denken bei Vorschulkindern; in Fthenakis, W.E. & Oberhuemer, P. (Hrsg.) Frühpädagogik international – Bildungsqualität im Blickpunkt, Wiesbaden 2004.

Ortner, R.; Konzentrationsschwierigkeiten klären - Konzentration fördern; in: Pädagogik, H 3, Weinheim 1996.

Ott-Schwander, R. u.a.; So übe ich die Nachschrift; in; unterrichten/erziehen, H1, 1989.

Petermann, U.; Wie kann ich meine Vergessenskurve manipulieren; in PW, H 2, 1990.

Peterßen, W. H.; Lehreraufgabe Unterrichtsplanung, Das Weingartener Planungsmodell, München 2003.

Petko, D.; Lernplattformen, E-Learning und Blended Learning in Schulen. In: D. Petko (Hrsg.), Lernplattformen in Schulen, Ansätze für E-Learning und Blended Learning in Präsenzklassen, Wiesbaden 2010.

Ders.; Einführung in die Mediendidaktik. Lehren und Lernen mit digitalen Medien. Weinheim 2014.

Piaget, J.; Psychologische Betrachtungen über den Unterricht der Naturwissen schaft an der Grundschule; in: Pädagogischer Wegweiser, Sonderheft Oktober 1950.

Ders.; Die Äquilibration der kognitiven Strukturen, Stuttgart 1976.

Ders.; Psychologie der Intelligenz – mit einer Einführung von Hans Aebli., Stuttgart 2000[10.]

Ders.; Meine Theorie der geistigen Entwicklung, Weinheim 2010[2.]

Piaget, J. & Inhelder, B.; Die Psychologie des Kindes, München 2009[10.]

Piekny, J.: Bereichsübergreifendes wissenschaftliches Denken in der frühen und mittleren Kindheit, Hildesheim 2012.

Popp, W.; Wie gfehen wir mit den Fragen der Kinder um; in: Grundschule, H 3, 1989.

Prenzel, M. / Drechsel, B.; Ein Jahr kaufmännische Erstausbildung: Veränderung in Lernmotivation und Interesse. In: UW 24, H. 3, 1996.

Rabvenstein, R.; Fachgemäße Arbeitsweisen - Einführung; in: H.F. Bauer, Fachgemäße Arbeitsweisen im Sachunterricht der Grundschule, Bad Heilbrunn 1975.

Regelein, S.; Lernspiele im Mathematikunterricht; Neue Lernspiele für die Grundschule, 6. Auflage, München 1997.

Reigeluth, C.M.; Designing Technology for the Learner-Centered Paradigm of Education; in: C. M. Reigeluth, B. J. Beatty & R. D. Myers (Eds.), Instructional Design Theories and Models. The Learner-Centered Paradigm of Education (ch. 11). New York 2017.

Reinmann-Rothmeier, G., Mandl, H.; Unterrichten und Lernumgebungen gestalten; in: Krapp, A., Weidenmann, B. (Hrsg.), Pädagogische Psychologie, Weinheim 2001.

Renner, M.; Spieltheorie und Spielpraxis. Freiburg 1995.

Reuter, T.; Die Rolle externer Repräsentationen für die Konstruktion und Nutzung mentaler Modelle bei der Lösung problemhaltiger Textaufgaben in der Primarstufe, Koblenz-Landau 2016.

Riedel, K.; Lehrhilfen zum entdeckenden Lernen, Braunschweig 1973.

Ritter, M.; Computer und handlungsorientierter Unterricht. Donauwörth 1994.

Ritz-Fröhlich, G.; Miteinander sprechen; in: BL H 11, München 1984.

Rogers, K..C.; Lernen in Freiheit, München 1974.

Rolff, H.G., Zimmermann, P.; Kindheit im Wandel, Weinheim 1985.

Fernsehkolleg Schulschwierigkeiten und Gesundheitserziehung, Bd.1, Köln 1981.

Roth, G.; 90 Prozent sind unbewusst. In: Psychologie heute, H. 2 (2002), S. 44-49.

Ders.; Persönlichkeit, Entscheidung und Verhalten. Warum es so schwierig ist, sich und andere zu ändern; Stuttgart 2007².

Ders.: Aus Sicht des Gehirns. Frankfurt / M 2003.

Ders.: Fühlen, Denken, Handeln. Wie das Gehirn unser Verhalten steuert. Frankfurt / M 2001.

Ruf, U.; Einführung in das Dialogische Lernen. Wissenschaftliche Verankerung des Dialogischen Lernens; in: Ruf, U., Keller, S., Winter, F. (Hrsg.); Besser lernen im Dialog, Dialogisches Lernen in der Unterrichtspraxis, Seelze 2008.

Sanders, E.; Lernstörungen, Stuttgart 1981.

Sauter, H.; Soziales Lernen in der Schule, in: ‚paed', H 4, München 1984.

Schäfer, M.; Zur Effizienz handlungsorientierter Unterrichtssettings, Siegen 2012.

Schaumburg, H.; Konstruktivistischer Unterricht mit Laptops, Berlin 2004.

Scheller, I.; Erfahrungsbezogener Unterricht, Königstein 1981.

Scheuerl, H.; Theorien des Spiels; Reihe: Kleine pädagogische Texte, Bd. 23, Weinheim und Basel 1975.

Ders.: Das Spiel; Untersuchungen über sein Wesen, seine pädagogischen Möglichkeiten und Grenzen, Basel 1977.

Schiefele, U., Pekrun, R.: Psychologische Modelle des fremdgesteuerten und selbstgesteuerten Lernens; In: Weinert, F.E. (Hrsg.): Psychologie des Lernens und der Instruktion, Hogrefe 1996.

Schirp, H.; Dem Lernen auf der Spur; in: Herrmann, U. (Hrsg.); Neurodidaktik, Weinheim 2006.

Skowronek, H.; Lernen und Lernfähigkeit, Münschen 1969.

Schnitzer, A.; in: Der Junglehrer, H 3, Würzburg 1985.

Schnotz, W.; Pädagogische Psychologie kompakt, Weinheim 2009.

Scholz, F.; Problemorientierter Unterricht, WPB 31, Braunschweig 1979.

Scholz, I. (Hrsg.); Der Spagat zwischen Fördern und Fordern, Unterrichten in heterogenen Klassen, Göttingen 2008.

Scholz, L.; Der Griff in die ′Methodenkiste′; in: PS 5-10,H 6, 1992.

Schottmayer, G. / Gudjons, H.; Schwerpunkt "Konflikte in der Schule", in: Pädagogik Heft 10, Weinheim 1997.

Schreiber, B.; Selbstreguliertes Lernen, Münster 1998.

Schräder-Naef, R.; Schüler Lernen lernen, Weinheim 1977.

Ders.; Verschiedene Sinne - verschiedene Lernertypen; in: Pädagogik, H 12, 1992.

Schreiner, G.; Schule als sozialer Erfahrungsraum, Frankfurt 1973

Schröder, H.; Lernwirksamer Unterricht, München 1977.

Ders.; Theorie und Praxis der Erziehung. München 1999².

Schulz von Thun, F.; Miteinander Reden. Allgemeine Psychologie der Kommunikation, Band 1. Reinbeck 1981

Schunk, D. H.; Teaching elementary students to self-regulate practice of mathematical skills with modeling; in D. H. Schunk & B. J. Zimmerman (Eds.), Selfregulated learning - From teaching to self-reflective practice, New York 1998.

Sehr, A.; Potentiale selbstgesteuerten Lernens im Rahmen von Wochenplanarbeit in der Grundschule, München 2007.

Siebert, H.; Selbstgesteuertes Lernen und Lernberatung, konstruktivistische Perspektiven, Augsburg 2006.

Skowronek, H.; Psychologische Grundlagen einer Didaktik der Denkerziehung, Hannover 1968.

Spandl,O.P.; Konzentrationstraining für Schulkinder, Freiburg 1980.

Spiess, W.; Coaching Effizient, moralisch gut, nachhaltig; die Logik des Gelingens und das multifunktionale, adaptive Prozessmodell. Hamburg 2013.

Spiess, W. / Bischoff-Weiss, J.; Stärkenorientierte Förderplanung. So werden Kinder und Jugendliche zu Akteuren ihrer Entwicklung, Hamburg 2012.

Spitzer, M.; Lernen; Gehirnforschung und die Schule des Lebens; Heidelberg, Berlin 2002.

Ders.; https://www.erfolgreich-lernen24.de/hirnforschung/gehirnfunktion/das-gehirn-bildet-allgemeine-regeln-z-b-englische-grammatik-ganz-von-selbst.html.

Ders.; Aufklärung 2.0, Stuttgart 2010.

Ders.; Digitale Demenz, München 2012.

Stähli, L.; Lerncoaching - gewusst wie! Ein Handbuch für Lehrerinnen, Lehrer und Eltern; Zürich 2006.

Stangl, W.; Gehirn und Lernen; [werner stangl]s arbeitsblätter; 2018.

Staudt, E./Kriegesmann, B.; Weiterbildung: Ein Mythos zerbricht; in: Arbeitsgemeinschaft Qualifikations-Entwicklungsmangement (Hrsg.): Kompetenzentwicklung, Münster 1999.

Stebler, R., Pauli, C. & Reusser, K.; Personalisiertes Lernen – Chancen und Herausforderungen für Lehrpersonen. In: Lehren & Lernen 43(5), 2017

Stephan, H.; Vertretungsstunden, in: Lehrerjournal, H 3, München 1986.

Struck, P.; Soziales Lernen in der Grund- und Hauptschule, i Soziales Lernen und Päd. Bezug, München 1983.

Sylvester, T.; Vorschläge und Modelle zur inneren Differenzierung, in mathematik lehren, H 89, Seelze o.J.

Szabo, P. / Berg, I. K.; Kurz(zeit)coaching mit Langzeitwirkung, Dortmund 2006.

Tannert, B.; Lernen im Kontext – Digitale Medien für Menschen mit Lernschwierigkeiten, Bremen 2017.

Tews, D.; Der sogenannte Offene Unterricht vor dem Hintergrund schultheoretischer, curricularer und psychologischer Kriterien, Kiel 2000.

Theisen, K.; Lernhilfen zur Förderung problemlösenden Verhalten;, in PM 6, Donauwörth 1983.

Teutsch, G.M.; in: Lehren und Lernen, H 4, Villingen-Schwenningen 1977.

Thurn, S.; Differenzierender Unterricht: Nötig und möglich, in: Pädagogik 12/1997.

Trautmann, M., Wischer, B.; Das Konzept der Inneren Differenzierung - eine vergleichende Analyse der Diskussion der 1970er Jahre mit dem aktuellen Heterogenitätsdiskurs; in Meyer, M.A.; Prenzel M. & Hellekamps S. (Hrsg.), Perspektiven der Didaktik, Wiesbaden 2008.

Traub, S.; Projektarbeit erfolgreich gestalten, Bad Heilbrunn 2012.

Traub, S.; Projektarbeit – ein Unterrichtskonzept selbstgesteuerten Lernens?, Bad Heilbrunn 2012.

Trüter-Jahr, C.; Lerncoaching, Flensburg 2015.

Unger, U.; Interessenbildung und Lernfortschritt - Ein Beispiel aus dem Rechtschreibunterricht der Sekundarstufe I, Oldenburg 2011.

Unterbrunner, U.; Multimedia-Lernen und Cognitive Load; in Krüger, D. & Vogt, H. (Hrsg.): Theorien der biologiedidaktischen Forschung, Berlin 2007.

Wagner, S.; Die Implementierung des Kleingruppenprojektmodells und der Progressmethode, Karlsruhe 2014.

Wahl, D. / Weinert. F.E. / Huber. G.L.; Psychologie für die Schulpraxis. Ein handlungsorientiertes Lehrbuch für Lehrer. München 1997.

Wahl, D.; Mit Training vom trägen Wissen zum kompetenten Handeln?; in: Zeitschrift für Pädagogik. Jg. 48, H 2, Weinheim 2002.

Ders..; Lernumgebungen erfolgreich gestalten. Bad Heilbrunn 2006.

Wahl, D. / Schmidt, E.A.; Kommunikative Praxisbewältigung in Gruppen (KOPING), o.O. 2008.

Weber, C./ Preuß, A.; Potenzialorientiertes Coaching; Ein Praxishandbuch, Stuttgart 2006.

Weinert, F. E.; Vergleichende Leistungsmessung in Schulen – eine umstrittene Selbstverständlichkeit; in Weinert, F. E.; Leistungsmessung in Schulen, Weinheim 2001.

Weissensteiner, A.; Selbstgesteuert, dialogisch-kooperativ, selbstwirksam und nachhaltig lernen, Augsburg 2013.

Wember, F. B.; Didaktische Prinzipien und Qualitätssicherung im Förderunterricht; in U. Heimlich & F. Wember (Eds.), Didaktik des Unterrichts im Förderschwerpunkt Lernen, Stuttgart 2012.

Wenzig, A.; Lernberatung und fachliches Lernen – Grundhaltung mit ‚Werkzeugkoffer', in: Klein, R./ Reutter, G. (Hrsg.): Lernberatungskonzeption, Grundlagen und Praxis. Hohengehren 2005.

Wittke, U.; Möglichkeiten und Grenzen des offenen Unterrichts bei geistig behinderten Kindern und Jugendlichen am Beispiel von Lernen an Stationen, o.O. 2000.

Witzenbacher, K.; in: PMP, Villingen- Schwenningen, o.J..

Zimmerman, B. J.; Attaining self-regulation: A social cognitive perspective. In M. Boekaerts, P. R. Pintrich & M. Zeidner (Eds.), Handbook of self regulation, San Diego 2000.

Zöpfl, H., Seibert, N., Serve, H.J.; Veränderte Kindheit - veränderte Jugend - erzieherische Aufgaben; in: PW 11/1990.

Zöpfl, H.; Schülerzentrierter Unterricht, Christ und Bildung 23, 1977.

Zwingenberger, A.; Wirksamkeit multimedialer Lernmaterialien; Münster 2009.

ISBN: 9789463671521

Im Buch erfahren Sie sowohl wichtige Grundlagen, als auch beispielhaft konkrete Handlungsansätze zum Aufbau und Gewinnen von persönlicher innerer Stärke. Achtsamsein bewirkt mittels gezielter, bewusst praktizierter Verfahrensweisen sowohl erhöhte Konzentrationsfähigkeit, als auch ein tiefes Entspannen. Sie bekommen Anregungen, die Ihnen ein sowohl inneres, mentales, als auch körperlich muskuläres Entspannen bzw. ´zur Ruhe kommen´ ermöglichen, bei gleichzeitig nachhaltigem Stärken der mentalen wie physischen Vitalität. Entscheidend ist das entsprechende ´Dranbleiben´. Dies bedeutet, dass Sie schon nach kurzer Zeit mit den entsprechenden Übungen aktuell anstehende Herausforderungen gelassener annehmen und mit innerer Stärke stimmiger bearbeiten können. Dazu vermeiden Sie aus eigenem Achtsamsein, sich noch mehr als erforderlich aufzuladen im Sinne von ´so viel als nötig und so wenig wie möglich´.

ISBN: 9463867384

In der pädagogischen Arbeit mit Kindern und Jugendlichen ist ein grundlegendes gegenseitiges Vertrauen von entscheidender Bedeutung. Ohne eine tragfähige oder belastbare pädagogische Beziehung sind weder Erziehungs- noch Bildungsprozesse gestaltbar. Nun lebt jedoch jeder Mensch in seiner eigenen, von ihm konstruierten Wirklichkeit. Diese Konstruktionen beruhen auf Reizen unserer Sinnesorgane, die an unser Gehirn weitergeleitet werden. Das Gehirn als autopoietisches System bewertet und interpretiert dies; denn es hat sonst keinen direkten Zugang zur wirklichen Realität. Mein Gehirn speichert gewonnene Interpretationen als meine Erfahrungsinhalte zusammen mit jeweiligen Emotionen im Langzeitgedächtnis ab. Diese Erfahrungen werden bei Interaktionen mit anderen Menschen abgerufen, mit dem aktuell für mich erkennbaren Handeln sowie den situativen Kontexten verglichen und wirken dann handlungssteuernd. In diesem ersten Band stelle ich Ihnen Grundlagen und kurze, beispielhafte Ansätze vor, die für gelingende, nachhaltige pädagogische Beziehungen erforderlich sind.

ISBN: 9463867392

Der Aufbau vertrauensvoller und tragfähiger pädagogischer Beziehungen zu allen Beteiligten in Ihren Gruppen stellt die Voraussetzung dafür dar, dass die jeweiligen Kinder in der Lage und bereit sind, zusammen mit Ihnen zu Lernen und zu Arbeiten. Es gilt, eine zumindest zeitweise erreichbare dynamische Balance zu erreichen, um bei Mitwirken der Kinder das fachliche und soziale Lernen und Arbeiten in ansprechender Weise zu gestalten. Wichtige Gesichtspunkte dabei sind professionelle Nähe und Distanz sowie umfassende fachliche und didaktisch-methodische Kenntnisse und Erfahrungen, sowie eine grundlegend wohlwollende Haltung gegenüber Kindern. In diesem Band stehen die Fragen der Klassenführung mit ihren Facetten im Mittelpunkt. Auch gehe ich auf die Bedeutung von Regeln und Ritualen sowie das Umgehen mit Lernschwierigkeiten ein. Besonders bedeutsam ist die Fähigkeit in kritischen Situationen handlungsfähig zu bleiben, was in einem Teilkapitel angesprochen wird. Alle aufgegriffenen Themen beinhalten zahlreiche Anregungen, Hinweise, Beispiele und Ansätze für das Handeln in jeweiligen Kontexten.